Wiederholen

Münchener Universitätsschriften
Münchener Komparatistische Studien
Herausgegeben von Hendrik Birus
und Erika Greber
Band 7

Wiederholen

*Literarische Funktionen
und Verfahren*

Herausgegeben von
Roger Lüdeke und
Inka Mülder-Bach

WALLSTEIN VERLAG

Bibliographische Information der Deutschen Bibliothek

Die Deutsche Bibliothek verzeichnet diese Publikation
in der Deutschen Nationalbibliographie; detaillierte bibliographische
Daten sind im Internet über http://dnb.ddb.de abrufbar.

© Wallstein Verlag, Göttingen 2006
www.wallstein-verlag.de
Vom Verlag gesetzt aus der Adobe Garamond
Umschlaggestaltung: Basta Werbeagentur, Steffi Riemann
Umschlagbild: Steffi Riemann, Göttingen
Druck: Hubert & Co, Göttingen

ISBN-13: 978-3-89244-873-0
ISBN-10: 3-89244-873-6

Inhalt

Vorbemerkung 7

LUDWIG JÄGER
Strukturelle Parasitierung:
Anmerkungen zur Autoreflexivität und Iterabilität
der sprachlichen Zeichenverwendung 9

AAGE A. HANSEN-LÖVE
Wieder-Holungen – Zwischen Laut- und Lebensfigur:
Jakobson – Kierkegaard – Freud – Kierkegaard 41

SAMUEL WEBER
Gleichheit ohne Selbst:
Gedanken zur Wiederholung 93

HENDRIK BIRUS
Beim Wiederlesen von Jacques Derridas
Schibboleth – pour Paul Celan 103

CAROL JACOBS
Wiederholung *In Nuce:* Hamanns »*Aesthetica*–« 135

CARINA DE JONGE
Geschichte als Wiederholung –
Darstellungen der Judenverfolgung in Hermann Kestens
historischem Roman *Ferdinand und Isabella* (1936) 161

ANTJE VOUTTA
Figurationen des Unwiederholbaren:
literarische Annäherungen an Geburt und frühe Kindheit 173

KLAUS MÜLLER-WILLE
Black Box und Geheimniszustand –
Anfang(en) als Wiederholung
in der skandinavischen Systemdichtung 195

KATJA KOBOLT
Wiederholen und Versöhnung
Zu Zlatko Topčićs Roman *Košmar* 227

BRIGITTE RATH
Detecting Serial Killers
Some thoughts on the plot structure
of detective novels featuring serial killers 247

Zu den Autorinnen und Autoren 274

Register 277

Vorbemerkung

Im Fächerspektrum der Literaturwissenschaften birgt der Begriff des Wiederholens ein großes Integrationspotential. Die Tradition von Rhetorik und Metrik, das poetologisch-poetische Interesse an formalen Verfahren der Wiederholung, die philologischen Schlüsseltechniken von Edition und Übersetzung zeigen dies ebenso wie die in den Kulturwissenschaften weithin gültigen Konzepte von Rekurrenz, Paradigmatisierung und Selbstreferenz. Auch in der fächerübergreifenden Theorie- und Methodendiskussionen, etwa im Bereich der Medientheorie oder Kulturanthropologie, spielt der Begriff des Wiederholens die Rolle eines Leitkonzepts, das ganz verschiedene kulturwissenschaftliche Forschungsparadigmen miteinander verbindet.

In Auseinandersetzung mit der philosophischen, linguistischen und psychoanalytischen Tradition – die von Kierkegaard, Nietzsche, Freud, über de Saussure und Jakobson bis zu Heidegger, Derrida und Deleuze reicht – entwickelt der erste Teil neue theoretische Perspektiven auf das Phänomen der Wiederholung. Die Interpretationen im zweiten Teil erstrecken sich von Hamanns *Aesthetica in nuce* bis zum zeitgenössischen Detektivroman.

Der vorliegende Sammelband entstand im Kontext des fächerübergreifenden Promotionsstudiengangs ›Literaturwissenschaft‹, der seit 2001 an der Ludwig-Maximilians-Universität München besteht und durch den Deutschen Akademischen Austauschdienst und die Deutsche Forschungsgemeinschaft unterstützt wird. Die hier versammelten Beiträge gehen zurück auf ein Symposien zur *Theorie und Ästhetik der Wiederholung*, das vom 5. bis 7. Dezember 2003 in Kloster Seeon stattfand. Unser besonderer Dank für die sorgfältige Einrichtung des Manuskripts gilt Karin Peters und Marie Schmidt.

Roger Lüdeke, Inka Mülder-Bach

LUDWIG JÄGER

Strukturelle Parasitierung[1]
Anmerkungen zur Autoreflexivität und Iterabilität der sprachlichen Zeichenverwendung

1. »Strukturelle Parasitierung«

In einer Notiz aus dem Konvolut der kürzlich im Gartenhaus des Saussureschen Stadthauses in Genf aufgefundenen Textfragmente[2] – sie stammt wohl wie der gesamte Fund aus den frühen neunziger Jahren des 19. Jahrhunderts[3] – formuliert der gerade aus Paris nach Genf berufene Saussure zum Problem der *Identität* lautlicher Einheiten:

> Die Tatsache zum Beispiel, daß [die Lautfolge] aka durch diese Person an einem bestimmten Ort zu einem bestimmten Zeitpunkt ausgesprochen wird, oder die Tatsache, daß tausend Personen an tausend Orten und zu tausend Zeitpunkten die Lautfolge aka hervorbringen, ist absolut die einzige gegebene Tatsache: deshalb ist es aber nicht weniger wahr, daß nur die ABSTRAKTE Tatsache, die akustische Identität dieser [verschiedenen] aka, […] aka bildet: und man darf keinen ersten Gegenstand suchen, der greifbarer wäre als dieser erste abstrakte Gegenstand.[4]

Saussure, dessen allgemeine zeichentheoretische Überlegungen sich nach 1890 intensiver zu entfalten begannen,[5] bringt in diesem frühen Fragment

---

1 Vgl. zu dieser Formulierung Jacques Derrida, »Signatur Ereignis Kontext«, in: ders., *Limited Inc*, übers. v. Werner Rappl/Dagmar Travern, Wien 2001, 15-45, hier: 38. Der hier gedruckte Text stellt die Vorversion eines Manuskriptes dar, das unter dem Titel »Störung und Transparenz. Skizze zur performativen Logik des Medialen«, in: *Performativität und Medialität*, hg. v. Sybille Krämer, München 2004 erschien.
2 Vgl. Ferdinand de Saussure, *Wissenschaft der Sprache. Neue Texte aus dem Nachlaß*, hg. und mit einer Einleitung versehen v. Ludwig Jäger, übers. v. Elisabeth Birk und Mareike Buss, Frankfurt a. M. 2003, 92 [5b].
3 Zur Datierung der Texte vgl. die editorischen Vorbemerkungen in Saussure, *Wissenschaft der Sprache*, 56-60.
4 Vgl. Saussure, *Wissenschaft der Sprache*, 92 [5b] »Identität – Entitäten«.
5 Vgl. hierzu etwa Ludwig Jäger, »Neurosemiologie. Das transdisziplinäre Fundament der Saussureschen Sprachidee«, in: *Cahiers Ferdinand de Saussure* 54 (2001), 289-337.

drei Momente in einen zeichentheoretischen Zusammenhang: (1) die performative Hervorbringung des *singulären* akustischen Ereignisses *aka* (durch eine bestimmte Person an einem bestimmten Ort zu einem bestimmten Zeitpunkt), (2) seine tausendfache multilokale und multitemporale *Wiederholung* sowie schließlich (3) die *akustische Identität* von aka durch alle diese Einzelereignisse hindurch, der sich seine Iterabilität erst verdankt. Etwa zehn Jahre später konstatiert Peirce in dem längsten von ihm zusammenhängend zur Semiotik konzipierten Text »Syllabus On Certain Topics of Logic«[6] für Symbole (im Gegensatz zu ikonischen und indexikalischen Zeichen) einen analogen Zusammenhang von singulären Vorkommnissen einer Lautfolge und ihrem Typus: Symbole gehören – so Peirce – zu einer »Art von Zeichen, über die etwas konditional in der Zukunft gewiß ist«: Für Zeichen dieser Provenienz gilt, daß sie

> in der Lage sein [müssen], wieder und wieder aufzutreten. Diese Wiederholungen existieren, da das Symbol selbst ihre Existenz beherrscht. Ein Wort kann unbegrenzt oft wiederholt werden. Jedes seiner Vorkommnisse kann man als eine Replika dieses Wortes bezeichnen. Das Sein des Wortes selbst besteht in der Gewißheit [...], daß eine Replika, die aus einer Folge eines gegebenen Typus zusammengesetzt ist, im Geist eine äquivalente Replika hervorruft.[7]

Darin, daß das Symbol, genauer die ihm inhärente Identität, in einer bestimmten noch näher auszufaltenden Hinsicht alle (zukünftigen) Replikationen beherrscht, stimmen Saussure und Peirce überein. Auch für Saussure dominiert die abstrakte akustische Identität einer Lautfolge alle ihre performativen Replikationen. Da akustische Ereignisse als singuläre Vorkommnisse transitorisch sind, muß es, damit sie als identische generiert und perzipiert werden können, möglich sein, sie auf ein Konstitutionsschema zurückzubeziehen – hinsichtlich sprachlicher Zeichen legt Saussure dieses Schema in den semiologischen Identitätsurteilen von Sprechern frei[8] – auf ein Konstitutionsschema, das die Selbigkeit der akustischen Ereignisse in der Fluktuanz der Zeit verbürgt. Ein solches Schema ist – wie Saussure hervorhebt – nicht nur für akustische Entitäten

---

6 Vgl. Charles Saunders Peirce, *Phänomen und Zeichen*, hg. u. übers. v. Helmut Pape, Frankfurt a. M. ³1993; zu Auswahl und Status der Manuskripte vgl. die Einleitung des Herausgebers.
7 Vgl. Peirce, *Phänomen und Zeichen*, 66.
8 Vgl. zum Problem der Identitätsbedingungen sprachlicher Tatsachen etwa Ludwig Jäger, »Wissenschaft der Sprache. Einleitender Kommentar zu den Notizen aus dem Gartenhaus«, in: Saussure, *Wissenschaft der Sprache*, 11-55, hier 47ff.

sprachlichen Typs anzunehmen; es muß vielmehr »für jede akustische Entität« postuliert werden. Sie alle brauchen Zeit, um realisiert zu werden, und fallen »nach dieser Zeit ins Nichts zurück«, wenn sie nicht als ›tokens‹ auf ›types‹, als deren Replikas sie auftreten, abbildbar sind. So zeigt – wie Saussure feststellt – der Blick auf »eine musikalische Komposition im Vergleich zu einem Gemälde« die Geltung dieser Bedingung auch jenseits der Sprache: »Wo existiert eine musikalische Komposition? Das ist dieselbe Frage, wie wenn man wissen möchte, wo aka existiert. Wirklich existiert diese Komposition nur, wenn man sie aufführt; aber es ist falsch, diese Aufführung für ihre Existenz zu halten. Ihre Existenz besteht in der Identität der Aufführungen.«[9]

Saussures paradoxale Formulierung, daß die Komposition einerseits nur existiert, *wenn* sie aufgeführt wird, ihre Existenz aber andererseits nicht *in* den jeweiligen Aufführungen besteht, weil diese nur Replikas eines identischen Schemas sind, durch das ihre Iterabilität erst in Szene gesetzt zu werden vermag, scheint – ebenso wie Peirces These von der Herrschaft des Symbols über seine Wiederholungen – zunächst im Sinne jener Kritik gelesen werden zu können, die die jüngere Performativitätsdebatte in den Kultur- und Medienwissenschaften im Anschluß an Derrida gegen alle jene sprachtheoretischen Konzeptualisierungen des Verhältnisses von Muster und Realisierung vorgebracht hat, die der Idee »eines logisch-genealogischen Primats des Musters«[10] verpflichtet sind. In diesen Konzepten werde – wie Sybille Krämer formuliert – die »Spaltung zwischen den wirklichen, raum-zeitlich lokalisierten, beobachtbaren,

---

9 Vgl. Saussure, *Wissenschaft der Sprache*, 92 [5b]; Saussure nimmt hier eine Argumentation vorweg, die wir später bei Goodman finden: Goodman geht davon aus, daß »eine Klasse von Aufführungen als gleichwertige und einzige Fälle eines musikalischen Werkes« durch die »echte Partitur« festlegt werden (vgl. Nelson Goodman, *Sprachen der Kunst. Entwurf einer Symboltheorie*, übers. v. Bernd Philippi, Frankfurt a. M. 1998, 182), derart, daß nur »die vollständige Erfüllung der Partitur« einen »echten Einzelfall eines Werkes« darstellt; deshalb »gilt die miserabelste Aufführung ohne wirklichen Fehler als ein solcher Fall, die brillanteste Aufführung mit einer einzigen falschen Note dagegen nicht« (Goodman, *Sprachen der Kunst*, 177).

10 Vgl. Sybille Krämer, »Sprache – Stimme – Schrift: Sieben Gedanken über Performativität als Medialität«, in: *Performanz. Zwischen Sprachphilosophie und Kulturwissenschaften*, hg. v. Uwe Wirth, Frankfurt a. M. 2002, 323-346, hier: 345; vgl. allgemein zu Krämers Kritik eines »logosorientierten Sprachbildes« dies., *Sprache, Sprechakt, Kommunikation. Sprachtheoretische Positionen des 20. Jahrhunderts*, Frankfurt a. M. 2001, 95-105, hier: 98; ebenso hierzu Krämer, »Sprache – Stimme – Schrift«, 324f.

heterogenen, alltäglichen ›Sprechereignissen‹ und der idealisierten, nichtbeobachtbaren, wissenschaftlich rekonstruierbaren, universalen Sprache« anerkannt und befestigt, »indem beide ontologisch unterschiedlichen Ebenen zugerechnet werden«.[11]

Das hier gegen eine »Zwei-Welten-Ontologie«[12] vorgetragene kritische Argument, das im Hinblick auf einen erheblichen (insbesondere den kognitivistischen) Teil der jüngeren sprachtheoretischen und sprachphilosophischen Debatte zutrifft (wenn auch – wie sich noch zeigen wird – nicht auf Peirce und Saussure), stützt sich – was das Problem von *Muster* (Langue, Kompetenz etc.) und *iterabler Realisierung* des Musters (Parole, Performanz etc.) betrifft – in nicht unerheblichem Maße auf Überlegungen, die Derrida Anfang der siebziger Jahre in einem berühmten Vortrag mit dem Titel »Signatur Ereignis Kontext«[13] angestellt hatte. Derrida dekonstruiert hier in einer kritischen Auseinandersetzung mit Austin dessen Abgrenzung einer *normalen* Verwendung performativer Äußerungen von deren *parasitärem* Gebrauch etwa auf der Bühne, in der Poesie oder im Selbstgespräch: Unter diesen Gebrauchsbedingungen – so hatte Austin postuliert – werde »die Sprache auf ganz bestimmte, dabei verständliche und durchschaubare Weise unernst (›not seriously‹) gebraucht«, und zwar werde »der gewöhnliche Gebrauch (›normal use‹) parasitär ausgenutzt«.[14] Im Gegensatz zu Austin entdeckt nun Derrida in diesen indirekt verwendeten, in *fiktiven* Kontexten gleichsam nur zitierten, *normalsprachlichen* Gebrauchsweisen von Äußerungen, in dieser – wie er sie nennt – »strukturellen Parasitierung«[15] eine grundlegendere Logik der iterativen Rekontextualisierbarkeit von Sprachverwendungen, eine Logik der Wiederholung, in der Iteration – wie Uwe Wirth formulierte – gefaßt ist als »infinite Rezitierbarkeit und indefinite Rekontextualisierbarkeit«.[16] Zwar bleibt auch durchaus für Derrida jede Verwendung von Sprachzeichen notwendig an Verwendungsmuster gebunden, die ihre Wiederholbarkeit sichern:

11 Vgl. Krämer, *Sprache, Sprechakt, Kommunikation*, 104.
12 Ebd., 95.
13 Vgl. Jacques Derrida, »Signatur Ereignis Kontext«.
14 Vgl. John Langshaw Austin, *Zur Theorie der Sprechakte*, übers. v. Eike von Savigny, Stuttgart 1979, 43.
15 Vgl. Anm. 1.
16 Uwe Wirth, »Der Performanzbegriff im Spannungsfeld von Illokution, Iteration und Indexikalität«, in: *Performanz. Zwischen Sprachphilosophie und Kulturwissenschaften*, hg. v. dems., Frankfurt a. M. 2002, 9-60, hier: 19.

Könnte eine performative Aussage gelingen, wenn ihre Formulierung nicht eine ›codierte‹ oder iterierbare Aussage wiederholen würde, mit anderen Worten wenn die Formel, die ich ausspreche, um eine Sitzung zu eröffnen, ein Schiff oder eine Ehe vom Stapel laufen zu lassen, nicht als einem iterierbaren Muster konform identifizierbar wäre, wenn sie also nicht in einer gewissen Weise als ›Zitat‹ identifiziert werden könnte?[17]

Allerdings ist hier die Wiederholungsfigur als eine *spezifische Form* der Iterabilität konzeptualisiert, als eine Art der ›Codierung‹, in der die Herrschaft, die das semiologische Muster über seine Iterationen ausübt, in einer systematischen Weise kontaminiert wird durch eine Logik des Aufschubs: Da für Derrida in jede Zeichenverwendung a priori die Möglichkeit, ›zitiert‹, d.h. dekontextualisiert zu werden, eingeschrieben ist und da es keine Begrenzung des Raumes möglicher Kontextualisierungen gibt, kann jedes Zeichen »immer aus der Verkettung, in der es gefaßt und gegeben ist«, gelöst und in andere Ketten eingeschrieben, »aufgepfropft« werden – wie Derrida formuliert: »Kein Kontext kann es abschließen. Noch irgendein Code [...].«[18] Die »ursprüngliche Wiederholungsstruktur«,[19] der das Zeichen verpflichtet ist, verpflichtet es also nicht auf einen Code im Sinne eines »absoluten Verankerungszentrums«:[20] Der Zeichengebrauch ist vielmehr gezeichnet von einer Logik struktureller Parasität, von einer Logik der *différance*, durch die sich – um eine Wendung Derridas zu nutzen – die Identität des Zeichens mit sich selbst zugleich verbirgt und ständig verschiebt.[21] Es handelt sich hier also um eine Identität, die zwar als Muster, das seine diskursive Wiederholbarkeit beherrscht, in die iterativen Inszenierungen des Zeichens eingeschrieben ist, die aber nicht – und diesen Gedanken hätte Derrida bereits bei Saussure und Peirce finden können – als ein metaphysisches Apriori gedacht werden kann, das der Zirkulation der Zeichen entzogen wäre:[22] Die ›Identität der

---

17 Derrida, »Signatur Ereignis Kontext«, 40.
18 Ebd., 27f.
19 Jacques Derrida, *Die Stimme und das Phänomen. Ein Essay über das Problem des Zeichens in der Philosophie Husserls,* übers. v. Jochen Hörisch, Frankfurt a. M. 1979, 111.
20 Vgl. Derrida, »Signatur Ereignis Kontext«, 32.
21 Vgl. Jacques Derrida, *Grammatologie,* übers. v. Hans-Jörg Rheinberger/Hanns Zischler, Frankfurt a. M. 1974, 86.
22 Der Zirkulationsbedingung kann sich die Sprache nicht entziehen: »Implizites Element [élément tacite], das alles andere hervorbringt; daß die Sprache [langue] unter den Menschen zirkuliert, daß sie sozial ist« (Saussure, *Wissenschaft der Sprache,* 158 [II/[3]], »Grundlegende Elemente – Laut als solcher – Satz/Ritus –

Aufführungen‹ ist vielmehr ihrerseits das iterative Ergebnis der (unabschließbaren) Semiose,[23] eines Verfahrens semiologischer Differenzbildung, in dem sich – wie Saussure formuliert – ex negativo die Zeichen-Identitäten »aus dem komplizierten Spiel und dem abschließenden Gleichgewicht«[24] des Sprachsystems ergeben, wobei die jeweiligen Einpendelungen des Gleichgewichts höchst fragil bleiben:

> In jedes existierende Zeichen geht also in jedem Augenblick ein bestimmter Wert ein [...], der immer nur aufgrund der Gesamtheit der Zeichen bestimmt ist, die zum selben Zeitpunkt vorkommen oder eben nicht vorkommen; und da sich die Anzahl und der reziproke sowie relative Aspekt dieser Zeichen von einem Moment zum anderen auf unendlich vielfältige Weise ändert, wird sich das Ergebnis dieser Aktivität im Hinblick auf jedes Zeichen und im Hinblick auf die Gesamtheit ebenfalls von einem Moment zum anderen auf unberechenbare Weise ändern.[25]

sprachliche Einheiten (Zeichen-Laut-Bedeutung)«). Aus dieser Zirkulationsbedingung resultiert auch der Umstand, daß der Diskurs der Ort der Veränderungen ist: »Alle Veränderungen [modifications], seien es phonetische oder grammatikalische (analogische), entstehen einzig und allein in der Rede [dans le discursif]. [...] Jede Neuerung entsteht durch Improvisation im Sprechen (und geht von dort entweder in den ⟨inneren⟩ Schatz [trésor intime] des Hörers oder in den des Sprechers ein, sie entsteht aber somit im Zusammenhang der gesprochenen Sprache [langage discursif]« (vgl. Saussure, *Wissenschaft der Sprache*, 160 [II/[4]] »Die Rede, Ort der Veränderungen – Unterteilungen dieses Buches«).

23 Vgl. etwa Charles Saunders Peirce, *Semiotische Schriften,* hg. u. übers. v. Christian Kloesel/Helmut Pape, Bd. 1, Frankfurt a. M. 1986 [1901], 390: »Ein Zeichen ist irgendein Ding, das auf ein zweites Ding, sein Objekt, in Hinsicht auf eine Qualität in der Weise bezogen ist, daß es ein drittes Ding, seinen Interpretanten, in eine Relation zu demselben Objekt bringt, und zwar in der Weise, daß dieses dritte ein viertes Ding in derselben Form auf das Objekt bezieht, ad infinitum. Wird die Abfolge unterbrochen, bleibt die signifikante Eigenschaft des Zeichens unvollkommen. Es ist nicht notwendig, daß der Interpretant tatsächlich existiert. Ein Sein in futuro wird ausreichen.« Ebenso ders., »Some Consequences of Four Incapacities«, in: *Writings of Charles S. Peirce. A Chronological Edition*, Vol. 2, 1867-1871, Bloomington 1984, 211-242, hier: 224: »There is no exception, therefore, to the law, that every thought-sign is translated or interpreted in a subsequent one, unless it be that all thought comes to an abrupt and final end in death.«

24 Saussure, *Wissenschaft der Sprache,* 131 [20b] »Negativität und Differenz«; ebenso 99 [6e] »Form – lautliche Figur«.

25 Saussure, *Wissenschaft der Sprache,* 156 [29j] »Integration oder Postmeditation-Reflexion«.

In gewissem Sinne – und dies ist der Ausgangspunkt der folgenden Überlegungen – läßt sich Derridas Kritik an Austin, seine Rehabilitierung der »strukturellen Parasitierung« als eine Normalisierung[26] jenes Typus von »Störung« lesen, mit dem alle Formen der Dekontextualisierung, der Stillstellung, der Rahmung und Fokussierung von Ausschnitten der Zeichenperformanz adressiert sind, mit denen Sprachen im Interesse metaierender – oder wenn man so will – autoreflexiver Selbstbearbeitung die ungestörte Kontinuität diskursiver Prozessierung unterbrechen. Derrida knüpft an seine Überlegungen zur Zitathaftigkeit der Sprache seine These von ihrer grundlegenden Skripturalität, den sich ihm aufdrängenden Gedanken an, »daß die Schrift das Spiel der Sprache sei«.[27] Ich will diesen Gedanken im folgenden durch eine Engführung von Zeichen- und Medientheorie so zu wenden versuchen, daß umgekehrt Skripturalität als das Ergebnis einer ursprünglichen »rekursiven Transkriptivität« nonliteraler Sprachlichkeit erscheint: als das Ergebnis einer Verfahrenslogik, die bereits in mündlichen Kulturen in Sprache eingeschrieben ist und die es erlaubt, durch die intramediale Bezugnahme symbolischer Texturen auf symbolische Texturen die symbolische Welterzeugungsmaschine von Kulturen in Gang zu halten. Meine These lautet: Der vorübergehende oder länger anhaltende Zustand des Herausgelöstseins symbolischer Zeichenketten aus der Transitorizität ihrer Performanz ist keine privilegierte Eigenschaft der Schrift, sondern ein spezifisches (Durchgangs-)Stadium in kommunikativen Prozessen, in dem sprachliche Entitäten eine vorübergehende oder dauerhafte ›Starre‹ derart annehmen, daß auf sie kommunikativ Bezug genommen werden kann, daß Sinn generiert und weiterverarbeitet zu werden vermag. Unabhängig davon, ob diese temporäre oder länger andauernde Stillstellung symbolischer Ketten die Form der *Schrift* annimmt oder die Form von mündlichen Traditionen erstarrten »fixed texts«[28] – wie sie die jüngere ethnologische Forschung für mündliche Kulturen postuliert – oder die des *Zitats*, der *Erwähnung*, der *Paraphrase*, der *Explikation* etc. in mündlichen Diskursen: In allen diesen

---

26 Derrida, »Signatur Ereignis Kontext«, 37; vgl. ebenso 32: »Diese Zitathaftigkeit, diese Verdopplung oder Doppelheit, diese Iterabilität des Zeichens [marque] ist kein Zufall und keine Anomalie, sondern ist genau das (Normale/Anormale), ohne das ein Zeichen [marque] nicht einmal mehr auf sogenannte ›normale‹ Weise funktionieren könnte. Was wäre ein Zeichen [marque], das nicht zitiert werden könnte?«
27 Jacques Derrida, *Grammatologie*, 87.
28 Vgl. zu diesem Terminus Jan Vansina, *Oral Tradition. A Study in Historical Methodology*, Harmondsworth 1973, 145.

Formen haben wir es mit einer rekursiven Alternierung von Duration und Transitorizität zu tun, die prinzipiell der Bearbeitung und Konstitution von Sinn im semantischen Haushalt von Kulturen zugrunde liegt.

2. Rekursive Transkriptivität: Autohermeneutik und Heterorhetorik

Die zentrale Annahme, von der ich im folgenden ausgehe, die ich aber zugleich zu plausibilisieren versuche, ist die, daß Störungen und ihre transkriptive Bearbeitung (im übrigen selbst bei vielen pathologischen Defekten der Kommunikation) ein zentrales Verfahren der sprachlichen Sinnproduktion darstellen. Störung in einer solchen Weise als Produktivitätsprinzip sprachlicher Sinngenese zu konzeptualisieren heißt natürlich, von den klassischen Modellen der Sprachverarbeitung Abschied zu nehmen. Der Sprachproduktionsprozeß darf nun nicht mehr so gedacht werden, daß der Sprecher seine Äußerung auf der Grundlage eines inneren kognitiven Modells der späteren Äußerung – also auf der Grundlage einer präverbalen Redeintention plant, sie innerlich einzelsprachlich vorbereitet, um sie dann in einer realisierten Äußerung an einen Rezipienten zu richten, wobei fehlerhafte Abweichungen von der ursprünglichen Redeintention (Störungen) durch Nachbearbeitungen (Repairs) korrigiert werden. Vielmehr muß man davon ausgehen, daß Störung – zumindest in einer großen Klasse von Fällen – nicht als unerwünschte Aberration der geäußerten Rede von der ursprünglichen Redeintention, sondern als konstitutives Moment der Redeentfaltung aufzufassen ist. Erst durch ständige Re-Lektüre der eigenen Rede im Zuge ihrer Veräußerlichung (Monitoring) und durch den hiermit verknüpften epistemischen Wechsel vom inneren in den äußeren Artikulationshorizont[29] stehen jene tran-

---

29 Der epistemische Wechsel vom mentalen zum medialen Modus und die hiermit verknüpfte strukturelle Störung der Redeintention in ihrer Äußerungsentfaltung folgt einer Handlungslogik, die Alfred Schütz so beschreibt: »Es ist ein allgemeines Prinzip der Theorie des Handelns, daß die Handlung, nachdem sie ausgeführt wurde, sich von dem just entworfenen Handeln unterscheidet.« (Vgl. Alfred Schütz, *Das Problem der Relevanz*, Frankfurt a. M. 1971, 154) Ein Aspekt dieser Unterscheidung der inneren von der artikulatorischen Planung und der äußeren sprachlichen Handlung ist die mit dieser einsetzende »attention à la vie«, die generell für das Handeln in der Außenwelt, »mit ihren besonderen räumlichen und zeitlichen Kategorien«, gilt. Vgl. ebd., 32. Der epistemische Wechsel ist weiterhin eng mit dem Problem des Übergangs von *implizitem* zu *explizitem* Wissen verbunden. Vgl. hierzu etwa Richard M. Hare, »Philosophische Entdeckungen«, in:

skriptiven Bearbeitungsformen einer zuvor unausartikulierten Redeintention zur Verfügung, die für die nachträgliche, *metaleptische* Konstruktion des vorgängigen intentionalen Ursprungs der Rede durch die Rede unabdingbar sind.[30] Der Begriff der *Störung* spielt in gängigen Theorien der sprachlichen Verständigung, seit er von Claude Shannon in die Kommunikationstheorie eingeführt wurde,[31] die Rolle des Unglücksboten: Er markiert in der Regel jenen Bereich der kommunikativen Verständigung, in dem die Unterbrechung ihres problemlosen Vollzugs thematisch ist. *Störung* gilt als Prädikat für eine Klasse von sprachlichen Unfällen, von denen die Interaktanten betroffen sind – Unfälle etwa derart, (1) daß der Sprecher nicht in der Lage ist zu sagen, was er meint, bzw. daß er offensichtlich nicht meint, was er sagt, oder (2) daß der Rezipient nicht versteht, was der Sprecher sagt, oder nicht versteht, was der Sprecher mit dem, was er sagt, meint etc. Kommunikative Unfälle eines solchen Typs können aus den unterschiedlichsten Gründen geschehen – beispielsweise dadurch, daß ein Interaktant aufgrund einer Aphasie nicht mehr in der Lage ist, angemessen zu formulieren, was er zu sagen intendiert,[32] oder dadurch, daß eine Äußerung einen Adressierungsdefekt hat und deshalb schwer verständlich

Linguistik und Philosophie, hg. v. Günther Grewendorf/Georg Meggle, Frankfurt a. M. 1984, 131-154.

30 Ich werde mich in diesem Papier nicht mit der schriftlichen Sprachproduktion beschäftigen und nur so viel festhalten, daß der Schreibprozeß in wesentlichen Hinsichten als die strukturelle Ausfaltung der *autohermeneutischen Transkriptivität* der Rede aufgefaßt werden muß. Vgl. zum Verhältnis von Schrift und Sprache Ludwig Jäger, »Sprache und Schrift. Literalitäts-Mythos und Metalanguage Hypothesis«, in: *Schriftgedächtnis – Schriftkulturen*, hg. v. Vittoria Borsò u.a., Stuttgart, Weimar 2002, 197-217.

31 Vgl. Claude Shannon, »Communication in the Presence of Noise«, in: *Proceedings of the Institute of Radio Engineers* 37 (1949), 10-21; allerdings ist ihm diese Rolle erst in seiner Rezeptionsgeschichte zugewachsen; vgl. zur Wirkungsgeschichte des Shannon/Weaverschen »Flußdiagramms der Kommunikation« Erhard Schüttpelz, »Eine Ikonographie der Störung. Shannons Flußdiagramm der Kommunikation in ihrem kybernetischen Verlauf«, in: *Transkribieren. Medien/Lektüre*, hg. v. Ludwig Jäger/Georg Stanitzek, München 2002, 233-280; vgl. zu einer Diskussion des kommunikationstheoretischen Störungsbegriffs auch Luise Springer, »Störung und Repair. Diskursive Verfahren der Verständnissicherung«, in: *Signale der Störung*, hg. v. Albert Kümmel/Erhard Schüttpelz, München 2002, 43-57.

32 Lesley Milroy/Lisa Perkins, »Repair Strategies in Aphasic Discourse: Towards a Collaborative Model«, in: *Clinical Linguistics and Phonetics* 6 (1992) 1 & 2, 27-40.

ist, oder dadurch, daß der Sprecher eine ungeeignete Formulierung für die mitzuteilende Information wählt, oder dadurch, daß Wissen als situational geteilt unterstellt, aber nicht tatsächlich von den Interaktanten geteilt wird, so daß Störungen des Verstehens auftreten etc.[33] Störungen dieses Typs, die man Störung mit dem Index^{unfall} (= *Störung^u*) nennen könnte, werden in so verschiedenen theoretischen Kontexten wie etwa der Psycho- und Neurolinguistik, der kognitivistischen Sprachtheorie, der Aphasiologie, aber etwa auch der KI-Forschung übereinstimmend als kommunikative Defekte, als ›miscommunications‹ verstanden: Der erfolgreiche und ungehinderte Austausch von Information,[34] durch den sprachliche Verständigung im ungestörten Standardfall charakterisiert sein soll, wird durch *Rauschen (noise)* gestört, das im Interesse der Wiederherstellung ungestörten Informationsaustausches getilgt werden muß.[35] Damit der kommunikative Austausch zwischen den Interaktanten erfolgreich fortgesetzt werden kann, bedarf es dann geeigneter (eigentlich unerwünschter)[36] Maßnahmen, sog. *Repairs*, die entweder selbst-

---

33 Vgl. zu »trouble sources« Emanuel A. Schegloff, »Repair After Next Turn. The Last Structurally Provided Defense of Intersubjectivity in Conversation«, in: *American Journal of Sociology* 97 (1992), 1295-1345; Emanuel A. Schegloff/Gail Jefferson/Harvey Sacks, »The Preference for Self-Correction in the Organisation of Repair in Conversation«, in: *Language* 53 (1977), 361-382; ebenso etwa Magret Selting, »Reparaturen und lokale Verstehensprobleme oder: Zur Binnenstruktur von Reparatursequenzen«, in: *Linguistische Berichte* 108 (1987), 128-149.

34 Der Ort der Störung ist dabei nicht nur – wie das Shannon/Weaversche Flußdiagramm zunächst nahelegt – der Kanal, sondern er kann – bereits bei Weaver – auch beim Sender selbst bzw. beim Empfänger situiert sein; vgl. hierzu Schüttpelz, »Ikonographie der Störung«, 239f.; psycholinguistische Modelle gehen entsprechend davon aus, daß Störungen zunächst auf der konzeptuellen Planungsebene, dann auf der sprachfunktionalen Ebene und schließlich auf der Realisierungsebene auftreten können; vgl. etwa Merrill Garrett, »Syntactic Processes in Sentence Production«, in: *Speech Production*, hg. v. Brian Butterworth, New York 1980, 170-220.

35 Raudaskoskis kritischer Kommentar zur Modellierung von Kommunikation in der Human-Computer-Interaction läßt sich für weite Teile kommunikationstheoretischer Disziplinen verallgemeinern: »Usually, repair is seen as something not wanted; the smooth progress of the interaction has been disturbed and communication has broken down. This is the view that most artificial intelligence and human-computer interaction researchers take of repair work.« Vgl. Pirkko Raudaskoski, »Repair Work in Human-Computer Interaction. A Conversation Analytic Perspective«, in: *Computers and Conversation*, hg. v. Paul Luff u.a., London 1990, 151f., hier: 152.

36 Vgl. Raudaskoski, »Repair Work«.

oder fremdinitiiert sein können,[37] die sich in einem entweder monoaktiven oder interaktiven Modus vollziehen[38] und die es den Interaktanten erlauben, in den ungestörten Status quo ante zurückzukehren.[39] Theorien der sprachlichen Verständigung, die Störung im Sinne von Störung" konzeptualisieren, favorisieren in der Regel ein bestimmtes Modell sprachlicher Kommunikation, das das Sprachsubjekt als *autonome mentale Quelle* sprachlicher Planungsprozesse auffaßt, deren Ergebnisse erst auf der Äußerungsebene in den Raum der Intersubjektivität eintreten. Zunächst plant der Sprecher (einsam) auf der konzeptuellen Ebene seine Botschaft (*message planning*), dann gibt er ihr eine einzelsprachspezifische Gestalt (*internal speech*), um sie schließlich offen zu äußern (*overt speech*) und an den Rezipienten zu richten.[40] Auf allen drei Ebenen können *Störungen"* derart auftreten, daß der Sprecher etwa, bevor er in die Ebene der inneren Sprachplanung eintritt, einen Defekt in der konzeptuellen Struktur seiner Botschaft entdeckt oder daß er, bevor er mit der Äußerung beginnt, einen Defekt in der inneren Sprachplanung bemerkt oder daß er im Vollzug der Äußerung entweder aufgrund eigener Wahrnehmung oder eines kooperativen Feedbacks des Rezipienten einen Defekt in seiner Sprechhandlung feststellt. Auf allen drei Ebenen sind Korrekturen (*Repairs*) deshalb möglich, weil der Sprecher (und natürlich auch der Rezipient, wenn er seinerseits in die Interaktion eintritt) über ein Monitoring-System verfügt, das es ihm erlaubt, auch unabhängig von

---

37 Vgl. Schegloff, »Repair After Next Turn«.
38 Repairs treten entweder als Selbstkorrekturen auf (vgl. etwa Stephen Levinson, *Pragmatics*, Cambridge 1983; Emanuel A. Schegloff, »The Relevance of Repair to Syntax-for-Conversation«, in: *Syntax and Semantics, Vol. 12: Discourse and Syntax*, hg. v. Talmy Givon, New York 1979, 261-286), oder sie nehmen die Form kooperativer Verständigungshandlungen an (vgl. etwa Susanne Uhmann, »Selbstreparaturen in Alltagsdialogen: Ein Fall für eine integrative Konversationstheorie«, in: *Syntax des gesprochenen Deutsch*, hg. v. Peter Schlobinski, Opladen 1997, 157-180).
39 Vgl. hierzu insgesamt Springer, »Störung und Repair«.
40 Vgl. Willem J. M. Levelt, »The Architecture of Normal Spoken Language Use«, in: *Handbücher zur Sprach- und Kommunikationswissenschaft. Bd. 8: Linguistic Disorders and Pathologies*, hg. v. Gerhard Blanken u.a., Berlin u.a. 1993, 1-15, hier: 6f.; ebenso etwa Garrett, »Syntactic Processes«; vgl. auch Walter Kindt, »Koordinations-, Konstruktions- und Regulierungsprozesse bei der Bedeutungskonstitution: Neue Ergebnisse der Dynamischen Semantik«, unter: http://www.sfb360.-uni-bielefeld.de/reports/2001/2001-4.html [Stand: 7/2004]. Für Kindt bildet die »mitzuteilende Information« die Grundlage für die Wahl einer geeigneten Formulierung (ebd.).

externen Interventionen in den verschiedenen präverbalen und verbalen Phasen der Redeplanung und des Redevollzuges Unfälle zu beheben.[41] Zwei zentrale Annahmen konstituieren dieses Konzept: einmal die Annahme, daß jedem Sprachplanungsprozeß ein *präverbales kognitives Modell*, ein Muster der späteren Äußerung zugrunde liegt, ein Modell, das als normative Korrekturinstanz von Repair-Handlungen fungiert; dieses kognitive Modell enthält mindestens folgende Elemente: (a) den ›illokutionären Witz‹, d.h. den intentionalen Zustand, der im Vollzug der späteren Äußerung ausgedrückt werden soll,[42] (b) die propositionale Struktur der späteren Äußerung sowie (c) das Schema mit den für die Situationsadäquatheit der Äußerung notwendigen Voraussetzungen wie etwa der geeigneten sozialen Rolle für den Sprecher oder den für Sprecher und Rezipienten relevanten Wissensressourcen. Alle internen und externen Versprachlichungsprozesse operieren über dieses Modell, das sowohl das Korrekturprogramm des Monitors als auch natürlich die nachgeschalteten Prozesse der Redeplanung sowie der inneren und äußeren verbalen Realisierung steuert. Hieraus folgt – und dies ist die zweite Annahme, auf die sich das Kommunikationsmodell stützt –, daß *Repairs* grundsätzlich nur vor der normativen Folie eines letztlich allein dem Sprecher zugänglichen, intakten mentalen Äußerungskonzepts erfolgen können. Da die Sprachsubjekte autonome Produzenten der jeweiligen präverbalen kognitiven Modelle und ihrer verbalen Realisierungen sind, beschränkt sich die Rolle des Rezipienten – im ungestörten Falle – jeweils auf die *Entdeckung* dessen, was der Sprecher zu sagen intendiert.[43] Liegen in seiner Äußerung – etwa durch Versprecher oder durch die Wahl ungeeigneter Formulierungen – *Störungen*[u] vor und werden diese nicht bereits im Zuge des Selbst-Monitorings behoben, so kann der Rezipient durch die Signalisierung der Schwerverständlichkeit oder Unklarheit der Botschaft bei dem Sprecher Repairs initiieren. Die jeweiligen Rezipienten

---

41 Vgl. Kindt, »Bedeutungskonstitution«, der davon ausgeht, »daß Produzenten die Adäquatheit ihrer Formulierungen durch einen Abgleich der mitzuteilenden Information mit der bei der Selbstrezeption zugeordneten Bedeutung überprüfen«. Vgl. hierzu insbesondere Willem J. M. Levelt, »Monitoring and Self-repair in Speech«, in: *Cognition* 14 (1983), 41-104; ders., *From Intention to Articulation*, Cambridge 1989; ebenso ders. u.a., »Lexical Access in Speech Production«, in: *Behavioral and Brain Sciences* 22 (1999), 1-75.

42 Vgl. hierzu etwa John R. Searle, *Geist, Sprache und Gesellschaft*, übers. v. Harvey P. Gavagai, Frankfurt a. M. 2001, 175.

43 Vgl. Levelt, »The Architecture of Normal Spoken Language Use«, 12: »Recovering the speaker's intentions […] is the listener's ultimate goal.«

haben also keinen Anteil am Sprachproduktionsprozeß und sind nur insofern an der Korrektur von *miscommunications* beteiligt, als sie die Sprecher über explizit verbale oder auch nonverbale Fingerzeige wie Blickverhalten oder Körperausdruck, also über sogenanntes *back-channel-behavior*,[44] auf mögliche Defekte ihrer Äußerungen aufmerksam machen können,[45] die die Sprecher dann im Zuge eines Abgleichs der defekten Äußerung mit dem kognitiven Äußerungsmodell zu beheben in der Lage sind.

Wir müssen also, wenn wir das skizzierte Kommunikationsmodell zugrunde legen, davon ausgehen, daß das Monitoring-System, das aus Anlaß von Störungen *Repairs* auslöst, bei den Sprachsubjekten ausschließlich die Funktion hat, den Abgleich von u.U. fehlerhaften Realisierungen mit dem zugrundeliegenden kognitiven Äußerungsmodell und hieraus folgende Korrekturen zu gewährleisten. Das Äußerungsmodell seinerseits liegt allen Formen des kommunikativen Austauschs voraus und fundiert ihn allererst. Störung und *Repair* spielen sich also auf einer Ebene ab, die grundsätzlich *keine* intervenierende Funktion für die kognitive Ausprägung der Redeabsicht haben kann. Die Äußerung des Sprechers ist allein für den Rezipienten ein Hinweis auf seine Intention, nicht aber für den Sprecher selbst, für den seine Redeintention – als präverbal konstituiertes kognitives Modell der Äußerung – vor allen verbalperformativen Anstrengungen in absoluter Selbsttransparenz verfügbar ist. Störungen sind niemals Verstörungen des Sprachsubjektes selbst, sondern grundsätzlich innere Planungs- oder Performanzdefekte, die auf den verschiedenen Stationen von der Äußerungsplanung zur Ausführung auftreten (und prinzipiell durch entsprechende *Repairs* ausgeschaltet werden) können.

Nun hat allerdings bereits die gesprächsanalytische Forschung der Ethnomethodologie[46] gezeigt, daß *Repairs*, also die häufig in Nebensequen-

---

44 Vgl. hierzu etwa Starkey Duncan Jr./Donald W. Fiske, »The Turn System«, in: *Interaction Structure and Strategy*, hg. v. dens., Cambridge 1985, 43-64.
45 Levelt, »The Architecture of Normal Spoken Language Use«, 12: »Repairs are also often elicited by the interlocutor. She can make the speaker aware of some error or unclarity by saying what? By raising her eyebrows, or by other signals to the speaker. In normal conversation, speakers capitalize on this cooperative feedback.«
46 Vgl. Kindt, »Bedeutungskonstitution«; Barbara A. Fox u.a., »Resources and Repair: A Cross-Linguistic Study of the Syntactic Organization of Repair«, in: *In-*

zen[47] erfolgende Bearbeitung und Reformulierung vorausgegangener Äußerungen, zu denen sich Sprecher aufgrund der Interventionen von Rezipienten oder aus Eigenmotivation genötigt sehen, nicht nur korrigierende Operationen sind, die vom Sprecher durch einen systemimmanenten Rückgriff auf das präkommunikative kognitive Äußerungsmodell gesteuert werden. Die Rolle von Repairs erschöpft sich nicht in einer durch Störung ausgelösten Korrekturleistung: »Begriffe wie ›Korrektur‹« – so formulieren Hutchby und Wooffitt – »suggerieren, daß man in Repair-Operationen nur eintritt, wenn irgend etwas wirklich schiefgegangen ist. Es gibt aber Beispiele für Repair-Handlungen, ohne daß Irrtümer oder Fehler in der Konversation vorliegen.«[48] Die Ersetzung von Wörtern oder die Reformulierung von Äußerungssegmenten darf deshalb in einer großen Klasse von Fällen *nicht* als Ausdruck eines Korrekturbedürfnisses verstanden werden. Über die zweifellos existierende *korrektive* Funktion hinaus haben *Repairs* nämlich eine grundlegendere *konstruktive* Funktion: Sie ermöglichen die Ausfaltung der zu Redebeginn unausartikulierten Intention im Zuge interaktiver Verständigungshandlungen. In diesem Sinne können – so Raudaskoski – Repairs verstanden werden als »eine der Ressourcen, mit denen Bedeutung und Konversation organisiert werden. Unter dieser Perspektive stellen Repairs nicht etwa Hindernisse dar, sondern sie fungieren als Möglichkeitsbedingung […] für die Weisen, in denen Menschen miteinander kommunizieren.«[49]

Repairs werden also in einer – für das ›normale‹ Funktionieren symbolischer Verständigung – relevanten Klasse von Fällen durch Störungen ausgelöst, die keinen Defekt der Äußerung und keine performative Aberration einer präverbalen Redeintention signalisieren, sondern als Fingerzeige für die Notwendigkeit der *transkriptiven Weiterbearbeitung* der Äußerung fungieren: Störungen generieren insofern *Unterbrechungen* der flüssigen Rede – gleichsam *Time-out-Phasen* –, in denen die klärende Ausarbeitung der Redeintention vorangetrieben werden kann, ohne daß

---

teraction and Grammar, hg. v. Elinor Ochs u.a., Cambridge 1996, 185-237; Selting, »Reparaturen«; Barbara A. Fox, *Discourse Structure and Anaphora*, Cambridge 1987; Schegloff u.a., »Preference for Self-Correction«.

47 Vgl. Gail Jefferson, »Side Sequences«, in: *Studies in Social Interaction*, hg. v. David Sudnow, New York 1972, 294-338; ebenso Selting, »Reparaturen«.

48 Ian Hutchby/Robin Wooffitt, *Conversation Analysis*, Oxford/UK 1998, 59: »terms such as ›correction‹ suggest that people only need to engage in repair when something has clearly gone wrong; however, there are instances of repair even when there is no error or mistake in the conversation.«

49 Raudaskoski, »Repair Work«, 152.

die für die mündliche Rede charakteristischen rigiden Bedingungen des engen zeitlichen Verarbeitungsfensters für die Redeplanung über Gebühr wirksam werden. Time-out-Phasen dieser Art ermöglichen in der mündlichen Online-Kommunikation in systematisch analoger Form Leistungen, die in komfortabler Form erst die Schrift zur Verfügung gestellt und in struktureller Weise ausgefaltet hat: die transkriptive Umarbeitung nämlich der jeweils vorausgegangenen Episoden sprachlicher Entäußerungen auf einer den Interaktionspartnern jeweils zugänglichen Bühne symbolischer Performanz. Diese steht nicht nur dem Rede planenden Sprecher als diskursiver Ort von *Selbstinterventionen*, sondern auch dem/den Interaktanten als Ort hermeneutischer *Außeninterventionen* der Rede des jeweils anderen zur Verfügung. Störungsinduzierte Time-out-Phasen etablieren also gleichsam eine *semantische Aushandlungsbühne* für die sprachliche Sinnkonstitution, sowohl für die metaleptische Konstruktion der eigenen Redeintention als auch für die interaktive Verständnissicherung im performativen Vollzug der Redeentfaltung.

Sprechen (und Schreiben) verfahren also insofern transkriptiv, als bei beiden Arten symbolischer Performanz in den produktiven Prozeß der Zeichenhervorbringung konstitutiv rezeptive Momente der *Selbstlektüre* eingebaut sind, die sich als Formen der *Selbsttranskription* beschreiben lassen. Jede produktive Entfaltung einer linearen Kette von Zeichen ist an die Voraussetzung geknüpft, daß der Rede-/Schrift-Produzent konsekutiv und fortlaufend die geäußerten/geschriebenen Segmente seiner Rede/seines Textes wiederliest und sie mit einer in der Nachträglichkeit des symbolischen Vollzugs generierten ›ursprünglichen‹ Redeintention abgleicht (Monitoring). Jedes Element, das durch das Monitoring ›nachträglich‹ ratifiziert ist, erweist sich so als Transkription einer ›ursprünglichen‹ Redeintention, die in dieser Form zu Beginn der Rede nicht existent war. Daß also das Sprechen/Schreiben ständig genötigt ist, gleichsam – wie Michael Wetzel mit Blick auf Derrida formuliert – von sich selber Abschied zu nehmen, ohne auf seinen Ausgangspunkt ganz zurückzukommen,[50] mag insofern weniger Ausdruck einer ›Aporie der Einsprachigkeit‹ als vielmehr der Ausdruck der Imprägnierung oral/skripturaler Einsprachigkeit durch die Logik des Transkriptiven sein. In beide Formen semiologischer Performanz ist auf der Seite des Produzen-

---

50 Vgl. Michael Wetzel, »Unter Sprachen, unter Kulturen. Walter Benjamins Interlinearversion des Übersetzens als Inframedialität«, in: *Medien in Medien*, hg. v. Claudia Liebrand/Irmela Schneider, Köln 2002, 154-179.

ten ein rekursives Verfahren der *autohermeneutischen* Transkription[51] eingeschrieben, das die Re-›Lektüre‹ seiner Rede als die einer Sprache erzwingt, die immer schon durch eine öffentliche kulturelle Semantik ratifiziert und insofern nicht mehr nur seine ist. Auch in der dialogischen Rede ist umgekehrt jeder rezipientenseitige Verstehensprozeß geprägt durch die fortlaufend hypothetische Transkription der Rede des anderen, die die Form einer *heterorhetorischen*[52] Zu-Ende-Konstruktion der Alter-Äußerungen auf dem jeweiligen Stand ihrer Entfaltung, d.h. im Raum der Interventionspräsenz des anderen, annimmt. Der Prozeß des Schreibens folgt hier keiner prinzipiell anderen Entfaltungslogik, weil auch er fortwährend durch eine transkribierende Selbstlektüre vorangetrieben wird, wobei allerdings – und insofern läßt sich durchaus eine strukturelle Differenz zwischen Sprechen und Schreiben ausmachen – der entstehende Text einen *Raum der virtuellen Lesbarkeit* eröffnet, der sich prinzipiell von der Präsenz des Schreibvollzuges und damit vom Raum der Interventionspräsenz des Symbol-Produzenten und seiner heterorhetorischen Koaktivität ablöst.

Kurz: Die störungsinduzierten Time-out-Phasen der Rede, die den medialen Ort der Schrift markieren, öffnen immer wieder den Vorhang der *semantischen Aushandlungsbühnen,* auf denen sich in der sozialen Zirkulation der Zeichen das ›komplizierte Spiel‹ der Differenz- und Identitätsbildung entfaltet.

3. Remediation: Störung und Transparenz

Ich möchte nun im folgenden meine bislang vornehmlich zeichen- und kommunikationstheoretisch motivierte Argumentation in den allgemeineren Rahmen von Überlegungen zur performativen Logik des Medialen stellen, die an meinen Versuch anschließen, die Verfahren der Medien im Lichte einer Theorie der Transkriptivität näher zu bestimmen. Ich habe an anderer Stelle vorgeschlagen, *transkriptiv* alle intra- und intermedialen Verfahren der kulturellen Semantik zu nennen, die durch die wechselseitige Bezugnahme differenter Medien bzw. – im Falle der Sprache – symbolischer Mittel desselben Systems aufeinander Sinn inszenieren und dabei zugleich die These vertreten, daß Transkriptivität eine notwendige

---

51 Vgl. Ludwig Jäger, »Transkriptivität. Zur medialen Logik der kulturellen Semantik«, in: *Transkribieren. Medien/Lektüre,* hg. v. dems./Georg Stanitzek, München 2001, 19-41.
52 Vgl. Jäger, »Transkriptivität«.

Bedingung (kultureller) Semantik darstellt.⁵³ Mit Blick auf ein solches Modell der Transkriptivität sollte bislang herausgearbeitet werden, inwiefern ›Störung‹ als ein semiologisch produktiver Operator in das sinninszenierende Verfahren transkriptiver Produktivität eingeschrieben ist.

Das so ansatzweise skizzierte Modell intramedialer Transkriptivität muß nun im Hinblick auf seine mediale Logik durch ein *zweites* operatives Moment erweitert werden, das im Anschluß an die semiologische Tradition des frühen 19. Jahrhunderts ›Transparenz‹⁵⁴ genannt werden soll. ›Störung‹ und ›Transparenz‹ sind die beiden Aggregatzustände, die alle Prozesse medialer Sinn-Inszenierung durchlaufen. Das Modell, das ich hier vorschlage, geht also davon aus, daß sich kommunikative Verläufe in mindestens zwei Zuständen befinden können: (1) in dem der *Ungestörtheit*, in dem die jeweils verwendeten sprachlichen (symbolischen) Mittel als solche nicht thematisch sind, so daß ein unmittelbares »looking through« auf die Semantik des Kommunizierten möglich ist. Ein kommunikativer Zustand dieser Art läßt sich als Zustand medialer *Transparenz* beschreiben. Der transparente Modus ist – wie sich mit Blick auf Derridas Iterationsidee feststellen läßt – insbesondere auch dadurch gekennzeichnet, daß die ›strukturelle Parasität‹ der Zeichen-Iteration

---

53 Vgl. hierzu Jäger, »Transkriptivität«; ebenso ders., »Transkriptionen: Inframedial«, in: *Medien in Medien*, hg. v. Claudia Liebrand/Irmela Schneider, Köln 2002, 123-128, sowie ders., »Die Verfahren der Medien: Transkribieren – Adressieren – Lokalisieren«, in: *Die Kommunikation der Medien*, hg. v. Jürgen Fohrmann/Erhard Schüttpelz, Tübingen 2004, 67-78.

54 Der Begriff der Transparenz entstammt dem zeichentheoretischen (semiologischen) Diskurs und wird hier in einen kommunikationstheoretischen Zusammenhang gestellt. In der semiologischen Tradition, aus der er kommt, meint Transparenz nicht, daß das Medium im Dienst eines prämedial existierenden Gehaltes gläsern wird, sondern daß es gleichsam mit und hinter seiner inhaltskonstitutiven Leistung verschwindet. Der hier verwendete Begriff der Transparenz zielt also nicht auf die Gläsernheit des Zeichenausdrucks, sondern darauf, daß das ›durchsichtige‹ Medium in seiner inhaltskonstitutiven Leistung aufgeht und so die rezeptive Aufmerksamkeit von der Mediation auf das Mediierte verschiebt. Im Gegensatz zu diesem Terminusgebrauch spricht etwa Manovich, um hervorzuheben, daß Medien wie ›cultural interfaces‹ weit davon entfernt seien, »being a transparent window into the data« im Anschluß an Whorf/Sapir von der »›non-transparency of the code‹ idea«. Vgl. Lev Manovich, *The Language of New Media*, Cambridge/Mass., London/England, 64ff.; etwa analog zu unserer Begriffsverwendung sprechen Bolter und Grusin von »transparent immediacy«; vgl. Jay David Bolter/Richard Grusin, *Remediation. Understanding New Media*, Cambridge/Mass., London/England (¹1998) ⁴2001, hier etwa 21ff.

gleichsam virtuell bleibt und nicht als Brisur in Erscheinung tritt. Hiervon ist ein zweiter Zustand zu unterscheiden, (2) der Zustand der *Unterbrechung* des Transparenz-Modus durch den Redner selbst oder einen Interaktanten im Interesse der Stillstellung kommunizierter Zeichensequenzen und ihrer mono- oder interaktiven Bearbeitung auf der semantischen Aushandlungsbühne. Ein kommunikativer Zustand dieser Art bewirkt ein »looking at«[55] auf bestimmte thematisierte Ausschnitte der Rede in ihrer materialen Präsenz, weil diese aus dem kommunikativen Verlauf gelöst und Gegenstand transkriptiver Bearbeitung werden.[56] Diesen kommunikativen Zustand möchte ich als Zustand der *Störung* bezeichnen. Störungen markieren jenes Moment medialer Kommunikation, in dem sich die ›strukturelle Parasität‹ als – wie man weiter mit Derrida formulieren könnte – *différance,* d.h. als *Spur* und *Aufschub* habitualisierter Iterativität zur Geltung bringt.

Störung und Transparenz sollen also verstanden werden als zwei polare funktionale Zustände medialer Performanz, die konstitutiv eingeschrieben sind in das Verfahren der Transkription. Transkription ließe sich dann beschreiben als der jeweilige Übergang von Störung zu Transparenz, von De- zu Rekontextualisierung der fokussierten Zeichen/Medien und ihrer jeweiligen Iterationsbedingungen. Während Störung als Ausgangspunkt das transkriptive Verfahren der Remediation in Gang setzt und das Zeichen/Medium als (gestörter) Operator von Sinn in den Fokus der Aufmerksamkeit tritt, läßt sich Transparenz als der Zustand im Prozeß medialer Performanz ansehen, in dem das jeweilige Zeichen/Medium mit

---

55 Zur Unterscheidung von »looking through« und »looking at« vgl. Bolter/Grusin, *Remediation,* 41.
56 Mit transkriptiven Bearbeitungen von Redesequenzen sind nicht spontane Selbstkorrekturen gemeint, wie sie etwa im Rahmen der Versprecher-Forschung untersucht worden sind (vgl. etwa Levelt u.a., »Lexical Access in Speech Production«). Hier handelt es sich um sehr schnelle und effiziente (Selbst-)Korrekturen, die gleichsam dem Musterschutz der inkorrekt prozessierten sprachlichen Regeln gelten. Mit transkriptiven Verfahren sind vielmehr selbstexplikative und kooperative Verständigungshandlungen gemeint, wie sie etwa in der Ethnomethodologie untersucht worden sind: Reparatur-Sequenzen, »in denen ein Interaktionspartner – oft in einer Nebensequenz […] eine vorausgegangene Äußerung korrigiert oder präzisiert oder ein vom Rezipienten der Äußerung signalisiertes Verstehensproblem bearbeitet […].« (Selting, »Reparaturen«, 128). Transkriptive Bearbeitungen dieses Typs dienen nicht dem Muster-Regelschutz, sondern der Bearbeitung von Verstehens- und Verständigungsproblemen bzw. der metaleptischen Bearbeitung der eigenen Redeintention; sie haben eher muster-/regel-transformierende als konservierende Effekte.

Bezug auf den Gehalt, den es mediatisiert (distribuiert, archiviert, konstituiert), verschwindet, transparent wird. Störung und Transparenz markieren also zwei Modi der Sichtbarkeit, die sich in der Regel wechselseitig ausschließen: die Sichtbarkeit des Mediums und die des Mediatisierten. Die *Unsichtbarkeit* (Transparenz) des Zeichens/Mediums ermöglicht, da in diesem Aggregatzustand seine Iterationsbedingungen nicht thematisch sind, den ungestörten ›Realismus‹ des Mediatisierten, während das *Sichtbarwerden* des Mediums, d.h. die Irritation der habitualisierten Gebrauchskontexte, die heraufziehende Krise des ontologischen Scheins indiziert, der dann an den mediatisierten Objekten schwindet. Realismus ist, wie Goodman feststellt, medienrelativ: »er wird durch das Repräsentationssystem festgelegt, das für eine gegebene Kultur oder Person zu einer gegebenen Zeit die Norm ist«,[57] bzw. durch das mediale Dispositiv, in dem sich Kommunikation jeweils vollzieht. Der Realismus, mit dem symbolische Mittel repräsentieren,[58] ist dabei um so höher, je vertrauter (transparenter) die gewählten Mittel sind. Mediale Darstellungen erscheinen uns dann realistisch, wenn »die Praxis [...] die Symbole so transparent [hat] werden lassen, daß wir uns einer Anstrengung oder irgendwelcher Alternativen oder der Tatsache, daß wir interpretieren, überhaupt nicht bewußt sind«.[59] In kommunikativen Zuständen dieser Art wird die Mediatisiertheit des Realen »durch unsere Neigung verschleiert, einen Bezugsrahmen dann nicht zu spezifizieren, wenn er unser eigener ist«[60] oder – anders formuliert – wenn es unser eigenes, gegenwärtiges (je ungestörtes) Sprachspiel ist, das als Symbolsystem in Dienst ist. Erst »Normenwechsel«,[61] also Effekte von Störungen, erst die Erosion habitualisierter Bezugsrahmen, lassen die mediale Relativität des Realen und damit das symbolische Repräsentationssystem selbst als ›Weise der Welterzeugung‹[62] wieder sichtbar werden.[63] Natürlich sind Krisen dieser

---

57 Goodman, *Sprachen der Kunst*, 45.
58 Repräsentation heißt für Goodman nicht »Spiegelung«. (Bildliche) Repräsentation und (verbale) Beschreibung sind Arten der Denotation: »Dadurch wird die Repräsentation von der verdrehten Vorstellung befreit, daß es sich bei ihr um einen der Spiegelung vergleichbaren, überaus verfeinerten physikalischen Prozeß handelt; sie ist als eine symbolische Beziehung erkannt, die relativ und variabel ist« (ebd., 50).
59 Ebd., 44f.
60 Ebd., 45.
61 Ebd., 46.
62 Vgl. Nelson Goodman, *Weisen der Welterzeugung*, übers. v. Max Looser, Frankfurt a. M. 1990.
63 Zu einer kritischen Auseinandersetzung mit den medientheoretischen Implika-

Art als Störungen des semantischen Gleichgewichts nicht nur epochale Ereignisse, von denen kulturelle Sehweisen und Weltbilder von Zeit zu Zeit heimgesucht werden; sie sind vielmehr vor allem auch geläufige Durchgangsstadien, die kommunikative Prozesse nach der ihnen eigenen Logik der Transkriptivität allenthalben durchlaufen und die sie auch wieder verlassen mit dem Wiedereintritt der Kommunikaton in Phasen der Transparenz.

Störung soll also – wie die bisherige Skizze gezeigt hat – jeder Zustand im Verlauf einer Kommunikation heißen, der bewirkt, daß ein Medium (operativ) seine Transparenz verliert und in seiner Materialität wahrgenommen wird, und Transparenz jeder Zustand, in dem die Kommunikation nicht ›gestört‹ ist, also das Medium als Medium nicht im Fokus der Aufmerksamkeit steht, etwa in dem Sinne, in dem Luhmann davon ausgeht, daß im interdependenten Verhältnis von Medium und Form die Form sichtbar ist und das Medium unsichtbar bleibt.[64] Übertrüge man das Störung-Transparenz-Modell auf die Medium-Form-Unterscheidung Luhmanns, wäre Störung der Zustand einer Kommunikation, in dem nicht durch das (unsichtbare) Medium die Form, sondern am Medium die »Kontingenz der Formbildungen«[65] bzw. »die freie Kapazität des medialen Substrats zu immer neuen Koppelungen«[66] beobachtet würde. Man könnte auch – im Anschluß an Edgar Rubin und Marshall McLuhan – sagen, daß der mediale Prozeß im Zustand der Störung das Medium als Figur in den Fokus der Aufmerksamkeit rückt, während es im Zustand der Transparenz in den Hintergrund tritt: »Alle kulturellen Situationen setzen sich aus einem Bereich der Aufmerksamkeit (der Figur) und einem größeren Bereich, der der Aufmerksamkeit entgeht, zusammen (dem

---

tionen der Goodmanschen Symboltheorie vgl. William J. T. Mitchell, *Picture Theory. Essays on Verbal and Visual Representation*, Chicago, London 1994, 345-362.

64 Vgl. hierzu etwa Niklas Luhmann, *Die Gesellschaft der Gesellschaft*, Frankfurt a. M. 1997, 190-202. So gilt etwa für Wahrnehmungsmedien: »Man sieht nicht das Licht, sondern die Dinge […]. Man hört nicht die Luft, sondern Geräusche.« (Ebd., 201); vgl. hierzu auch Sybille Krämer, »Das Medium als Spur und als Apparat«, in: *Medien – Computer – Realität. Wirklichkeitsvorstellungen und neue Medien*, hg. v. ders., Frankfurt a. M. 1998, 73-94: Sie formuliert hier im Anschluß an Luhmann, »daß wo immer wir Medien begegnen, wir nicht etwa Medien selbst, sondern nur Formen wahrnehmen« (ebd., 76); ebenso dies., *Sprache, Sprechakt, Kommunikation*, 157: »Überdies ist die Form sichtbar – das Medium bleibt dagegen unsichtbar.«

65 Niklas Luhmann, *Die Kunst der Gesellschaft*, Frankfurt a. M. 1997, 168.

66 Luhmann, *Gesellschaft der Gesellschaft*, 200.

Grund). Beide stehen in einem unablässigen Wechselspiel, in dem sie sich gegenseitig abschleifen [...].«[67] Wenn man Alfred Schütz beizöge, könnten wir auch den Zustand der Störung als das *Relevantwerden des Mediums* und den Zustand der Transparenz als seinen Wiedereintritt in den *Modus der Vertrautheit* beschreiben.[68] Mir scheint allerdings, daß für die Ausfaltung der prozessualen Komplementarität von Störung und Transparenz noch erhellender als die begrifflichen Analogien, die Luhmann, Rubin, McLuhan und Schütz bereitstellen, ein Begriffspaar sein könnte, das im Diskurs der analytischen Philosophie in einem eher forschungslogischen Kontext diskutiert worden ist, die Begriffe nämlich des *impliziten* und des *expliziten Wissens*.[69] In einem weiten Sinne lassen sich transkriptive Prozesse, sofern man sie als Prozesse begreift, die von Störung aus- und in Transparenz übergehen, dann verstehen als Prozesse des »Ausdrückens«: »nicht als eine Sache des Transformierens von etwas Innerem in ein Äußeres [...], sondern als Explizitmachen des Impliziten«.[70] Wenn – wie Robert Brandom formuliert – »das, was ausgedrückt wird, anhand der Möglichkeit verstanden werden [muß], es auszudrücken«,[71] gehört es zu den Konstitutionsbedingungen der impliziten (transparenten) Semantik, daß sie – im Falle von kommunikativen Störungen – in explikativen (transkriptiven) Verfahren verständlich gemacht werden können muß.[72] *Expressivität* ist insofern die medial-diskursive Markie-

---

67 Marshall McLuhan, »The Global Village«, in: *Der McLuhan-Reader*, hg. u. übers. v. Martin Baltes u.a., Mannheim 1997, 223-235, hier: 226; vgl. hierzu Jürgen Fohrmann, »›Schulinspektor‹, ›binary digits‹ und ›kulturelles Netzwerk‹. Über einige Gemeinsamkeiten der Medien- und Kommunikationstheorie zwischen den 1930er und 1960er Jahren«, unveröff. Ms., Köln 2003.
68 Vgl. Schütz, *Das Problem der Relevanz*; vgl. hierzu Ludwig Jäger, »Zeichen/Spuren. Skizzen zum Problem der Zeichenmedialität«, in: *Schnittstelle: Medien und kulturelle Kommunikation*, hg. v. Georg Stanitzek/Wilhelm Voßkamp, Köln 2001, 17-31.
69 Vgl. hierzu etwa Hare, »Philosophische Entdeckungen«; Michael Polanyi, *Implizites Wissen*, übers. v. Horst Brühmann, Frankfurt a. M. 1985 [englisch: *The Tacit Dimension*, Garden City, New York 1966]; Robert B. Brandom, *Begründen und Begreifen. Eine Einführung in den Inferentialismus*, übers. v. Eva Gilmer, Frankfurt a. M. 2001.
70 Brandom, *Begründen und Begreifen*, 18.
71 Ebd., 19.
72 Hegel hat das Theorem des »Expressivismus« (Brandom, *Begründen und Begreifen*, 16ff.) so formuliert: »Es ist aber auch lächerlich, das Gebundensein des Gedanken an das Wort für einen Mangel des ersteren und für ein Unglück anzusehen; denn obgleich man gewöhnlich meint, das Unaussprechliche sei gerade

rung, ohne die sich kein mentales Innen als Gehalt möglichen Ausdrucks bilden kann. Während also im Zustand medialer Transparenz Semantik in der Form *stillen Wissens* prozessiert wird (und insofern die Iterationsbedingungen von Zeichen/Medien unsichtbar bleiben), bedarf es explikativer (transkriptiver) Handlungen dann, wenn das Implizite in der einen oder anderen Form problematisch bzw. thematisch wird und damit das Medium als solches (samt seiner Iterabilität) zum Vorschein kommt. Geht man von einer solchen Voraussetzung aus, ist das Zeichen/Medium jener Vermittler[73] von etwas, der – je nach kommunikativem Aggregatzustand – zwischen Figur und Grund bzw. zwischen Relevanz und Vertrautheit changiert, wobei es genau dieses ständige Changieren ist, das das Medium mehr sein läßt als Ausdruck und Übermittler eines Inneren: nämlich Explikator eines Impliziten, das, indem es expliziert wird, seinen epistemischen Status derart verändert, daß man sagen kann: Das Implizite wird durch seine Explikation nicht nur zum Ausdruck gebracht, sondern in einem gewissen Sinn auch konstituiert.[74] Das Medium ist dann

das Vortrefflichste, so hat diese von der Eitelkeit gehegte Meinung doch gar keinen Grund, da das Unaussprechliche in Wahrheit nur etwas Trübes, Gärendes ist, das erst, wenn es zu Worte zu kommen vermag, Klarheit gewinnt. Das Wort gibt demnach den Gedanken ihr würdigstes und wahrhaftestes Dasein.« Vgl. Georg W. F. Hegel, *Enzyklopädie der philologischen Wissenschaften III. Die Philosophie des Geistes*, Werke Bd. *10*, hg. v. Eva Moldenhauer/Karl M. Michel, Frankfurt a. M. 1970, 280, § 462, Zusatz.

73 »Vermittler« im Sinne Engells und Vogls, die Medium verstehen als »Mitte und Mittleres, Vermittlung und Vermittler«; vgl. das Vorwort von Lorenz Engell und Joseph Vogl in: *Kursbuch Medienkultur. Die maßgeblichen Theorien von Brecht bis Baudrillard*, hg. v. Claus Pias u.a., Stuttgart 1999, 8-11, hier: 9.

74 Zumindest fügt die Explikation eines Impliziten – etwa die Formulierung der Gebrauchsregel eines sprachlichen Ausdrucks – dem Verwendenkönnen dieses Ausdrucks etwas hinzu, was man eine »Entdeckung« nennen könnte: Sie fügt dem Wissen, wie man den Ausdruck gebraucht, das Wissen-daß und damit das Formulieren-Können, daß der Ausdruck so und so gebraucht wird, hinzu. Explikationen (eines Impliziten) dieses Typs sind also nicht analytisch, sondern synthetisch (und da sie – im Falle »philosophischer Entdeckungen« – auch die Eigenschaften der Universalität, des Apriorischen und der notwendigen Geltung zu haben scheinen, könnte man – wie Hare formuliert – versucht sein, sie für synthetische Urteile a priori zu halten (vgl. Hare, »Philosophische Entdeckungen«, 139ff.)). Tatsächlich markieren synthetische Explikationen im Übergang von ›wissen wie‹ zu ›wissen daß‹ im Kommunikationsprozeß den iterativen Übergang von gestörter Transparenz zum Wiedereintritt in Transparenz. Das heißt auch, daß die explizierte Semantik, die nun wieder stilles Wissen wird, in keinem analytischen Verhältnis zu der impliziten Semantik steht, die expliziert wurde. Im semantischen Netz hat eine Verschiebung stattgefunden.

der (performative) Ort, der Verfahrensort, an dem implizite Semantik explizit wird, um – im Falle ›ungestörter‹ Kommunikation – wieder in den Zustand des Impliziten einzutreten, wodurch das Medium hinter der Semantik, die es mit organisiert, verschwindet (ohne allerdings wirklich abwesend zu sein). Explikationen sind insofern Prozesse der (störungsinduzierten) Fokussierung und Thematisierung von Zeichen/Medien (und ihrer impliziten Semantik) – im Interesse der Erzeugung semantischer Effekte –, die, wenn sie eintreten, das Medium als Medium wieder aus dem Fokus der Aufmerksamkeit verschieben. Sie sind Prozesse der *rekursiven Selbstverarbeitung*, d.h. der autoreflexiven Anwendung von Kommunikation auf die Ergebnisse von Kommunikation:[75] Es zeigt sich hier, daß nicht erst – wie McLuhan annimmt – das Modell der Automation, sondern bereits das Modell der sog. natürlichen (sprachlichen) Kommunikation, insofern es der Logik medialer Verfahren folgt (und natürlich den Verfahren der Medien insgesamt) –, durch »Rückkopplung« bestimmt ist: Rückkopplung bedeutet für McLuhan »das Einführen einer Informations-›Schlinge‹ oder eines Kreises dort, wo vorher nur der Fluß in eine Richtung [...] gegeben war«.[76] Ich möchte diese Rückkopplungsbewegung, die in natürlichen Sprachen ihren ursprünglichen Ort hat, aber auch in den Verfahren nichtsprachlicher Mediensysteme in der einen oder anderen Form operativ anwesend ist, wie ich oben bereits angedeutet habe, *rekursive Transkriptivität* nennen:[77] Es ist dieses Verfahren rekursiver Transkriptivität, das die Zustände Störung und Transparenz durchläuft und so die Prozesse der kulturellen Semantik in Gang hält und stabilisiert. Die These, die hier vertreten wird, ist also die, daß die Transparenz des Mediums keine ›Eigenschaft‹ des Mediums ist, sondern ein Aggregatzustand, den das Medium dann annimmt, wenn die mediatisierte Semantik als stilles Wissen kommunikativ nicht ›gestört‹ ist, ebenso wie umgekehrt Störung kein parasitärer Defekt der Kommunika-

---

75 Vgl. hierzu Luhmanns Begriff des rekursiven »Eigenverhaltens« von Systemen: »Er [der Begriff ›Eigenverhalten‹] bezeichnet eine im rekursiven Verfahren der Anwendung des Verfahrens auf die Resultate des Verfahrens sich einstellende Stabilität.« Vgl. Luhmann, *Gesellschaft der Gesellschaft*, 218.
76 Vgl. Marshall McLuhan, »Automation«, in: ders., *Die magischen Kanäle [»Understanding Media«]*, übers. v. Meinrad Amann, Düsseldorf u.a. 1992, 393-407, hier: 396; hierzu auch Fohrmann, »›Schulinspektor‹, ›binary digits‹ und ›kulturelles Netzwerk‹«.
77 Vgl. hierzu Ludwig Jäger, »Vom Eigensinn des Mediums Sprache«, in: Brisante Semantik. Neuere Konzepte und Forschungsergebnisse einer kulturwissenschaftlichen Linguistik, hg. v. Dietrich Busse, Tübingen 2005, 45-64.

tion ist, sondern jener kommunikative Aggregatzustand, in dem das Zeichen/Medium als solches sichtbar und damit semantisierbar wird, jener Zustand also, der, wenn er eintritt, immer mit Remediatisierungs-, d.h. Transkriptionsbedarf, mit einer Aktivierung ›struktureller Parasität‹ verknüpft ist.

Die These, daß eine jeweils die Aggregatzustände der Störung und der Transparenz durchlaufende transkriptive Verfahrenslogik aus der Mikrologik der Sprache über die Schrift in andere mediale Formate ausgewandert ist, würde einiges an Plausibilität gewinnen, wenn sich die Spuren dieser Wanderung in diesen Medien fänden. In der Tat scheint mir, daß sich auch die sog. »Neuen Medien«[78] in gewissen Grenzen mit dem Störung-Transparenz-Modell beobachten lassen – unabhängig davon, ob wir sie mit Manovich[79] oder Bolter und Grusin[80] als »kulturelle Objekte« verstehen, durch die kulturelle Kategorien und Konzepte ständig remediatisiert bzw. rekonzeptualisiert werden, oder mit Latour als Verfahren zur Hervorbringung von Hybriden, von Quasi-Objekten, in denen sich Natur, Subjekt und Sozialität jeden Tag neu ›zusammenbrauen‹.[81] Auch Kommunikationen, die auf dem Feld der neuen Medien prozessiert werden, durchlaufen remediative Verfahren rekursiver Transkriptivität, in denen Medien auf Medien angewandt werden: »Es ist leicht zu sehen« – so formulieren Bolter und Grusin – »daß Hypermedien immer als explizite Akte der Remediation auftreten: Sie importieren ältere Medien in

---

78 Vgl. etwa Bolter/Grusin, *Remediation*; ebenso Manovich, *Language of New Media*.
79 Vgl. Manovich, *Language of New Media*, 15 sowie 47: »In new media lingo, to ›transcode‹ something is to translate it into another format. The computerization of culture gradually accomplishes similar transcoding in relation to all cultural categories and concepts. That is, cultural categories and concepts are substituted, on the level of meaning and/or language, by new ones that derive from computer's ontology, epistemology, and pragmatics. New media thus acts as a forerunner of this more general process of cultural reconceptualization.«
80 Bolter/Grusin betrachten *Neue Medien* selbst als Hybriden: »Furthermore, media technologies constitute networks or hybrids that can be expressed in physical, social, aesthetic, and economic terms. Introducing a new media technology does not mean [...] inventing new hardware and software, but rather fashioning (or refashioning) such a network« (Bolter/Grusin, *Remediation*, 19).
81 Vgl. Bruno Latour, *Wir sind nie modern gewesen. Versuch einer symmetrischen Anthropologie*, Frankfurt a. M. 2002, 8f.: »Denn es häufen sich die Hybridartikel, die eine Kreuzung sind aus Wissenschaft, Politik, Ökonomie, Recht, Religion, Technik und Fiktion. Wenn die Lektüre der Tageszeitung das Gebet des modernen Menschen ist, dann betet heute bei der Lektüre dieses Gemenges ein seltsamer Mensch. Die ganze Kultur und die ganze Natur werden Tag für Tag neu zusammengebraut«; vgl. ebenso ebd. 68f.

den digitalen Raum, um sie zu kritisieren und umzugestalten.«[82] Auch die neuen Medien folgen also einer transkriptiven Logik der kulturellen Semantik derart, daß sie die realitätskonstitutiven Leistungen der älteren (transparenten) Medien in ihrer symbolisch epistemologischen Leistung zu überbieten trachten, um den Preis allerdings, daß sie im Zuge der Remediatisierung als Medien sichtbar werden. Remediation korreliert in dem gleichen Maße mit Störung, wie es grundsätzlich auch umgekehrt die Tendenz des Remediationsprozesses zu sein scheint, fortwährend die Sichtbarkeit des Medialen zu löschen – dieses wieder transparent werden zu lassen – und die Sichtbarkeit des Medialen durch die des Mediatisierten zu substituieren: In alle Medien ist – wie Bolter und Grusin vermuten – das Begehren eingeschrieben, »hinter die Grenzen der Repräsentation zu gelangen und das Reale selbst zu erreichen«.[83]

Bolter und Grusin scheinen nun in ihrer Analyse der Remediationsprozesse dazu zu tendieren, gleichsam eine Ontologie des Medialen zu entwerfen, indem sie *Medien der Transparenz* von *Medien der Störung* unterscheiden: Sie gehen in ihrer Analyse davon aus, daß die Verfahren der neuen Medien einer »Doppel-Logik der Remediation«[84] folgen, der Doppel-Logik von »immediacy« und der »hypermediacy«. Beide Logiken operieren in zwei Klassen von Medien, die – auch wenn zwischen ihnen Oszillation stattfindet[85] – jeweils durch ihre divergierenden operativen Verfahrensformen konstituiert werden:

(1) Computersysteme etwa, die virtuelle Realität erzeugen, folgen – wie zuvor in der Mediengeschichte bereits die realistische Malerei und Photographie[86] – einer »Logik der transparenten Unmittelbarkeit (immediacy)«,[87] denn sie alle versuchen Unmittelbarkeit zustande zu bringen da-

---

82 Bolter/Grusin, *Remediation*, 53 [Übersetzungen von mir].
83 Ebd., 53.
84 Ebd., 4, 5, 34, 55, 232; zum Begriff der »remediation« vgl. etwa ebd., 45: »[...] we call the representation of one medium in another remediation, and will argue that remediation is a defining characteristic of the new digital media«; ebenso 55: »It would seem, then, that all mediation is remediation. [...] No medium, it seems, can now function independently and establish its own separate and purified space of cultural meaning.«
85 Ebd., 19; ebenso 4: »Our culture wants both to multiply its media and to erase all traces of mediation: ideally, it wants to erase its media in the very act of multiplying them.«
86 Zum Problem der realistischen (»transparenten«) im Gegensatz zur »opaken« Photographie, in der das Prinzip der »Fremdreferenz« aufgegeben sei, vgl. etwa Winfried Nöth, »Zwischen Fremdreferenz und Selbstreferenz«, in: *Rethinking Photography I + II*, hg. v. Ruth Horak, Salzburg 2003, 23-39.
87 Bolter/Grusin, *Remediation*, 23.

durch, »daß sie im Akte der Mediatisierung die Präsenz des Mediums ignorieren und leugnen«.[88] Medien, die virtuelle Realität erzeugen (VR-Medien), versprechen uns »transparente, perzeptuelle Unmittelbarkeit, Erfahrung ohne Mediation«.[89] Ihre Entwicklungsdynamik wird inhärent bestimmt durch das Ziel, die Virtualität erzeugende digitale Technologie im Prozeß der Mediation durch ein »›interfaceloses‹ Interface«[90] auszulöschen:

> Virtuelle Realität, dreidimensionale Graphik und graphisches Interface-Design versuchen alle digitale Technologie ›transparent‹ zu machen. In diesem Sinne würde ein transparentes Interface eines sein, das sich selber auslöscht, so daß der Mediennutzer sich nicht länger des Umstandes bewußt ist, daß er es mit einem Medium zu tun hat, sondern in einer Beziehung der Unmittelbarkeit zu den Inhalten dieses Mediums steht.[91]

Die »Logik der transparenten Unmittelbarkeit (immediacy)« bestimmt also – so Bolter und Grusin – die Verfahrenslogik jener Medien, die als sich selbst auslöschende Medien[92] angesehen werden können, weil sie die Möglichkeit eines medial unvermittelten Zugriffs auf die gleichsam prämediale Semantik des Mediums suggerieren.

(2) Im Gegensatz hierzu folgt die »Logik der Hypermedialität (hypermediacy)« als Logik einer zweiten Klasse von Medien einem Prinzip, das dem der Transparenz diametral entgegengesetzt ist:[93] dem Prinzip der *Undurchsichtigkeit* (»opacity«[94]). Der heterogene visuelle Stil von Hyper-Medien, etwa der Seiten des *World Wide Web*, von Multimedia-Programmen und Videospielen generiert eine völlig neue Form der Medienerfahrung, die aus der Kombination von Fernsehen und Computertechnologie

---

88 Ebd., 11, 27, Marginalie 4: »Computer graphics, representational painting, and traditional photography efface the visible signs of agency.«
89 Ebd., 22f.
90 Ebd., 23.
91 Ebd., 23f.
92 Vgl. ebd., 25: So kann etwa – wie Bolter/Grusin im Anschluß an Norman Bryson meinen – die Ölmalerei über weite Teile der westlichen Tradition als »erasive medium« angesehen werden: »What it must first erase is the surface of the picture-plane.«
93 Ebd., 34, 37: »At the end of the twentieth century, we are in the position to understand hypermediacy as immediacy's opposite number […] hypermediacy was the counterpart to transparency […].«
94 Ebd., 19; hierzu auch Nöth, »Fremdreferenz«.

resultiert, und durch die Bilder, Töne, Texte, Animationen und Videos in einer Vielzahl von ›Fenstern‹ auf dem Bildschirm zusammengeführt werden können. Jedes dieser Fenster folgt einer eigenen medialen Logik,[95] die den Nutzer zwingt, ständig mit dem Interface zu interagieren und zwischen der Manipulation der Fenster und der Wahrnehmung ihrer Inhalte hin- und herzuwechseln, mit dem Effekt, daß anders als bei Transparenz-Medien »das Desktop-Interface sich nicht selbst zum Verschwinden bringt«.[96] Das Medium erfordert vielmehr als Medium einen beträchtlichen Teil der Aufmerksamkeit: »In der Logik der Hypermedien bemüht sich der Multimedia-Programmierer, den Mediennutzer dazu zu bringen, das Medium als Medium anzuerkennen […].«[97] Wir können also – wenn wir Bolter und Grusin folgen – die beiden Logiken der Remediation in folgender Weise einander entgegensetzen: »Während die Logik der immediacy dazu führt, daß man entweder den (medialen) Akt der Repräsentation löscht oder ihn automatisiert, erkennt die Logik der hypermediacy die vielfältigen Akte der Repräsentationen und macht sie sichtbar.«[98]

So plausibel sich nun auf den ersten Blick die Klassifikation der Medien ausnimmt, die Bolter und Grusin vorschlagen, sowenig lassen sie sich bei näherem Besehen mit einem prozeduralen Modell medialer Kommunikation in Übereinstimmung bringen. Vergegenwärtigt man sich vor dem Hintergrund unserer bisher entworfenen Skizze den operativen Status der Begriffe *Störung* und *Transparenz*, so ist es nur wenig wahrscheinlich, daß es sich hierbei um Eigenschaften handelt, die sich Klassen von Medien attribuieren lassen. Auch hinsichtlich der Neuen Medien bezeichnen sie eher Aggregatzustände der Kommunikation, so daß nicht allzuviel dafür spricht, daß eine Logik der *Selbstvisibilisierung* in die symbolische Ordnung von Hypermedien attributiv eingeschrieben ist – oder die Logik der *Selbstauslöschung* in die der VR-Medien. Daß Hypermedien ihre Darstellungsverfahren ausstellen – wenn sie dies über-

---

95 Vgl. Bolter/Grusin, *Remediation*, 33: »[…] each text window defines its own verbal, each graphic window its own visual, point of view.«
96 Ebd., 33.
97 Ebd., 41f.
98 Ebd., 33f.; beiden Logiken entsprechen »two versions of contemporary mediated self«, zwei allerdings nicht entgegengesetzte, sondern komplementäre Konstruktionen des medialen Ichs, die jeweils verschiedene Schlüsselqualifikationen ausgebildet haben: (1) »being immersed« (das Ich der »logic of transparent immediacy«) und (2) »being interrelated or connected« (das Ich der »logic of hypermediacy«); vgl. ebd., 231-240, hier: 232.

haupt tun –, dürfte eher ein Effekt kultureller Unvertrautheit, als der einer inhärenten Logik des Mediums sein. Bolter und Grusin scheinen sich dieses Umstandes – trotz ihrer Überzeugung, daß Hypermedien den Zustand der Transparenz niemals erreichen können[99] – durchaus insofern bewußt zu sein, als sie einräumen, daß die »Logik der immediacy« gleichsam als Telos in die »Logik der hypermediacy« eingeschrieben sei.[100] Die Sichtbarkeit wäre dann nur ein operationaler Zustand, der immer dann eintritt, wenn ein neues Medium über die (technologischen) Mittel zu verfügen vorgibt, »immediacy« eindrücklicher und authentischer herzustellen als das remediatisierte alte Medium.[101] Für diese operative Deutung der Selbstvisibilisierung spricht einiges. Folgt man ihr, so bedeutet dies: Transparenz bestimmt auch die Kommunikation mit Hypermedien, sofern diese als mediale Apparate über ihre eigene (automatisierte) Gebrauchsästhetik verfügen und als vertraute Formen des symbolischen Ausdrucks in das stille Wissen der Mediennutzer abgesunken sind. Und Störung würde immer dann auch in VR-Medien auftreten, wenn sich in deren mediale Kommunikation Krisen der Authentizität des Mediatisierten einschleichen.

Literatur

Austin, John Langshaw, *Zur Theorie der Sprechakte*, übers. v. Eike von Savigny, Stuttgart 1979.
Bolter, Jay David/Richard Grusin, *Remediation. Understanding New Media*, Cambridge/Mass., London/England ([1]1998) [4]2001.
Brandom, Robert B., *Begründen und Begreifen. Eine Einführung in den Inferentialismus*, übers. v. Eva Gilmer, Frankfurt a. M. 2001.
Derrida, Jacques, *Grammatologie*, übers. v. Hans-Jörg Rheinberger/ Hanns Zischler, Frankfurt a. M. 1974.
– *Die Stimme und das Phänomen. Ein Essay über das Problem des Zeichens in der Philosophie Husserls*, übers. v. Jochen Hörisch, Frankfurt a. M. 1979.

---

99 Vgl. ebd., 50.
100 Vgl. ebd., 34: »In every manifestation, hypermediacy makes us aware of the medium or media and (in sometimes subtle and sometimes obvious ways) reminds us of our desire for immediacy.«
101 Vgl. ebd., 19: »Although each medium promises to reform its predecessors by offering a more immediate or authentic experience, the promise of reform inevitably leads us to become aware of the new medium as a medium.«

- »Signatur Ereignis Kontext«, in: ders., *Limited Inc*, übers. v. Werner Rappl/Dagmar Travern, Wien 2001, 15-45.
- Duncan, Starkey Jr./Donald W. Fiske, »The Turn System«, in: *Interaction Structure and Strategy*, hg. v. dens., Cambridge 1985, 43-64.
- Engell, Lorenz/JosephVogl, »Vorwort«, in: *Kursbuch Medienkultur. Die maßgeblichen Theorien von Brecht bis Baudrillard*, hg. v. Claus Pias u.a., Stuttgart 1999, 8-11.
- Fohrmann, Jürgen, »›Schulinspektor‹, ›binary digits‹ und ›kulturelles Netzwerk‹. Über einige Gemeinsamkeiten der Medien- und Kommunikationstheorie zwischen den 1930er und 1960er Jahren«, unveröff. Ms., Köln 2003.
- Fox, Barbara A., *Discourse Structure and Anaphora*, Cambridge 1987.
- u.a., »Resources and Repair: A Cross-Linguistic Study of the Syntactic Organization of Repair«, in: *Interaction and Grammar*, hg. v. Elinor Ochs u.a., Cambridge 1996, 185-237.
- Garrett, Merrill, »Syntactic Processes in Sentence Production«, in: *Speech Production*, hg. v. Brian Butterworth, New York 1980, 170-220.
- Goodman, Nelson, *Weisen der Welterzeugung*, übers. v. Max Looser, Frankfurt a. M. 1990.
- *Sprachen der Kunst. Entwurf einer Symboltheorie*, übers. v. Bernd Philippi, Frankfurt a. M. 1998.
- Hare, Richard M., »Philosophische Entdeckungen«, in: *Linguistik und Philosophie*, hg. v. Günther Grewendorf/Georg Meggle, Frankfurt a. M. 1984, 131-154.
- Hegel, Georg W. F., *Enzyklopädie der philologischen Wissenschaften III. Die Philosophie des Geistes, Werke*, Bd. 10, hg. v. Eva Moldenhauer/Karl M. Michel, Frankfurt a. M. 1970.
- Hutchby, Ian/Robin Wooffitt, *Conversation Analysis*, Oxford/UK 1998.
- Jäger, Ludwig, »Zeichen/Spuren. Skizzen zum Problem der Zeichenmedialität«, in: *Schnittstelle: Medien und kulturelle Kommunikation*, hg. v. Georg Stanitzek/Wilhelm Voßkamp, Köln 2001, 17-31.
- »Neurosemiologie. Das transdisziplinäre Fundament der Saussureschen Sprachidee«, in: *Cahiers Ferdinand de Saussure* 54 (2001), 289-337.
- »Transkriptivität. Zur medialen Logik der kulturellen Semantik«, in: *Transkribieren. Medien/Lektüre*, hg. v. dems./Georg Stanitzek, München 2001, 19-41.
- »Sprache und Schrift. Literalitäts-Mythos und Metalanguage Hypothesis«, in: *Schriftgedächtnis – Schriftkulturen,* hg. v. Vittoria Borsò u.a., Stuttgart, Weimar 2002, 197-217.
- »Transkriptionen: Inframedial«, in: *Medien in Medien*, hg. v. Claudia Liebrand/Irmela Schneider, Köln 2002, 123-128.

- »Wissenschaft der Sprache. Einleitender Kommentar zu den Notizen aus dem Gartenhaus«, in: Ferdinand de Saussure, *Wissenschaft der Sprache. Neue Texte aus dem Nachlaß*, hg. und mit einer Einleitung versehen v. Ludwig Jäger, Frankfurt a. M. 2003, 11-55.
- »Die Verfahren der Medien: Transkribieren – Adressieren – Lokalisieren«, in: *Die Kommunikation der Medien*, hg. v. Jürgen Fohrmann/Erhard Schüttpelz, Tübingen 2004, 67-78.
- »Vom Eigensinn des Mediums Sprache«, in: Brisante Semantik. Neuere Konzepte und Forschungsergebnisse einer kulturwissenschaftlichen Linguistik, hg. v. Dietrich Busse u.a., Tübingen 2005, 45-64.

Jefferson, Gail, »Side Sequences«, in: *Studies in Social Interaction*, hg. v. David Sudnow, New York 1972, 294-338.

Kindt, Walter, »Koordinations-, Konstruktions- und Regulierungsprozesse bei der Bedeutungskonstitution: Neue Ergebnisse der Dynamischen Semantik«, unter: http://www.sfb360.uni-bielefeld.de/reports/2001/2001-4.html [Stand: 7/2004].

Krämer, Sybille, »Das Medium als Spur und als Apparat«, in: *Medien – Computer – Realität. Wirklichkeitsvorstellungen und neue Medien*, hg. v. ders., Frankfurt a. M 1998, 73-94.

- *Sprache, Sprechakt, Kommunikation. Sprachtheoretische Positionen des 20. Jahrhunderts*, Frankfurt a. M. 2001.
- »Sprache – Stimme – Schrift: Sieben Gedanken über Performativität als Medialität«, in: *Performanz. Zwischen Sprachphilosophie und Kulturwissenschaften*, hg. v. Uwe Wirth, Frankfurt a. M. 2002, 323-346.

Latour, Bruno, *Wir sind nie modern gewesen. Versuch einer symmetrischen Anthropologie*, Frankfurt a. M. 2002.

Levelt, Willem J. M., »Monitoring and Self-repair in Speech«, in: *Cognition* 14 (1983), 41-104.
- *From Intention to Articulation*, Cambridge 1989.
- »The Architecture of Normal Spoken Language Use«, in: *Handbücher zur Sprach- und Kommunikationswissenschaft. Bd. 8: Linguistic Disorders and Pathologies*, hg. v. Gerhard Blanken u.a., Berlin u.a. 1993, 1-15.
- u.a., »Lexical Access in Speech Production«, in: *Behavioral and Brain Sciences* 22 (1999), 1-75.

Levinson, Stephen, *Pragmatics*, Cambridge 1983.

Luhmann, Niklas, *Die Gesellschaft der Gesellschaft*, Frankfurt a. M. 1997.
- *Die Kunst der Gesellschaft*, Frankfurt a. M. 1997.

Manovich, Lev, *The Language of New Media*, Cambridge/Mass., London/England 2001.

McLuhan, Marshall, »Automation«, in: ders., *Die magischen Kanäle*

[»*Understanding Media*«], übers. v. Meinrad Amann, Düsseldorf u.a. 1992, 393-407.
- »The Global Village«, in: *Der McLuhan-Reader*, hg. u. übers. v. Martin Baltes u.a., Mannheim 1997, 223-235.

Milroy, Lesley/Lisa Perkins, »Repair Strategies in Aphasic Discourse: Towards a Collaborative Model«, in: *Clinical Linguistics and Phonetics* 6 (1992) 1 & 2, 27-40.

Mitchell, William J. T., *Picture Theory. Essays on Verbal and Visual Representation*, Chicago, London 1994, 345-362.

Nöth, Winfried, »Zwischen Fremdreferenz und Selbstreferenz«, in: *Rethinking Photography I + II*, hg. v. Ruth Horak, Salzburg 2003, 23-39.

Peirce, Charles Sanders, »Some Consequences of Four Incapacities«, in: ders., *Writings of Charles S. Peirce. A Chronological Edition*, hg. v. Max A. Fish, Vol. 2, 1867-1871, Bloomington 1984, 211-242.
- *Semiotische Schriften*, hg. u. übers. v. Christian Kloesel und Helmut Pape, Bd. 1, Frankfurt a. M. 1986 [1901].
- *Phänomen und Zeichen*, hg. u. übers. v. Helmut Pape, Frankfurt a. M. ³1993.

Polanyi, Michael, *Implizites Wissen*, übers. v. Horst Brühmann, Frankfurt a. M. 1985 [englisch: *The Tacit Dimension*, Garden City, New York 1966].

Raudaskoski, Pirkko, »Repair Work in Human-Computer Interaction. A Conversation Analytic Perspective«, in: *Computers and Conversation*, hg. v. Paul Luff u.a., London 1990, 151-171.

Saussure, Ferdinand de, *Wissenschaft der Sprache. Neue Texte aus dem Nachlaß*, hg. und mit einer Einleitung versehen v. Ludwig Jäger, übers. v. Elisabeth Birk und Mareike Busse, Frankfurt a. M. 2003.

Schegloff, Emanuel A./Gail Jefferson/Harvey Sacks, »The Preference for Self-Correction in the Organization of Repair in Conversation«, in: *Language* 53 (1977), 361-382.
- »The Relevance of Repair to Syntax-for-Conversation«, in: *Syntax and Semantics*, Vol. 12: *Discourse and Syntax*, hg. v. Talmy Givon, New York 1979, 261-286.
- »Repair After Next Turn. The Last Structurally Provided Defense of Intersubjectivity in Conversation«, in: *American Journal of Sociology* 97 (1992), 1295-1345.

Schüttpelz, Erhard, »Eine Ikonographie der Störung. Shannons Flußdiagramm der Kommunikation in ihrem kybernetischen Verlauf«, in: *Transkribieren. Medien/Lektüre*, hg. v. Ludwig Jäger/Georg Stanitzek, München 2002, 233-280.

Schütz, Alfred, *Das Problem der Relevanz*, Frankfurt a. M. 1971.

Searle, John R., *Geist, Sprache und Gesellschaft*, übers. v. Harvey P. Gavagai, Frankfurt a. M. 2001.

Selting, Magret, »Reparaturen und lokale Verstehensprobleme oder: Zur Binnenstruktur von Reparatursequenzen«, in: *Linguistische Berichte* 108 (1987), 128-149.

Shannon, Claude, »Communication in the Presence of Noise«, in: *Proceedings of the Institute of Radio Engineers* 37 (1949), 10-21.

Springer, Luise, »Störung und Repair. Diskursive Verfahren der Verständnissicherung«, in: *Signale der Störung*, hg. v. Albert Kümmel/Erhard Schüttpelz, München 2003, 43-57.

Uhmann, Susanne, »Selbstreparaturen in Alltagsdialogen: Ein Fall für eine integrative Konversationstheorie«, in: *Syntax des gesprochenen Deutsch*, hg. v. Peter Schlobinski, Opladen 1997, 157-180.

Vansina, Jan, *Oral Tradition. A Study in Historical Methodology*, Harmondsworth 1973.

Wetzel, Michael, »Unter Sprachen, unter Kulturen. Walter Benjamins Interlinearversion des Übersetzens als Inframedialität«, in: *Medien in Medien*, hg. v. Claudia Liebrand/Irmela Schneider, Köln 2002, 154-179.

Wirth, Uwe, »Der Performanzbegriff im Spannungsfeld von Illokution, Iteration und Indexikalität«, in: *Performanz. Zwischen Sprachphilosophie und Kulturwissenschaften*, hg. v. dems., Frankfurt a. M. 2002, 9-60.

AAGE A. HANSEN-LÖVE

Wieder-Holungen – Zwischen Laut- und Lebensfigur: Jakobson – Kierkegaard – Freud – Kierkegaard

1. Von der phonetischen zur semantischen Figur: Jakobsons Äquivalenzen

Die äußersten Grenzlinien des Themas der Wiederholung bilden – von ›unten‹ nach ›oben‹ bemessen – die Ebene der kleinsten Signifikanten (also Lautwiederholungen, Reime, Parallelismen und Äquivalenzen aller Art) und die Sphäre der Lebensfiguren etwa im Sinne von Sören Kierkegaards Lebensexperiment unter dem Titel *Die Wiederholung* aus dem Jahr 1843, wo es um die Frage nach existentiellen Wiederholungsparadoxa geht, also um Gedächtnis und Augenblick, Identität und Evidenz, um Sein und Nichts.

Es fragt sich, was das Gemeinsame, Verbindende ist zwischen dem ›untersten‹ Stockwerk der Gestalt- und Strukturbildung – jenem der lautlichen, rhythmischen Elementarstufen, wo es um die fundamentalen gestaltbildenden Prozesse geht wie Reduplikation und Parallelismus auf der ›strukturalen‹ Ebene – und dem Äußersten einer Existenzial-Pragmatik und ihren Lebensmustern. Parallel zur Problematik der Bewegungsparadoxa, die bekanntlich am Ursprung des vorsokratischen Philosophierens standen (Zenon-Komplex)[1] und auf die sich nicht zufällig auch Kierkegaard in seinem Wiederholungs-Diskurs bezieht,[2] entfaltet sich der gewaltige Bereich kosmischer Zyklen,[3] die ›corsi i ricorsi‹ der Planetenbahnen und ihre schicksalhafte wie universelle Sphärenmusik, in deren Reimen sich das Einzelleben ebenso buchstabieren soll, wie es in den aphatischen Ur- und Anfangsgründen der Texturen seine Ur-Texte sucht.

1 Zu den Bewegungs-Paradoxa im Zusammenhang mit der Poetik-Noetik der russischen Absurdisten (Oberiu) vgl. Vf., »Paradoxien des Endlichen. Unsinnsfiguren im Kunstdenken der russischen Dichter des Absurden«, in: *Wiener Slawistischer Almanach* 44, 1999, 125-183; ders., »›Scribo qui absurdum‹. Die Religionen der russischen Dichter des Absurden (Oberiu)«, in: *Russisches Denken im europäischen Dialog*, hg. v. Maria Deppermann, Innsbruck, Wien 1998, 160-203.
2 Vgl. Sören Kierkegaard, *Die Wiederholung* [1843], übers. v. Emanuel Hirsch, Düsseldorf 1955, 3.
3 Aus dem schier unüberschaubaren Schrifttum zu diesem Thema vgl. den paradigmatischen Text von Mircea Eliade, *Kosmos und Geschichte. Mythos der ewigen Wiederkehr*, Frankfurt a. M. 1984.

Man kann getrost sagen, daß die Entdeckung der Wiederholung als theoretische wie poetische Ausgangsfigur am Ursprung aller analytischen Strukturalismen steht. Immer geht es dabei um die intermediale Projektion einer Sukzessivität von Elementen (Jakobsons syntagmatische Achse) auf die Simultaneität derselben Einheiten als Teil von solchermaßen neu zustande kommenden Bedeutungsklassen (= paradigmatische Achse): also um die durchaus antihegelianische und antidialektische Kippfigur, in deren Vollzug aus Form – Inhalt wird, aus Äquivalenzen auf der Ebene der Signifikanten (welcher Art auch immer) werden Assoziationen, ja Synthesen auf der Ebene der Signifikate und von da auch in der pragmatischen Welt der Referenten und Bewußtseinsakte(n).

Jakobsons Frage »warum Papa und Mama?«[4] ist die Frage der Urszene einer Zell-Teilung, einer Art phonetischer, rhythmischer, syntaktischer ›Klonung‹ von Elementen, die solchermaßen immer weitere neugeborener Wortkinder zur Sprache bringen. Immer geht es dabei um ein Umschlagen, also um eine perspektivische Verschiebung, die – plötzlich und unvermittelt – lautliche, rhythmische, syntaktische u.a. Wiederholungen bzw. Parallelismen zu semantischen Paradigmata und damit zu neuen Bedeutungsklassen umdeutet. Die so kreierten reduplikativen Neo-Logismen disseminieren ihre semantischen ›semina‹ in eine der geschlechtlichen Sprachvermehrung verpflichteten verbalen Welt, sie korrumpieren die ›natürliche‹ Bedeutungsschöpfung durch referentielle Zuordnungen mit Hilfe einer sprachmagischen, archaischen, vorbewußten und also urtümlichen Vermehrungstechnik, die auf Wiederholung baut, auf die primitive Kontiguitätsassoziation, welche als Analogie bewußt mißverstanden wird. Aus Papa und Mama, den reduplikativen Oral- und Bilabialformen entfaltet sich eine Verbalität, ein Tanzen der Zunge und der Körpersprache, die ihrerseits in einen Sprachkörper ausufert, der sich seinerseits unendlich fortzeugt.[5]

---

4 Roman Jakobson, »Why ›mama‹ and ›papa‹?«, in: *Selected Writings, I: Phonological Studies*, The Hague 1962, 538-545. Zu den reduplikativen Lallwörtern vgl. die klassische Darstellung bei R. Jakobson, *Kindersprache, Aphasie und allgemeine Lautgesetze*, Frankfurt a. M. 1969, 61ff. Die Rolle des Widerholungsprinzips im russischen Formalismus bei Jakobson (mit Rückblick auf Andrej Belyj) behandelt eingehend: Vf., *Der russische Formalismus*, Wien 1978, 129-145. Auch Gilles Deleuze beschäftigt sich in seiner Schrift *Differenz und Wiederholung*, übers. v. Joseph Vogl, München 1992, 360ff., auch mit »Stereotypie und Refrain« als Phänomenen der Wiederholung und Differenz.

5 Der literarische Held als Personifizierung einer solchen verbal-prosodischen Reduplikation – entspringend dem Autor-Namen selbst – findet sich gerade bei Gogol: vgl. dazu Vf., »›Gøgøl‹. Zur Poetik der Null- und Leerstelle«, in: *Wiener*

Unwillkürlich denken wir hier an Gogols Helden aus der Erzählung »Die Nase« (1836), dessen Lippen allmorgendlich den – Körper und Sprache vereinigenden – »Brrr...«-Laut trompeten. Gogols Laut-Figur in Gestalt des Kovalev ist – um mit Jakobson zu sprechen – die Sprache selbst, konkret: die Körper-Sprache, die sich als Sprach-Körper rein verbal konkretisiert, ohne auf Visuelles angewiesen zu sein:

> Der Kollegienassessor Kovalev erwachte ziemlich früh und machte mit den Lippen Brrrrr..., was er immer tat, wenn er erwachte, obwohl er selbst nicht erklären konnte, aus welchem Grunde.
>
> Kovalev streckt sich und befahl ihm einen kleinen, auf dem Tisch stehenden Spiegel zu reichen. Er wollte einen Blick auf ein Wimmerl werfen, das gestern abend auf seiner Nase aufgetaucht war; doch zu seinem größten Erstaunen sah er, daß er anstelle der Nase eine völlig glatte Stelle hatte.[6]

Hier wird geradezu handgreiflich, wie die prosodische, verbale Präsenz der Figur vollends an die Stelle einer visuellen Repräsentation rückt – noch dazu in der Weise, daß die Absenz des Visuellen durch das Nicht-Vorhandensein der Nase negativ illustriert wird. Die expressive Artikulation des bilabialen Ur-Wortes »brrrr« prä-sentiert – ohne die Zwischenstufen einer visuellen Fiktion – die Körperlichkeit des Helden in ihrer ganzen prosodischen Konkretheit.

Gleichzeitig wird aber ebendieser Körper auf der visuellen Ebene als radikal *defekt* vorgeführt. Denn ›unser Held‹ verlangt nach dem Spiegel, dem Haupt-Symbol einer jeden Augen-Täuschung, um feststellen zu müssen, daß mitten im Gesicht eine Leerstelle gähnt. Kovalev traut seinen Augen nicht, und erst der haptische Eindruck, das Betasten der ›Leer-Stelle‹ mit den Fingern, fördert die schreckliche Tatsache zutage: da *ist* nichts oder genauer: da ist ein NICHTS.

Slawistischer Almanach, 39, 1997, 183-303. Nicht zufällig hat Vladimir Nabokov diese gogolsche Sprach-Körper-Lust mit der angelsächsischen Tradition des ›pun‹ zum universalen Bilabialismus seiner Poetik erhoben, besonders anschaulich in seiner Studie *Nikolai Gogol*, Norfolk 1944. Die spracherotische Dimension dieses artikulatorischen Wortlustgewinns kulminiert nicht nur in Gogols Namen, sondern auch in den analogen Formen wie Či-či-kov oder Lo-li-ta, von denen es bei Nabokov – und nicht nur bei ihm – nur so wimmelt. Zu Jakobsons Äquivalenz-Konzeption vgl. zusammenfassend Elmar Holenstein, *Roman Jakobsons phänomenologischer Strukturalismus*, Frankfurt a. M. 1975.

6 Nikolai Gogol, »Die Nase«, in: ders., *Werke*, hg. u. übers. v. Xaver Franz Schaffgotsch, Wien u.a. 1955, 481-507, hier: 484f.

»Erschrocken ließ sich Kovalev Wasser bringen und rieb sich mit einem Handtuch die Augen: wirklich, die Nase war weg! Er fing an, mit der Hand zu tasten, um festzustellen, ob er nicht schlafe.« So wiederholt Gogols Held die biblische Gestalt des ›ungläubigen Thomas‹, der an die Präsenz des Auferstandenen nicht eher glauben mochte, als er mit der Hand in die Wunde des Herrn greifen durfte. Auch Kovalev glaubt nicht eher, als bis er an seinen ›wunden Punkt‹ rührt – mit den Fingern, die ebenso konkrete Eindrücke evident machen wie die Lippen zu Beginn der morgendlichen Szene. Die Lippen der Körpersprache, genauer: der durch die Lippen artikulierte Sprach-Körper ist die eigentliche, konkrete Realität, während die Augen nur die Abwesenheit des Körperlichen konstatieren können – und das auch noch wenig glaubwürdig. Die Bilabialität des oralen Prinzips – so ließe sich folgern – tritt in Konkurrenz zum visuellen, und damit zum phallischen Prinzip des Spiegelstadiums im Sinne Lacans, wobei eben dabei die Absenz des nicht artikulierbaren Gliedes zutage tritt.[7]

Dieser scheinbar unseriösen verbalen Oral-Erotik korrespondiert die, für die Moderne und ihre Mythopoetik so zentrale bewußte, reflektierte Regression ins Unterbewußte einer Verbalität, die Worte aus Wörtern und diese aus Orten wie Örtern der Repetition vorführt.

Ausgehend von keinem andern als Gogol präsentiert der russische Symbolist Andrej Belyj – Dichter und Kunstphilosoph in einem – den mytho- wie metapoetischen Entwurf einer Kreativ-Sprache, die aus dem Prinzip der ›Wiederholungsfigur‹ lebt,[8] durch die das konstruktive Prinzip der ›Wiederholung‹ in das semantische und sinnstiftende der Metaphorik umschlägt und damit ebenjenen Metaplasmus produziert, aus dem die Metasememe und die Metalogismen der alten Rhetorik ebenso wie der damals im Entstehen begriffenen strukturalen Poetik erwachsen: Alles folgt so dem komisch-kosmischen Prinzip des Calembourgs, das Kalauer-Prinzip durchdringt den gesamten Sprachkosmos, wobei das gerade in der deutschsprachigen Kultur abgewertete Humorig-Lustige jener Zentralfigur des Karnevals in anderen Sprachkulturen auch und gerade ›de-komisiert‹ und damit in ›kosmischen‹ Dimensionen auftreten kann. Das Wort-Spiel ist nicht mehr bloß eine infantile Anwandlung oder launiger Zeit-Vertreib, sondern Lebensnerv einer sprachkreativen und somit bewußtseinsbildenden Dynamik.

---

7 Vgl. dazu Vf., »Läßt sich Literatur illustrieren? Zur Intermedialität der Wort-Bild-Bezüge zwischen Realismus und (Post)Avantgarde.« (im Druck).
8 Ausführlich dazu Andrej Belyj, *Masterstvo Gogolja* (Meisterschaft Gogols), Moskau 1934, 139ff.

Ähnlich dem Alltagspsychologem des infantilen oder pathologischen ›Wiederholungs-Zwanges‹ bei Freud wird im poetischen Kalauer, den ja auch Jakobson ins Zentrum seiner Poetik-Noetik stellt, eine ›Wiederholungs-Lust‹ und im weiteren eine ›Wiederholungs-List‹ wirksam, die dem kindisch-kindlichen Repetitionszwang und seiner ›Wiederholungs-Last‹ eine allumfassende dichterische Freiheit abgewinnt.[9] Der Witz einer solchen Generierung von ›Bedeutung‹ von ›unten‹ nach ›oben‹, d.h. von den elementaren Signifikanten zu den komplexen Signifikaten und darüber hinaus von diesen zu den Sinn-Figuren, den »Metalogismen«[10] und ihren Referenzen auf der Ebene der Pragmatik von Kommunikation – der Witz dieser Determinationsumkehr besteht in der Gleich-Gültigkeit des Gegen-Teils, nämlich des ›Rückstroms‹ von ›oben‹ nach ›unten‹: Dabei wirken gewissermaßen die immer schon mitgedachten Sinnkomplexe und Referenzen, wie sie etwa eine nichtpoetische, also objektsprachliche Mitteilungsintention nahelegt, zurück auf die erwähnten elementaren Signifikanten und ihre Figurationen als Metaplasmen, Metasememe etc. etc.

Sehr verallgemeinert könnte man sagen, daß hier die eine Wellenbewegung vom ›poetischen‹ Pol zum ›prosaischen‹ führt, während die Gegenbewegung vom narrativen, diskursiven, deskriptiven Diskurs rückströmt und damit das Doppelmuster einer »rhoia« und »antirhoia« ins wogende Sprachgewebe zeichnet. Für die Narratologie hat diese Doppelbewegung Wolf Schmid in seinen zahlreichen Arbeiten zum »ornamentalen Erzählen« in der russischen Prosa beschrieben:[11] Ausgangspunkt dafür war die erwähnte Äquivalenz-Analytik Roman Jakobsons sowie die Wiederholungs-Poetik des russischen Formalismus und im weiteren Strukturalismus, darüber zurück aber auch die Poetik des russischen Symbolismus – zumal Andrej Belyjs, der in seinem Spätwerk *Masterstvo*

---

9 Vf. *Der russische Formalismus*, 1978, 128ff.; Roman Jakobson, »Neueste russische Poesie«: Jakobson hielt den Text 1919 als Vortrag vor dem »Moskauer Linguistik-Zirkel«; der Text erschien dann als Broschüre nach seiner Emigration nach Prag ebendort. Zitiert wird hier nach der zweisprachigen Ausgabe: *Texte der russischen Formalisten*, Bd. II, hg. v. Wolf-Dieter Stempel, München 1972, 18-135. Zur Stellung Roman Jakobsons im Rahmen des russischen Formalismus vgl. Vf., *Der russische Formalismus*, Wien 1978, 102-172, hier: 80f.

10 Die Begriffe Metalogismus, Metasemem etc. werden im Sinne einer strukturalen Poetik bzw. Rhetorik von Jacques Dubois systematisiert in: *Rhétorique de la poésie, lecture lineaire, lecture tabulaire par le groupe my*, Paris 1977.

11 Wolf Schmid, *Ornamentales Erzählen in der russischen Moderne. Čechov – Babel' – Zamjatin*, Frankfurt a. M. u.a. 1992.

Gogolja (Gogols Meisterschaft) noch 1934 – an der Schwelle zwischen Avantgarde und Stalinismus – zusammenfassend die Prinzipien einer solchen Prosa-Poesie entwickelt.

Aus dieser Sicht ist der Dichter – zumal der moderne, avantgardistische – ein ›Wiederholungs-Täter‹, der mit Hilfe des Wiederholungsprinzips der Biosphäre in die Semiosphäre einwirkt. Wichtig für die Avantgarde – zumal in Rußland – war aber die Feststellung, daß die Wiederholungstechniken zwar einerseits konstitutiv sind für Strukturbildungen überhaupt – aus Reduplikationen von Lauten und Silben entstehen Textgewebe, aus Reim und Rhythmus Zeilen und Strophen etc.; dabei ging es aber nicht um eine Ökonomisierung von Arbeits- und Praxisfunktionen durch Mechanisierung und Rhythmisierung (wie im Gesang zur Feldarbeit),[12] sondern genau umgekehrt: Das Naturprinzip der Wiederholung wird gebrochen, verfremdet, umfunktioniert durch das ästhetisch-künstlerische der Repetition.

Diese bewußt nichtaffirmative Sicht der Wiederholung, wie sie der Avantgardist Osip Brik in einer bahnbrechenden Studie zur Wiederholung formuliert und wie sie der Formalist Viktor Šklovskij wieder und wieder predigt, gipfelt im Postulat, daß Wiederholung eine Doppelrolle spielt. Zum einen schafft sie affirmative Zustände der Automatisierung, also der Versteinerung, Abstumpfung von Informativität (Meeresrauschen, Verkehrslärm, mechanische Rhythmik etc. als sich selbst löschendes ›Rauschen‹, in dem auch alle anderen ›Reproduktionen‹ ertrinken); zum andern aber bewirkt ein ästhetisch-künstlerisches Wiederholen das genaue Gegenteil, die Gegenbewegung zum einschläfernden oder ekstasefördernden Rhythmus von Wiederholungsstrukturen: Entautomatisierung und somit Verfremdung. Das, was Osip Brik in seinem bahnbrechenden Aufsatz als »Laut-Wiederholungen« beschreibt,[13] lebt aus der Dynamik zwischen der Imaginativität bzw. verbalen Bildhaftigkeit der poetischen Metaphorik und den primären akustischen Phänomenen der Assonanzen und sonstigen phonetisch-prosodischen Repetitionen.

Zentraler Punkt auch für Andrej Belyj und die gesamte Poetik-Moderne war nun die Umsetzung der »Wiederholungsfigur« zu einer Assoziations-

---

12 Die Kritik an Herbert Spencers Herleitung der Kunst – etwa der Musik – aus der Rhythmisierung und damit Ökonomisierung von Arbeitsabläufen durch Viktor Šklovskij an zentraler Stelle seines Formalismus-Manifests: »Die Kunst als Verfahren«, in: *Texte der russischen Formalisten*, Bd. I, hg. v. Jurij Striedter, München 1969, 3-35, hier: 9f.

13 Vf., *Der russische Formalismus*, Wien 1978, 129ff.

figur¹⁴ und damit der Poetik in Noetik: Das spezifische Denken, das ›Kunst-Denken‹ resultiert eben aus diesem immanenten Bedeutungsproduktion und schafft solchen, über die Wiederholungsstrukturen – jenen rhythmischen Lauten, über den die Bedeutungskomplexe ihre Sinnmuster finden. Was solchermaßen generiert wird, ist eine ›Kunst-Wirklichkeit‹, eine ausschließlich mit den Kunstmitteln der ›Schub-Umkehr‹ von Wiederholungsprozessen generierte Sprachwelt, die eben nicht eine praktisch funktionierende Mitteilsamkeit ins Fiktionale wendet und damit eine bloß äußerliche Ornamentik der figurativen ›Rede‹ vorführt.

Zweifellos wurzelt das formalistische Wiederholungsprinzip noch stark – wie im übrigen auch Freuds Ökonomie-Mechanik – in einer positivistischen Theorie des Parallelismus bzw. der Assoziationspsychologie und damit in der Vorstellung, daß Kontingenz – also Kontiguitätsassoziationen, die logisch oder pragmatisch als rein ›zufällig‹ und ›äußerlich‹, ›formal‹ erscheinen – ›innere Assoziationen‹, d.h. Inhaltskonnexe und pragmatische Notwendigkeiten, provozieren, evozieren. Während also die leere Wiederholung (bei Nietzsche ist es auf der Ebene des Bewußtseins und der Existenz des circulus vitiosus), während die Tauto-Logie der automatisierenden Repetition Inhaltsleere erzeugt, Desemantisierung, Sinnlöschung, das Nichts – generiert dasselbe Prinzip aus seiner poetischen Potenz heraus das Gegenteil: Neologismus, neue Semantik, Sensibilisierung und Bewußtseinssteigerung und -erweiterung. Damit ist im Grunde die gesamte poetisch-noetische und auch kulturelle Dynamik der klassischen Avantgarde beschrieben.¹⁵

Auffällig ist, wie sehr genau dieser Aspekt der punktuellen ›Eklipse‹ der Sonne des Bewußtseins, also die partielle Bewußtlosigkeit, ebenjenen Punkt markiert, wo auch in Kierkegaards Existentialphilosophie der Abgrund zwischen Reflexion und Handeln, Vermitteltheit eines Aufschubs (»différance«) und Unvermitteltheit eines Augenblicks (als Ort der »différence«) klafft. Die ästhetische Option der Moderne, zu der auch Kierkegaard im Vorlauf einiges beigetragen hatte, feiert einen Logozen-

---

14 Andrej Belyj, *Masterstvo Gogolja* (Gogols Meisterschaft), Moskau 1934; dazu Vf., *Der russische Formalismus*, 139f.
15 Vgl. R. Jakobsons Chlebnikov-Studie, »Neueste russische Poesie«, Prag 1919/21, 94; 108. Vgl. zuletzt Vf., »Randbemerkungen zur frühen Poetik Roman Jakobsons«, in: *Roman Jakobsons Gedichtanalysen. Eine Herausforderung an die Philologien*, hg. v. Hendrik Birus/Sebastian Donat/Burkhard Meyer-Sickendiek, Göttingen 2003, 89-120. Vgl. auch Roman Jakobsons gesammelte *Gedichtanalysen* (hg. v. H. Birus und S. Donat. New York u.a. [in Vorbereitung]).

trismus, der in der zeitweiligen Eklipse des Logos, also seinem Thanatos und Abstieg in die Unterwelt, kulminiert: Hier herrscht dann Desemantisierung, Auslöschung von Referenz, Entleerung – all das, was aus restaurativer Sicht als Entfremdung und Nicht-mehr-kommunizieren-Können der Moderne insgesamt nachgesagt und nachgeworfen wurde. Während es doch in Wahrheit um ebenjenen dionysischen Eingang in den Mutterleib der Erde ging, aus dem dann – nach der ›Auflösung‹ und ›Disseminierung‹ des Sprachkörpers – der Neue Leib, der neue Sprachkörper und Geist auferstehen sollte.

Diesem Logozentrismus steht die Kunst des Schweigens, einer Apophatik des paradoxalen Verhaltens entgegen, das nicht Sprachkörper und verbale Welten kosmischen Ausmaßes projektiert und proziziert, sondern in der existentiellen Bewegung einer Soteriologie, einer Erlösung durch Worte als Taten ihr Heil sucht – oder eher schon: ihr Unheil findet. Heillos ist nämlich dieser Gegenentwurf einer Diskursphilosophie, die das Wiederholungspotential depotenziert zur leeren Repetition (Nietzsches circulus vitiosus – als Wiederkehr desselben)[16] einerseits und zur nie gelingenden Wiederholung (Kierkegaard) anderseits steigert, in welcher Katastrophe sich der Mensch insgesamt befindet. Dies natürlich nur dann, wenn – ganz im Sinne einer gnostischen Selbsterlösungslehre – der Einzelne auf sich selbst zurückgeworfen ist und nackt Gott entgegensteht, wobei er sich eben nicht verlassen kann auf die Fremderlösung eines Messias, der für ihn den Kopf hinhält und sich abschlachten läßt. Hier ist die Wiederholung fatal und paradoxal zugleich, weil sie dem Einzelnen alles abverlangt, ja nimmt, während doch die »Wiederkehr«[17] des

---

16 Typisch für die zentrale Bewegungssemantik des russischen Frühsymbolismus der 90er Jahre ist die vielfach repetierte Figur des »leeren Kreisens«, also einer tautologischen Wiederholung nicht des »Gleichen« (das dominiert im mythopoetischen Religionssymbolismus nach 1900), sondern als Wiederholung »desselben« (vgl. Vf., *Der russische Symbolismus. System und Entfaltung der poetischen Motive*, Bd. 1, Wien 1987, 146ff.). Zur Rolle Nietzsches in der russischen Moderne vgl.: *Nietzsche in Russia*, hg. v. Bernice Glatzer Rosenthal, Princeton 1986.

17 Gerade im Symbolismus der Jahrhundertwende und seiner Fixierung auf die bevorstehende Apokalypse war der Kult der ›Wiederkunft‹ (*vozvrat*) des Herrn aufs engste mit der Kultur der ›Lebensmuster‹ und damit einer Wiederholungs-Ornamentik assoziiert. Somit konnte das nonverbale, nichtreferentielle, ungegenständliche Medium des Ornaments mit dem ebenso gegenstandslosen Medium der Musik in ein intermediales Feld eintreten, das eine Text-Textur-Kunst und damit die Synthese aus audiovisuellen Wiederholungsmustern entfaltet (vgl. zur Textur: Erika Greber, *Textile Texte. Poetologische Metaphorik und Literaturtheorie*.

Herrn am Ende der Tage eine Perspektive schafft, von der zurückgedacht werden kann in jeden Augenblick, der solchermaßen auch für ein Jüngstes Gericht justitiabel wird. Unter dem Aspekt von Glaube, Liebe und Hoffnung, die sich auf den Fluchtpunkt der Wiederkehr des Herrn richtet, sieht die Welt gleich ganz anders aus – als wenn der Fluchtpunkt im Blickpunkt eines Bewußtseinsfokus konvergiert und solchermaßen dann alles ›von einem selbst‹ abhängt.

Um diesen Zustand der Un-Möglichkeit vorzuführen, hat Sören Kierkegaard 1843 ein Lebensexperiment durchgespielt und nachgeschrieben, das auf tragikomische Weise unser Thema zu Ende denkt, also dorthin, wo es garantiert unlösbar wird. Als reines Paradoxon der Augenblicklichkeit einer Existenz, die sich nicht der Wiederholung versichern kann, weil es diese nur als Möglichkeit, nicht aber als Wirklichkeit geben kann. Um das zu erweisen, tritt Kierkegaard sein unheiliges Experiment an, in dessen Verlauf jedoch – wenn man denn so will – der Prozeß des Schreibens/Lesens als der einzige ›übrigbleibt‹, der erlöst (wird). Ein später, verzweifelter Triumph des Ästhetischen, das im großen Dreikampf mit dem Ethischen und Religiösen auf wunderbare Weise sich totsiegt.[18]

2. Musikalisch-erotisches Zwischenspiel im Geiste Mozarts: Sören Kierkegaards verführter Verführer

Während der Don-Juanismus Puškins eine Flucht nach vorne aus der Angst vor (realer oder vorgestellter) Impotenz, aus der permanenten Panik vor dem Betrogenwerden (Inversion der Eifersucht) darstellt, während Pečorin in Lermontovs metaromantischem Romanexperiment *Ein Held unserer Zeit* (1841)[19] den Akt der Eroberung selbst und damit den

---

Studien zur Tradition des Wortflechtens und der Kombinatorik, Köln u.a. 2002, zu Jakobson, 28ff. bzw. zur Flecht-Poetik im Symbolismus Aleksandr Bloks, 226ff.).

18 Der unendliche Regreß des circulus vitiosus, der im Frühsymbolismus ad infinitum durchgespielt wurde und das Ästhetische selbst repräsentierte, wurde bei den russischen Absurdisten der Obėriu-Gruppe umgedreht zu einem ›progressus ad finitum‹, zu einer Rückbindung (›religio‹) des kosmischen und akosmischen Seins zum Nichts des evidenten Augenblicks, in dem die Zeit und damit auch die Kausalität außer Kraft gesetzt sind. Wesentlich ist aber, daß bei den Vertretern des Obėriu-Kreises (ebenso wie übrigens bei Carroll, Kafka, Beckett etc.) eine schon vorhandene kulturell oder literarisch vorgeprägte Struktur des Paradoxalen ad absurdum geführt wird. Vgl. Vf., »Paradoxien des Endlichen«, 125-184.

19 Ausführlicher dazu vgl. Vf., »Pečorin als Frau und Pferd und anderes zu Lermontovs *Geroj našego vremeni*« 1. Teil, in: *Russian Literature* XXXI (1992), 491-544; 2. Teil, *Russian Literature* XXXIII-IV (1993), 413-470.

Triumph im Werbungsspiel mit dem Ziel bzw. Inhalt der Erotik – ihrer Erfüllung – gleichsetzt, wird bei Kierkegaard dieselbe Vermeidungsstrategie zusätzlich verfeinert, um das Erotische als das ästhetisch Mögliche aufzuzeigen. Kierkegaards Ironie- und damit Romantikkritik richtet sich ja gegen das Unverbindliche und Folgenlose des romantischen Möglichkeitsmenschen (also des Don Juan), dem es darum geht, das Nichts ohne Effekt zu etablieren, durch die Kunst, die Selbstnegation zugleich zu ›betreiben‹ und ›folgenlos‹ zu machen.²⁰

Genau dieser Vorwurf trifft ja auch Friedrich Schlegels *Lucinde*-Roman – und letztlich auch das Projekt Pečorins –, ein Nichts zu etablieren, wobei nicht er, sondern der/die Vernichtete die Folgen (der Zerstörung) zu tragen haben. Die von Schlegel gepriesene Kunst der Unentschlossenheit des Weder-Noch wird von Kierkegaard der Unüberschreitbarkeit und Eindeutigkeit des Glaubens gegenübergestellt, der immer ein Entweder-Oder postuliert – also die Handlung, die Unabsehbarkeit der Folgen. Das Ästhetische wird als Folgenlosigkeit denunziert, als ein ewiges Davor, eine reine Differenz, Aufschub vor dem Akt; der Glaube dagegen ist für Kierkegaard das positiv vorweggenommene Danach, die Entscheidung, der Sprung (ins Wasser, ohne schwimmen zu können).²¹

Dazwischen entfaltet sich – als eigentliches ›Übergangsstadium‹ – das Ethische, gipfelnd im Ernst und Entschluß einer zur Ehe transformierten Liebe: so ironisch vorgeführt in den *Stadien* als »Unterschiedliche Gedanken über die Ehe gegen Einwendungen. Von einem Ehemann« (S, 75-162). Anders als der Erotiker lebt die Ehe aus dem »Entschluß« (S, 86f.), d.h., sie trägt die Dynamik ihres »Telos des individuellen Daseins« in Vollendung in sich. Daß Kierkegaard den langwierigen Traktat des »Ehemanns« vielfach manipuliert und gebrochen durchwegs ironisch schreibt und meint, braucht nicht eigens betont zu werden. Aber dies gilt ja auch für seine ironische Distanz zum Ästhetischen – und letztendlich auch für seine ›Beobachterrolle‹ angesichts des Religiösen, das er – durch viele Pseudonyme und Distanz-Scheiben zerspiegelt – durchaus auch ironisiert. Doch davon später.

20 Odo Marquard, *Transzendentaler Idealismus. Romantische Naturphilosophie. Psychoanalyse*, München 1987, 197.
21 In den *Stadien* findet sich ein mehrfach wiederholter Vergleich des Glaubens mit dem »Schwimmen« – »70 000 Faden über dem Grund« (Sören Kierkegaard, *Stadien auf des Lebens Weg* [1845], übers. v. Christoph Schrempf/Wolfgang Pfleiderer, Jena 1922, 442; künftig zit. mit der Sigle S). Das Religiöse ist also der totale Ernstfall und das radikale Paradoxon, das absolut Unmögliche zu tun: »Wenn einer sagte, Schwimmen heiße sich auf dem festen Boden zu wälzen, so würde ihn jeder für verrückt erklären. Glauben aber heißt Schwimmen.« (410).

Ein anderer Aspekt des ›Ethischen‹ und somit letztlich ehelichen Daseins ist ihr Vermittlungszustand: Dabei meint bei Kierkegaard Medialität immer auch Mediokrität: »So ist die Ehe des Daseins schöne Mitte. [...] In der anspruchslosen Schlichtheit des ehelichen Lebens offenbart sich das Himmlische. Und das gilt von jeder Ehe: in dem kleinen Binnensee spiegelt sich der Himmel ebensogut wie in dem weiten Meer, wenn nur das Wasser nicht trübe ist.« (S, 101) Die hier beabsichtigte Peinlichkeit einer sich solchermaßen diskreditierenden Ehe-Rede und damit Ethik erinnert fatal an Gogols unfreiwillige Tragikomik seiner *Ausgewählten Stellen aus dem Briefwechsel mit Freunden* (1846),[22] in denen es – ganz anders als Kierkegaard in seinen *Stadien* – um eine totale Reduktion des Religiösen aufs Ethische geht.

Wenn Mozarts Don Juan (bzw. Don Giovanni) als rein musikalisches Wesen die Unmittelbarkeit des Ästhetisch-Erotischen (und damit des Musikalischen) repräsentiert,[23] so tut er das eben infolge der Absenz des

---

22 Nikolai Gogol, *Ausgewählte Stellen aus dem Briefwechsel mit Freunden* [1846], Stuttgart 1981 [= *Gesammelte Werke in fünf Bänden*, hg. v. Angela Martini, Bd. 4], 125-396.

23 Sören Kierkegaard, *Entweder-Oder* [1843], übers. v. Emanuel Hirsch, München 1978, 79ff.; künftig zit. mit der Sigle EO. – Zur Geschichte des Don-Juan-Motivs in der Literatur aus psychoanalytischer Sicht vgl. Otto Ranks Studie *Die Don Juan-Figur* und B. Becker-Theye, *The Seducer as mythic figure in Richardson, Laclos and Kierkegaard*, New York, London 1988, 14ff., die den unreflektierten, rein ästhetischen Don Juan (Mozarts) in ihrer Darstellung des Verführer-Motivs bei Kierkegaard klar vom reflektierten, verbalisierten Don Juan abgrenzt (ebd., 18f., 24ff.). Der archetypische Verführer (»mythic seducer«) tritt als Mann dem Weiblichen (der Anima) entgegen und versucht es in der Verführung nach seinem eigenen Bilde neu zu schaffen (ebd., 5): »To seduce is to separate; the seducer is the ›not-I‹, the Outsider, the Other. [...] the seducer separated man from the ›I-am‹ and re-created him after his own image, the ›not-I‹, the Other« (ebd., 3-4). Dieses universelle Prinzip der Verführung als Trennung des ursprünglich Einen durch das Andere und seine Differenz macht Wissen und Erkenntnis zu noetischen wie sexuellen Potenzen, die das metaphysisch notwendig Böse provozieren. Dem Verführer korrespondiert auf der weiblichen Seite die ›Jungfrau‹, d.h. die unschuldige Anima, Tabula rasa, die als Natur, Nicht-Ich, Leben, Unbewußtheit zum Bewußtsein des Mannes umgeschaffen wird (Ebd., 8). Ursprünglich war es ja Eva, die – vom Satan verführt – den Mann verführt hatte; damit dieser sich aus dieser Opferrolle befreit, muß er selbst zum Verführer werden: »He must become creator by re-creating himself, re-creating her, and by re-writing the myth.« (Ebd., 12); »The man who chooses to make himself a seducer chooses to replace Satan in the seduction myth and to create himself by re-creating woman.« (Ebd., 13; vgl. auch M. Schneider, *Liebe und Betrug. Die Sprache des Verlangens*, München 1992, 70f.)

Verbalen: Er ist nicht der reflektierte Verführer (vom Typus Fausts oder Pečorins), sondern eben der rein musikalische. Während sich Kierkegaard in seinen ausführlichen Darlegungen zum Don-Juanismus als Musikalisch-Erotisches nur mit dem ersten Typus beschäftigt, ist das *Tagebuch des Verführers* und der ganze II. Teil des Werkes dem diskursiven Verführer gewidmet.[24] Kierkegaards ausführliche Diskussion des Verhältnisses der Kunstformen untereinander (EO, 8off.) und besonders zwischen Musik und (verbaler) Sprache dient ja primär nicht einer Kunsttheorie, sondern der Darlegung der Differenz zwischen dem musikalisch Unmittelbaren (als Erotik, als Augenblicklichkeit) und dem ›Medium der Sprache‹ als immer schon von Reflexion und Vermitteltheit geprägter Zeichenhaftigkeit.»Die Reflexion tötet das Unmittelbare«[25] (EO, 85), daher sind auch Sprache und Musik inkompatibel.[26]

Mozarts Don Juan[27] ist – als totale Sinnlichkeit – der Verführer an sich, der nur im Momentanen lebt, in der unendlichen Wiederholung

24 Bei Kierkegaard (wie schon bei Laclos und Richardson) wird das Schreiben selbst – besonders das von (Liebes-)Briefen und Aufzeichnungen – zu einem Akt der Verführung (vgl. B. Becker-Theye, *The Seducer,* 18ff., 66ff., 94ff., 108f.; M. Schneider, *Liebe und Betrug,* 11f.). Der Diarist verhält sich schreibend ironisch, da er sich der (ethischen) Entscheidung entzieht und im ästhetisch-ironischen Zustand der Neutralität, Distanz und Unbetroffenheit verharrt. Der ›Stoff‹, mit dem der schreibende Verführer arbeitet, den er (neu) macht (im Sinne einer Lebens-Poetik) ist die Existenz und Geschlechtlichkeit der (Jung-)Frau (B. Becker-Theye, *The Seducer,* 113).
25 Die Reflexion kollidiert für Kierkegaard immer mit der Unmittelbarkeit und also mit der Liebe, dem Erotischen wie dem Handlungsprinzip insgesamt: »Die Reflexion aber ist der Würgeengel der Unmittelbarkeit« (EO, 137).
26 Auch Nietzsche spricht in *Morgenröte* (München 1988 [= *Kritische Studienausgabe,* hg. v. Giorgio Colli/Mazzino Montinari, Bd. 3], 232) von einem Don Juan der Erkenntnis: »Ihm fehlt die Liebe zu den Dingen, welche er erkennt, aber er hat Geist, Kitzel und Genuß an Jagd und Intriguen der Erkenntnis [...] bis ihm zuletzt Nichts mehr zu erjagen übrig bleibt, als das absolut Wehetuende der Erkenntnis, gleich dem Trinker, der am Ende Absinth und Scheidewasser trinkt. So gelüstet es ihn am Ende nach der Hölle, – es ist die letzte Erkenntnis, die ihn verführt. [...] Und dann müßte er in alle Ewigkeit stehen bleiben, an die Enttäuschung festgenagelt und selber zum steinernen Gast geworden, mit einem Verlangen nach einer Abendmahlzeit der Erkenntnis, die ihm nie mehr zu Theil wird! – denn die ganze Welt der Dinge hat diesem Hungrigen keinen Bissen mehr zu reichen.«
27 Kierkegaard sieht die literarischen wie musikalischen Helden als »mythische« Gestalten (EO, 95), deren abstrahierter Modellcharakter nicht unbedingt mit den jeweils konkreten Figuren zusammenfallen muß. Dies gilt für den Pagen aus Mo-

seiner Eroberungen, die kein Ziel und keinen Inhalt kennen (EO, 115). Daher ist die »Liste der Verführten« (EO, 116) – bekanntlich hat auch Puškin über seine Eroberungen Buch geführt –, die eigentlich ein ewig prolongierbares Paradigma darstellt, auch nicht verbalisierbar und episierbar, sondern eben nur musikalisch ›aufzurollen‹.

Während Mozarts Don Juan die »Befriedigung der Begierde genießt« und dann einen immer neuen Gegenstand suchen muß, verharrt der verbale Verführer im Eroberungsprozeß, also quasi im *Methodischen*; der verbale (»faustische«) Verführer (er verfügt nach Kierkegaard »über die Macht des Wortes«) konzentriert sich somit auf »das Wie, die Methode« (EO, 120): »Die Kraft eines solchen Verführers ist die Rede, das heißt die Lüge« (ebd.). Die »List« des »ethisch bestimmten Verführers kann ich deutlich in Worten darstellen« (EO, 122), wogegen Mozarts Don Juan ausschließlich das Musikalisch-Erotische kennt. Das Böse des Kierkegaardschen Verführers liegt darin, daß die gesamte Selbstinszenierung des Verführens zusammenbricht, »sobald die Wirklichkeit ihre Bedeutung als Inzitament« (d.h. als Reizmittel) verloren hatte (EO, 355): Es geht primär oder ausschließlich um die Eroberung (des Mädchens), nicht um den Besitz (ebd.).

Der reflektierte Verführer verlagert das Szenario von der Musikbühne auf das Feld der Psychologie (EO, 131), die er als Instrument der Verführung einsetzt, denn sein Ziel ist nicht die sinnliche Befriedigung am Opfer, sondern jener Genuß, den der »Betrug und die List« (ebd.) bieten. Der sinnliche Genuß – wenn er denn je eintritt – ist nur ein Vorwand für die Inszenierung seines großen Spiels: »Die Verführung des reflektierten *Don Juan* ist ein Kunststück, in dem jeder einzelne kleine Zug seine besondere Bedeutung hat« (ebd.).

Die Homologie zwischen Erotik (und ihrem ›Blick‹, mit dem sie den Gegenstand der Begierde fixiert) und Angst, die in vergleichbarer Weise auf die »Trauer« starrt (EO, 194) paßt ebendeshalb auf die Psychologie des Verführers, weil »die Angst eine Reflexionsbestimmung ist«, also der erwartungs- und differenzschaffenden Dramaturgie des Verführers ebenso entspricht wie jener des Apokalyptikers. Die Angst als Meta-Metagefühl lebt zutiefst in der Repräsentation eines Abwesenden (Vergangenen oder Zukünftigen), wogegen die Unmittelbarkeit der Trauer den

---

zarts *Figaro* als Repräsentant des »Ersten Stadiums« (EO, 91ff.) ebenso wie für Papageno, der das Zweite Stadium vertritt, oder eben Don Juan als Verkörperung des Dritten Stadiums. Dieses triadische Modell aus *Entweder-Oder* wird dann im Rahmen der *Stadien auf des Lebens Weg* überführt in die Trias des Ästhetischen, Ethischen und Religiösen.

Schmerz präsentisch macht (EO, 185). »Der Unglücklichste ist nun derjenige, der sein Ideal, seinen Lebensinhalt, die Fülle seines Bewußtseins, sein eigentliches Wesen irgendwie außer sich hat. Der Unglücklichste ist immer sich abwesend, nie sich selbst gegenwärtig« (EO, 259; 794f.). Seine »Trauer« aber gehört ins Kalkül der Verführung, da ihre Wehmut auf die Opfer (die »jungen Mädchen«) wie Gift wirkt (EO, 795).

Das »unglückliche Bewußtsein« (Kierkegaard knüpft hier an die entsprechende Theorie Hegels direkt an) lebt also entweder in der Vergangenheit oder Zukunft – also in einem Zustand der Absenz: Sprachwissenschaftlich definiert lebt er im »Plusquamperfekt« oder im »Futurum exactum« (EO, 259),[28] ein Zustand, der im übrigen auch dem narzißtischen bzw. apokalyptischen Typ der Postmoderne zugeschrieben wird.

Entscheidend hier wie dort ist das dem ›Verführer‹ eigentümliche einer ›vorläufigen Antizipation‹, die anstelle eines absoluten Entweder-Oder das ›Weder-Noch‹ setzt: weder wirklich unmittelbar erotisch und also ästhetisch – noch ethisch, also entschieden, praktisch, all-gemein und konkret zugleich.[29]

Eine besondere Facette der psychologischen Typisierung des Verführers bildet seine neurotische Fixierung an das Gewesene, seine Verfallenheit an die Herrschaft des Erinnerns, die keine Gewißheit und Sicherheit im kollektiven (kulturellen oder archetypischen) Gedächtnis des Individuums mehr findet: Der Erinnerungszwang (bzw. der des Nicht-vergessen-Könnens) bindet den Moment der Gegenwart (das hic et nunc) hoff-

28 Gerade die Existenz des »Unglücklichen« – also letztlich des Glaubenden wie Reflektierten, der zur Unmittelbarkeit des Ästhetisch-Erotischen ebenso unfähig ist wie zur Weisheit des Religiösen – verharrt im »unglücklichen Bewußtsein« einer permanenten »Abwesenheit«, denn er hat weder Vergangenheit noch Zukunft. Für diesen Zustand gilt eben das *tempus*, welches die »Sprachwissenschaft« als *plus quam perfectum* bzw. *futurum exactum* bezeichnet (EO, 259). Dieses Tempus der Vorweg- bzw. Nachnahme ist es im übrigen auch, das in Lermontovs Lyrik dominiert, in der es überwiegend um den Blick auf den unerreichbaren und apophatisch unaussprechlichen Augenblick *ex post* geht, als Re-Projektion von der Zukunft in eine Vergangenheit, die eben ein ›Jetzt‹ gewesen sein wird. In eine im kierkegaardschen Sinne »negative Unendlichkeit« projiziert ist das Doppelspiegelgedicht »Son« (»Der Traum«), wo der eigene Tod – wie so oft bei Lermontov – vom lyrischen Heros geträumt wird als Traum einer Frau, die den Tod des Helden träumt. Beispiele für diese spät- wenn nicht metaromantische Auto-Nekrophilie finden sich bei Lermontov ebenso notorisch wie etwa im frühen Symbolismus – monoman gesteigert etwa in Slučevskijs Gedichten zum eigenen Begräbnis.

29 Zur Gestalt des Verführers bei Kierkegaard vgl. das heute noch lesenswerte Buch von Walter Rehm, *Kierkegaard und der Verführer*, München 1949, 229-253 (Die ›Wiederholung‹ des Verführers).

nungslos an sich, so daß alles als Wiederholung,³⁰ als leere Wiederkehr eines immer schon Geschehenen, Leere und Langeweile provozierenden déjà vu erscheinen muß. Die Spielregeln der diabolischen Romantik kreisen in sich, sind in ihrer Affirmativität letztlich tautologisch und totalitär. Pečorin versucht, die Handlungsblockierung des Melancholikers (Psychotypus des Depressiven,³¹ wie er von Robert Burton bis Kierkegaard gezeichnet wird) durch einen (Über-)Aktivismus zu kompensieren, wobei nicht die Teleologie eines Erreichens (einer Bewältigung) erstrebt wird, sondern die Ziellosigkeit einer permanenten Überwältigung, einer in sich ruhenden Aggressivität, die direkt aus dem ›Nicht-Vergessen‹ abgeleitet wird.

Nach Kierkegaard ist »die Erinnerung vorzüglich das eigentliche Element der Unglücklichen« (EO, 260-261). Da die Präsenz immer verfehlt wird, wird das Ziel der Begierde – da es immer schon vorüber ist – in die Erinnerung verlagert (EO, 262), während – wie man ergänzend sagen könnte – der Apokalyptiker im Plusquamperfekt lebt, dessen Gegenwärtigkeit gleichfalls nie eintritt. »Das, worauf er hofft, liegt hinter ihm, das, woran er sich erinnert, liegt vor ihm.« (EO, 263). Auch Lermontovs Pečorin ist – jedenfalls was die Mode betrifft – immer ›zeitgemäß‹, was seine Existenz anlangt, kommt er jedoch immer ›zu spät‹, da er keine Gegenwart kennt: »Hoffnungslos steht er [Kierkegaards Verführer] da, in Erinnerung versteint« (EO, 265). Jene »Kunst des Vergessens« setzt eine »Kunst des Erinnerns« (EO, 340-341)³² voraus, die nicht gefangenhält

30 Zum Problem der Wiederholung bei Kierkegaard und Nietzsche siehe Gilles Deleuze, *Differenz und Wiederholung*, 22ff., 128f. Die leere Wiederholung des Verführers Don Juan (EO, 115f.) – gedacht als unendliche Spiegelung – findet in der ›Wiederholung‹ als Doppel-Experiment des ewigen Beobachters und Manipulators Constantin Constantius in Kierkegaards *Wiederholung* ebenso seinen Widerpart wie im Metaexperiment des Frater Taciturnus aus den *Stadien* (S, 365ff., insbes. 371ff., mit direktem Bezug auf Constantin Constantius aus der *Wiederholung*).
31 Vgl. dazu Robert Burtons, *Anatomie der Melancholie* [1621], übers. v. Ulrich Horstmann, Zürich 1988, sowie die Geschichte der Melancholie zuletzt von László F. Földényi, *Melancholie*, übers. v. Nora Tahy, München 1988 (zur Verbindung der Melancholie mit der Idee des Auserwähltseins, ja des Übermenschentums vgl. ebd., 117f.).
32 In den *Stadien* wird die Gabe der Erinnerung – oder ihr Fluch? – dem »Alter« zugeordnet – und das gleich einleitend (S, 9), während das Gedächtnis einen direkten Konnex mit der Gegenwart und Unmittelbarkeit eingeht: »Das Gedächtnis ist unmittelbar« – also ästhetisch, erotisch, weiblich – »die Erinnerung reflektiert« (S, 12).

(wie jene Pečorins), sondern zur Unmittelbarkeit des Augenblicks befreit. Die Konsequenzlosigkeit der Ironie (bzw. Kunst) für das Subjekt wird verlagert: das »Zunichtewerden ist mitaufgenommen« (Kierkegaard). Indem der Ironiker die Wirklichkeit zur Möglichkeit wandelt – ebenso wie der Spieler, der Experimentator, der Ästhetiker etc. bei Lermontov –, wird er vor der Wirklichkeit geschützt: Die Kunst besteht somit in der »Pause, der Retardierung, den Aufenthalten« (Kierkegaard). Indem die Selbstvernichtung des Ironikers permanent scheitert, überlebt er: Dieses Kalkül Kierkegaards gleicht aufs Haar dem »différance«-Postulat des Apokalyptikers, wie es zuletzt Jacques Derrida entblößt hatte.[33] Kierkegaard spricht auch direkt im Zusammenhang mit seiner Theorie der »Verzweiflung« (EO, 789) von jener »Differenz«, die das Individuum eigentlich ausmacht: »Je höher ein Individuum steht, um so mehr Differenzen hat es vernichtet oder ist darüber verzweifelt, immer aber behält es *eine* Differenz übrig, die es nicht vernichten will, in der es sein Leben hat« (ebd.). Die von Kierkegaard postulierte wahre Verzweiflung, die völlig kompromißlos und universell ist und daher nur im Akt des Glaubens aufscheint, wird als eine »Verklärung« (ebd.) sublimiert; die bloß partielle Verzweiflung dagegen erzeugt einen Bruch, verharrt im Endlichen.

Während bei Kierkegaard die *Retardierung* eine Frage der Existenz, also auch des Überlebens ist, wird sie in der Moderne zu einer des Erlebens und schließlich in der Avantgarde zu einem Struktur- und Konstruktionsproblem umfunktioniert (vgl. die Rolle der »Bremsung der Wahrnehmung« in Viktor Šklovskijs Sujettheorie):[34] Bindeglied zwi-

---

33 Ausführlich dazu Vf., »Diskursapokalypsen: Endtexte und Textenden. Russische Beispiele«, in: *Das Ende. Figuren einer Denkform, Poetik und Hermeneutik XVI*, hg. v. Karlheinz Stierle/Rainer Warning, München 1996, 183-250.
34 Viktor B. Šklovskij, »Die Kunst als Verfahren« [1916], in: *Texte der russischen Formalisten*, Bd. I, hg. v. Jurij Striedter, München 1969, 9ff., vgl. auch Vf., *Der russische Formalismus*, Wien 1978, 220f., 230f. Die Retardierung als Moment der Liebes(akt)verzögerung und damit der Konstitution von Spannung im ›Kommunikationsmedium‹ der Liebe (als Passion) behandelt Niklas Luhmann, *Liebe als Passion. Zur Codierung der Intimität*, Frankfurt a. M. 1984, 63: Durch die »Temporalisierung der Liebe« kommt es zugleich zu einer starken Verbalisierung und Sublimierung – also letztlich zur Auffassung der Liebe als »Spiel« (ebd., 93): »Eben deshalb muß der Widerstand, der Umweg, die Verhinderung geschätzt werden, denn dadurch allein gewinnt die Liebe Dauer. Als Medium dieser Dauer dient das Wort. Worte trennen stärker als Körper, sie machen die Differenz zur Information und zum Anlaß der Fortsetzung der Kommunikation. So produziert der Kommunikationscode selber die zu seiner Genese notwendige Verbalisierung. Die Liebe aber existiert nur im ›noch nicht‹ […]« (ebd., 89) – oder, was zu ergänzen wäre, im ›nicht mehr‹.

schen beiden ist der Kriminalroman und seine Mechanik der Spannungserzeugung.

Indem der Ironiker die wirkliche Selbstvernichtung vermeidet bzw. aufschiebt, inszeniert er zugleich einen permanenten Suizid,[35] dessen letzte Konsequenz freilich immer wieder hinausgeschoben wird. Der Ironiker bleibt ungeschoren, während die anderen den Ernst der Situation und letztlich den Untergang erleiden müssen. Darin sieht Kierkegaard auch die Schuld Don Giovannis an Zerlina, Donna Elvira, Donna Anna.

Kierkegaard sucht eine ganz hinter-sinnige, wenn nicht hinter-hältige Lösung, die Ironie zu wahren, ohne den Anderen zu lädieren: Die Lösung liegt in einer Verwandlung der romantisch-ästhetischen Ironie zu der erwähnten »zweiten Form ihrer selbst«, die in einer Umkehrung besteht: Die Folgen werden vom Anderen wieder auf das Ich des Ironikers zurückverlagert. Dies gelingt aber nur durch eine Modifizierung des Diskurses des Ironikers, der sich nunmehr in einer ›indirekten Mitteilung‹ diskursiv aufspaltet bzw. auf die Beziehung Einzelner – Gott verlagert, die immer schon sein Vernichtetwerden impliziert. Totalität des Glaubens bedeutet ja letztlich Selbstvernichtung. Daher ist Glaube ein »Sein zum Tode«[36] – oder psychologisch gesprochen: realisiert einen Thanatostrieb, dessen versteckte Erotik im Nichteintreten, in seiner Erwartungsspannung liegt. Der Glaube ist nur überlebbar, indem das Subjekt eine Art Nichtidentität mit sich selbst probiert; er ist ein Denkprojekt, eine Inszenierung zwischen dem Einzelnen und Gott, die an die Stelle der Auseinandersetzung zwischen dem Einzelnen und dem/der Anderen tritt. Gemeinsam ist beiden Projekten das Konjunktivische, da ja der Akt der Vereinigung bzw. das Hic Rhodos hic salta nie eintreten darf.

Kierkegaards Ironie ist die der Kunst selbst, die in der Selbstbeschädigung des Autors und der Entlastung des Anderen (des Lesers, der Frau) gipfelt. Als Schriftsteller verrät Kierkegaard das Sein (des Glaubens), das zugleich eine Unmöglichkeit darstellt; deren Realisierung würde die Vernichtung der Existenz bedeuten.[37] Indem Kierkegaard die romantische Ironie Friedrich Schlegels (etwa seiner *Lucinde*) kritisiert, negiert er auch

---

35 Odo Marquard, *Transzendentaler Idealismus. Romantische Naturphilosophie. Psychoanalyse*, 195.
36 Ebd., 196.
37 Konsequenterweise wird denn auch aus der Sicht des Ethikers der Religiöse als »Ausnahme« und »Auswanderer […] in das Nichts« disqualifiziert (S, 150), da er das »Allgemeine« ignoriert (S, 154) und zugleich durch den Abgrund des Abstrakten ersetzt. Daher verfällt er auch in Schwermut und Verzweiflung – ein Zustand, der andernorts die eigentliche Voraussetzung des Glaubens bildet.

den Dichter und setzt an seine Stelle den Schriftsteller, der ja nichts anderes sein kann als ein diskurrierender Adventist: Aufschiebungskünstler und ein Meister der Ausrede.

3. Eros und Thanatos als Repetition: ›Jenseits des Lustprinzips‹

Auch Freud sieht in der Wiederholungslust des Kindes – und ebendieses war ja der infantile Eideshelfer aller Wiederholungstäter der Avantgarde – eine erotische, kreative Dynamik und umgekehrt die thanatoshafte Degenerierung und Neurotisierung desselben Prinzips im Zuge der Wiederholungslast, der Unerträglichkeit des Wiederholungszwanges, der den Zwangsneurotiker ebenso befällt wie den Kriminellen, welcher an den Ort seiner Untat zurückkehren muß.

Über die Wiederholungslust des Kalauers erfahren wir naturgemäß am meisten in Freuds *Witz*-Buch,[38] das dämonische Gegenbild hält er uns in seiner berühmten Abhandlung zum *Unheimlichen* entgegen (XII, 249), wenn von der »Wiederholung des Gleichartigen« als Ursache für unheimliche Gefühle die Rede ist – am radikalsten verkörpert wohl in der Doppelgängergestalt (XII, 248).

Von der Neurotik des Wiederholungsprinzips spricht Freud am eingehendsten im II. und III. Kapitel von *Jenseits des Lustprinzips* (XIII, 9ff., 16ff.), wo ein direkter Zusammenhang zwischen dieser Pathologie und dem Wiederholungszwang etabliert wird.[39] Auch hier gibt es eine positive Seite – die Aufarbeitung eines Traumas in der bewußtmachenden ›Wiederholung‹ des analytischen Prozesses – und die bewußtlos machende Wirkung der leeren Wiederholung im neurotischen Zwang, immer wieder und wieder dasselbe zu tun und zu denken. Einerseits gelangen wir – wenn alles gutgeht – durch die analytische Wiederholung an einen Ursprung, der seinerseits – da damals alles schlecht lief – eine schlechte

---

38 *Gesammelte Werke*, Bd. VI, 46ff. zum Kalauer. Zitiert wird unter Angabe des Bandes nach der Ausgabe: Sigmund Freud, *Gesammelte Werke*, 18 Bde., hg. v. Anna Freud, Frankfurt a. M. 1966.

39 Vgl. dazu auch den schönen Abschnitt »Die Wiederholung und das Unbewußte: Jenseits des Lustprinzips«, in Deleuze: *Differenz und Wiederholung*, 130ff. Zu Beziehung zwischen der Reduplikation und zum Wiederholungsprinzip in der Psychopathologie Freuds vgl. Vf., »Zur psychopoetischen Typologie der russischen Moderne«, in: *Psychopoetik*, hg. v. Vf., Wien 1992, 195-299, hier: 209 (zum ›Wiederholungszwang‹ im Frühsymbolismus) und 231ff. (»Psychosemiotische Typologie des Sprachdenkens der Psychotik« und Avantgardepoetik).

Repetition darstellt und auch zu zwanghaften Wiederholungsschleifen fort und fort wuchert. Wenn wir das wiederholen müssen, was wir ›seinerzeit‹ nicht einholen konnten oder wollten, wäre die Wieder-Holung jener Ur-Sache für die Repetition – die Verdrängungsszene – allemal ein Stück Heilung. Analytik bedeutet ja immer Gleiches mit Gleichem behandeln, Homöopathie zu betreiben: Gleiches mit Gleichem zu vergelten und somit Wiederholung mit Wiederholung.

Wenn also »der Wiederholungszwang dem unbewußten Verdrängten zuzuschreiben ist« (XIII, 18), dann wäre ja das Verdrängte nicht nur die Ursache der Wiederholung, sondern schlichtweg ihr Inhalt. Der Wiederholungs-Zwang als »Kraftäußerung des Verdrängten« bezieht sich kurioserweise sowohl auf Angenehmes, Lustvolles wie Unangenehmes, Unlustiges (ebd.). Ebendiese verwunderliche Ambivalenz macht es dem Neurotiker nach Freud überhaupt erst erstrebenswert, ›wieder zu holen‹, was er ohnedies nie bekommt. Der Wiederholer erleidet eine Abfuhr, zugleich aber gelingt ihm auch eine solche für den Triebüberschuß, der sich wieder und wieder an derselben Stelle, dem Haken einer Sache oder – um mit Kierkegaard zu sprechen – dem »Pfahl im Fleisch« – ansammelt, aufstaut.

So gesehen steht das ›repetitens‹ für das ›repetitendum‹, es gibt einen Auslöser der Wiederholung – einen R-Index gleichsam –, der das eigentlich zu Wiederholende wachrufen soll, um das Unwiederholbare, nämlich die seinerzeitige Verweigerung, den Entzug bzw. das Entzogene zum Leben zu erwecken. Frustrierend ist bei all diesen Lösungsversuchen das Resultat: wiederholbar nämlich im Normalfall der blühenden Neurose, repetierbar, bleibt nur die Unwiederholbarkeit, wenn etwas im Sinne Nietzsches wiederkehrt, dann ebendasselbe auf der Ebene der Signifikanten, während die Signifikate taub und stumm dastehen. Der Grund des Wiederholungszwanges entpuppt sich im neurotischen Verlauf als ebendiese Unmöglichkeit, zu einer eigentlichen Wieder-Holung eines Gewesenen – des eigentlichen Objekts der Begierde – zu gelangen. Das Aufreizende der Wiederholung und somit das Zwanghafte ist gerade diese Erfolglosigkeit, denn gäbe es in dieser Sache einen Erfolg, dann eben auch keine Wiederholung: Alles wäre mit einem Schlage vorüber, weil präsent.

Das was Freud am Neurotiker beobachtet, daß er nämlich quasi schicksalhaft vom selben oder gleichen heimgesucht wird (XIII, 20), macht ja im übrigen auch die Modellhaftigkeit der Romanhelden aus: Schicksal wäre demnach so etwas wie Äquivalenzen auf der Ebene von Lebensmotiven und Konfigurationen, deren dichte Wiederholungsmuster eben den Eindruck erwecken, alles würde ›wie im Roman‹ ablaufen. In diesem Sinne wären alle literarischen Helden strukturelle Neurotiker, weil sie – um überhaupt die Textualität eines Sujets zu ermöglichen – relativ überstrukturierte Erlebnisse, Begegnungen und Parallelaktionen aller Art durchzumachen haben: Alles reimt sich, alles wird äquivalent, alles ist orna-mental.»Man denke« – so Freud – »zum Beispiel an die Geschichte jener Frau, die dreimal nacheinander Männer heiratete, die nach kurzer Zeit erkrankten und von ihr zu Tode gepflegt werden mußten.« (XIII, 21) Die ergreifendste poetische Darstellung sieht Freud denn auch in Torquato Tassos *Gerusalemme liberata*, womit er – wie so oft – die Literatur psychischen Realitäten/Handlungen äquivalent setzt.

Der Wiederholungszwang setzt sich konsequent über das Lustprinzip hinweg (ebd.) und ist mit ihm doch aufs engste ›verschränkt‹: »Der Wiederholungszwang, dem sich die Kur dienstbar machen wollte, wird gleichsam vom Ich, das am Lustprinzip festhalten will, auf seine Seite gezogen.« (XIII, 22). Und doch bleibt dieser Kampf zunächst unentschieden, da Freud widerwillig eingestehen muß, daß der Wiederholungszwang durchaus dem Lustprinzip den Rang streitig machen kann. Dieser Umstand macht eine Theorie notwendig, die zwischen den Systemen des Bewußtseins (*Bw*), des Unbewußten und des Über-Ichs unterscheidet. Denn das System *Bw* »entsteht an Stelle der Erinnerungsspur« (XIII, 25), es ist zugleich Produkt wie Produzent von Wiederholungen, da im System *Bw* – anders als in anderen psychischen Systemen – der »Erregungsvorgang [...] keine dauernden Veränderungen seiner Elemente hinterläßt, sondern gleichsam im Phänomen des Bewußtwerdens verpufft« (ebd.). Dies liegt in nichts anderem als in seinem »unmittelbaren Anstoßen an die Außenwelt« (ebd.). In diesem Sinne ist bzw. bildet das System *Bw* eine Rinde, eine Art »Ektoderm« heraus – wie der Embryo im Laufe seiner Entwicklung. Diese ›Haut‹ zwischen Innen- und Außenwelt muß quasi einen hohen Selektivitätsfaktor eingebaut haben, um nicht unter einer permanenten Reizung zusammenzubrechen.

Das System *Bw* ist die ›dicke Haut‹ des psychischen Gesamtapparates. Diese Haut wird gleichsam durch Erfahrung ›gegerbt‹, oder – wie Freud sagt – es entsteht »die Dauerspur der Erregung (Bahnung)« (XIII, 26). Es herrscht somit »Reizschutz« gegenüber dem Anbranden der Außenwelt. Und auch – um den Gedanken Freuds fortzuspinnen – eine Art von ›Verzögerungseffekt‹ wie beim Anspringen eines Heizungs-Thermostaten, der ja auch nicht bei jedem Vorbeihuschen des Bewohners anspringen soll.

Wenn nun die Innenwirkungen auf das System *Bw* zu unangenehm werden, sieht sich dieses veranlaßt, diese Innenwirkungen als solche »von außen« umzudeuten, »um die Abwehrmittel des Reizschutzes gegen sie in

Anwendung bringen zu können« (XIII, 29), womit eben die »Herkunft der Projektion« sich erklärt, aus der letztlich die Pathologien erwachsen. Freud nennt jene Erregungen von außen, die den »Reizschutz durchbrechen – traumatische« (ebd.). Um diese im Rahmen zu halten, wird eine »großartige Gegenbesetzung hergestellt«, um den psychischen Apparat insgesamt am Leben zu erhalten.

Der Wiederholungszwang ist sowohl triebhaft als auch – »wo er sich im Gegensatz zum Lustprinzip befindet« – »dämonisch«. Dieser Zwang des Kindes »verschwindet späterhin« (ebd.) ebenso wie die Wirkung eines wiederholten Witzes oder einer mehrfach besuchten »Theateraufführung« (sic!): »... der Erwachsene wird schwer zu bewegen sein, ein Buch, das ihm sehr gefallen hat, sobald nochmals durchzulesen« (XIII, 37) – wie es im übrigen der Kunstleser wie der Philologe tut. Das Kind »besteht dagegen auf der Identität der Wiederholung (etwa einer Geschichte) und verbessert jede Abänderung«. Die Lustquelle ist hier das Wiederfinden des Identischen – oder auf einer ganz anderen Ebene – Osip Mandelstams »Freude des Wiedererkennens«,[40] die sich gegen eine Verfremdungsästhetik des permanenten Innovationszwanges richtet. Hier bei Freud geht es aber ganz offensichtlich und wie so oft bei ihm nicht um Kunst, sondern um die fundamentalere Frage nach dem Zusammenhang von Wiederholungszwang und dem Triebhaften, die letztlich in der Einsicht resultiert, »ein Trieb wäre [...] ein dem belebten Organischen innewohnender Drang zur Wiederherstellung eines früheren Zustandes« (XIII, 38), der aus äußeren Gründen aufgegeben werden mußte. Interessant ist, daß hier Freud von »Elastizität« (organischer) spricht, wo vordem – siehe unten – Kierkegaard einen verwandten Terminus dafür verwendet.[41]

Der Trieb, verstanden nicht als aktives Prinzip, sondern als ein Trägheitsmoment (damit meint Freud Elastizität) mit dem Ziel »Früheres wiederherzustellen« (XIII, 39). Es verbindet sich hier der Wiederholungszwang mit der »konservativen Natur des Lebendigen«, einen Urzustand (der Lust) wiederherzustellen. An anderer Stelle wird Freud diesen Konservierungs- und Restitutionstrieb auch mit dem Thanatostrieb gleichsetzen, der seinerseits dem Erostrieb zur Erneuerung entgegenwirkt. Auf-

---

40 Osip Mandelstam, »Der Morgen des Akmeismus« [1913/1919], in: ders., *Über den Gesprächspartner. Gesammelte Essays I. 1913-1924*, hg. u. übers. v. Ralph Dutli, Zürich 1991, 21-22. Vgl. auch: Vf., »Entfaltungen der Gewebe-Metapher. Mandelstam-Texturen«, in: *Anschaulichkeit (bildlich), Der Prokurist 16/17*, hg. v. Oswald Egger, Wien, Lana 1999, 71-152.
41 Zitiert nach: Sören Kierkegaard, »Federkraft der Ironie«, in: ders., *Die Wiederholung*, 18. Künftig zit. mit der Sigle W.

fällig ist jedenfalls, daß »allen organischen Trieben« (ebd.) dieses Bestreben nach einer »restitutio ad integrum« unterstellt wird. Dieses Rückstreben zu einem archaischen »Ausgangszustand« ins »Anorganische« und eo ipso in einen Zustand des Todes: Denn »das Ziel alles Lebens ist der Tod [...] Das Leblose war früher da als das Lebende« (ebd.). Insofern erscheint dann auch das Leben als ein immer komplizierterer und immer mehr hinausgezögerter, aufgeschobener »Umweg zum Tode« (XIII, 41) – für Kierkegaard wird daraus eine »Krankheit zum Tode«, die freilich die Biosphäre des Freudschen Spätpositivismus durchaus verlassen hat und in der Existenz des Einzelnen als Prinzip der »Verzweiflung« wirksam ist.[42]

Das Leben, verstanden als eine Rückkehr ins Anorganische, in dem sich das Prä- im Postnatalen wiedervereinigt, ist auch für Freud ein »Paradox« (ebd.), da ja der lebendige Organismus alles tut, um ebendiese Totalwiederholung, diesen letalen »Kurzschluß« (so Freud, XIII, 41) zu vermeiden. In erster Linie sind es die Sexualtriebe, die für Freud diese Gegenbewegung tragen: Progression und Regression versetzen das Leben insgesamt in eine Art Schaukelbewegung, die selbst wieder einem Wiederholungsmuster folgt – postmodern gesprochen: die »différence«, also der Sprung zwischen Eins und Null, Ja und Nein, Sein und Nichts, diese Differenz wandelt sich im Rhythmus einer Entwicklung zur »différance«, also zum Aufschub des Todes durch Leben, des Nicht-Seins durch Dasein. Der Rückweg ins Nirwana ist mit Widerständen gepflastert, »welche die Verdrängungen aufrecht halten« (XIII, 45), was den Menschen und das Leben zwingt, in die andere Richtung nolens volens voranzuschreiten, also zu progredieren. In diesem Sinne ist für Freuds skeptische Nachkriegs-Metapsychologie des Jahres 1920 ein jedes ›Vorwärts‹ ein verhindertes ›Rückwärts‹.

Nur die »regredierenden« Ichtriebe (Thanatos), die den »Sexualtrieben« (Eros) entgegenwirken, verfügen über die Dynamik des Wiederholungszwanges (XIII, 46). Gerade die »Ichtriebe« sind es, die die »Belebung der unbelebten Materie wiederherstellen wollen« (ebd.). Während wir aber wissen, was der Ich-Thanatostrieb im Tod wiederholen möchte – nämlich den Urzustand des Anorganischen und Unbelebten –, wissen wir eben nicht, was der Erostrieb restituieren soll. In dieser Asymmetrie besteht eben die Diskrepanz zwischen Wiederholungszwang und Wiederholungslust, für die der thanatoslastige Ansatz Freuds keine Lösung sieht. Was irgendwie dazwischensteht, ist nichts anderes als das ›Ich‹

---

42 *Die Krankheit zum Tode*, Kopenhagen 1849.

selbst, auf das die Libido sich richtet, nachdem es »vom Objekt abgezogen« wurde (Introversion) (XIII, 55).

Insofern ist auch der »Selbsterhaltungstrieb« libidinös besetzt, während er doch gleichzeitig auch und dominant als Ichtrieb mit dem Todestrieb gleichgesetzt wird (XIII, 57). Dieser ›Dualismus‹ zwischen Eros- und Thanatostrieben gehört wohl zu den Hauptmerkmalen der metapsychologischen Theorie des späten Freud der 20er und 30er Jahre.

Das von Freud übernommene ›Nirwanaprinzip‹ zielt auf die thanatoshafte Rückkehr in den Urzustand einer totalen Spannungslosigkeit, während – wie gesagt – der Eros- oder Sexualtrieb seltsamerweise auf Anhieb keinen Wiederholungszwang erkennen läßt. Dies wird am ehesten verständlich dadurch, daß Freud unter Wiederholung eher ›Wiederkehr‹, Regression, Restitution eines Vormaligen versteht – und nicht Repetition, Reduplikation, Vermehrung! Eher sieht Freud im Sexualtrieb ein Streben nach »Verschmelzung zweier Zelleiber« (XIII, 60), wodurch freilich das eigentliche Ziel des Lebens – der Tod – hinausgezögert oder jedenfalls erschwert wird (XIII, 61). Freud spürt wohl die geradezu häretische Radikalität dieser Thanatoslastigkeit, da er mehrfach von einer Art wissenschaftlichem »Mythos« spricht (XIII, 62), der hier als geradezu ›phantastisches‹ Erklärungsmodell vorgeführt wird. Grundlegend ist dabei die Annahme, daß ein »Trieb« immer von dem »Bedürfnis nach Wiederherstellung eines früheren Zustandes« abgeleitet wird (ebd.).

Dabei stützt sich Freud auf niemand anderen als den großen Schöpfer philosophischer Mythen – Platon, der in seinem *Symposion* die berühmte Kugelmenschtheorie ernsthaft-ironisch dem Aristophanes in den Mund legt. Gerade hier wird aber eine Art Zwillingsmythos als Urverkörperung einer initialen Reduplikation angenommen. Der Kugelmensch verfügt über zweimal zwei Arme und Beine und wird daher von Zeus halbiert, genauso »wie man Quitten zum Einmachen durchschneidet …«. Die getrennten Hälften aber hatten nichts Eiligeres zu tun, als sich aufs heftigste anzustreben, um sich »im Verlangen zusammenzuwachsen« ineinander zu flechten (ebd.). Hier wäre denn auch der Wiederholungszwang des Eros- bzw. Sexualtriebes zu finden – anders als in der Restitution eines ursprünglichen Ruhezustandes in der Restitution einer Ureinheit.

Doch genau an dieser entscheidenden Stelle läßt Freud den Vorhang fallen: »Ich glaube, es ist hier die Stelle, abzubrechen« (XIII, 63). Was folgt, sind einige Nachsätze, die sich offensichtlich jenseits der wissenschaftlichen Überprüfbarkeit bewegen, also einen rein ›persönlichen‹ Charakter tragen, worauf dann Freud eigens hinweist: »Ich weiß nicht, wie weit ich an sie [die hier entwickelten Annahmen] glaube.« (XIII, 64) Dieses scheinbare Eingeständnis des Meisters macht stutzig und läßt den

Verdacht keimen, im weiteren würde Freud eine über das Wissenschaftliche hinausgehende – eben metapsychologische – Erklärung liefern, die – wie die Parabel des Aristophanes – zugleich ernst und ironisch gemeint ist. Nach diesem vorbereitenden Trommelwirbel wartet das Publikum denn auch durchaus gespannt auf den Auftritt des Zauberers oder Akrobaten, der in Gestalt eines selbsternannten »advocatus diaboli« (ebd.) auf die Bühne tritt.

Was nun folgt, ist eine Art ›dritter Schritt in der Trieblehre‹, ein Modell Freud III also,[43] das eine Art ›Unwissenschaftliche Nachschrift‹ im Kierkegaardschen Sinne vorschlägt. Denn es geht hier schließlich um ›die letzten Dinge‹ und die ›großen Probleme der Wissenschaft und des Lebens‹, die beiden gewissermaßen über den Kopf wachsen, so daß die affektiven Vorlieben einer Urteilsbildung scheinbar unwissenschaftliche ›Spekulationen‹ provozieren. Auch wird bei dieser Gelegenheit schmerzlich bewußt, daß alle eingesetzten Terminologien letztlich doch nur ›Bildersprachen‹ sind, ob sie nun tiefenpsychologisch oder biologisch ausgerichtet seien.

Ganz im Gegensatz zum Innovationsprinzip der Moderne – geschweige denn der Avantgarden – postuliert Freud ein Lustprinzip, dem es grundsätzlich darum geht, den »psychischen Apparat erregungslos zu machen« (XIII, 68) und in die »Ruhe« der »anorganischen Welt« zurückzukehren. Fast gleichzeitig mit Freud wird der russische Suprematist Malevič seine Weltformel der Ungegenständlichkeit auf ebenjene Rückgewinnung des Ruhezustandes fixieren, in den alle Dynamik und aller Bewegungsrausch einmünden sollen.[44]

Und doch hat Freud anderes im Auge, wenn er das plötzliche Ersterben der Erregung im Sexualakt in sein Restitutionskonzept einbezieht. Bei alldem geht es um die irritierende Frage, wie sich schon auf der

---

43 Ein solches ›drittes Modell‹ der Psychoanalyse Freuds umfaßt vor allem die metapsychologischen Studien der Periode nach dem Ersten Weltkrieg, wobei es zu einer massiven Remythisierung der analytischen Konzepte der II. Phase (seit etwa 1900, beginnend also mit der *Traumdeutung*) kommt. Hand in Hand mit dieser Rehabilitierung des Mythos richtet sich der Blick des späten Freud auch auf den kulturellen Kontext jener Strukturen, die er in der Phase II als innerpsychisch und unbewußt abhandelt. Die Frühphase Freuds ist zweifellos geprägt von einer positivistischen Vorstellung psychophysischer Zusammenhänge und triebökonomischer Regeln.

44 Vgl. Vf., »Von der Bewegung zur Ruhe mit Kazimir Malevič«, in: *Kinetographien*, hg. v. Inke Arns/Mirjam Goller/Susanne Strätling/Georg Witte, Bielefeld 2004, 79-114.

Ebene der archaischen Primärprozesse das Lustprinzip einer Gegentendenz gegenübersieht, die es eigentlich auf dieser Stufe nicht geben dürfte. Was aus dieser Einsicht folgt, ist eine für Freud seltsame Unentschiedenheit, wenn er etwa vermerkt, daß uns »unser Bewußtsein« eine schwer erklärliche Spannung zwischen Lust und Unlust vermittelt, die ihrerseits »eine lustvolle oder unlustvolle sein kann« (XIII, 69).

Dazu gehört auch jene in der Freudschen Darstellung immer wieder hinausgezögerte und abgedrängte Ahnung, daß sich der Todestrieb im Lusttrieb selbst eingenistet hat: Denn die eigentlichen ›Störenfriede‹ sind aus dieser Sicht ja die Lebenstriebe – da sie uns von der Wiederherstellung des ursprünglichen Ruhezustandes abhalten: Und doch erzeugt die »Erledigung« jener »Spannungen«, die dieses Auftreten der Lebenstriebe auslöst, eine Lust, »während die Todestriebe ihre Arbeit unauffällig zu leisten scheinen. Das Lustprinzip scheint geradezu im Dienste der Todestriebe zu stehen ...« (ebd.). Nun aber – genau an dieser Stelle – hat der Innendruck der fortgesponnenen Gedankengänge ein solches Maß erreicht, daß die Denkmaschine mit einem Schlag festklemmt. Freud murmelt noch einige entschuldigende Ausstiegsformeln derart: »Hieran knüpfen sich ungezählte andere Fragen, deren Beantwortung jetzt nicht möglich ist. Man muß geduldig sein und auf weitere Mittel und Anlässe zur Forschung warten. Auch bereit bleiben, einen Weg auch wieder zu verlassen, den man eine Weile verfolgt hat, wenn er zu nichts Gutem zu führen scheint. Nur solche Gläubige, die von der Wissenschaft einen Ersatz für den aufgegebenen Katechismus fordern, werden dem Forscher die Fortbildung oder selbst die Umbildung seiner Ansichten verübeln ...« (ebd.).

Damit endet in dieser schmerzlichen Figur der Aposiopese ein ebenso tragisches wie geniales Fragment – eine Art herausgeeiterter Granatsplitter aus den Schlachten des II. Weltkrieges, dessen Traumatisierung wohl den urbanen Denker hier eingeholt hatte, als er bei der Entdeckung des Wiederholungszwangs nicht auf die reine Wiederholungslust stieß, sondern auf die Sehnsucht nach Wiederkehr einer Alten Welt, die immer schon untergegangen ist. Für den Einzelnen wie für ein ganzes Reich. Wir befinden uns nolens volens »Jenseits des Lustprinzips«.

4. Gereimtes und ungereimtes Leben: Kierkegaard im Wiederholungs-Paradoxon

Es würde entschieden zu weit führen, die existentialphilosophischen Hintergründe von Sören Kierkegaards Wiederholungs-Konzept auch nur annähernd auszubreiten. Ich möchte mich auf einige Hinweise darauf beschränken, das strukturbildende Prinzip der Repetition und das kosmisch-apokalyptische (Zyklizität der Wiederkehr) um das existentielle Prinzip zu ergänzen.

Eine Brücke dazu bildet schon das Pseudonym des fiktiven Verfassers – Constantin Constantius (= C. C.)[45] – von Kierkegaards Schrift *Die Wiederholung*, die 1943 in Kopenhagen erschien und deren Abfassung in die stürmische Phase seiner Ver- und Entlobung mit Regine Olsen fällt. Doch bevor es zu dieser für Kierkegaard selbstverursachten Katastrophe kam, machte sich der Meister der Selbstmystifikation und Indirektheit an ein psychologisches Experiment, um auszuloten, ob es im Leben und für das Bewußtsein so etwas wie ›Wiederholung‹ geben könne. Dabei bedient er sich eines durchaus konventionellen Ver-Fahrens, nämlich des Versuchs, eine einmal – glücklich in Erinnerung behaltene – Reise nach Berlin (Oktober 1841) im Mai 1843 zu wiederholen, was freilich gründlich danebenging: so jedenfalls in der stark autobiographischen Versuchsanordnung seiner Schrift *Die Wiederholung*, die er unter dem Kalauer-Pseudonym Constantin Constantius auf seiner eigenen zweiten Berlinreise abfaßte (und zwar fast zeitgleich mit *Entweder-Oder*). Anders aber als die beiden Berlinreisen im literarisch-philosophischen Diskurs war in Kierkegaards biographischer Realität die zweite Berlinreise geprägt von einem gewaltigen Kreativitätsschub, dessen Glückhaftigkeit jedoch durch die erwähnten Gründe seiner überstürzten Heimreise wesentlich getrübt werden sollte.

Kierkegaards erste Berlinreise 1841 führte ihn in die Jägerstraße 57 (Ecke Charlottenstraße, mit Blick auf den Gendarmenmarkt), wo er eine positive Wohnsituation vorfand, ja überhaupt eine erfreuliche Stadtszene erlebte – mit Promenaden, Konditoreibesuchen und natürlich Opernerlebnissen, hier v.a. die Aufführung des *Don Giovanni*, dessen wenig heroischer Verführerheld in *Entweder-Oder* eine so zentrale Rolle spielen sollte. Die zweite biographische Berlinreise im Mai 1843 führte ihn wie-

---

45 Eine lautverwandte Personifizierung dieser Doppelinitialen finden wir in der Gestalt des Cincinnatus in Vladimir Nabokovs Roman *Einladung zur Enthauptung* [russ. 1935/36], übers. v. Dieter E. Zimmer, Reinbek b. Hamburg 1970.

der in die Jägerstraße 57, wo ihn freilich unerfreuliche Wohnverhältnisse erwarteten. Auch war das gesellige Leben beim zweiten Mal deplorabel. Auf diesem zweiten Berlinaufenthalt verfaßte er eben *Die Wiederholung* und begann *Furcht und Zittern*. In diesem Sinne ist Kierkegaards Schrift *Die Wiederholung* als Wiederholung seiner eigenen Berlinreisen anzusehen, deren zweite realiter die diskursive Experiment-Reise einschließt. Dies freilich nur eben bis zu jenem Punkt, da Kierkegaard die schreckliche Nachricht von der neuerlichen Verlobung seiner von ihm selbst indirekt ›entlobten‹ Regine Olsen erfährt, die sich mit einem Fritz (sic!) Schlegel verbindet.[46]

Dadurch gerät auch der parallel verfaßte Text von *Die Wiederholung* in den Strudel einer völlig unerwarteten Dynamik, die den ursprünglich ins Auge gefaßten Schluß des Psycho-Experiments der Schrift in eine völlig andere Richtung lenkte. Man könnte einen anderen ›Parallelschreiber‹ aus der russischen Literatur anführen, der gleichfalls das Erzähl-Paradoxon – wie kann man das aktuell ablaufende Leben synchron erzählen – wieder und wieder in seinem literarischen Schaffen durchexerziert: Es ist dies niemand anderer als F. M. Dostoevskij, der in der denkwürdigen Einleitung zu seiner Erzählung *Die Sanfte* ebenjenes Kierkegaardsche Problem der Gleichzeitigkeit von Leben und Denken bzw. Schreiben postuliert und ad absurdum führt.[47] Auch in anderen Hinsichten gibt es übrigens Parallelen zwischen Dostoevskij und Kierkegaard, die sich auch in Michail Bachtins Vielstimmigkeitspoetik bzw. Dialogizitätskonzept wiederfinden.

Es ist jedenfalls nicht zu übersehen, wie minutiös und desaströs die Parallelen zwischen Kierkegaards unheiligem Experiment, das er in seiner eigenen Lebenswelt mit der unglücklichen Regine durchspielte, zu jenem üblen Spiel ausfielen, das der pseudonymische Autor der *Wiederholung* – Constantin Constantius – seinem jugendlichen Freund vorschlägt. Kierkegaards Verlobungs- und Entlobungsgeschichte ist so oft erzählt und gedeutet worden, daß man durchaus ins Stocken kommt, wenn man sie unbefangen – wie den neuesten Klatsch aus der Philosophiegeschichte –

---

46 Behutsam und eindringlich nacherzählt wird diese Geschichte zuletzt bei: Joakim Garff, *Sören Kierkegaard. Biographie*, München, Wien 2004, 273ff.

47 Bei Dostoevskij ist das Ideal der Synchronisierung von Lebens- und Schreibakt – gedacht als eine Art inneres ›Stenogramm‹ des erlebenden/erzählenden Helden und seines Autors – ironisch auf die Spitze getrieben bzw. auf den Punkt gebracht, der eine jede Differenzierung und Aufschiebung zwischen beiden ›Bewegungen‹ ausschließt. Vgl. Vf., »Diskursapokalypsen: Endtexte und Textenden«, 209-211.

vortragen möchte. Passiert war in kurzen Zügen Folgendes: Im Sommer 1840 hatte sich Sören Kierkegaard in die blutjunge Regine Olsen, die er als 15jährige 1837 kennengelernt hatte, verliebt. Nach dem Examen an der Universität, nach der Dissertation zum *Begriff der Ironie* bei Sokrates,[48] nach den erschütternden Schuld-Bekenntnissen seines Vaters und dessen Sterben sieht sich der 27jährige vor die Entscheidung gestellt, Regine Olsen einen Antrag zu machen. Zum einen plagen ihn massive Schuldgefühle, die er von seinem Vater adoptiert hatte, zum andern sein »Stachel im Fleisch«, der für ihn eher ein Problem des Eros und nicht so sehr des Thanatos geworden war.[49] Liebe, wo ist Dein Stachel ...

Regine hatte Sörens Antrag – zu seiner großen Verwunderung – ohne Zögern mit Ja beantwortet: wohl das schlimmste, was einem Melancholiker passieren konnte, der sich durch die Eile der Tat selbst überspielen wollte. Sofort machte sich Kierkegaard daran, alles rückgängig zu machen – und zwar auf eine Weise, die ihn in den Augen seiner Verlobten diskreditieren mußte, so daß sie von alleine bereit sein würde, die Trennung zu wollen. Zu einer direkten Aussprache über seinen ›Defekt‹ war Kierkegaard ebenso unfähig wie willens, auf der Grundlage von ir-

---

[48] Sören Kierkegaard, *Über den Begriff der Ironie mit ständiger Rücksicht auf Sokrates* [1841], übers. v. Wilhelm Rütemeyer, München, Berlin 1929; vgl. dazu Theodor W. Adorno, *Kierkegaard. Konstruktion des Ästhetischen*, Frankfurt a. M. 1974.

[49] Es ist schon bemerkenswert, daß gerade Lev Šestov in seiner radikal-nihilologischen Kierkegaard-Schrift – der ersten und für Jahrzehnte auch letzten aus russischer Perspektive – diesen Aspekt der psychophysischen Impotenz Kierkegaards als Hauptgrund des dadurch entscheidend entwerteten Verzichts auf Regine verabsolutiert. (vgl. Lev Šestov, *Kirkegard i ekzistencial'naja filosofija*, [K. und die Existenzphilosophie] Paris 1936 (dt. Ausg. in Graz 1949) – Kapitel »Strach i Ničto« [Angst und Nichts], 81-88). Die Problematik von Šestovs Kritik an der Inkonsequenz Kierkegaards, insbesondere an seiner religiösen Motivierung eines Schrittes, der in Wirklichkeit sehr irdische Gründe hatte, besteht darin, daß er ein Phänomen wie die Wendung eines Menschen zum Glauben rational zu analysieren versucht, einen Schritt, der nach Šestovs eigener Erklärung, jenseits aller Vernunft, aus der Notwendigkeit (auch des Körperlichen) hinausführt.
Hier zeigt sich schon die Einseitigkeit von Šestovs Standpunkt – gemessen am Existentialismus Kierkegaards: Der *Irrationalismus* Šestovs ist äußerst *rational*. Wie konnte er sonst übersehen, daß ein Mensch, der sich auf den Glauben, auf das Absurde, die Aufhebung des Ethischen zu bewegt, alles einzig als »Ursache« seines Glaubens betrachten kann. Wenn man Šestovs Gedanken fortsetzt, muß man zu dem Schluß kommen, Kierkegaard habe durch seinen Glauben nur ein körperliches Gebrechen sublimieren, es vor den Augen der Umwelt verbergen wollen.

gendwelchen Kompromissen ein normales Leben, die Ethik der Ehe, anzutreten. Das Katz- und Mausspiel – quasi eine Umkehrung der Geschichte von *Abaelard und Héloïse* – dauerte ein ganzes Jahr lang, es wurde immer schwieriger, die Verlobung zu lösen, von der schon ganz Kopenhagen redete: Regine wäre auf schreckliche Weise desavouiert worden. Als letzte List macht sich Kierkegaard daran, sich selbst als Betrüger hinzustellen, spielt den Egoisten, Schwätzer, Zyniker, um sich in den Augen der Kopenhagener Bürger selbst zu disqualifizieren. Nur eine ließ sich nicht täuschen – Regine, obwohl sie ihr famoser Verlobter mit ausgesuchter Grobheit traktierte. Als es am 11. Oktober 1841 zum scheinbar endgültigen Bruch kam, verließ Kierkegaard Kopenhagen und trat seine – erste – Berlinreise an.

Von Stund an handelten alle Schriften Kierkegaards in manischer Ausschließlichkeit einzig von dieser Verlobungs-Tragikomödie – von der Schrift *Schuldig-Unschuldig* über *Entweder-Oder* hin zum *Begriff der Angst* und den *Stadien*.

Kierkegaard sah sein im Doppelsinne zu verstehendes ›Versagen‹ als ein ›Ver-Sprechen‹ dafür, als Melancholiker im Zustand der absoluten Möglichkeit und somit Freiheit zu verharren, Ästhetiker zu sein und zugleich Religiöser, um in den Kategorien seiner *Stadien* zu sprechen. Aber nur eines nicht – EHE- und Ehrenmann einer All-Gemeinheit, deren Normalität und Mittelmäßigkeit ebensoviel Angst wie Sehnsucht einflößte. Was der Meister der Selbstverführung gegen eine solche Entscheidung für die Normalität ins Treffen führte, war nichts weniger als sein Anspruch, aus dem Defizit seiner Impotenz die Prä- und Omnipotenz seiner göttlichen Sendung (als Philosoph und Schriftsteller) abzuleiten. Er sah sich ausersehen, »geopfert zu werden, damit die Idee hervortreten kann«. Er selbst war die große »Ausnahme«, wie er sie in *In vino veritas* für sich beansprucht. Auf diese invertierte Weise wird die Frau zur ewigen Muse des Mannes, der als Dichter permanent über diese Muse schreiben muß. Aufgabe des Dichters wäre es somit, nicht ein Verhältnis zu »leben, sondern zu erinnern«, d.h., erinnernd zu wieder-holen, ohne doch je – wie der Erzverführer Don Giovanni – an sein Ziel kommen zu wollen. Erst die Trennung von Regine machte aus Kierkegaard den Gedankendichter, als welcher er den Rest seines kurzen Lebens hinbrachte. Ewig im Wiederholungszwang seine Wiederholungslust, die Urszene seines Versagens als Versagung auszuspielen, durchzuexerzieren.

Es ist viel geschrieben worden zu Kierkegaards Lust am Pseudonymischen, das als Personalisierung seines Zwanges zur Indirektheit und damit zum Lebens-Experiment fungieren sollte. Auch *Die Wiederholung* (1843) entfaltet sich als »Versuch in der experimentierenden Psychologie«

wie die davor datierenden Schriften *Entweder-Oder* und *Furcht und Zittern*. Die Grundsituation in dieser ironisch-fiktiven Schrift, in der Dichtung und Wahrheit heillos verquickt erscheinen, ist eben die Verlobungsgeschichte Kierkegaards mit Regine, wenn auch in einer verwirrenden Verkleidung und Verfremdung. Im Buche geht es um ein sehr ungleiches Freundespaar – den pseudonymischen älteren Constantin Constantius, der als Räsoneur und Autor ebenso kierkegaardsche Züge trägt wie sein junger romantischer Freund, dessen Entliebungsgeschichte an Kierkegaards eigene Verlobungstragödie gemahnt, die ja zeitgleich mit der Niederschrift dieses Werkes ihren Lauf nahm. Constantin Constantius geht wie Kierkegaard nach Berlin, um auf diese Weise eine kurz davor stattgefundene erste Berlinreise zu repetieren mit dem Ergebnis, die Unmöglichkeiten einer existentiellen Wiederholung zu demonstrieren.

Bei dieser Gelegenheit entfaltet der auktoriale Räsoneur auch eine Art Wiederholungs-Philosophie. Nicht zufällig knüpft der Autor seine Spekulationen zur Wiederholung an das uralte Bewegungsparadoxon der Eleaten (zumal bei Zenon) an, wobei ein weiteres Mal klar wird, wie sehr Kierkegaards eigenes Philosophieren antiplatonisch, antiklassisch, antihegelianisch und anti-ontologisch ein- und ausgerichtet war.[50] Immer waren es die Häretiker der Philosophiegeschichte, von Heraklit über die Sophisten bis zum karnevalesken Lukian u.a.,[51] deren Spottliedern der dänische Denker lieber folgen wollte als den großen Symphonien der Alten Meister.

5. Exkurs: Paradoxien des (Un-)Endlichen – Zenons Bewegungsparadoxon

Zu den großen und produktivsten Paradoxa in der Denkgeschichte der Un-Sinn-Figur gehören die *Zenonschen Paradoxa*,[52] die seit Jahrtausenden

---

50 Vgl. Nils Thulstrup, *Kierkegaards Verhältnis zu Hegel. Forschungsgeschichte*, Stuttgart u.a. 1969.

51 Im Grunde handelt es sich dabei um ebenjene Tradition zwischen den Platonischen Dialogen und der menippeischen Satire, die Michail Bachtin zur Geschichte des Romangenres erklärt (Michail Bachtin, »Das Wort im Roman«, in: ders., *Die Ästhetik des Wortes*, hg. v. Rainer Grübel, übers. v. Rainer Grübel/Sabine Reese, Frankfurt a. M. 1979, 255ff.).

52 *Die Scheinwelt des Paradoxons. Eine kommentierte Anthologie in Wort und Bild*, hg. v. George Brecht/Patrick Hughes, Braunschweig 1978, 19ff. Zu den Unendlichkeits-Paradoxien von Zenon bis Bolzano und ihrer postmodernen Deutung vgl. Ralph Kray/K. Ludwig Pfeiffer, »Paradoxien, Dissonanzen, Zusammenbrüche:

den Widerspruch artikulieren zwischen Bewegung bzw. Werden und Ruhe bzw. Sein, Dynamik und Statik, Prozessualität und Resultativität, Zeit und Raum, Entelechie und Teleologik, Endlosigkeit bzw. Ewigkeit und Finalität etc. Diese Gegensatzpaare gruppieren sich um den zentralen Widerspruch zwischen Dynamik und Statik bzw. Homogenität und Diskretheit, wobei der naive Realismus bzw. die Alltagsrationalität dem statischen Pol – also dem Raumdenken – zugeordnet wird, während ein apophatisch-paradoxales Denken den aperspektivischen, vorrationalen und zugleich postrationalen Standpunkt einnimmt, daß eine überreale, d.h. authentische Sicht immer die eines Werdens und der existentiellen Prozessualität darstellt:»This semantic dialectic is the very essence of nonsense, and in Eschers' [or Carroll's] case it focuses the tension between process and stasis – the classical boundary between the verbal and visual arts.«[53] Eigentlich ist ein solcher Ansatz – etwa im Kunstdenken der russischen Dichter des Absurden wie ansatzweise bei Kierkegaard – anti- oder postdialektisch, da es ja auch hier nicht um die synthetische ›Aufhebung‹ einer Antinomie in einem metaphysischen ›Dritten‹ einer All-Versöhnung geht, sondern um das Evident-Machen der Antinomie in der Unentrinnbarkeit ihrer jeweils immanenten, statischen, ausschließenden Widersprüchlichkeit: Auch hier erfolgt die Bewegung, der Sprung, die Ver-Rücktheit durch die unausweichliche Einsicht in die Unverrückbarkeit des Ist-Zustandes der Selbsttäuschung, der in sich keine wirkliche Bewegung und Dynamik zuläßt.[54]

Vom Ende und Fortgang der Provokationen«, in: *Paradoxien, Dissonanzen, Zusammenbrüche. Situationen offener Epistemologie*, hg. v. Hans Ulrich Gumbrecht/ K. Ludwig Pfeiffer, Frankfurt a. M. 1991, 13-31, 22ff.; G. Deleuze, *Das Bewegungs-Bild. Kino I*, übers. v. Ulrich Christians/Ulrike Bokelman, Frankfurt a. M. 1989, 13ff.; ders., *Logique du sens*, Paris 1969; dt. Übers. als *Logik des Sinns*, übers. v. Bernhard Dieckman, Frankfurt a. M. 1993, 86.

53 Wendy Steiner, *The Colors of Rhetoric. Problems in the Relation between Modern Literature and Painting*. Chicago, London 1982, 164.

54 So im »conventional realism« eines pragmatischen Alltagsdenkens (vgl. Steiner, *The Colors of Rhetoric*, 165). Die absurdistische Strategie bei der Auseinandersetzung mit dem Bewegungs- und Unendlichkeitsparadoxon zielt darauf ab, die begrenzende Rolle von Anfang und Ende und damit die Linearität und Teleo-Logik von Zeit aufzulösen und ausgehend von Henri Bergsons Konzept der ›durée‹ eine 5. Dimension der reinen Dauer im Cisfinitum einer totalen Präsenz zu entdekken. Zur Zeit-Philosophie der Obèriu-Gruppe vgl. Vf., »Konzepte des Nichts im Kunstdenken der russischen Dichter des Absurden (Obèriu)«, *Poetica*, 26. Bd., H. 3-4, 1994, 308-373; Michail Jampol'skij, *Bespamjatstvo kak istok (Čitaja*

Die *Zenonschen Paradoxa des Unendlichen* zielen bekanntlich darauf ab, die Existenz der Vielheit von Dingen – also die Dissoziierung der ursprünglichen kosmischen Einheit und Ganzheit – in Frage zu stellen. Diesem ›ontologischen Sündenfall‹ ist ganz in dieser Denktradition aber nicht rational oder empirisch beizukommen, sondern durch eine besondere Einsicht in die paradoxale Natur der Synchronizität (die Sukzessivität und ihre Bewegungslogik aufhebt) und der *Singularität* bzw. Einheitlichkeit der Dinge, d.h. ihre Unzerlegbarkeit in Teil und Ganzes, Gattung und Art, Element und Menge bzw. Genre. Die Einheit der Dinge ist gewissermaßen durch einen Defekt in der Schöpfung zerbrochen, und sie kann nur durch einen postrationalen Akt der paradoxalen Intervention repariert werden. Dieser Akt hat aber immer so etwas wie ein ›credo quia absurdum‹ an sich, da er gegen die ›natürliche Empirie‹ gerichtet scheint und von einer quantitativen Einschätzung (der Größe der Dinge in den Koordinaten von Raum und Zeit) zu einer nichtquantitativen umschaltet, die das Sein ohne Zerlegung in Teile als Ganzheit erfaßt und damit die aristotelische Logik einer Hierarchie von ›partes‹ und ›tota‹ unterläuft.

Kurz gesagt postuliert das absurde Denken eine *Gleichsetzung von Teil und Ganzem*, wobei einmal die ›tota‹ partikularisiert – oder aber die ›partes‹ totalisiert werden, so daß es nur ›tota‹ gibt, die miteinander alogisch vernetzt sind, seriell akkumuliert oder subtrahiert präsentiert werden.

Diese Sichtweise ist nicht so sehr – wie in der frühen Avantgarde – eine aperspektivische, neoprimitivistische, archaisierende und damit bewußtseinsgeschichtlich authentische ›restitutio ad integrum‹ – vielmehr bewegt sich die absurdistische Sehweise im *blinden Fleck* des Bewußtseins überhaupt: Sie ist nicht irrational oder surreal, sondern meta-rational, indem sie nicht fertige Denkresultate abliefert, sondern das Werden selbst prozessual – ohne Arché und Telos und vor allem ohne temporalkausale Koordinaten – präsent macht. Denn das an Zenon geschulte Argument gegen die Bewegung richtet sich gegen die Linearität und homogene Sukzessivität eines solchen Bewegungsbildes selbst, das aus einer metarationalen Sicht ›unmöglich‹ ist; die reine Dynamik aber unterliegt nicht den Aporien des Teilungsparadoxons Zenons und damit auch nicht

---

Charmsa) [Gedächtnislosigkeit als Ausgang. Bei der Lektüre von Charms], Moskau 1998, 106ff. (Zeitparadoxon, ebd., 131ff.). Bei Charms erhält die Zeit ihre autonome Bedeutung gerade dann, »wenn sich nichts ereignet« (ebd., 137f.); dann herrscht totale Evidenz im »Jetzt« des »Nicht-Ereignisses« (139f.).

den Spielregeln des *Wettlaufs* von »Achilles und der Schildkröte«.[55] Das Paradoxon, daß der grundsätzlich schnellere Achill die Langsamkeit verkörpernde Schildkröte nicht und nicht überholen kann, interessiert den Absurdisten primär als Alptraum-Paranoia eines Verfolgungs-Wahns, der wieder und wieder als Fehlleistung und zugleich authentische Allegorie der conditio (in-)humana vorgeführt wird. Dieser Demonstration dient eine auffällig große Zahl an paraphilosophischen und literarischen Diskursen, denen es allesamt nicht um die Lösung des Bewegungs- und Unendlichkeits-Paradoxons geht, sondern um seine ad absurdum führende Subversion von Raum, Zeit und Kausalität in ihrer konventionellen Erfahrbarkeit. Gleiches läßt sich zu Zenons »Pfeilparadoxon« sagen, wo es gleichfalls um die Dissoziierung des Zeitkontinuums in Zeitschnitte geht – ein Problem, das die futuristische Phasenphotographie ebenso wie die avantgardistische Inversions-Poetik aufgreift und das in den Verfahren der Diskontinuität der Raum-Zeit-Strukturen in der modernen Prosa insgesamt realisiert – und schließlich in der absurdistischen Parabolik totalisiert wird.

6. Weiter im Text ...

Für Kierkegaard bildet die ›Wiederholung‹ eine Entsprechung zu Platons Anamnesis, also zur Funktion des Gedächtnisses für Denken und Erkennen: »Wiederholung und Erinnerung sind die gleiche Bewegung, nur in entgegengesetzter Richtung; denn wessen man sich erinnert, das ist gewesen, wird rücklings wiederholt; wohingegen die eigentliche Wiederholung sich der Sache vorlings erinnert. Daher macht die Wiederholung, falls sie möglich ist, den Menschen glücklich, indessen die Erinnerung ihn unglücklich macht.« (W, 3) Das ganze Leben »ist eine Wiederholung«, worin eben seine Schönheit besteht (W, 4). Nach diesem verdächtig überschwenglichen Lob der Wiederholung wird aber alsbald deren Haken sichtbar, durch den alles wieder in Frage gestellt und mehr als kompliziert erscheint.

Halb ironisch präsentiert Kierkegaard seinen Begriffs-Helden – die Wiederholung – als *das* zentrale Problem der neuen Philosophie (W, 21f.),

---

55 *Scheinwelt des Paradoxons*, 22ff.; Douglas G. Hofstadter, *Gödel, Escher, Bach: An Eternal Golden Braid. A Metaphorical Fugue on Minds and Machines in the Spirit of Lewis Carroll*, London 1980, 43ff.: »What the Tortoise Said to Achilles by Lewis Carroll«. Zum Zenonschen Problem bei Wittgenstein vgl. Friedrich Waismann, *Logik, Sprache, Philosophie*, Stuttgart 1976, 135ff.

zumal sie »eigentlich das ist, was man [sc. Hegel] irrtümlich als Vermittlung genannt hat«. Was diesem Begriff – und Hegel insgesamt – fehle, ist das Dynamische, die ›Bewegung‹, aus deren Perspektive sich erst die platte Dialektik der Wiederholung als Wiederkehr von etwas Gewesenem auflöst in der Einsicht, daß »eben dies, daß es gewesen ist, die Wiederholung zu dem Neuen« macht (W, 22). Letztlich ist »die Wiederholung das Interesse der Metaphysik«, an dem sie zugleich scheitert.[56]

Um dies zu demonstrieren, führt Constantin Constantius seinen Leser in das Experiment seiner zweiten Berlinreise ein. Hier wimmelt es nur so von déja vues und Verdoppelungsmotiven, vor Spiegeln und Mond-Scheinszenen, vor »Doppelgängerei« und Theatralik (W, 24ff.) und insgesamt von den barocken Motiven eines teatrum mundi, wo alles ›Schattenspiel‹ ist und Schein. Damit wird aber die darauffolgende Schilderung des Lebensexperiments zwischen dem ›jungen Freund‹ des Constantin Constantius und seiner unglücklich-naiven Verlobten um so theatralischer, uneigentlicher, inszenierter und damit aber auch in der Wiederholungshaft zum Scheitern verurteilt: bei gleichzeitiger höchster Subtilität und ›sophistication‹, versteht sich.

Was Constantin Constantius jedenfalls nicht zustande bringt, ist eben die Wiederholung: »… ich verließ das Theater und dachte: es ist schlechterdings keine Wiederholung da« – eine Einsicht, die den alternden Hagestolz in tiefes Grübeln versetzt: »Das einzige, was sich wiederholte, war die Unmöglichkeit einer Wiederholung. […] Wohin ich mich auch wendete und drehte, es war alles vergeblich. […] Als dies sich ein paar Tage wiederholt hatte, war ich so erbittert, […] daß ich beschloß, wieder nach Hause zu fahren. […] ich hatte entdeckt, daß die Wiederholung gar nicht vorhanden war, und dessen hatte ich mich vergewissert, indem ich dies auf alle nur mögliche Weise wiederholt bekam.« (W, 45)

Was die Wiederholung zu einer ›Transzendenz‹ macht, ist ebenjener Grund, der dazu führt, die Selbsterkenntnis als Reflexion von einem dritten, äußeren Standpunkt unmöglich zu machen: »Ich kann mich selbst umsegeln; aber ich kann nicht über mich hinauskommen, den archimedischen Punkt vermag ich nicht zu entdecken.« (W, 59)

---

56 Vgl. Wilfried Greve, *Kierkegaards maieutische Ethik. Von »Entweder/Oder II« zu den »Stadien«*, Frankfurt a. M. 1990, 145ff. Erstaunlich bleibt, wie reduziert Gilles Deleuze in seinem Werk *Differenz und Wiederholung* (20ff., 128f.) auf Kierkegaard eingeht – ein Phänomen, das für die gesamte Philosophie der Postmoderne gilt, die sich gerade infolge einer ganz offensichtlichen Beeinflussung durch den dänischen Philosophen kaum adäquat und direkt mit ihm auseinandersetzt.

Gescheitert ist also die ästhetische Wiederholung als Lebensexperiment; wie aber steht es um unseren ›jungen Freund‹ und sein Liebesexperiment, das er unter der Anleitung des alternden Constantin Constantius mehr schlecht als recht vorantreibt. Das ganze Elend – oder die »Posse« – hebt damit an, daß sich der ›junge Mann‹ zwar verliebt, diese Liebe aber nicht hinüberrealisieren kann in die Welt der Ethik und Ehe, da ihm die Geschäftsgrundlage dafür – die erotische Triebbindung – ex ovo abgeht. Insofern steht er auch »am Anfang schon am Ende« (W, 9), ein Irrtum, der ihm »zum Untergang« wurde. Die Liebe war von Anfang an eher theoretisch: Er liebte sie nicht, »sondern sehnte sich nur nach ihr. [...] Das junge Mädchen war nicht seine Geliebte, sie war der Anlaß, der in ihm das Poetische aufweckte und ihn zum Dichter machte. Darum konnte er allein sie lieben, niemals sie vergessen, niemals eine andere lieben wollen, und dennoch fort und fort lediglich sich nach ihr sehnen. Sie war in sein ganzes Wesen eingedrungen, [...] sie hatte ihn zum Dichter gemacht, und eben damit hatte sie ihr eigenes Todesurteil unterschrieben.« (W, 10)

Das Spiel setzt sich qualvoll und scheinbar endlos fort; der junge Mann wird immer schwermütiger, er schwindet dahin, da er »das falsche Spiel« nicht abzubrechen vermag und doch auch nicht bereit ist, den eigentlichen Schritt, die Wahl der Ehe zu realisieren. Würde er diesen wagen, müßte er fürchten, sich selbst zu verlieren, will er absichtlich die Geliebte verlieren, läßt diese erst recht nicht los. Puškin hatte diesen Zustand – eher noch im Geist des 18. Jahrhunderts – auf die Onegin-Formel gebracht, daß man nur liebt, was sich entzieht – und umgekehrt: »Je weniger wir eine Frau lieben, / desto leichter gefallen wir ihr / und desto gewisser verderben wir sie / in unseren verführerischen Netzen.«[57]

Um das double bind einer zugleich angehaltenen und abgehaltenen Liebe zu realisieren, bleibt nur eine paradoxale Intervention übrig: Der alte Hagestolz rät dem jugendlichen Liebhaber, die Negation der Negation zu probieren, um ein für allemal die Geliebte/Ungeliebte abzuschütteln. Es ist ebenjenes brutale und vorgebliche Verletzungsspiel, das Kierkegaard selbst in dem Fall seiner Entlobung inszeniert hatte. Der junge Mann, in dem der alte den musengeplagten Dichter vermutet, macht sich auf die Flucht von Kopenhagen nach Stockholm – für Dänen schon damals eine emotionale Weltreise wie für einen Wiener nach Berlin –, um solchermaßen zwar »unzart zu sein gegenüber der Verlobten« und zugleich doch ihre Ehre zu retten (W, 14). In Wirklichkeit aber versuchte er, nur seine eigene Haut zu retten, seine Freiheit der Sehnsucht als reine

---

57 *Evgenij Onegin*, IV. Kapitel, Str. VII.

Potentialität: Diese Möglichkeit spiegelt die eigentliche Unmöglichkeit seiner ›Impotenz‹, die der ganzen Angelegenheit zugleich ›zugrunde‹ liegt, wie er sie ›zugrunde‹ richtet.

Der ›junge Mann‹, dem die »Federkraft [sic!] der Ironie« fehlte und also nicht zur letzten Konsequenz seiner »Entliebung« vordringt, scheitert im Liebesexperiment ebenso wie der ›alte Mann‹ C. C. – beides Aspekte des *einen* Sören Kierkegaard, beides halbe Wahrheiten einer ganzen, die uneinlösbar bleibt.

Kierkegaards Buch mit dem Titel *Die Wiederholung* zerfällt nicht zufällig in zwei Teile, von denen der erste eigentlich ohne Titel auskommt (Berlinreise), der zweite Teil, welcher gerade in der Mitte des Buches ansetzt, den Buchtitel wiederholend *Die Wiederholung* heißt. Auf das Wiederholungsexperiment der Berlinreisen von C. C. folgt das Wiederholungsspiel seines ›jungen Freundes‹, dem es nicht um die ästhetische Repetition geht, sondern um ihre religiöse Entsprechung. Während dafür in Kierkegaards vorhergehender Schrift Abraham und Isaak einstehen mußten, ist es hier kein anderer als der geplagte Hiob,[58] welcher in den

---

[58] Aufregend wäre ein Vergleich zwischen der Kierkegaardschen Hiob-Parabel, jener bei Lev Šestov (vgl. *Auf Hiobs Waage. Wanderungen durch das Seelenreich*, Teilübers. in: Nikolai von Bubnoff, *Russische Religionsphilosophen*, Heidelberg 1956, 427-485; vgl. ders., *Kierkegaard und die Existenzphilosophie*, übers. v. Hans Ruoff, Graz 1949) oder auch bei Carl Gustav Jung, *Antwort auf Hiob* [1952], Olten 1973. Die Kritik Šestovs an Kierkegaard erinnert in seiner Argumentation sehr an die Kritik an Nietzsche. An beiden kritisiert er, sie haben in ihrem Kampf gegen die sokratische (autonome) Ethik letztlich doch vor ihrem Feind kapituliert.
Šestov wirft Kierkegaard vor, daß er ihn schone: »Kierkegaard bewahre ihn sich auf, verbirgt ihn in einer unsichtbaren Seelenfalte.« (Lev Šestov, *Kierkegaard und die Existenzphilosophie*, 42) Šestov traut der Wendung Kierkegaards zu Abraham und Hiob nicht ganz. Verdacht schöpft er bei der Untersuchung der biographischen *Motivation* Kierkegaards, sich vom Allgemeinen, der Ethik, loszusagen.
Šestov behauptet nun – und nicht ohne Grund, wie er mit Tagebuchaufzeichnungen Kierkegaards von 1846 belegt, dieser sei impotent gewesen, doch habe er sich selbst und die anderen täuschen wollen und den Verlust seiner Verlobten als religiösen Verzicht, als ›Opfer‹ für seine Bestimmung bemängelt. Kierkegaard hat sich – nach Šestov – nicht freiwillig aus dem Allgemeinen (Regine, Verlobung, Gesellschaft), dem ethischen Bereich, entfernt, sondern ist durch ein Gebrechen (das ja in diesem Zusammenhang uninteressant ist) zu diesem Schritt gezwungen worden.
In der Verzweiflung des Ausgestoßenen habe sich nun Kierkegaard dem *Glauben* zugewandt, jenem Glauben, von dem geschrieben steht, daß er ›Berge versetzen könne‹, daß dem, der ihn besitze, nichts unmöglich sein werde. Wenn dies wahr

Diskurs zitiert wird, um sein Wiederholungswunder – nach der tiefsten Verstoßung und einem Totalschaden – als Restitution in die alten Rechte (also die religiöse Wiederholung) zu feiern: »Er nimmt seine Zuflucht zu Hiob« und damit zu jenem religiösen Paradoxon, das Gott den Menschen abverlangt, wenn sie nach dem Verlust von allem und jedem wieder in einen vorherigen Zustand restituiert werden. Dies aber bleibt den verzweifelten Briefen des ›jungen Mannes‹ vorbehalten, der sich korrespondierend an seinen »Verführer«, den C. C., wendet, um diesen vom fortwährenden Scheitern seiner Experiment-Vorgaben zu unterrichten. (W, 60ff.)

Das dreifache »Nein«, welches er seinem Versucher entgegenschleudert, der ihn zum taktischen Liebesverrat überreden will, damit sich die nicht abzuschüttelnde Geliebte abwenden möge, dieses Nein manifestiert zwar möglicherweise einen schwachen Charakter, und doch erscheint auch C. C.s großer Plan, seine eherne Konsequenz, in einem durchaus unvorteilhaften, jedenfalls aber eisigen Lichte. Der junge Mann hatte es jedenfalls zu nicht mehr gebracht als zur Flucht nach Stockholm

ist – so dachte er (wie Šestov meint), dann würde ihm dieser Glaube Regine wieder schenken, wie er ja auch Abraham seinen Sohn wiedergegeben, Isaak zu seinen Gütern verholfen hat.
Mit anderen Worten: Šestov wirft Kierkegaard vor, er habe sich nur deshalb dem Glauben zugewandt, weil er in diesem Glauben ein Mittel zum Zweck gesehen habe, einen Hebel, der Geschehenes in Ungeschehenes wendet, Unmögliches (Heilung) – möglich macht (Ehe). (Vgl. hier die Haltung Albert Camus' zu dieser Frage im »Mythos des Sisyphos«.) Kierkegaard habe ja selbst geschrieben: »Ich warte auf ein Ungewitter – und auf die Wiederholung. Und doch, wenn bloß das Ungewitter kommt! [...] Was soll dieses Ungewitter bewirken? ES SOLL MICH ZUM EHEMANN TAUGLICH MACHEN!« (W, 45)
Was aber, wenn die Wiederholung mißlingt, was – wenn sie nie stattfindet? An diesem von Kierkegaard selbst geäußerten Zweifel setzt die Kritik Šestovs ein: »Kierkegaard, der Preisgegebene, will nicht ganz auf den *Schutz* des Ethischen verzichten.« In zunehmendem Maße sei die Betonung des Ethischen in den Werken und im Denken Kierkegaards angewachsen (W, 59). Kierkegaard kritisiere zwar die sokratische Ethik, weil ihr ein Übergang vom Verstandenhaben zum Tun fehlt – und betont, daß dieser Übergang im Christlichen durch den *Willen* geschehe (W, 60/1). Ist aber der Wille, so fragt Šestov, nicht eine rein ethische Kategorie, die dem ethischen »du sollst« entspricht? Wenn der Menschenwille – und nicht das allmächtige Eingreifen Gottes – das Handeln bestimmt, dann wäre Hiob der Sünder par excellence, weil er sich empörte, und Abraham wäre ein Verbrecher, weil er seinen Willen Gott unterordnete. Šestov resümiert: »Das Absurde, bei dem Kierkegaard Schutz suchte, hat ihm (zuletzt doch) keinen Schutz gewährt.«

und zum anhaltenden Verstummen gegenüber seiner auf ihn weiterhin rührend wartenden Geliebten, die er – wie Kierkegaard die seine – aus seiner Berliner Ferne überwachen ließ, um auch jede kleinste Regung berichtet zu erhalten, während der alte Mephistopheles auf seinen Plänen, die er aus Altersgründen nicht selbst zu realisieren vermag – letztlich sitzenbleibt.

War das Experiment des C. C. einer »ästhetischen Wiederholung« der Berlin-Reise kläglich gescheitert,[59] so verharrt die ›religiöse Wiederholung‹, wie sie die Gestalt des Hiob verspricht, im Unerreichbaren. Hiob verkörpert das religiöse Paradoxon einer Relation zu Gott, die auch dann nicht zugrunde geht, als er die total unverständliche, ungerechte Bestrafungsserie durchmachen muß, an deren Ende ihm buchstäblich nichts bleibt als seine Unschuld. Aber genau diese dürfte es ja gar nicht geben, wenn es eine Relation gibt zwischen Glück und gutem Handeln, oder umgekehrt – zwischen den ›Taten‹ und ihrem Gewicht im Himmel. Hiob hält an seinem Gott fest auch wider besseres Wissen und Wollen – und in dieser Selbsttranszendierung erhält er alles zurück, tritt er ein in die Wiederholung jenes Zustands *vor* dem Unglück, *vor* den Prüfungen. Hier gipfelt die Wiederholung in einer paradoxalen Restitution eines Ausgangszustandes, der gleichwohl ›erkauft‹ ist um Hiobs Beharren auf seiner Unschuld, womit er sich der einzigen und letzten Sünde gegenüber seinem Gott schuldig gemacht hat: seiner Leidenschaft der Freiheit, auf ein Ausnahmerecht, das ihm als ›mangelnde Demut‹ ausgelegt wird: »Hat Hiob Recht bekommen? Ja, auf ewig, dadurch, daß er Unrecht bekommen hat *vor* Gott.« (W, 81)

Das einzige, was dem Menschen im ›wunschlosen Unglück‹ noch bleibt, ist diese Freiheit, die sich als Stolz verschulden läßt und damit die Relation zu Gott rettet, der damit zugleich als der Höhere bestätigt und in Frage gestellt wird. Der kann sich biblisch rächen und alles nehmen und alles wieder geben: Die wahre Wiederholung aber schuldet sich dem Hiob selbst, nicht *weil* er seinen Gott dazu erpressen konnte durch seine absolute Unschuld, sondern durch die Urschuld seines bloßen Menschseins.[60]

Mit den ›Prüfungen‹ Gottes aber verhält es sich ebenso wie mit den psychologischen ›Experimenten‹ des C. C. und seines Autors: Weiß man im Experiment, daß es ein solches ist, wird nichts daraus; weiß man im Wiederholungsspiel, daß man im Spiel ist, kann man allen Ernstes nichts

---

59 W. Greve, *Kierkegaards maieutische Ethik*, 150f.
60 Vgl. dazu auch in den *Stadien*: »Des Aussätzigen Monolog« (208-210), wo das Hiobmotiv nochmals aufgegriffen wird.

daraus folgern; weiß der Fragende Kafkas, daß er ›im Gleichnis‹ ist, dann weiß er zugleich nicht, wann er sich außerhalb davon befindet – nämlich in der Evidenz des ›Lebens‹.

In Kafkas Gleichnis »Von den Gleichnissen« wird eine analoge rekursive Modellsituation exponiert, wobei hier die infinite Wiederholung in der Wiederholung einer Wiederholung in Permanenz gipfelt, denn es bleibt ewig ungeklärt, ob wir uns jeweils innerhalb oder schon außerhalb des Geltungsbereiches der Gleichnishaftigkeit befinden:

»Viele beklagen sich, daß die Worte der Weisen immer wieder nur Gleichnisse seien …«, so setzt das Gleichnis ein – und es endet mit einer inversiven Kaskade von Beteuerungen, die das ›Jenseits‹ der Gleichnisse inflationär verbilligt – also die Evidenz, ein Eigentliches, das ›Leben‹ oder ›Reale‹:

> Darauf sagte einer: ›Warum wehrt ihr euch? Würdet ihr den Gleichnissen folgen, dann wäret ihr selbst Gleichnisse geworden und damit schon der täglichen Mühe frei.‹
> Ein anderer sagte: ›Ich wette, daß auch das ein Gleichnis ist.‹
> Der erste sagte: ›Du hast gewonnen.‹
> Der zweite sagte: ›Aber leider nur im Gleichnis.‹
> Der erste sagte: ›Nein, in Wirklichkeit; im Gleichnis hast du verloren.‹[61]

So fragt sich auch C. C. bei Kierkegaard: »Wie erfährt das Individuum, daß es eine Prüfung [Gottes] ist?« Und liegt nicht »Hiobs Bedeutung gerade darin, daß die Grenzstreitigkeiten gegen den Glauben in ihm ausgekämpft worden sind«. Im großen Prozeß zwischen Mensch und Gott agi(ti)ert Satan als Ausstreuer von Mißtrauen, wobei sich Gott selbst Hiob gegenüber ins Unrecht setzt, was letztendlich nur dadurch zu kitten ist, »daß das Ganze eine Prüfung« gewesen sein soll …

Damit bleibt aber völlig offen, wo das Spiel an Ernst grenzt, die Absichtlichkeit und Relativität der Prüfungssituation übergeht in jenen Zustand, für den die Prüfung als Vorbereitung, als Schulung gedacht war. Aber da kommt nichts nach als die etwas verlegene Wiedereinsetzung in den vormaligen Zustand des Glücks, wobei so manche Verluste sowieso nicht wiedergutzumachen sind (der Tod der Angehörigen etwa).

---

61 Franz Kafka, »Von den Gleichnissen«, in: ders., *Beschreibung eines Kampfes. Novellen – Skizzen – Aphorismen aus dem Nachlass*, hg. v. Max Brod, New York 1946, 96 [= *Gesammelte Werke*, Bd. 3]; zu Kafkas Parabolik im Vergleich mit jener der russischen Dichter des Absurden Daniil Charms und Aleksandr Vvedenskij vgl. Vf., »Paradoxien des Endlichen«, 158-162.

Die Wirksamkeit der Prüfung ist ja fundamental geschwächt, wenn der Mensch weiß, daß es *nur* eine Prüfung ist. Und mehr noch – wie in Kafkas *Türhüterparabel*, wenn der Mensch merkt, daß es nur *eine* Prüfung ist – nämlich *seine*.[62] Hiob darf sich also keinen Augenblick in der langen Reihe seiner ›Prüfungen‹ als ›Prüfling‹, sondern soll sich im totalen Glauben an die eigene Freiheit und zugleich an die Güte Gottes wähnen: Dennoch ist aber »Hiob kein Glaubensheld, er gebiert die Kategorie der Prüfung unter ungeheuerlichen Schmerzen, eben deshalb weil er so entwickelt ist, daß er sie nicht in kindlicher Unmittelbarkeit besitzt.« (W, 81) Das Paradoxon gipfelt im Umstand, daß eine jede Prüfung eine »einstweilige Kategorie ist«, zugleich aber im Prozeß zwischen Gott und Mensch von diesem nicht dazu eingesetzt werden darf, um damit das Himmelreich oder was immer zu erringen.

Die Frage ist nur, ob unser ›junger Mann‹ für sich die ›Hiobsbotschaft‹ – und vor allem dessen ›Wiederholung‹ – erhoffen, erwarten kann, für sich, für seine Ausstiegsstrategien im Spiel der Entliebung, Entlobung, Entleibung. Der junge Mann sieht in Hiob die Chance, auch und gerade im Zenit der totalen Gottesfinsternis, im Gipfel der absoluten Unmöglichkeit, da »alles verloren« war – letztendlich wieder alles zu gewinnen. Auch hier sehen wir Kierkegaard auf die Heraklitische Kippfigur und ihre ekstatische Durchbrechung der Reflexionszirkel setzen – und seine Fundamentalkritik an einer jeden Dialektik à la Hegel.

Während Hiob vor Gott immerhin seine Freiheit behauptet, indem er sie total aufgibt, erwartet der junge Mann von seinem vis à vis – dem Mädchen – die Freigabe, die es ihm gestatten würde, aus dem Schuldturm seiner Selbstfesselung auszusteigen, ohne eigenes Risiko, ohne eine Offenlegung der wahren Gründe, die gleichwohl die unendliche Liebe des Mädchens nicht überzeugen würden: »Wer begreift wohl eines Mädchens Großmut?« (W, 82). Der junge Mann wartet auf die Wiederholung wie auf ein »Gewitter«, wie auf die befreiende Intervention eines deus ex machina, den er in seiner »Dea«, dem jungen Mädchen, verkörpern wollte. Und hier setzt das durchaus zwiespältige ethische Experiment ein, die ›ethische Wiederholung‹ in Form des Umschlagens der Unrealisierbarkeit der Liebesbeziehung in der Realgestalt der Ehe, als Verallgemeinerung des Individuums. Indem er sich selbst ›widerruft‹, soll der Überstieg in die ethischen Verhältnisse des Ehe-Lebens wie von selbst, auto-matisch

---

62 Vgl. Vf., »Jetzt und/oder nie. Von den Gleichnissen«, in: *Interpretationen Franz Kafka. Romane und Erzählungen*, hg. v. Michael Müller, Ditzingen 1994, 146-187.

erfolgen: »Ich sitze da und beschneide mich, entferne all das Unangemessene …, um maßgerecht zu werden …« Also ein Akt der Selbstkastration mit dem Ziel, daß Impotenz und ihre reine Potentialität in die Präpotenz der Ehe umschlage. Zugleich hoffte sich der ›junge Mensch‹ solchermaßen auch aus dem Experiment, jener Prüfung, die ihm durch Constantin Constantius auferlegt worden war, zu befreien.

Der freilich bleibt allein zurück auf dem Exerzierfeld seiner kalten Kalküle einer Entlobung ohne echten Akt der Trennung: Ähnlich den *Gefährlichen Liebschaften* des Laclos entpuppt sich letztendlich der Spielmacher als der Überspielte, als einer, der sich selbst übertölpelt hat. Der alte Skeptiker beklagt das Versagen seines Versuchskaninchens und beharrt auf seiner Radikalmethode, das Mädchen in einem solchen Maße zu beleidigen, daß keinerlei Rückkehr, keine Wiederholung, möglich ist: »Man muß ein Mädchen schreien lassen, dann hat sie hinterher nichts, weswegen sie schreien sollte, sondern vergißt geschwinde.« (W, 86) Der junge Mann also quält das Mädchen aus dieser Sicht weitaus grausamer, als dies nach dem ›Plan‹ des Constantin C. geschehen wäre. Aber da gibt es noch einen Unterschied: Nicht nur, daß der ›junge Mann‹ der Jüngere ist – und Constantin der ›Alte‹, einer, der das Leben hinter sich hat: Er ist auch der »Prosaiker«, der seine Kalküle auf einen »Dichter« applizieren will (W, 87). Der Junge kann mit dem Weib nichts »anfangen«, weil er nur Sehnsucht (also das Poetische, die reine Potentialität ohne Potenz) hat – der Alte kann mit dem Weib nichts anfangen, weil er eben nicht Dichter ist, also a-musisch, reines Kalkül, reine Idee.

Wie so oft gibt es auch im Falle des Liebesexperiments der *Wiederholung*, das von C. C. inszeniert wird, ein Text-Doppel – so der lange pseudonymische Abschnitt »Frater Taciturnus an den Leser« (S, 365-458), der die *Stadien* abschließt. Gleich einleitend wird hier direkt auf C. C.s *Die Wiederholung* hingewiesen (S, 371), wobei sich dann das ›Experiment‹ im Rahmen der *Stadien* als ›Wiederholung einer Wiederholung‹ erkennbar macht. Stärker noch als in der ersten Wiederholungsschleife wird hier der Experimentalcharakter betont und damit auch das uneingelöst distanzierte Verhältnis des Autors (vielleicht auch Kierkegaards?) zum Religiösen sichtbar. Gleichzeitig ist die Parallelführung des philosophischen Experiments im Text und der synchronen biographischen Situation des Autors Kierkegaard in den Hintergrund gerückt. Vielmehr geht es nun um die Duplizität (S, 390) und die Ambivalenz der paradoxalen Unmöglichkeit, den reflektierenden Mann und die reflexionsunfähige Frau zusammenzubringen (vgl. die Serie von Aporien S, 394ff., v.a. 403).

Das Experiment des Frater Taciturnus – selbst eine Verkörperung der negativen Apophatik, wie sein Name besagt – ist nur als Denkspiel möglich, unmöglich aber als Realfall. Zu diesem zählt aber auch das Religiöse, das mit dem Ästhetischen die Radikalität der Unmittelbarkeit teilt und damit zusammen mit diesem dem Ethischen entgegensteht: »Das Religiöse spielt nun, aber in einer höheren Sphäre, dieselbe Rolle wie das Ästhetische: es hält die unendliche Geschwindigkeit des Ethischen auf.« (S, 409) Während Hegels Positivität direkt dem abgewerteten Ethischen zugeordnet wird (S, 410), erfährt die Negativität – ganz im Sinne der Gnosis – eine Überwertung im Religiösen, in dem letztlich die »negative Unendlichkeit« triumphiert. Frater Taciturnus wagt sich jedoch nicht an diesen Abgrund: Er verharrt in der Pose und Position des »Beschreibenden« – also »dialektisch« (S, 414). Indem er (be)schreibt, setzt er sich von der Realexistenz (seiner Figuren, dem ›quidam‹ des Experiments) ebenso ab wie von dessen supponiertem Poetentum. Er ersetzt die Ausnahmestellung (des Auserwählten) durch die Außenposition des Deskribenten, der selbst eben nicht involviert ist: Der Schriftsteller siegt über den Dichter wie den Religiösen.

Was bleibt, ist Schrift als das Medium seiner Existenz: »So verstehe ich das Religiöse experimentieren, Ich selbst, als existierende Persönlichkeit, sehe es doch nicht so. [...] Das Religiöse beschäftigt mich als Phänomen; und als das Phänomen, das mich am meisten beschäftigt. [...] Ich habe auch genügend Zeit, das Religiöse zu beobachten: ein Beobachter hat immer Zeit. So steht es mit mir, wie ich unbedenklich bekenne. Anders mit dem Religiösen.« (S, 429) Was nun im Finale an- und abhebt, ist eben die subtile Kritik am Religiösen, dessen Uneinlösbarkeit vollends und in seiner monologisierenden Hohlheit der Lächerlichkeit preisgegeben wird. Denn ebendieses Monologisieren des Religiösen ist es ja, das ihn diskreditiert, ohne daß dies Taciturnus direkt qualifizieren würde, geht es dem Monologiker doch darum, durch sein permanentes religiöses Reden, »daß der Redende durch die innere Bewegung seiner Rede selbst bewegt wird« (ebd.). Denn im Grunde scheint es doch so, daß er gar nicht realiter glaubt, sondern eben permanent andere davon überzeugen muß. Es geht letztlich und von allem Anfang immer nur um ihn selbst, um seine »Innerlichkeit« und darum, »daß der Mensch ein Verhältnis zu sich selbst hat« (S, 433). Dafür opfert er auch sein Verhältnis zu den anderen, um als einzelner und einziger in hehrer Einsamkeit zu triumphieren. Besteht doch aus einer solchen Sicht »das Religiöse darin, daß man sich unendlich um sich selbst bekümmert, und nicht um ein positives Ziel, das eigentlich negativ und endlich ist, da die einzige adäquate Form für das Unendliche das unendlich Negative ist« (S, 451). Gerade hier betont Taciturnus nochmals seine Distanz zum Religiösen, ja er fühlt sich »in gewissem Sinne von dem Religiösen weiter entfernt als die drei Klassen von Sophisten« (ebd.) (des Ästhetischen, Ethischen und Religiösen). »In anderem Sinne stehe ich ihm [dem Religiösen] näher, weil ich deutlicher sehe, wo der Ort des Religiösen ist. Darum greife ich nicht fehl, indem ich nach etwas Falschem griffe; ich fehle darin, daß ich überhaupt nicht nach dem Religiösen greife. So verstehe ich mich selbst, zufrieden mit dem Geringeren; hoffend, daß mir das Größere einmal vergönnt sein mag« (S, 452). Weiter läßt sich die (Selbst-)Ironie kaum treiben – und deutlicher kaum machen, indem die letzte Wahrheit über die eigene Position in die Negation der scheinbaren Unbeteiligtheit hinübergerettet wird. Was unmittelbar auf dem Fuß folgt, ist eine letzte ironische Volte, die den sich entfernenden Schriftsteller und Diskursmeister in Lobpreis der kleinen Stadt Kopenhagen und der Sprachidylle des randständigen Muttersprachlers ausbrechen läßt (S, 452-458).

Und nun ist es höchste Zeit, daß die Bombe platzt. So schön sich das alle Seiten ausgedacht hatten – aus alldem wurde nichts. Der Trockenkurs in Ehe und Allgemeinheit geht ins Leere ebenso wie die Planwirtschaft des Alten: Denn für beide Männer unerwartet hat sich die junge Frau selbst entschieden, eine Frau zu werden, Ehefrau eines andern: »Sie ist verheiratet; mit wem weiß ich nicht; denn als ich es im Blatte las, war ich gleichsam vom Schlage gerührt ... […] Ich bin wieder ich selbst; hier hab ich die Wiederholung; ich verstehe alles, und das Dasein erscheint mir schöner denn je ...« (W, 88-89) Was für ein verdächtig einfältiger ›Schluß‹ der Affäre: zuerst die wackelige Ehebereitschaft, dann der nicht weniger verzitterte Jubel über die wiedergewonnene Junggesellenfreiheit. Beide Befreiungen – die in die Ehe und jene von ihr heraus – tragen denselben Namen: Wiederholung. Und heben sich solchermaßen wechselseitig restlos auf: »Ich bin wieder ich selbst«, der »Zwiespalt ist behoben«, jubelt der Junge. Hat er zu früh gejubelt – oder gar zu spät?

Wer übrigbleibt, ist der Experimentator, unser Doppelnamenträger und Doppelspieler C. C., der zu guter Letzt an den »Leser dieses Buches« seinen Abschiedsbrief schreibt, womit das Buch denn auch endet.[63] Er

---

63 Zur Position des Lesers in der *Wiederholung* vgl. Joakim Garff, *Sören Kierkegaard*, 289ff. Für den Leser wird es denn auch bei ›wiederholter‹ Lektüre klar, daß Kierkegaards C. C. selbst eine Inkarnation des ›jungen Mannes‹ scheint – mehr noch: daß sich Kierkegaard als Schriftsteller aufteilt in den alten und den jungen Mann. Der eine manipuliert schreibend den anderen, dessen eigenes Dichtertum rein existentiell und nicht literarisch in Erscheinung tritt. Denn – so Garff – C. C. selbst ist es, der die »Briefe aus Stockholm« verfaßt hat (290), er ist es, der eingesteht, »Ich habe mich selber mit angebracht.« (Ebd.) Ebendiese Intervention des C. C. macht auch dessen »Nachschrift« so problematisch, bringt das gesamte

schreibt sein Schreiben im August 1843 – also nach der Berlin-Reise, ›post festum‹ – nach dem Ausbruch der Nicht-Geliebten in ihre eigene, andere Liebe … Ganz in romantischer Manier liefert Kierkegaard sein Kabinettstück einer textimmanenten Literaturkritik ab, indem er die möglichen Reaktionen auf sein Buch im Buch selbst rezensiert, um auf diese Weise sein ›letztes Wort‹ zu behalten. Denn wer als letzter lacht, lacht am besten. Nochmals werden die paradoxalen Regeln des ›Entliebungsspiels‹ vorgeführt, als die Unmöglichkeit, zugleich zu trennen und zu töten – und leben zu lassen und zu siegen. Denn was unverrückbar bleibt im Kampf zwischen Ausnahme und Regel, der Einzigkeit und Individualität des Einzelnen und dem ›All-Gemeinen‹, ist die wechselseitige Konterdependenz: daß die Ausnahme ohne die Regel nicht auskommt und eben auch umgekehrt: »Die Ausnahme denkt, indem sie sich selber durchdenkt, zugleich das Allgemeine […] und sie erklärt das Allgemeine, in-

> Werk in »Turbulenzen«, ja an den Rand des Umkippens. Denn angesichts der Autorschaft des C. C. wird auch jene Kierkegaards zum Problem, das weit über die Möglichkeiten einer nominalen Mystifikation hinausgeht. Der kaum vermiedene »kompositorische Zusammenbruch« des Werkes »a tergo« korrespondiert nämlich nach Garff konsequent mit »einem psychologischen Zusammenbruch bei dem wirklichen Autor des Werkes«, der nur notdürftig »verschleiert wird« (ebd.). Des weiteren darf man aber auch Garff fragen, welcher »wirkliche Kierkegaard« es ist, der sich dann als biographische Verkörperung seiner »Selbst« als Träger einer faktischen Tat-sächlichkeit anbieten würde? Einiges davon wird jedenfalls in den von Garff entzifferten, von Kierkegaard selbst gelöschten Tagebucheintragungen aus jener Lebensperiode erahnbar (Juli 1843).
> Tatsächlich mußte Kierkegaard während des Schreibens seiner *Wiederholung* den Gang des Geschehens und die Richtung der Motivierungen radikal umwerfen, nachdem auch seine Regine tatsächlich ›Nein‹ zum Autor und ›Ja‹ zu ihrem Fritz Schlegel gesagt hatte und damit den unverzeihlichen Fehler beging, genau das zu tun, was ihr ›Autor‹ und Selbstmanipulator in größter Indirektheit ihr und sich abverlangt hatte: die Trennung angesichts der eigenen Unmöglichkeit, sich von der verinnerlichten Schuld des Vaters zu lösen und zugleich mit der realisierten Ehe auch die eigene Ausnahmerolle als ›Unglücklichster‹ wie als Lebensdichter unmöglich zu machen. Die Hoffnung des Autors Kierkegaard im I. Teil der *Wiederholung*, Regine indirekt doch zu gewinnen, war durch ihre ›reale‹ Verheiratung zunichte gemacht; daher mußte die reale Wiederholung durch die Konstruktion einer religiösen Wiederholung ersetzt werden. Bei dieser geht es nicht mehr um die Wiedergewinnung der Frau, sondern um die des Entliebten, zu sich selbst Befreiten: »Hätte die Wiederholung in Wirklichkeit stattgefunden, wäre Kierkegaard Ehemann und *Die Wiederholung* sicherlich niemals geschrieben worden, sie wurde aber geschrieben: als Kompensation für die Abwesenheit der Wiederholung.« (Joakim Garff, *Sören Kierkegaard*, 294).

dem sie sich selber erklärt.« (W, 93) Sofort spüren wir, daß es hier um dieselbe ›Dialektik‹ geht wie in der Konterdependenz von Hiob und Gott – und Mann und Weib oder aber auf einer anderen Ebene: Held und Autor … Solange diese Relationen dialektisch gedacht und gelebt werden, herrscht Selbsttäuschung – wie wenn der ›verlorene Sohn‹ aus dem Hause gegangen wäre mit der verbrieften Sicherheit, er würde dann ›fünf vor zwölf‹ als der geliebte Sünder – vor neunundneunzig Gerechten – ins Vaterhaus und den Himmel aufgenommen werden.

Also ist es auch unmöglich, von Haus aus anzunehmen, man würde von der Geliebten wieder ins Haus aufgenommen, nachdem man als Mann alles getan hat, dieses zu verlassen. Es sei denn – man ist ein Dichter (W, 94). Und dieses ›Es-sei-Denn‹ ist der vorletzte Trumpf, den unser Nicht-Dichter C. C. ausspielt. »Meine Aufgabe hat mich rein ästhetisch und psychologisch beschäftigt« (ebd.) Während für den Dichter, den Jungen Mann, »die Wirklichkeit« (seiner neu gewonnenen Freiheit) zur ›Wiederholung‹ wird, »wird für ihn die zweite Potenz seines Bewußtseins die Wiederholung«. Jene Liebe, die der Dichter erlebt, muß zweideutig sein: real und irreal, also Sehn-Sucht und idealisch. Das Dichterische beschränkt sich auf die »Stimmungen« und hat nichts Tatsächliches: Was ihm bleibt, ist »eine dialektische Federkraft (Elastizität), die ihn schöpferisch in Stimmungen machen wird« (W, 95).

Was überdies und ohnehin auf der Strecke bleibt, ist das Religiöse. Dies aber bleibt alleine dem C. C. übrig, der es nicht lösen kann. Zumal auch deshalb, weil er als »Autor« des Jungen Mannes gewissermaßen dessen »Gebärerin« (sic!), also ihm gegenüber eine unausgesprochene Mutter- und Hosenrolle spielt: »… denn ich habe ihn gleichsam geboren, und führe daher als der Ältere das Wort« (W, 97). Zugleich verfügt C. C. als Autor seines »Helden«, den er zu manipulieren trachtet wie ein Romanautor seine Spielfiguren, zugleich fühlt er sich seinem ›Geschöpf‹ unterlegen, weil dieses über eine »Ursprünglichkeit« verfügt, die ihm als ›Autor‹ abgeht. Darüber hinaus aber ist diese Figur »Dichter«, also selbst Creator und Autor, wenn er auch als solcher durchaus nicht schriftlich in Erscheinung tritt, sondern nur als Autor und Figur seiner Lebensgeschichte zugleich. Während C. C. vermeint, seinen Helden »foppen« zu müssen, »damit er selber in Erscheinung trete« (W, 97), ist er doch selbst der ›Gefoppte‹.

Ebendieses typisch romantische Spiel einer wiederholten Autorschaft mit all ihrer Doppelgängerei und Spiegelkabinettspolitik wird selbst wieder repetiert im äußersten Rahmen der ›Wiederholungsinstallation‹, die der Autor Kierkegaard selbst ins Treffen und solchermaßen auch ad absurdum führt. Denn es ist ja nicht bloß ein ›Doppelspiel‹, das vor unseren Augen und Ohren abläuft, sondern ein mehrfach gestaffeltes und in seiner Hierarchisierung unentscheidbares qui(d) pro quo.

Während Kierkegaard selbst – aber wer ist denn schon dieser ›Selbe‹? –, während er selbst im Frühjahr 1843 in Berlin weilte, hing ja gleichzeitig sein Entlobungsverhältnis mit Regine Olsen an einem seidenen Faden: an ebenjener uneingestandenen letzten Hoffnung, die Trennung würde nicht total und endgültig sein. Aber KIERKEGAARD bleibt unverbesserlich – ihm zum Leiden, uns zur Freude –, wenn er unvermittelt nach dem Eingeständnis der Niederlage geradezu geschäftsmäßig – ›the show must go on‹ – fortfährt: »Ich habe nun eine Erzählung angefangen, betitelt: Schuldig-Nicht schuldig?; die wird natürlich Dinge enthalten, die die Welt in Erstaunen setzen können, denn ich erlebte in mir selber in anderthalb Jahren mehr Poesie als alle Romane zusammengenommen; aber ich kann und will doch nicht, mein Verhältnis zu ihr darf sich doch nicht poetisch verflüchtigen, es hat eine ganz andere Realität. Sie ist keine Theaterprinzessin geworden, so soll sie, wenn möglich meine Frau werden.«[64]

Der ursprüngliche Plan von Kierkegaards *Wiederholung*, als er sie zu leben und zu schreiben begann, bestand ja darin, an seinen Helden vorzuführen, daß eine Wiederholung kraft der Hiobschen Doppelbewegung noch durchaus ›möglich‹ sei, daß er also wie der biblische Held auf wundersame Weise alles zurückerhalten werde. Das Buch *Die Wiederholung* hätte also mit dieser ›Wiederholung‹ geendet, wenn nicht – ja wenn nicht etwas völlig Unvorhergesehenes und zugleich doch auch banal Selbstverständliches passiert wäre, was den Autor veranlaßte, das Finale seines Buches total zu ändern.

Sosehr der ›Junge Mann‹ auf eine ›Wiederholung‹ gehofft hatte, wollte dies auch Kierkegaard selbst – in seinem double bind gefangen – als Durchschlagung des gordischen Knotens erhoffen: die Wiederholung als wundersames ›Gewitter‹ von oben. Während Kierkegaard in Berlin saß, ließ er also Regine – wie der Junge Mann die seine – diskret überwachen, um ja über jeden ihrer Schritte informiert zu sein. So konnte ihn auch die Nachricht nicht verfehlen, daß sich Regine mit einem Fritz Schlegel (sic!) – welche romantische Ironie der Literaturgeschichte – öffentlich verlobt hatte. Das ganze Phantasma der Wiederholung stürzte wie ein Kartenhaus zusammen, mehr noch: Der Untergang dieses Konstrukts aus Reflexion und Projektion schuf jene ein Leben und Schreiben lang nachglosende Brandstätte, die ihr eigentlicher Autor am allerwenigsten erwartet

---

64 Nach: Peter P. Rohde, *Sören Kierkegaard in Selbstzeugnissen und Bilddokumenten*, Reinbek b. Hamburg 1969, 103.

hätte. Hatte der ›Junge Mann‹ auf eine Wiederholung der Verlobungsgeschichte gehofft, indem er sich selbst ins Eheleben hineintrainiert haben würde, so stand er jetzt vor derselben Tatsache, daß seine Geliebte nach langem Zuwarten doch einen anderen genommen hatte. Der Held programmiert sich nochmals um und versucht, sich – auf nicht eben glaubhafte Weise – seiner neuen alten Freiheit zu erfreuen, von der er nunmehr annimmt, eben *sie* wäre die eigentliche, wahre, endgültige Wiederholung: die Rückkehr in einen nunmehr entscheidungslosen Junggesellenzustand. Auch einer der zahlreichen ästhetischen ›bachelors‹, die es in der Schule des Lebens nicht einmal zu einem bescheidenen B. A. gebracht hatten. Während der Autor kurz zuvor seinen ›Doktor‹ gemacht hatte – mit der Ironie des Sokrates.

Der Autor unserer *Wiederholung* aber hatte sich bei all seiner List selbst abgeschossen: Zutiefst getroffen war er und empört auch über die ›Treulosigkeit‹ seiner Verlobten, der er doch selbst einen Laufpaß gegeben hatte, mit dem sie zugleich bleiben und gehen sollte. Was konnte ihm also Besseres und zugleich Schlechteres passieren, daß nun gerade *sie* es war, von der die Entscheidung kam, während er im Entscheidungs-Los(en) verharrend fortan das Lied des treulosen Weibes fortsingen konnte, dem er als Sehnsüchtiger verfallen und als Nicht-Liebender auf immer unterlegen schien.

Glücklicherweise hat Kierkegaard, wie er in seinem Tagebuch im Mai 1843 notierte, Gott sei Dank darüber nicht »den Verstand verloren«;[65] nahe genug daran war er ja schon gewesen. War es jene Beleidigung des Männlichen, jene fundamentale und unlöschbare, daß ebenjenes Feld, auf dem der rechte Mann seine ureigenste Dominanzsphäre vermutet – nämlich das Gesetz des Handelns und der Entscheidung –, ausgerechnet in den Schoß der Frau fällt, die aus dieser maskulinen Sicht per definitionem das Objekt männlicher Entscheidung zu sein hatte: War es ebendiese grundlegende Beleidigung? Oder zugleich und mehr noch das nicht weniger katastrophale Eingeständnis, daß jenes große Spiel, jenes Kalkül des Denkens und Schreibens, das in einer doppelt ausgespielten Autorschaft, im Sieg nicht über das double bind, sondern mit ihm, triumphieren sollte, daß ebendieses Spiel durch die Entscheidung der Frau ›ernst‹ geworden war: und also auf den Boden jener Tat-Sachen herabgeholt, vor denen man die Flucht ergriffen hatte.

Wenn in der Romantik das Leben ›wie im Roman‹ ablaufen sollte und umgekehrt im Realismus der Roman ›wie im Leben‹ zu sein hatte, so war

65 Ebd., 103.

es Kierkegaard – zwischen beiden Formationen stehend – vorbehalten, eine Versuchs- und Versuchungsanstalt zu konstruieren, in der beide Kausalitäten auf frappierende Weise ein Drittes zum Resultieren bringen sollten: die paradoxale Äquivalenz des Ästhetischen und des Religiösen, in der bei der Wiederholung nichts wiederkehrt und nichts zu ›holen‹ ist.

Es sei denn, es sei denn, wir erweichen mit alledem letztendlich unser Hirn und das Herz eines deus ex machina, der zu guter Letzt aus seiner Schachtel springt wie der Kasperl auf seiner Feder. Da gibt es nichts zu lachen, denn – um mit einem anderen großen Dänen zu sprechen – »es ist ganz gewiß« ...

Vom Jungen – verhinderten – Liebhaber wird schließlich gesagt, »daß menschlich gesprochen seine Liebe sich nicht verwirklichen läßt. Er ist nämlich an die Grenzen des Wunderbaren gelangt, und sofern es daher geschehen soll, muß es geschehen Kraft des Absurden« (W, 55). Doch davon erfahren wir vorerst rein gar nichts, was es auf sich habe mit dem Absurden, denn diese letztlich religiöse Realisierungsmöglichkeit des Unmöglichen entzieht sich auch dem C. C. Wir wissen es ja: »Die Wiederholung ist auch mir zu transzendent« (W, 59), während sie dem Jungen Manne nur allzu ›immanent‹ ist und daher in Reichweite der Dichtung, weniger wohl der Wahrheit. Er ist gleichfalls am Ende – vielleicht gescheiter, aber auch gescheitert. Das Bemühen um »Schuldvermeidung«[66] ist ebenso ins Leere gegangen wie das um ›Liebesvermeidung‹.

Vielleicht war insgesamt die Versuchsanordnung fehlgeleitet, wobei es weniger ein Fehler der Inszenierung oder der Kalkulation war als möglicherweise die Versuchung des Versuchs selbst: Handeln als Selbstverführung, die sich zugleich vergreift am anderen Leben, dem Prämissen gesetzt werden (wie jene des fatalen Dichtertums und damit der Ausnahmerolle des ›Jungen Mannes‹), deren Folgerungen den input einer falschen Fragestellung wiederholen: Denn Ausnahmen solcher Art produzieren Ausnahmen und lassen die Regeln – und um was anderes würde es bei einem Experiment sonst gehen? – unberührt, unaufgeklärt. Zumal wir auch vom Dichtertum, welches die Ausnahme bestätigen soll, so gar nichts erfahren: Der ›Junge Mann‹ bleibt namenlos, er schreibt anonyme Leserbriefe an seinen fatalen Mentor, der sich seinerseits als Double seines Namens C. C. entpuppt, als Wiederholung seines Helden, dessen Wiederholung jener letztverantwortliche Herausgeber garantiert, der sich als Schriftsteller – also diskursiv, literarisch – jene Wiederholung holt, mit der er zeitlebens und unverbrüchlich verlobt bleiben sollte.

---

66 W. Greve, *Kierkegaards maieutische Ethik*, 158f.

Literatur

Adorno, Theodor W., *Kierkegaard. Konstruktion des Ästhetischen*, Frankfurt a. M. 1974.

Bachtin, Michail, »Das Wort im Roman«, in: ders., *Die Ästhetik des Wortes*, hg. v. Rainer Grübel, übers. v. Rainer Grübel/Sabine Reese, Frankfurt a. M. 1979.

Becker-Theye, Betty, *The Seducer as mythic figure in Richardson, Laclos and Kierkegaard*, New York, London 1988.

Belyj, Andrej, *Masterstvo Gogolja* [Gogols Meisterschaft], Moskva 1934.

Burton, Robert, *Anatomie der Melancholie* [1621], übers. v. Ulrich Horstmann, Zürich 1988.

Deleuze, Gilles, *Logik des Sinns* [1968], übers. v. Bernhard Dieckman, Frankfurt a. M. 1993.

– *Das Bewegungs-Bild. Kino I* [1983], übers. v. Ulrich Christians/Ulrike Bokelman, Frankfurt a. M. 1989.

– *Differenz und Wiederholung* [1969], übers. v. Joseph Vogl, München 1992.

Dubois, Jacques, *Rhétorique de la poésie, lecture lineaire, lecture tabulaire par le groupe my*, Paris 1977.

Eliade, Mircea, *Kosmos und Geschichte. Mythos der ewigen Wiederkehr*, Frankfurt a. M. 1984.

Földényi, László F., *Melancholie*, übers. v. Nora Tahy, München 1988.

Freud, Sigmund, *Gesammelte Werke*, 18 Bde., hg. v. Anna Freud, Frankfurt a. M. 1966.

Garff, Joakim, *Sören Kierkegaard. Biographie*, München, Wien 2004.

Gogol, Nikolai, *Ausgewählte Stellen aus dem Briefwechsel mit Freunden* [1846], Stuttgart 1981 [= *Gesammelte Werke in fünf Bänden*, hg. v. Angela Martini, Bd. 4].

– »Die Nase«, in: ders., *Werke*, hg. u. übers. v. Xaver Franz Schaffgotsch, Wien u.a. 1955, 481-507.

Greber, Erika, *Textile Texte. Poetologische Metaphorik und Literaturtheorie. Studien zur Tradition des Wortflechtens und der Kombinatorik*, Köln u.a. 2002.

Greve, Wilfried, *Kierkegaards maieutische Ethik. Von »Entweder/Oder II« zu den »Stadien«*, Frankfurt a. M. 1990.

Hansen-Löve, Aage, *Der russische Formalismus*, Wien 1978.

– *Der russische Symbolismus. System und Entfaltung der poetischen Motive*, I. Bd., Wien 1987.

– »Pečorin als Frau und Pferd und anderes zu Lermontovs *Geroj našego vremeni*« 1. Teil, in: *Russian Literature* XXXI (1992), 491-544; 2. Teil, *Russian Literature* XXXIII-IV (1993), 413-470.

- »Zur psychopoetischen Typologie der russischen Moderne«, in: *Psychopoetik*, hg. v. dems., Wien 1992, 195-299.
- »Jetzt und/oder nie. Von den Gleichnissen«, in: *Interpretationen Franz Kafka. Romane und Erzählungen*, hg. v. Michael Müller, Ditzingen 1994, 146-187.
- »Konzepte des Nichts im Kunstdenken der russischen Dichter des Absurden (Obėriu)«, *Poetica*, 26. Bd., H. 3-4, 1994, 308-373.
- »Diskursapokalypsen: Endtexte und Textenden. Russische Beispiele«, in: *Das Ende. Figuren einer Denkform, Poetik und Hermeneutik XVI*, hg. v. Karlheinz Stierle/Rainer Warning, München 1996, 183-250.
- »›Gøgøl‹. Zur Poetik der Null- und Leerstelle«, in: *Wiener Slawistischer Almanach* 39, 1997, 183-303.
- »›Scribo qui absurdum‹. Die Religionen der russischen Dichter des Absurden (Obėriu)«, in: *Russisches Denken im europäischen Dialog*, hg. v. Maria Deppermann, Innsbruck, Wien 1998, 160-203.
- »Entfaltungen der Gewebe-Metapher. Mandelstam-Texturen«, in: *Anschaulichkeit (bildlich). Der Prokurist* 16/17, hg. v. Oswald Egger, Wien, Lana 1999, 71-152.
- »Paradoxien des Endlichen. Unsinnsfiguren im Kunstdenken der russischen Dichter des Absurden«, in: *Wiener Slawistischer Almanach* 44, 1999, 125-183.
- »Randbemerkungen zur frühen Poetik Roman Jakobsons«, in: *Roman Jakobsons Gedichtanalysen. Eine Herausforderung an die Philologien*, hg. v. Hendrik Birus/Sebastian Donat/Burkhard Meyer-Sickendiek, Göttingen 2003, 89-120.
- »Von der Bewegung zur Ruhe mit Kazimir Malevič«, in: *Kinetographien*, hg. v. Inke Arns/Mirjam Goller/Susanne Strätling/Georg Witte, Bielefeld 2004, 79-114.
- »Läßt sich Literatur illustrieren. Zur Intermedialität der Wort-Bild-Bezüge zwischen Realismus und (Post)Avantgarde.« (Im Druck).

Hofstadter, Douglas G., *Gödel, Escher, Bach: An Eternal Golden Braid. A Metaphorical Fugue on Minds and Machines in the Spirit of Lewis Carroll*, London 1980.

Holenstein, Elmar, *Roman Jakobsons phänomenologischer Strukturalismus*, Frankfurt a. M. 1975.

Jakobson, Roman, »Why ›mama‹ and ›papa‹?«, in: *Selected Writings, I: Phonological Studies*, The Hague 1962, 538-545.
- *Kindersprache, Aphasie und allgemeine Lautgesetze*, Frankfurt a. M. 1969.
- »Neueste russische Poesie« [1919], in: *Texte der russischen Formalisten*, Bd. II, hg. v. Wolf-Dieter Stempel, München 1972, 18-135.

Jampol'skij, Michail, *Bespamjatstvo kak istok (Citaja Charmsa)* [Gedächtnislosigkeit als Ausgang. Bei der Lektüre von Charms], Moskau 1998.
Jung, Carl Gustav, *Antwort auf Hiob* [1952], Olten 1973.
Kafka, Franz, »Von den Gleichnissen«, in: ders., *Beschreibung eines Kampfes. Novellen – Skizzen – Aphorismen aus dem Nachlass*, hg. v. Max Brod, New York 1946, 96 [= *Gesammelte Werke*, Bd. 3].
Kierkegaard, Sören, *Über den Begriff der Ironie mit ständiger Rücksicht auf Sokrates* [1841], übers. v. Wilhelm Rütemeyer, München, Berlin 1929.
– *Entweder-Oder* [1843], übers. v. Emanuel Hirsch, München 1978. [Sigle EO]
– *Die Wiederholung* [1843], übers. v. Emanuel Hirsch, Düsseldorf 1955. [Sigle W]
– *Stadien auf des Lebens Weg* [1845], übers. v. Christoph Schrempf/Wolfgang Pfleiderer, Jena 1922. [Sigle S]
Kray, Ralph, K. Ludwig Pfeiffer, »Paradoxien, Dissonanzen, Zusammenbrüche: Vom Ende und Fortgang der Provokationen«, in: *Paradoxien, Dissonanzen, Zusammenbrüche. Situationen offener Epistemologie*, hg. v. Hans Ulrich Gumbrecht/K. Ludwig Pfeiffer Frankfurt a. M. 1991, 13-31.
Mandelstam, Osip, »Der Morgen des Akmeismus« [1913/1919], in: ders., *Über den Gesprächspartner. Gesammelte Essays I. 1913-1924*, hg. u. übers. v. Ralph Dutli, Zürich 1991, 21-22.
Marquard, Odo, *Transzendentaler Idealismus. Romantische Naturphilosophie. Psychoanalyse*, München 1987.
Nabokov, Vladimir, *Einladung zur Enthauptung* [russ. 1935/36], übers. v. Dieter E. Zimmer, Reinbek b. Hamburg 1970.
– *Nikolai Gogol*, Norfolk 1944.
Nietzsche, Friedrich, »Morgenröte«, München 1988 [= *Kritische Studienausgabe*, hg. v. Giorgio Colli/Mazzino Montinari, Bd. 3].
Nietzsche in Russia, hg. v. Bernice Glatzer Rosenthal, Princeton 1986.
Rohde, Peter P., *Sören Kierkegaard in Selbstzeugnissen und Bilddokumenten*, Reinbek b. Hamburg 1969.
Rehm, Walter, *Kierkegaard und der Verführer*, München 1949.
Die Scheinwelt des Paradoxons. Eine kommentierte Anthologie in Wort und Bild, hg. v. George Brecht/Patrick Hughes, Braunschweig 1978.
Schmid, Wolf, *Ornamentales Erzählen in der russischen Moderne. Cechov – Babel' – Zamjatin*, Frankfurt a. M. u.a. 1992.
Schneider, M., *Liebe und Betrug. Die Sprache des Verlangens*, München 1992.
Steiner, Wendy, *The Colors of Rhetoric. Problems in the Relation between Modern Literature and Painting*. Chicago, London 1982.
Šestov, Lev, *Kirkegard i ekzistencial'naja filosofija*, Paris 1936; dt. Übers.:

Kierkegaard und die Existenzphilosophie, übers. v. Hans Ruoff, Graz 1949.

Šklovskij, Viktor B., »Die Kunst als Verfahren« [1916], in: *Texte der russischen Formalisten,* Bd. I, hg. v. Jurij Striedter, München 1969, 2-35.

Thulstrup, Nils, *Kierkegaards Verhältnis zu Hegel. Forschungsgeschichte,* Stuttgart u.a. 1969.

SAMUEL WEBER

Gleichheit ohne Selbst:
Gedanken zur Wiederholung

Wenn man heute vor einem größeren Publikum die Tatsache bekanntmachen würde, daß sich junge und nicht so junge Geisteswissenschaftler ein Wochenende nehmen, um sich Gedanken über die »Wiederholung« zu machen, so wäre die Reaktion, glaube ich, nicht besonders billigend. Ich kann dies gut verstehen. Denn während einer relativ langen Zeit hätte ich vielleicht ähnlich reagiert. Meine »Einführung in die Wiederholung« geschah durch die Schriften von Theodor W. Adorno, dem alle Probleme, ja alle Übel der modernen Gesellschaft, zumindest seit dem 19. Jahrhundert, mit der Tendenz zur Dominanz des »Immergleichen«, zur Wiederholung oder Reproduzierung als Bewegung der Identität verbunden waren, wie sie exemplarisch vor allem in der Massenherstellung von Waren stattfindet. Adorno sah darin den *terminus ad quem* einer gesellschaftlichen Entwicklung, die immer mehr »Identisches« auf Kosten des »Nichtidentischen« – des Differenten, Verschiedenen und vor allem *Veränderbaren* – durchsetzte. In einer Festschrift zu Adornos 60. Geburtstag konnte deshalb einer der begabtesten Schüler Adornos und Horkheimers, der Philosoph Karl-Heinz Haag, unter dem Titel *Das Unwiederholbare* einen Text veröffentlichen, welcher versuchte, das unwiederholbare Singuläre gegen die »Ideologie der auf Wiederholung gestellten Welt« zu mobilisieren.[1] Sosehr diese Tendenz der Warengesellschaft zu Homogenisierung geschichtlich und gesellschaftlich unbestreitbar ist, so reduktiv ist es aber, zu glauben, man hätte damit das letzte Wort über das Phänomen oder das Problem der Wiederholung gesagt.

Einige Reflexion über die Geschichte der Gedanken der Wiederholung hätte schon gezeigt, daß diese Gleichsetzung von Wiederholung, »Immergleichem« und Homogenisierung eine ungeheure Vereinfachung darstellt. Die kritische Verwendung des Begriffs des »Immergleichen« geht – wie so vieles bei Adorno – auf Benjamin zurück, der den Terminus in diesem Sinne zwar verwendet, aber niemals, um das Phänomen der

---

[1] Karl-Heinz Haag, »Das Unwiederholbare«, in: *Zeugnisse. Theodor W. Adorno zum 60. Geburtstag*, Frankfurt a. M. 1963, 161.

Wiederholung als ganzes zu charakterisieren oder gar zu disqualifizieren.[2]

In seiner Habilitationsschrift über Kierkegaard, die von Adorno später unter dem Titel *Kierkegaard: Konstruktion des Ästhetischen* in Buchform veröffentlicht wurde, gibt es gegen Ende eine Stelle, wo eine ganz andere Funktion der Wiederholung zumindest implizit eingeräumt wird. Dort bemerkt Adorno, wie die »Theorie der Posse« aus Kierkegaards Schrift *Die Wiederholung* »nicht bloß Kierkegaards Kunstlehre, sondern die Systematik des Existenzbegriffes selbst« aufzulösen tendiert.[3] Daß aber diese Theorie der *Posse* irgendwie mit dem Problem zusammenhängen könnte, welche die Schrift von Kierkegaard in seinem Titel nennt, nämlich mit der Wiederholung, ist eine Möglichkeit, auf die Adorno überhaupt nicht eingeht.

Der Grund dafür läßt sich aus Kierkegaards Schrift selber entnehmen. Adornos Kritik an Kierkegaard, wie später seine gesamte kritische Theorie, bleibt der Hegelschen Dialektik zutiefst verpflichtet, wenngleich mit einer veränderten Zielsetzung: Es geht Adorno darum, das, was eine idealistische Dialektik »aufheben« will – das »Nichtbegriffliche« oder »Nichtidentische« – durch eine zusätzliche *Negativierung* – d.h. durch eine »negative Dialektik« – doch zu retten.

Der Gedanke der Wiederholung wird allerdings von Kierkegaard bzw. seinem fiktionalen Autor und Erzähler, Constantin Constantius, aus-

---

2 Siehe z.B. Benjamin, *Das Passagen-Werk*, in: ders., *Gesammelte Schriften*, hg. v. Rolf Tiedemann/Hermann Schweppenhäuser, Bd. V 1 u. 2, Frankfurt a. M. 1982. Auch bei Adorno gibt es zumindest ein Wiederholungsphänomen, welches nicht mit dem negativen »Immergleichen« gleichgestellt wird, sondern eher mit seinem Gegenteil, nämlich: *Mimesis*. Aber soweit ich sehe, führt seine Auffassung von Mimesis als Erscheinung des Nichtidentischen in der Wiederholung – wiederum ein Gedanke, der von Benjamin zuerst entwickelt wurde (siehe seine Bemerkungen zum »mimetischen Vermögen«) – bei Adorno nie zu einer ernsthaften Auseinandersetzung mit der Wiederholung.

3 Th. W. Adorno, »Kierkegaard: Zur Konstruktion des Ästhetischen«, in: ders., *Gesammelte Schriften 2*, Frankfurt a. M. 1997, 183. Man kann vermuten, daß gerade diese Tendenz der Wiederholungsproblematik, »die Systematik des Existenzbegriffes« bei Kierkegaard aufzulösen, dafür verantwortlich war, daß Adorno ihm nicht größere Aufmerksamkeit widmete. Denn seine gesamte Deutung Kierkegaards setzt gerade die Verbindlichkeit dieser »Systematik« voraus, um sie dann dialektisch zu kritisieren. Wie wir gleich sehen werden, stellt die »Auflösung« dieser »Systematik« durch die Wiederholung als Posse eine Alternative zur dialektischen Systemkritik dar, ebenso wie zur späteren von Adorno entwickelten »negativen Dialektik«.

drücklich als Alternative zur Hegelschen Dialektik dargestellt, und dies an einer Stelle, welche prophetisch die geschichtliche Bedeutung dieser »Kategorie« ankündigt:

> Indes, ich muß fort und fort wiederholen: es ist anläßlich der Wiederholung, daß ich dies alles sage. Die Wiederholung ist die neue Kategorie, welche entdeckt werden muß. Wenn man etwas weiß von der neueren Philosophie und der griechischen nicht ganz und gar unkundig ist, so wird man leicht sehen, daß eben diese Kategorie das Verhältnis zwischen den Eleaten und Heraklit erklärt, und daß die Wiederholung eigentlich das ist, was man irrtümlich die Vermittlung genannt hat. [...] Es wird in unserer Zeit nicht erklärt, woher die Vermittlung kommt, ob sie aus der Bewegung der zwei Momente sich ergibt, und in welchem Sinne sie alsdann in diesen bereits im voraus enthalten ist, oder ob sie etwas Neues ist, das hinzukommt, und alsdann wieso. In dieser Hinsicht ist die griechische Erwägung des Begriffs der Bewegung (*kinesis*), welche der modernen Kategorie des »Übergangs« entspricht, höchst beachtenswert.[4]

Das Bewußtwerden der »Kategorie« der Wiederholung markiert, so Constantin, eine geschichtliche Wende, welche die Eigenart einer gewissen Modernität mit der Vergangenheit sowohl verbindet als auch davon absetzt. Diese doppelte Bewegung impliziert zugleich eine Veränderung der Moderne selbst, sofern sich diese durch die dialektische Philosophie Hegels charakterisiert. Und entscheidend für dieses Ereignis ist die Erschütterung einer gewissen Immanenz, sofern diese in dem Begriff der »Vermittlung« impliziert wird. Nach Constantin aber deutet das Aufkommen der neuen Kategorie der Wiederholung auf das Ungedachte an der Hegelschen Vermittlung, nämlich auf die Frage, »in welchem Sinne sie – die Vermittlung – alsdann in diesen [Momenten] *im voraus enthalten ist*, oder ob sie etwas Neues ist, das hinzukommt und alsdann, wieso. (Hervorhebung durch Vf.)« Wie die Vermittlung wird die Wiederholung hier als »Übergang« bestimmt, aber als einer, welcher erneute Reflexion über den Begriff der »Bewegung« verlangt, zugleich jedoch mehr als bloße Reflexion. Dieses ›Mehr‹ wird in den nächsten Sätzen angedeutet, die zwar eine »Dialektik der Wiederholung« beschreiben, doch eine, die mit der Hegelschen nicht mehr identifiziert werden soll:

---

4 Sören Kierkegaard, *Die Wiederholung*, übers. v. Emanuel Hirsch, München 1955, 21-22. Künftig zit. mit der Sigle W.

> Die Dialektik der Wiederholung ist leicht, denn was sich wiederholt, ist gewesen, sonst könnte es sich nicht wiederholen; *aber eben dies, daß es gewesen ist, macht die Wiederholung zu dem Neuen.* Wenn die Griechen sagten, daß alles Erkennen ein sich Erinnern ist, so sagten sie: das ganze Dasein, welches da ist, ist da gewesen; wenn man sagt, daß das Leben eine Wiederholung ist, so sagt man: das Dasein, welches da gewesen ist, tritt jetzt ins Dasein. Wenn man die Kategorie der Erinnerung oder der Wiederholung nicht besitzt, so löst das ganze Leben sich auf in leeren und inhaltlosen Lärm. Die Erinnerung ist die heidnische Lebensbetrachtung, die Wiederholung die moderne; die Wiederholung ist das *Interesse* der Metaphysik; und zugleich dasjenige Interesse, an dem die Metaphysik scheitert; die Wiederholung ist die Losung in jeder ethischen Anschauung, die Wiederholung ist die unerläßliche Voraussetzung (conditio sine qua non) für jedes dogmatische Problem. (W, 22, Erste Hervorhebung durch Vf.)

Einmal ist an dieser Dialektik hervorzuheben, daß sie die Logik der Gegensätzlichkeit nicht so sehr aufhebt – wie bei Hegel – als vielmehr suspendiert. Der Übergang bewegt sich nicht von einem zum anderen, im Sinne einer Folge, sondern das Eine lädt dem Andern gleichsam etwas auf: Anstelle einer Aufhebung in einer zweiten Zukunft gibt es eher eine Spaltung der Gegenwart durch die Rückkehr des Gewesenen: »[…] eben dies, daß es gewesen ist, macht die Wiederholung zu dem Neuen«. Das Neue schließt das Alte nicht aus, sondern ein, aber eben *als Altes*. Die Gegenwart wird also durch das Gewesene besetzt, doch dadurch werden beide, Gewesenes wie Gegenwart, in etwas Neues verwandelt. Damit werden das Erinnern und das Erkennen ebenfalls anders. Die Wiederholung setzt zwar eine gewisse Erkenntnis als Erinnerung voraus, geht aber in ihr nicht ganz auf. Denn was als Wiederholung »erkannt« wird, muß zwar als Gewesenes erinnert werden, ist aber als Wiederholung zugleich zu etwas Anderem geworden. Damit kann die Wiederholung nie auf bloße Erinnerung oder bloße Erkenntnis reduziert werden. Vielmehr geht es dabei um eine Erfahrung, welche das Dasein als Leben impliziert und, vielleicht mehr noch, das Leben als Dasein. Als Wiederholung also tritt ein Lebendiges, was »dagewesen« ist, erst »jetzt ins Dasein«.

Es geht also nicht mehr allein um Erinnern und Erkennen, sondern um das Leben oder, genauer – und der Unterschied ist entscheidend – um das Lebendige, das in seiner Singularität erst als Gewesenes »da« und »jetzt« wird. »Da und jetzt« ist selbstredend etwas anderes als »hier und jetzt«. Denn als Wiederholung ist das daseiende Leben oder das lebendige Dasein nie einfach »hier«, sondern immer, als Gewesenes, zugleich und zuvor »da«.

Deswegen kann behauptet werden, daß die Wiederholung zugleich »das *Interesse* der Metaphysik« ist und das »Scheitern« dieses Interesses. Sie bildet das *Interesse* der Metaphysik – wie deren Exponent, Constantin Constantius, immer wieder darstellt – sofern sie eine Überwindung der Vergänglichkeit zu versprechen scheint (wer wiederholt oder was wiederholt wird, hat gleichsam die Zeit als Medium des Vergehens überwunden). Aber sie stellt zugleich das Scheitern dieses Interesses dar, sofern das, was »da« und »jetzt« wiederkehrt, nie ganz dasselbe ist wie das, was früher war.

Diese Zwiespältigkeit schlägt sich nieder in dem Schlußsatz der zitierten Stelle, die selbst zwiespältig wird. Denn die Wiederholung wird zum Schluß als die »Losung« (*Løsnet*) bezeichnet, welche »in jeder ethischen Anschauung« vorkommt, sowie »die unerläßliche Voraussetzung [...] für jedes dogmatisches Problem«. Und auch wenn Kierkegaard selbst später, in seiner Schrift *Der Begriff Angst* (1844) versucht, diese Stelle so zu verwenden, daß aus »Losung« »Lösung« wird, wird hier deutlich, daß die Wiederholung gerade keine »Lösung« von dogmatischen Problemen bietet, sondern eher deren »unerläßliche Voraussetzung«. Worin liegt diese »Voraussetzung«? Gerade in dem Unterschied zwischen Lösung und Losung: Die Wiederholung bildet zwar »die unerläßliche Voraussetzung von jedem dogmatischen Problem«, bietet aber selbst nur eine »Losung« und nicht eine »Lösung« dieses Problems. Einer Anmerkung zufolge, die sich in der ausgezeichneten deutschen Übersetzung findet, bedeutete das dänische Wort *Løsnet*, das heute Losung oder Parole heißt, früher (in seiner Substantivform, d.h. *Løsen*) eine »feierliche Begrüßung durch [...] Kanonenschüsse«. Diese Verschiebung deutet zugleich auf eine Gefahr, die Constantin Constantius meint gerade durch die Wiederholung bannen zu können, nämlich, daß sich das Leben »in leeren und inhaltlosen Lärm« auflöst. Doch weit davon entfernt, diese Gefahr auszuschließen, scheint die Wiederholung sie eher zu potenzieren.

Denn Constantin muß die bittere Entdeckung machen, daß die Wiederholung genau das tut, was ihr Name sagt: Sie holt alles wieder, »unaufhaltsam und treulos«, was »das Leben gegeben« habe, aber »ohne eine *Wiederholung* zu gewähren« (W, 46). Das heißt, es gibt schon eine Wiederholung, aber nicht die, welche das Leben »wieder gibt« – dem Constantin nämlich –, sondern die es ihm wieder *nimmt*. Damit ist die Hoffnung Constantins, das Versprechen *seines Namens* zu verwirklichen, d.h. »beständiger als beständig« durch die Wiederholung werden zu können, durch die Wörtlichkeit der Wiederholung selbst vereitelt. Denn diese Wiederholbarkeit schließt gerade die Beständigkeit des Selbst aus. Um zu bestehen, muß es sich in und als Wiederholung *erhalten*. Doch die »einfache« Dialektik der Wiederholung schließt eine derartige Selbsterhaltung aus. »Es« gibt die Wiederholung, doch nie als Erhaltung des Selbst. Vielmehr wird dieses Selbst »selbst« von der Wiederholung »wieder geholt«. Was anstelle dieses wiedergeholten Selbst wiederkehrt, ist nichts anderes als ein gewisser Lärm, der an Sprache zwar erinnert, dessen Sinn aber nicht mehr evident ist. Was zurückkehrt, sind z.B. die früheren Versprechungen und Argumente Constantins, die ihm nur noch wie »leere Worte« klingen:

> Wie beschämt fühlte ich mich, daß ich, der ich dem jungen Menschen gegenüber deswegen so zuversichtlich gewesen war, nun ebenso weit gebracht worden war wie er, ja, es schien mir, als wäre ich selber der junge Mensch, als wären meine großen Worte, die ich nun um keinen Preis hätte wiederholen mögen, nur ein Traum gewesen, aus dem ich jetzt erwachte, um das Leben unaufhaltsam und treulos alles, was es gegeben wieder holen zu lassen, ohne eine Wiederholung zu gewähren. (W, 46)

Doch gerade indem Constantin aus seinem »Traum« der Wiederholung zu erwachen meint, zeigt er seinem Leser, was für Gestalten die Wiederholung annehmen kann: »ja, es schien mir, als wäre ich selber der junge Mensch [...].« Doch ihm ist *diese Art von Wiederholung* nicht nur ein Traum, sondern ein Alptraum, denn was sie wieder holt, ist nichts anderes als die Einheit des Selbst, welche sich verdoppelt, ohne sich dabei zu erhalten.

Damit verliert die Sprache ihren Sinn: die Losung (»die Wiederholung«) führt nicht, wie ursprünglich gehofft, zu einer Lösung des Problems, sondern zu dessen Verbreitung: »Das ganze Leben löst sich auf in leeren und inhaltlosen Lärm.« (W, 22) Zum Schluß dieses ersten Teils des Buchs zieht Constantin daher die folgende Lehre aus seiner schmerzlichen Entdeckung:

> Es lebe das Posthorn! Es ist mein Instrument, aus vielen Gründen und vornehmlich deshalb, weil man diesem Instrument niemals mit Sicherheit den gleichen Ton entlocken kann; denn es liegt in einem Posthorn eine unendliche Möglichkeit, und wer es an seinen Mund setzt und in ihm seine Weisheit kund macht, der wird sich nie einer Wiederholung schuldig machen [...]. (W, 49)

Dabei merkt Constantin offenbar nicht, daß er immer schon auf dem Posthorn geblasen hat, auch dann, wenn die »Weisheit«, die er damit ver-

GLEICHHEIT OHNE SELBST 99

künden wollte, die der »Wiederholung« war. Aber es hat sich dennoch etwas geändert. Statt sich durch die Wiederholung »wieder holen« zu wollen, d.h. selbst zu erhalten, genügt es Constantin nunmehr, »seinem Freunde anstatt einer Erwiderung ein Posthorn [...] zur gefälligen Benutzung« zu reichen. Derjenige, der sich damit zufriedengibt, »sagt nichts und erklärt alles«. Mit dem Posthorn macht er Theater, vielleicht ein wenig so wie Beckmann die Possen von Nestroy in Berlin einmal gespielt hat. Die Wiederholung, die alles, was das Leben gibt, »wieder holt«, ist damit auf eine Bühne gestiegen, die sie nicht so bald wieder verlassen wird. Weder bei Nietzsche, Freud, Benjamin noch Derrida wird das Theatralische an der Wiederholung vergessen oder vernachlässigt.

Am Anfang von *Jenseits von Gut und Böse*, genauer: im 2. Abschnitt, gibt es eine (relativ bekannte) Stelle, die, ähnlich wie die schon bei Kierkegaard zitierte, eine gewisse Zukunft verkündet bzw. *posaunt*:

> Der Grundglaube der Metaphysiker ist *der Glaube an die Gegensätze der Werthe*. Es ist auch den Vorsichtigsten unter ihnen nicht eingefallen, hier an der Schwelle bereits zu zweifeln, wo es doch am nöthigsten war: selbst wenn sie sich gelobt hatten »*de omnibus dubitandum*«. Man darf nämlich zweifeln, erstens, ob es Gegensätze überhaupt giebt, und zweitens, ob jene volksthümlichen Werthschätzungen und Werth-Gegensätze, auf welche die Metaphysiker ihr Siegel gedrückt haben, nicht vielleicht nur Vordergrunds-Schätzungen sind, nur vorläufige Perspektiven [...]. Es wäre sogar noch möglich, daß *was* den Werth jener guten und verehrten Dinge ausmacht, gerade darin bestünde, mit jenen schlimmen, scheinbar entgegengesetzten Dingen auf verfängliche Weise verwandt, verknüpft, verhäkelt, vielleicht gar wesensgleich zu sein. Vielleicht! – Aber wer ist Willens, sich um solche gefährliche Vielleichts zu kümmern. Man muss dazu schon die Ankunft einer neuen Gattung von Philosophen abwarten [...] Philosophen des gefährlichen Vielleicht in jedem Verstande. – Und allen Ernstes gesprochen: ich sehe solche neue Philosophen heraufkommen.[5]

Zu diesen neuen Philosophen des gefährlichen Vielleicht gehört auch Nietzsche. Aber vielleicht nirgendwo ist die Verknüpfung von »scheinbar entgegengesetzten Dingen« mehr auf die Spitze getrieben denn in dem »Gedanken« der »Wiederkunft des Gleichen«. Heidegger gebührt, in sei-

---

[5] Friedrich Nietzsche, *Jenseits von Gut und Böse*, in: ders., *Werke. Kritische Gesamtausgabe*, 6. Abt. 2. Bd., hg. v. Giorgio Colli/Mazzino Montinari, Berlin 1968, 1-255, hier 10f.

ner Nietzsche-Vorlesung, das Verdienst, die »Wiederkunft des Gleichen« einen *Gedanken* genannt zu haben, und sie damit deutlich aus der Sphäre des Begriffs oder der Theorie ausgegrenzt zu haben. Aber wenn die »Wiederkunft des Gleichen« bestimmt nicht auf einen Begriff gebracht werden kann und noch weniger als Theorie sich denken läßt, dann bleibt die Frage, worin dieser Gedanke besteht. Es ist sicher kein Zufall, daß Nietzsche nie versucht hat, diesen »Gedanken« systematisch zu entfalten, sondern ihn immer nur indirekt und stückweise beschrieben hat, und zwar mehr anhand seiner Auswirkungen als »in sich«.

Das geschieht erstmals im Buch IV der *Fröhlichen Wissenschaft*, in dem Abschnitt »Das größte Schwergewicht«:

> Wie, wenn dir eines Tages oder Nachts, ein Dämon in deine einsamste Einsamkeit nachschliche und dir sagte: »Dieses Leben, wie du es jetzt lebst und gelebt hast, wirst du noch einmal und noch unzählige Male leben müssen; und es wird nichts Neues daran sein, sondern jeder Schmerz und jede Lust und jeder Gedanke und Seufzer und alles unsäglich Kleine und Große deines Lebens muss dir wiederkommen, und Alles in der selben Reihe und Folge – und ebenso diese Spinne und dieses Mondlicht zwischen den Bäumen, und ebenso dieser Augenblick und ich selber. Die ewige Sanduhr des Daseins wird immer wieder umgedreht – und du mit ihr, Stäubchen vom Staube!« – Würdest du dich nicht niederwerfen und mit den Zähnen knirschen und den Dämon verfluchen, der so redete? Oder hast du einmal einen ungeheuren Augenblick erlebt, wo du ihm antworten würdest: »du bist ein Gott und nie hörte ich Göttlicheres!« Wenn jener Gedanke über dich Gewalt bekäme, er würde dich, wie du bist, verwandeln und vielleicht zermalmen; die Frage bei Allem und Jedem: »willst du diess noch einmal und noch unzählige Male?« würde als das grösste Schwergewicht auf deinem Handeln liegen! Oder wie müsstest du dir selber und dem Leben gut werden, um nach Nichts *mehr zu verlangen* als nach dieser letzten ewigen Bestätigung und Besiegelung?[6]

Wir sehen, daß im Vergleich mit Kierkegaards Constantin der Gedanke der Wiederkehr nicht einfach die »Dialektik der Wiederholung« wiederholt, sondern zugleich neu faßt, und zwar dadurch, daß bei der Wiederkehr des Gleichen eben *nichts Neues* stattfindet, sondern eben nur genau

---

6 Friedrich Nietzsche, *Die fröhliche Wissenschaft. La gaya scienza*, in: ders., *Werke. Kritische Gesamtausgabe*, 5. Abt. 2. Bd., hg. v. Giorgio Colli/Mazzino Montinari, Berlin, New York 1973, 21-335, hier 250.

das Gleiche: »Diese Spinne und dieses Mondlicht zwischen den Bäumen und ebenso dieser Augenblick und ich selber.« Keine Vermischung von Erinnerung und Erkennen, nichts, was irgendwie »innerhalb« eines wahrnehmenden Subjekts stattfindet oder von ihm vollzogen wird. Vielmehr handelt es sich um etwas, was dem Subjekt »in seine einsamste Einsamkeit« »nachschleicht« und ihn dann als dämonische Frage verfolgt, aber zugleich auch: verführt. Verführt auf dieselbe Weise wie der Traum von einer Wiederholung, welche das, was verschwunden ist, wieder gibt: in diesem Falle die Singularität »eben diese[r] Spinne und dieses Mondlicht[s] zwischen den Bäumen und ebenso dieser Augenblick *und ich selber*«. Doch mit dem letzten Glied dieser Reihe kommt auch der Haken an der Sache zum Tragen: Denn »ich selber« bezeichnet hier die Selbigkeit einer Frage, welche eine Wiederkehr verspricht, die das Singuläre nicht nur wiederbringt, sondern zugleich spaltet und entzieht: »Die ewige Sanduhr des Daseins wird immer wieder umgedreht – und du mit ihr, Stäubchen vom Staube!« »Staub warst Du und zum Staube wirst du wieder«. Nicht also das ewige Leben wird hier dargestellt, sondern eine Bewegung, welche, indem sie das Singuläre wiederbringt, jede Selbsterhaltung prinzipiell ausschließt: Daher vermag dieser Gedanke, wenn er »über Dich Gewalt bekäme«, Dich nicht nur zu »verwandeln«, sondern »vielleicht [zu] zermalmen«. *Zermalmen* heißt hier, ein zusammengesetztes Gefüge gewaltsam auf seine Elemente, seine Bestandteile zu reduzieren. Erst Derrida wird in seinen Ausführungen über Iterabilität ausdrücklich darlegen, wie eine gewisse Wiederholbarkeit Bedingung zugleich der Möglichkeit und der Unmöglichkeit aller Identifizierung bildet. Denn die prinzipielle Wiederholbarkeit jedes Erkennbaren »spaltet« dieses zugleich und macht den Vorgang zur einer virtuell unendlichen Aufgabe und Herausforderung.

Da man dies immer schon gewußt hat, ohne dabei verweilen zu wollen, wird man unter bestimmten Umständen – Nietzsche spricht nicht umsonst über die Einsamkeit des Einzelnen – für das »Nachschleichen des Dämons« und vor allem, für seine Fragen und Hypothesen, besonders anfällig. Man sucht das Selbst zu erhalten, und begegnet dabei der Wiederkehr des Gleichen. Doch das Gleiche, das derart wiederkehrt, bedeutet nicht so sehr die Erfüllung des Selbst als dessen Aufgabe. Auch heute noch, und vielleicht heute mehr denn je, bleibt diese Aufgabe verbindlich.

Literatur

Adorno, Theodor W., »Kierkegaard: Zur Konstruktion des Ästhetischen«, in: ders., *Gesammelte Schriften Bd. 2*, Frankfurt a. M. 1997.

Benjamin, Walter, *Das Passagen-Werk*, in: ders., *Gesammelte Schriften*, hg. v. Rolf Tiedemann/Hermann Schweppenhäuser, Bd. V 1 u. V 2, Frankfurt a. M. 1982.

Haag, Karl-Heinz, »Das Unwiederholbare«, in: *Zeugnisse: Theodor W. Adorno zum 60. Geburtstag*, Frankfurt a. M. 1963.

Kierkegaard, Sören, *Die Wiederholung*, übers. v. Emanuel Hirsch, München 1955. [Sigle W]

Nietzsche, Friedrich, *Jenseits von Gut und Böse*, in: ders., *Werke. Kritische Gesamtausgabe*, 6. Abt. 2. Bd., hg. v. Giorgio Colli/Mazzino Montinari, Berlin 1968, 1-255.

–, *Die fröhliche Wissenschaft. La gaya scienza*, in: ders., *Werke. Kritische Gesamtausgabe*, 5. Abt. 2. Bd., hg. v. Giorgio Colli/Mazzino Montinari, Berlin, New York 1973, 21-335.

HENDRIK BIRUS

Beim Wiederlesen von Jacques Derridas
Schibboleth – pour Paul Celan

I

Bei seinem Erscheinen hat Jacques Derridas *Schibboleth – pour Paul Celan*[1] der Kritik die Sprache verschlagen. Widerstrebte es doch zu sehr den Erwartungen, die man gemeinhin mit Derrida als Exponenten des ›Neostrukturalismus‹, des ›Poststrukturalismus‹ oder der ›Dekonstruktion‹ verband.

Neostrukturalistisch konnte man diese Celan-Auslegung schwerlich nennen, wenn damit eine (wie auch immer modifizierte) Wiederkehr des Strukturalismus gemeint sein soll, wie man ihn etwa durch Saussure, Jakobson, Mukařovský, Lévi-Strauss oder Greimas kennt. Weder spielen hier die strukturalistischen Zentralbegriffe der ›Totalität‹, des ›Transformationssystems‹ und der ›Selbstregulierung‹[2] irgendeine Rolle noch auch die strukturalistische Methodologie, wie sie selbst noch in den Eröffnungszügen von Derridas großer Heidegger-Abhandlung *De l'esprit* durchschimmert, in denen er erklärt, er wolle »den Wegen, den Funktionen, den geregelten Formationen und Transformationen, den Präsuppositionen und den Zwecken« des Begriffs und des Wortes *Geist (geistig, geistlich)* nachgehen.[3] Vielmehr zeigen Derridas Auslegungen von Celans

---

[1] Jacques Derrida, *Schibboleth – pour Paul Celan*, Paris 1986; dt. Übers.: *Schibboleth. Für Paul Celan*, hg. v. Peter Engelmann, übers. v. Wolfgang Sebastian Baur, Graz, Wien 1986 (= Edition Passagen [EP] 12) – künftig zitiert unter einfacher Angabe der Seitenzahlen der Originalausgabe u. der deutschen Übersetzung (um der präziseren Wörtlichkeit willen oft modifiziert).

[2] Vgl. Jean Piaget, *Le structuralisme*, 8. Aufl., Paris 1983 (¹1968) (= Que sais-je? 1311), 6f.; dt. Übers.: *Der Strukturalismus*, übers. v. Lorenz Häfliger, Olten u. Freiburg i. Br. 1973, 8.

[3] »Dans ce titre, *De l'esprit*, le *de* franco-latin annonce aussi que, sous la forme classique de l'enquête, voire de la dissertation, je souhaite commencer à traiter *de* l'esprit, du concept et du mot, des termes *Geist, geistig, geistlich* chez Heidegger. Je commencerai à en suivre modestement les trajets, les fonctions, les formations et transformations réglées, les présuppositions et les destinations.« (Jacques Derrida, *De l'esprit. Heidegger et la question*, Paris 1987, 17; dt. Übers.: *Vom Geist. Heidegger und die Frage*, übers. v. Alexander García Düttmann, Frankfurt a. M. 1988, 11 – künftig zit. mit der Sigle *DE* und den Seitenzahlen der Originalausgabe u. der deutschen Übersetzung.)

Lyrik nicht die geringste Ähnlichkeit mit dem von Roman Jakobson virtuos praktizierten Verfahren der Konzentration auf ein einziges Gedicht in seiner Ganzheit, seinen möglichen Unterteilungen, deren formalen Korrespondenzen und Oppositionen und schließlich der semantischen Fundiertheit dieser Phänomene der formalen Distribution.[4]

Nun war es ohnehin das Mißliche an der Begriffsprägung ›Neostrukturalismus‹,[5] daß die so bezeichnete Strömung (anders als der Neukantianismus, der Neuhegelianismus und andere ›Zurück zu‹-Bewegungen) unterbrechungslos aus dem französischen Strukturalismus der sechziger Jahre hervorging – man denke nur an die Entwicklung Roland Barthes' und Michel Foucaults. Andererseits war Derridas Denkweg weit mehr durch Husserl und Heidegger als durch den Strukturalismus inspiriert,[6] den er vielmehr von vornherein aus einer phänomenologischen Perspektive rezipiert hatte,[7] während bereits sein erster literaturtheoretischer Aufsatz, »Force et signification« (1963),[8] von einer tiefen Ambivalenz gegenüber dem literaturwissenschaftlichen Strukturalismus geprägt war.

Doch solche terminologischen Fragen einmal dahingestellt, steht das *Schibboleth – pour Paul Celan* in größtmöglichem Kontrast zu der Art des Text-Verstehens (oder besser gesagt: -Nichtverstehens), wie sie Manfred Frank – ausgehend von Derridas »Dissémination« (1969)[9] und seiner

---

4 Vgl. Verf., »Hermeneutik und Strukturalismus. Eine kritische Rekonstruktion ihres Verhältnisses am Beispiel Schleiermachers und Jakobsons«, in: *Roman Jakobsons Gedichtanalysen. Eine Herausforderung an die Philologien*, hg. v. Hendrik Birus/ Sebastian Donat/Burkhard Meyer-Sickendiek, Göttingen 2003 (= Münchener Komparatistische Studien 3), 11-37 u. 309-317, bes. 22-24 u. 30-34.
5 Vgl. Manfred Frank, *Was ist Neostrukturalismus?*, Frankfurt a. M. 1983 (= edition suhrkamp [es] 1203), 31f.
6 Vgl. ebd. 287-335 u. 520-540.
7 »›Genèse et structure‹ et la phénoménologie« (1959) (in: Jacques Derrida, *L'écriture et la différence*, Paris 1979 ['1967] [= collection points, 100], 229-251; dt. Übers.: »›Genesis und Struktur‹ und die Phänomenologie«, in: Derrida, *Die Schrift und die Differenz*, übers. v. Rodolphe Gasché, Frankfurt a. M. 1976 [= suhrkamp taschenbuch wissenschaft (stw) 177], 236-258) war Derridas erste größere Publikation. Zur Affinität von klassischem Strukturalismus und Phänomenologie vgl. Elmar Holenstein, *Roman Jakobsons phänomenologischer Strukturalismus*, Frankfurt a. M. 1975 (= stw 116).
8 Derrida, *L'écriture et la différence*, 9-49; dt. Übers.: »Kraft und Bedeutung«, in: Derrida, *Die Schrift und die Differenz*, 9-52.
9 In: Jacques Derrida, *La dissémination*, Paris 1972, 319-407; dt. Übers.: »Dissemination«, in: Derrida, *Dissemination*, hg. v. P. Engelmann, übers. v. Hans-Dieter Gondek, Wien 1995, 323-414.

Mallarmé-Lektüre in »La double séance« (1970)[10] – als notwendige Konsequenz aus dem neostrukturalistischen Ansatz postuliert hatte.[11] Zwar thematisiert Derrida auch hier bei Celan das Phänomen der über die bloße Polysemie hinausgehenden und semantisch nicht mehr einholbaren poetischen Dissemination, wie er es an Mallarmés Prosastück *Or* (›Gold‹)[12] aufgezeigt hatte:

> OR, was sich verdichtet oder sich ausmünzt, ohne zu zählen, in der Buchmalerei einer Seite. Der Signifikant OR (O + R) wird darin, aufbrechend, in runden Stücken aller Größen verteilt: »dehORs« [»draußen«], »fantasmagORiques« [»phantasmagorische«], »trésOR« [»Schatz-(kammer)«], »hORizon« [»Horizont«], »majORe« [»erhöht«], »hORs« [»außerhalb«], ohne die O's, die ZeROs, die nichtige Umkehrung des OR, die Zahl von arrondierten und regelgemäß »auf das Unwahrscheinliche hin« ausgerichteten Chiffren aufzuzählen.[13]

So findet er den »Wahnsinn der Homophonie (*Wahn/wann*)« (70f./83ff.) in Celans Gedicht *Huhediblu*:

> Wann,
> wann blühen, wann,
> wann blühen die hühendiblüh,
> huhediblu, ja sie, die September-
> rosen?
>
> Hüh – on tue... Ja wann?
>
> Wann, wannwann,
> Wahnwann, ja Wahn, – [14]

10 In: Derrida, *La dissémination*, 199-318; dt. Übers.: »Die zweifache Séance«, in: Derrida, *Dissemination*, 193-322.
11 Frank, »Vom unausdeutbaren zum undeutbaren Text. Zwei Vorlesungen zum Verhältnis von Hermeneutik und Poetik bei Derrida«, in: Frank, *Was ist Neostrukturalismus?*, 573-607.
12 Stéphane Mallarmé, *Œuvres complètes*, hg. v. Henri Mondor/G. Jean-Aubry, Paris 1984 (¹1945) (= Bibliothèque de la Pléiade 65), 398f.
13 »OR, qui se condense ou se monnaie sans compter dans l'enluminure d'une page. Le signifiant OR (O + R) y est distribué, éclatant, en pièces rondes de toutes tailles: ›dehORs‹, ›fantasmagORiques‹, ›trésOR‹, ›hORizon‹, ›majORe‹, ›hORs‹, sans énumérer les O, les zéROs, inverse nul de l'OR, nombre de chiffres arrondis et régulièrement alignés ›vers l'improbable‹.« (Derrida, »La double séance«, 295; dt. Übers.: »Die zweifache Séance«, 295 Anm. 55.) Vgl. speziell hierzu Frank, *Was ist Neostrukturalismus?*, 602-606.
14 Paul Celan, *Gesammelte Werke in fünf Bänden*, hg. v. Beda Allemann/Stefan Rei-

Derrida spricht hier aber im Hinblick auf Celan nicht nur vom Wahnsinn solcher Beschwörung und ihrem Umschlag in Musik, sondern zugleich von der »*Wahrheit* des Gedichts, seiner Vernunft (*raison*) selbst, seiner *raison d'être*«, die die Möglichkeit seiner Lektüre begründet (68/81).

Ist doch die doppelte Frontstellung sowohl gegen einen formalistischen Strukturalismus wie gegen eine bloß thematische Literaturkritik eine der Konstanten von Derridas poetologischen Texten.[15]

Oder um den Titel des Buchs aufzunehmen: Wohl ist das alttestamentliche »Schibboleth« (Ri 12,6) aus Derridas Sicht eine »bedeutungslose, arbiträre Marke« (50/58), die sich als Erkennungszeichen sowohl der Übersetzbarkeit wie der Verfügung des Subjekts über seine Gültigkeit entzieht (55f./65f.); doch markiert gerade die semantisch bedeutungslose Differenz zwischen *Schibboleth* und *Sibboleth* die Bedingung des Sinns dieses über Leben und Tod entscheidenden Losungsworts (54/63). Als solches sage das *Schibboleth* immer auch »Ich« (74/89). Und indem er Celans Verständnis des Gedichts als »gestaltgewordene Sprache eines Einzelnen«[16] aufnimmt (18/17), kommt Derrida zur Bestimmung der Dichtung als »Chiffre der Singularität« (87/102): einer zugleich absoluten und absolut teilbaren Singularität.[17]

Damit lehnt er sich keineswegs nur äußerlich an Celans poetologische Überlegungen an. Denn wie *Schibboleth – pour Paul Celan* mit dem Satz

---

chert, unter Mitw. v. Rudolf Bücher, Frankfurt a. M. 1983, hier: Bd. 1, 275 – künftig zit. mit der Sigle *G.W.* und Band- u. Seitenzahl.

15 Vgl. etwa Derrida, »Force et signification«, 46f. (dt. Übers.: »Kraft und Bedeutung«, 49f.); ders., *Positions. Entretiens avec Henri Ronse, Julia Kristeva, Jean-Louis Houdebine, Guy Scarpetta*, Paris 1972, 63f. (dt. Übers.: Derrida, *Positionen. Gespräche mit Henri Ronse, Julia Kristeva, Jean-Louis Houdebine, Guy Scarpetta*, hg. v. P. Engelmann, übers. v. Dorothea Schmidt, unter Mitarb. v. Astrid Wintersberger, Graz, Wien 1986 [EP 8], 97); ders., *Schibboleth – pour Paul Celan*, 89/104.

16 *Der Meridian. Rede anläßlich der Verleihung des Georg-Büchner-Preises, Darmstadt, am 22. Oktober 1960* (G.W. III, 187-202, hier: 197f.); vgl. inzwischen Paul Celan, *Der Meridian. Endfassung – Entwürfe – Materialien* (›Tübinger Ausgabe‹), hg. v. Bernhard Böschenstein/Heino Schmull, unter Mitarb. v. Michael Schwarzkopf u. Christiane Wittkop, Frankfurt a. M. 1999.

17 So Jacques Derrida, *D'un ton apocalyptique, adopté naguère en philosophie*, Paris 1983, 92; dt. Übers.: *Apokalypse*, hg. v. P. Engelmann, übers. v. Michael Wetzel, Graz, Wien 1985 (= EP 3), 85. In dem Lyotard gewidmeten Aufsatz »Préjugés – Devant la loi« spricht Derrida von dem »Gesetz der Singularität« der Literatur (Derrida [u.a.]., *La faculté de juger. Colloque de Cerisy*, Paris 1985, 87-139, hier: 104; dt. Übers.: Derrida, *Préjugés. Vor dem Gesetz*, hg. v. P. Engelmann, übers. v. Detlef Otto/Axel Witte, Wien 1992 [= EP 34], S 39f.).

beginnt: »Ein einziges Mal: die Beschneidung findet nur einmal statt«, so zielt es wesentlich auf den »Widerstand, den das *ein Mal* dem Denken bieten kann«. Und um die ethisch-politischen Implikationen dieser Frage gleich von Anfang an kenntlich zu machen, fügt Derrida hinzu:

> Was den Widerstand (*résistance*) angeht, so wird dies auch unser Thema sein, es wird auf den letzten Krieg, alle Kriege, den Untergrund, die Demarkationslinien, die Diskriminierung, die Pässe und die Losungsworte verweisen. (11/9)

Im Lichte solcher Sätze läßt sich schwerlich Franks Vorwurf aufrechterhalten, daß Derrida – wie die Wittgenstein-Schule – »das Vermögen des Bedeutungswandels dem Code selbst zuerkennt«, statt »auf die Kategorie einer sinnstiftenden und sinnverändernden Individualität zu rekurrieren«.[18] Ja, es liest sich geradezu wie eine Antizipation von Derridas Celan-Auslegung, wenn Frank gegen ihn wie gegen die Sprechakttheorie betont:

> Im emphatischen Sinn verstanden wird doch erst dort, wo der Sprung vom universellen System (vom Code, von der Konvention, vom Sprachtypus) in den individuellen Stil eines geschichtlich situierten Subjektes vollzogen wird. Nur über diesen Sprung erreicht das allgemeine Schema seinen individuellen Sinn.[19]

War also ein Verständnis des *Schibboleth – pour Paul Celan* im Sinne des ›Neostrukturalismus‹ von vornherein zum Scheitern verurteilt, so bot sich ersatzweise das Etikett des *Poststrukturalismus* an. Frank hatte zwar generell gegen diesen Ausdruck eingewandt, er sei »als Benennung zu indifferent; denn auch der Sturz des Dollars und die Bildung einer Friedensbewegung geschahen *nach* dem Strukturalismus, ohne einen inneren Bezug zu ihm zu haben«.[20] Doch ebendeshalb (so könnte man den Spieß herumdrehen) käme niemand auf die Idee, beide Vorgänge als ›poststrukturalistisch‹ zu bezeichnen – sowenig wie die Zwölftonmusik oder die Allgemeine Relativitätstheorie als ›postdarwinistisch‹. Vielmehr impli-

---

18 Manfred Frank, »Die Entropie der Sprache. Überlegungen zur Debatte Searle – Derrida«, in: Frank, *Das Sagbare und das Unsagbare. Studien zur neuesten französischen Hermeneutik und Texttheorie*, Frankfurt a. M. 1980 (= stw 317), 141-210, hier: 164; später ist sogar von einer »spontan sinnschöpferischen Individualität« die Rede (ebd. 184). Und auch in *Was ist Neostrukturalismus?* betont Frank unverändert, Derrida sei sich »in der *Abweisung einer Hermeneutik der Individualität* mit Searle und Husserl einig« (529, entsprechend auch 538).
19 Frank, »Die Entropie der Sprache«, 202.
20 Frank, *Was ist Neostrukturalismus?*, 31.

ziert die Qualifizierung ›post-‹ sowohl eine zeitliche Folge wie auch einen – und sei es noch so ambivalenten – inneren Bezug zum Voraufgegangenen.[21] So stand Derrida nicht nur chronologisch auf den Schultern von Lévi-Strauss, Lacan, Barthes und dem jungen Foucault, sondern sein ganzer Denkweg war entscheidend durch die Auseinandersetzung mit dem Strukturalismus Saussures, Hjelmslevs, Benvenistes und Lévi-Strauss' – wie später mit der Sprechakttheorie – beeinflußt. Und dies gilt nicht minder für das *Schibboleth – pour Paul Celan*, das sich zwar nicht einer strukturalistischen Metasprache bedient, dennoch aber wesentlich auf die Saussuresche Begrifflichkeit (*langue, parole, signifiant, valeur, arbitrarité, différence* etc.) beziehbar ist; wie es auch – trotz seiner Akzentuierung des singulären Ereignischarakters der Poesie – keineswegs hinter den in der *Grammatologie*[22] erreichten Reflexionsstand des Strukturalismus und des klassischen Zeichenbegriffs zurückgefallen ist.

Was allerdings entschieden gegen seine Etikettierung als ›poststrukturalistisch‹ sprach, das waren die aus der nahezu unvermeidlichen Assoziation von ›Poststrukturalismus‹ und ›Postmoderne‹, ›Post-histoire‹, ›Post-Rationalismus‹ etc. resultierenden Konnotationen von ›Beliebigkeit‹, ›Ästhetisierung‹, *anything goes* und *dernier cri*. Daß postmoderne oder poststrukturalistische Strategien durchaus zu überzeugenden Resultaten führen können, zeigte James Stirlings Neue Staatsgalerie Stuttgart (1984) ebensogut wie Roland Barthes' Japan-Buch *L'empire des signes* (1970) und seine um Goethes *Leiden des jungen Werthers* kreisenden *Fragments d'un discours amoureux* (1977). Nicht zuletzt hatte aber Derrida selbst in den siebziger und achtziger Jahren glanzvolle poststrukturalistische Texte geliefert: *Glas* (1974),[23] das in zwei Spalten Texte von Hegel und von Genet präsentiert und kommentiert und dazu noch Wörterbuchartikel, Gedichte, aphoristische Reflexionen etc., deren Koordination vom Leser

---

21 Vgl. Jean-François Lyotard, »Note sur le sens de ›post-‹« (1985), in: Lyotard, *Le Postmoderne expliqué aux enfants. Correspondence 1982-1985*, Paris 1986, 117-126; dt. Übers.: »Notizen über die Bedeutung von ›post-‹«, in: Lyotard, *Postmoderne für Kinder. Briefe aus den Jahren 1982-1985*, hg. v. P. Engelmann, übers. v. Dorothea Schmidt, unter Mitarb. v. Christine Pries, Wien 1987 (= EP 13), 99-105. – Speziell zu seiner eigenen Ambivalenz gegenüber dem Strukturalismus vgl. Derrida, »Lettre à un ami japonais« (1985), in: Derrida, *Psyché. Inventions de l'autre*, Paris 1987, 387-393.

22 Jacques Derrida, *De la grammatologie*, Paris 1967 (dt. Übers.: Derrida, *Grammatologie*, übers. v. Hans-Jörg Rheinberger/Hanns Zischler, Frankfurt a. M. 1983 [= stw 417]), bes. Teil I (künftig zit. mit der Sigle *G*).

23 Jacques Derrida, *Glas*, Paris 1974.

selbst vollzogen werden muß; oder den Aufsatz *Survivre* (1979),[24] der über und unter dem Strich Shelleys *The Triumph of Life* und Texte Blanchots behandelt; oder *La carte postale de Socrate à Freud et au-delà* (1980)[25] – eine Folge von fragmentierten Liebesbriefen und zugleich von philosophischen Reflexionen, und beides ununterscheidbar in eins gesetzt; oder fast gleichzeitig mit dem *Schibboleth – pour Paul Celan* das wahrhaft ›ver-rückte‹ Joyce-Buch *Ulysse gramophone* (1987).[26] Wer das *Schibboleth – pour Paul Celan* oder auch die folgende Heidegger-Abhandlung *De l'esprit* (1987) mit solchen Erwartungen las, konnte nur über den argumentativen Duktus verwundert sein, der bei aller Brillanz der Sprache dem Habermasschen Vorwurf einer »Einebnung des Gattungsunterschiedes zwischen Philosophie und Literatur«[27] keine Nahrung gibt. Mit all den übrigen ›Post‹-Boten, ja selbst mit seiner eigenen *Carte postale*, haben diese wie die meisten Derrida-Texte der letzten zwanzig Jahre von ihrer Form her denkbar wenig gemein: Auch innerhalb von Derridas Œuvre gibt es Gattungsdifferenzen, die von den Interpreten nicht vorschnell eingeebnet werden sollten. Doch selbst wenn man die Bezeichnung ganz lax gebrauchte: was sollte es für einen Erkenntnisgewinn bringen, das *Schibboleth – pour Paul Celan* ›poststrukturalistisch‹ zu nennen?

Zur Charakterisierung von Derridas Celan-Auslegung schien sich so am ehesten das Stichwort *Dekonstruktion* anzubieten, das seit dem pro-

---

24 In: Jacques Derrida, *Parages*, Paris 1986, 117-218; dt. Übers.: »Überleben«, in: Derrida, *Gestade*, hg. v. P. Engelmann, übers. v. Monika Buchgeister/Hans-Walter Schmidt, Wien 1994, 119-217.
25 Jacques Derrida, *La carte postale de Socrate à Freud et au-delà*, Paris 1980; dt. Übers.: Derrida, *Die Postkarte von Sokrates bis an Freud und jenseits*, übers. v. Hans-Joachim Metzger, 2 Lieferungen, Berlin 1982 u. 1987.
26 Jacques Derrida, *Ulysse gramophone – deux mots pour Joyce*, Paris 1987; dt. Übers.: Derrida, *Ulysses Grammophon*, übers. v. Elisabeth Weber, Berlin 1988. – Zur Chronologie: Die beiden Teile von *Ulysse gramophone* beruhen auf einem Kolloquiumsbeitrag vom November 1982 und einem Vortrag vom Juni 1984, englische bzw. französische Erstpublikationen 1984 u. 1985; eine erste Fassung von *Schibboleth* wurde im Oktober 1984 vorgetragen, französische Erstpublikation 1987.
27 Vgl. den Exkurs in: Jürgen Habermas, *Der philosophische Diskurs der Moderne. Zwölf Vorlesungen*, 3. Aufl., Frankfurt a. M. 1986, 219-247, sowie Derridas Erwiderung im »Afterword: Toward An Ethic of Discussion«, in: Jacques Derrida, *Limited Inc.*, übers. v. Samuel Weber, Evanston, Ill. 1988, 111-160, hier: 156-158 (dt. Übers.: »Nachwort: Unterwegs zu einer Ethik der Diskussion«, in: Jacques Derrida, *Limited Inc.*, hg. v. P. Engelmann, übers. v. Werner Rippl, unter Mitarb. v. Dagmar Travner, Wien 2001, 171-238 u. 254-262, hier: 256-259).

grammatischen Sammelband *Deconstruction and Criticism*[28] in den USA weithin als Sammelbegriff für »Theory and Criticism after Structuralism«[29] verwendet wurde. Immerhin war dies eine Derridasche Begriffsprägung. So hatte er beispielsweise in der *Grammatologie* – wie nach ihm Paul de Man[30] – Rousseaus *Essai sur l'origine des langues* und andere seiner sprachtheoretischen Schriften einer ›dekonstruktiven‹ Lektüre unterzogen, bei der es ihm darum ging, »Möglichkeiten und Reserven des Sinnes aufzudecken, die wohl zu Rousseaus Text gehören, von ihm aber nicht hervorgebracht oder genutzt worden sind, die er – aus ebenfalls lesbaren Motiven – mit einer weder bewußten noch unbewußten Geste *abzublocken vorgezogen hat*«:

> So gibt es zum Beispiel in der Beschreibung des Fests Sätze, die sehr gut im Sinn des Theaters der Grausamkeit von Antonin Artaud oder des Fests und der Souveränität, wie G. Bataille deren Begriffe entfaltet hat, interpretiert werden könnten. Aber diese Sätze sind von Rousseau selbst anders interpretiert worden, der also das Spiel in Spiele, den Tanz in den Ball, die Verausgabung in Präsenz transformiert. (G, 434/ 527)

Gemäß der Forderung, ›zwischen Rousseaus Beschreibung (*description*) und seiner Erklärung (*déclaration*) zu unterscheiden‹ (G, 356/431), bedient sich diese dekonstruktive Lektüre strategisch der Argumentationsfigur: ›Rousseau sage etwas, ohne es sagen zu wollen; was er vielmehr sagen wolle, sei …‹ (G, 286/431), oder: ›Rousseau *möchte sagen*, daß …, *tatsächlich beschreibe er* …; er *erkläre*, was er *sagen will*, *beschreibe* aber, was er *nicht sagen wolle*‹ (G, 325f./393f.).

---

28 Harold Bloom/Paul de Man/Jacques Derrida/Geoffrey H. Hartman/J. Hillis Miller, *Deconstruction and Criticism*, New York 1979 (repr. 1994).
29 So der Untertitel von Jonathan Cullers erster Überblicksdarstellung *On Deconstruction. Theory and Criticism after Structuralism*, 2. Aufl., Ithaca, N.Y. 1983; in der deutschen Übersetzung bezeichnenderweise modifiziert zu: *Dekonstruktion. Derrida und die poststrukturalistische Literaturtheorie*, übers. v. Manfred Momberger, Reinbek b. Hamburg 1988 (= rowohlts enzyklopädie 474). Zum Thema ›Dekonstruktion in Amerika‹ vgl. auch Jacques Derrida, *Mémoires – pour Paul de Man*, Paris 1988, bes. 36-43; dt. Übers.: 34-40.
30 Vgl. Paul de Man, *Allegories of Reading. Figural Language in Rousseau, Nietzsche, Rilke, and Proust*, New Haven, London 1979, bes. Kap. 7: »Metaphor (*Second Discours*)« (135-159). Sowie hierzu Derrida, *Mémoires – pour Paul de Man*, 124-129; dt. Übers.: 170-178.

Derridas *Schibboleth – pour Paul Celan* verzichtet gänzlich auf das Hervortreiben solcher Widersprüche im Text. Warum sollte man es dann überhaupt der ›Dekonstruktion‹ zuordnen?

II

Meine eigene Lektüre des *Schibboleth – pour Paul Celan* stand von vornherein unter einem ganz anderen Vorzeichen – dank der Widmung, mit der mir Derrida das Buch gesandt hatte: »*Schibboleth* pour Hendrik Birus, en souvenir de ce que nous avons partagé à Jérusalem.«[31] Was hatten wir in Jerusalem miteinander ›geteilt‹? Die Woche eines Symposions im Juni 1986 über *Absence and Negation in Literature and Literary Theory*,[32] in der wir Tür an Tür (und links von uns Claude Lanzman) im Mishkenot Sha'ananim mit Blick auf die Stadtmauer von Jerusalem wohnten und er seinen Hauptvortrag *How to avoid speaking*[33] vorbereitete. Entsprechend waren es vor allem die dort erörterten Themen des Gebets und des Lobpreises, des Unsagbaren und des Geheimnisses, der Mystik und des Wahnsinns, der ›negativen Theologie‹ und nicht zuletzt des Judentums, die ich nun bei meiner ersten Lektüre im *Schibboleth – pour Paul Celan* wiederfand.

(1) Derridas Text beginnt mit dem so einleuchtenden wie rätselhaften Satz: »Ein einziges Mal: Die Beschneidung findet nur einmal statt.«[34] Und ausgehend von Celans Frage nach dem »Unwiederholbaren«[35] und seiner Bestimmung des Gedichts als »gestaltgewordener Sprache eines Einzelnen«[36] charakterisiert Derrida in einem ersten Schritt die Dichtung als das »Ins-Werk-Setzen« eines solchen »Datums«,[37] wie etwa jenes von

---

31 Siehe Abb. S. 129.
32 Seine Vorträge sind publiziert unter dem Titel: *Languages of the Unsayable: The Play of Negativity in Literature and Literary Theory*, hg. v. Sanford Budick/Wolfgang Iser, New York 1989.
33 Die französische Originalfassung ist abgedruckt in: Derrida, *Psyché*, 535-595; engl. Übers.: »How to Avoid Speaking: Denials«, in: *Languages of the Unsayable*, übers. v. Ken Frieden 3-70; dt. Übers.: *Wie nicht sprechen. Verneinungen*, hg. v. P. Engelmann, übers. v. H.-D. Gondek, Wien 1989 (= EP 29).
34 »Une seule fois: la circoncision n'a lieu qu'une fois.« (11/9)
35 *A la pointe acérée* (G.W. I, 251f.).
36 *Der Meridian* (G.W. III, 197f.). In ähnlichem Sinne antwortet Celan auf eine Anfrage der Librairie Flinker (1961): »Dichtung – das ist das schicksalhaft Einmalige der Sprache« (ebd. 175).
37 » […] la mise en œuvre de la date« (17/16).

Celan apostrophierten »20. Jänner«, an dem Büchners Lenz »durchs Gebirg ging«.[38] Doch statt in die Singularität des Datums eingemauert zu sein, *spricht* das Gedicht – zum anderen, zu allen. Das Datum fordert das Gedicht heraus, aber dieses selbst spricht (21f./21). »*Jedes-Mal-ein-einziges-Mal*«: diese absolut singuläre Performanz ist das »Gesetz« der Poesie als der »Gattung, die immer der Gattung die Stirn bietet«.[39]

(2) Celan hat die meisten seiner Gedichte mit Orts- und Datumsangaben versehen, diese äußere Datierung aber vor der Veröffentlichung getilgt. Aus der unmittelbaren Kenntnis[40] solcher Daten hat uns Peter Szondi ein unersetzliches ›pass word‹, ein *Schibboleth*, zu Celans Berlin-Gedicht *Du liegst im großen Gelausche* ... (G.W. II, 334) gegeben.[41] Doch selbst wenn dieses Zeugnis als »unentbehrlich, *wesentlich*« erscheint, ist es doch zugleich »*supplementär, nicht-wesentlich*« für seine Lektüre als eine Wiederholung des ›Unwiederholbaren‹. Einerseits muß das Gedicht nämlich auch ohne solche externe Kenntnis ›sprechend‹ sein, andererseits darf die Datierung ihm nicht bloß äußerlich geblieben sein, sondern muß an ihm selbst lesbare Spuren hinterlassen haben (34ff./38ff.).

(3) Wie in einem Gedicht der *Niemandsrose* das hebräische *mot de passe* »Schibboleth«, das »Friede den Hütten!« aus Büchners *Hessischem Landboten* und das »No pasarán« der Linken im Spanischen Bürgerkrieg sowie verschiedene »Dreizehnte Feber« – zumindest die von 1936 und 1962 – *In eins* (G.W. I, 270) gesetzt werden, so wird die Einmaligkeit des Gedichts als ›poetisches Ereignis‹[42] durch eine bedeutungsvolle ›Konstel-

---

38 *Der Meridian* (G.W. III, 194). – »Vielleicht darf man sagen, daß jedem Gedicht sein ›20. Jänner‹ eingeschrieben bleibt? Vielleicht ist das Neue an den Gedichten, die heute geschrieben werden, gerade dies: daß hier am deutlichsten versucht wird, solcher Daten eingedenk zu bleiben?« (Ebd. 196.)
39 »[...] le *chaque-fois-une-seule-fois* faisant loi générique, loi du genre, de ce qui toujours tient tête au genre« (26/28).
40 Wie höchst vermittelt Szondis Kenntnis dieser Daten war, zeigt Marlies Janz, »›... noch nichts Interkurrierendes‹. Paul Celan in Berlin im Dezember 1967«, in: *Celan-Jahrbuch* 8 (2001/02), 335-345.
41 Vgl. Peter Szondi, »Eden«, in: Szondi, *Schriften II*, hg. v. Jean Bollack u. a., Frankfurt a. M. 1978 (= stw 220), 390-398; vgl. hierzu Derridas Diskussionsbeiträge zu Thomas Fries, »La relation critique. Les études sur Celan de Peter Szondi«, in: *L'acte critique. Un colloque sur l'œuvre de Peter Szondi (Paris, 21-23 juin 1979)*, hg. v. Mayotte Bollack, Lille 1985 (= Cahiers de philologie 5), 219-253, bes. 237-253, sowie die entsprechende Bemerkung in Derridas *La carte postale*, 211f. (23.6.1979), dt. Übers.: 1. Lfg., 241.
42 »[...] l'événement poétique« (55/64).

lation‹[43] verschiedener Sprachen, Daten und Schibboleths konstituiert: Losungsworten also, bei denen es – wie bei der über Leben und Tod entscheidenden Opposition zwischen *Schibboleth* und *Sibboleth* im Alten Testament – weniger um ihren positiven Sinn- oder Sachbezug als um ihre signifikante Differenz zu anderen geht, die freilich die Bedingung aller Sinnstiftung, ausgehend von einem Hier und Jetzt, darstellt. Wobei sich der Wert des Schibboleth der Verfügungsgewalt des Subjekts – oft auf tragische Weise – entzieht, wie es auch *als* Schibboleth jeder Übersetzung widersteht.[44]

(4) Das Gedicht selbst kann als Schibboleth angesehen werden: als Erkennungszeichen eines Bundes, wie ursprünglich das *symbolon* oder die *tessera hospitalis*.[45] Einerseits hat es als chiffrierte Singularität trotz aller Entzifferungsversuche etwas Kryptisches, dem begrifflichen Wissen Verschlossenes, und selbst die Zeugenschaft des Autors könnte nicht seine Dechiffrierung vollenden. Wie ja Celan selbst betont hatte: »der Dichter werde, sobald das Gedicht wirklich *da* sei, aus seiner ursprünglichen Mitwisserschaft wieder entlassen«.[46] Andererseits ist das Gedicht – »immer nur in seiner eigenen, allereigensten Sache« sprechend – als Unterpfand der Teilhabe doch auch an *andere*, wenn nicht gar an den »ganz Anderen«, gerichtet (G.W. III, 196f.) und für sie lesbar. Seine minimale ›interne‹ Lesbarkeit, auch ohne jedes ›externe‹ Zeugnis, wird durch gewisse Wiederholungen und Korrespondenzen – sei es zwischen den im Gedicht versammelten Daten, sei es zwischen diesen und den eigenen des Lesers – gesichert (60f./71f.). In der Möglichkeit solcher auf Wiederholbarkeit beruhenden Lektüre liegt sowohl die »*Wahrheit* des Gedichts« – »Die wahr-/gebliebene, wahr-/gewordene Zeile«, von der das Gedicht *Zwölf Jahre* (G.W. I, 220) spricht – als auch sein »Wahnsinn«, sein Beziehungswahn – »Ja wann? // Wann, wannwann / Wahnwann, ja Wahn«[47] – begründet.

43 48/55 u. 64/76; vgl. Walter Benjamin, *Ursprung des deutschen Trauerspiels*, in: ders., *Gesammelte Schriften*, hg. v. Rolf Tiedemann/Hermann Schweppenhäuser, Bd. I.1, Frankfurt a. M. 1980 (= werkausgabe edition suhrkamp 1), 203-430, hier: 214 (›Ideen‹ als ›Konstellationen‹).
44 Vgl. 39/45, 44f./51, 54ff./63ff.
45 59/70; zu dieser Herkunft des Symbolbegriffs vgl. schon Hans-Georg Gadamer, *Hermeneutik I: Wahrheit und Methode. Grundzüge einer philosophischen Hermeneutik*, 6. Aufl., Tübingen 1999 (= Gesammelte Werke, 1; UTB 2115), 78.
46 Brief an Hans Bender, 18.5.1960 (G.W. III, 177).
47 *Huhediblu* (G.W. I, 275); vgl. 68ff./81ff.

(5) All jene kalendarischen Daten – die des Erinnerns wie die des Erinnerten –, deren Konstellation das Gedicht zu einer *éphémeride* macht, repräsentieren allerdings mehr das Thema als die einmalige Signatur des Gedichts. Doch diese Grenze zwischen äußeren Umständen und innerer Genealogie verwischt sich, wo das Ereignis des Gedichts als Segnung – etwa als Kaddisch[48] – stattfindet (79f./94f.). Denn hier fällt, sprechakttheoretisch formuliert, der »*konstative* Wert einer gewissen Wahrheit« (die Benennung des Zu-Segnenden) mit der anderen Wahrheitsordnung der »poetischen *Performativität*« (der dichterischen Segnung) zusammen, und ebendies macht das Gedicht zum *Schibboleth* (85/101).

(6) Gibt es überall da ein »Datum, wo eine Signatur das Idiom aufreißt, um in der Sprache eine Spur, die Erinnerung an einen *zugleich* einmaligen und wiederholbaren, kryptischen und lesbaren Einschnitt zu hinterlassen«, wie dies in besonderem Maße der poetischen Schreibweise zukommt (87f./102), so hat die Affirmation des Judentums ganz dieselbe Struktur (90/105). Denn gemäß dem von Marina Cvetaeva entlehnten Motto »Vse poëty židy« (›Alle Dichter sind Juden‹ – G.W. I, 287) ist der Jude »Zeuge des Allgemeinen, aber unter dem Titel der absoluten, datierten, markierten, eingeschnittenen, zäsurierten Besonderheit – unter dem Titel und im Namen des anderen«: »Jude ist das *Schibboleth*« (92/108).

(7) Wird die legitime Zugehörigkeit des Juden zu seiner Gemeinschaft durch das Ereignis der Beschneidung und nicht etwa durch irgendeine positive Eigenschaft bestimmt (90/106 u. 97/115) – »denn der Jud, du weißts, was hat er schon, das ihm auch wirklich gehört, das nicht geborgt wär, ausgeliehen und nicht zurückgegeben«[49] –, dann sind die Dichter wie die Juden solche, die die Erfahrung der Beschneidung haben: des physischen Einschnitts, des dabei erteilten Eigennamens und der Reinigung und Segnung (99f./118f.). Allerdings in dem tropischen Sinne, den das Wort *beschneiden* bei seiner einzigen Verwendung in Celans Werk hat:

Rabbi, knirschte ich, Rabbi
Löw:

Diesem
beschneide das Wort, diesem
schreib das lebendige
Nichts ins Gemüt
[...].[50]

---

48 *Die Schleuse* (G.W. I, 222); vgl. 94ff./110ff.
49 *Gespräch im Gebirg* (G.W. III, 169).
50 *Einem, der vor der Tür stand* (G.W. I, 242); vgl. 101ff./120ff.

Das so beschnittene Wort ist ein offenes Wort: offen für wen auch immer in Gestalt des absolut Zukünftigen – sei es der ungestalten Kreatur, sei es des messianischen Propheten Elia. Um aber die Zweischneidigkeit jedes Schibboleth als Zeichen des Bundes wie des Ausschlusses zu vermeiden, bedarf es schließlich der Aufhebung jeder buchstäblichen Beschneidung und ihrer bestimmten Merkmale. Die Beschneidung eines Worts ist nicht in der Geschichte datiert, aber sie gibt dem Datum Raum; sie öffnet das Wort zum andern und eröffnet damit die Geschichte, das Gedicht, die Philosophie, die Hermeneutik und die Religion (112/135). Soweit die extrem verkürzte Schrittfolge der sieben Abschnitte von Derridas Celan-Auslegung.

III

Was ich bei dieser ersten Lektüre des *Schibboleth – pour Paul Celan* im Hinblick auf das von uns in Jerusalem Erörterte völlig aus dem Blick verloren hatte, war der Heidegger gewidmete Schlußteil von Derridas *How to Avoid Speaking*. Dabei hatte ich in meinem eigenen Beitrag zu jenem Symposion, einer Engführung von Adornos *Negativer Dialektik* und *Ästhetischer Theorie* mit Derridas Programm der Dekonstruktion, betont: »Ungeachtet aller Gemeinsamkeiten existiert aber ein unzuschüttbarer Graben zwischen beiden Unternehmungen, und sein Schibboleth ist der Name Heidegger.«[51] So war es für mich wie eine ›Wiederkehr des Verdrängten‹, als ich einige Monate später im März 1987 an dem Heidegger-Kolloquium des Collège International de Philosophie in Paris teilnahm und hier Derridas Abschlußvortrag *De l'esprit. Heidegger et la question* hörte, dessen letzte Zitation sich demonstrativ auf seinen Jerusalem-Vortrag bezog.[52] Dieser Pariser Vortrag kulminierte in zwei ausführlichen Abschnitten über Heideggers Trakl-Auslegung,[53] zu der Derrida höchst ambivalent bemerkt:

Die »Erörterung von Georg Trakls Gedicht« ist, wie mir scheint, einer der fruchtbarsten, gehaltreichsten Texte Heideggers: subtil, überdeter-

---

51 Verf., »Adornos ›Negative Ästhetik‹?«, in: *Deutsche Vierteljahrsschrift* 62 (1988), 1-23, hier: 12; Vortragsfassung: »Adorno's ›Negative Aesthetics‹?«, in: *Languages of the Unsayable*, 140-164, hier: 149.
52 Vgl. DE, 182f./131.
53 Martin Heidegger, »Die Sprache im Gedicht. Eine Erörterung von Georg Trakls Gedicht« (1952), in: Heidegger, *Unterwegs zur Sprache*, hg. v. Friedrich-Wilhelm von Herrmann, Frankfurt a. M. 1985 (= Gesamtausgabe [GA], I. Abt., Bd. 12), 31-78 (künftig zit. mit der Sigle *US*); vgl. hierzu DE, 131-184/98-132 u. 146-159.

miniert, noch schwerer zu übersetzen als die anderen Texte. Er ist auch besonders problematisch.⁵⁴

Und, so darf man hinzufügen, das *Schibboleth – pour Paul Celan* ist seine variierende Fortschreibung in dekonstruktiver Absicht.

Diese Behauptung setzt freilich ein nicht bloß modisches oder methodologisches Verständnis von ›Dekonstruktion‹ voraus. Ausgangspunkt der Derridaschen Begriffsprägung war bekanntlich der berühmte § 6 von Heideggers *Sein und Zeit*, mit der Überschrift: »Die Aufgabe einer Destruktion der Geschichte der Ontologie«.⁵⁵ Deren bis zu den Vorsokratikern zurückreichende metaphysische Tradition (so Heideggers These) hat eine fatale Verdeckungstendenz:

> Sie überantwortet das Überkommene der Selbstverständlichkeit und verlegt den Zugang zu den ursprünglichen »Quellen«, daraus die überlieferten Kategorien und Begriffe z. T. in echter Weise geschöpft wurden. (SZ, 29)

Die daraus resultierende Aufgabe einer »*Destruktion* des überlieferten Bestandes der antiken Ontologie auf die ursprünglichen Erfahrungen, in denen die ersten und fortan leitenden Bestimmungen des Seins gewonnen wurden«, hatte daher für Heidegger nicht den »*negativen* Sinn einer Abschüttelung der ontologischen Tradition«:

> Sie soll umgekehrt diese in ihren positiven Möglichkeiten, und das besagt immer, in ihren *Grenzen* abstecken [...]. Negierend verhält sich die Destruktion nicht zur Vergangenheit, ihre Kritik trifft das »Heute« [...]. (SZ, 30f.)

Derrida suchte diese »*positive* Absicht« der Heideggerschen »Destruktion« (SZ, 31) auch terminologisch zu markieren, indem er diesen Begriff mit seinem Antonym ›Konstruktion‹ überblendete – und der *Littré* hat ihm nachträglich gutes Gewissen dabei gemacht ...⁵⁶

---

54 »Cette *Erörterung* du *Gedicht* de Trakl est, me semble-t-il, un des textes les plus riches de Heidegger: subtil, surdéterminé, plus intraduisible que jamais. Et bien entendu des plus problématiques.« (DE, 137/102) Zu Heideggers ›Trakl-Erörterung‹ vgl. auch Derrida, »La main de Heidegger (Geschlecht II)« (1984/85), in: Derrida, *Psyché*, 415-451, hier: 440-451; dt. Übers.: »Heideggers Hand (Geschlecht II)«, in: Derrida, *Geschlecht (Heidegger): Sexuelle Differenz, ontologische Differenz; Heideggers Hand (Geschlecht II)*, hg. v. P. Engelmann, übers. v. H.-D. Gondek, Wien 1988 (= EP 22), 45-99, hier: 81-99.
55 Martin Heidegger, *Sein und Zeit* [1927], hg. v. F.-W. von Herrmann, Frankfurt a. M. 1977 (= GA I, 2), 27-36 (künftig zit. mit der Sigle *SZ*).
56 Vgl. Derrida, »Lettre à un ami japonais«, 388.

Doch Derrida hat sich Heidegger nicht nur in seinem Unternehmen einer Dekonstruktion der Begriffsoppositionen des abendländischen ›Logozentrismus‹ in seinen verschiedenen Spielarten (›Phonozentrismus‹, ›Ethnozentrismus‹, ›Phallogozentrismus‹ etc.) angeschlossen – wobei er nun auch Heidegger in diese Dekonstruktionsbewegung mit einbezieht.[57] Sondern er folgt unübersehbar dessen (etwa ein Jahrzehnt nach *Sein und Zeit* einsetzenden) Dichtungsauslegungen,[58] die ja für Heidegger weder eine »ästhetische Flucht« zur Poesie noch deren Mißbrauch »als eine Fundgrube für eine Philosophie«[59] darstellten.

Diese Hinwendung zur Dichtung geschah bei Heidegger unter einer doppelten Optik, wie sie auch für Derrida bestimmend ist. Einerseits verfolgten Heideggers Auslegungen – wie er in seiner Rilke-Gedenkrede *Wozu Dichter?* formuliert – die Absicht, die »Dichtung deutlicher zu denken« (H, 277), »dem Gedicht denkend entgegenzukommen« (H, 309). Etwa, indem er im Hinblick auf die »Grundworte der gültigen Dichtung Rilkes« betont:

Sie lassen sich nur aus dem Bereich verstehen, aus dem sie gesprochen sind. Das ist die Wahrheit des Seienden, wie sie sich seit der Vollendung der abendländischen Metaphysik durch Nietzsche entfaltet hat. Rilke hat die hierdurch geprägte Unverborgenheit des Seienden in seiner Weise dichterisch erfahren und ausgestanden. Wir sehen zu, wie sich für Rilke das Seiende als solches im Ganzen zeigt. (H, 275f.)

---

57 »Car je ne ›critique‹ jamais Heidegger sans rappeler qu'on peut le faire depuis d'autres lieux de son texte. Celui-ci ne saurait être homogène et il est écrit à deux mains, au moins.« (»[…] ich ›kritisiere‹ Heidegger nie, ohne daran zu erinnern, daß man dies von anderen Stellen seiner Texte aus tun kann. Dieser kann nicht homogen sein, und er ist – mindestens – mit zwei Händen geschrieben.« Derrida, »La main de Heidegger«, 447; »Heideggers Hand«, 92.)

58 Die beste Einführung in deren hermeneutische Probleme ist noch immer der Aufsatz von Heinrich Anz: »Das Ungesagte im Gesagten: Martin Heideggers Auslegungen von Dichtung und ihre Bedeutung für die Poetologie«, in: *Literatur und Philosophie. Vorträge des Kolloquiums am 11. u. 12.10.1982*, hg. v. Bjørn Ekmann, Kopenhagen, München 1983 (= Text und Kontext, Sonderreihe 16), 125-140; kritisch: Christoph Jermann/Klaus Weimar, »›Zwiesprache‹ oder Literaturwissenschaft? Zur Revision eines faulen Friedens«, in: *Neue Hefte für Philosophie* 23 (1984), 113-157.

59 Martin Heidegger, »Wozu Dichter?« [1946], in: Heidegger: *Holzwege*, hg. v. F.-W. von Herrmann, Frankfurt a. M. 1977 (= GA I, 5) 269-320, hier: 273 (künftig zit. mit der Sigle *H*).

Eine solche der traditionellen philosophischen Hermeneutik literarischer Texte verpflichtete Vorgehensweise ermöglichte dann eine ›Destruktion‹ der metaphysischen Prämissen von Rilkes Dichtung, die Heidegger »von der abgemilderten Metaphysik Nietzsches überschattet« (H, 286) sah. Etwa bedenke Rilke bei seinem Begriff des ›Weltinnenraums‹ weder dessen Räumlichkeit näher noch auch seine Fundierung in einer Zeitlichkeit (H, 307); sein Begriff des ›Offenen‹ benenne keineswegs die Unverborgenheit des Seienden, sondern gerade »das Geschlossene, Ungelichtete« (H, 284); überhaupt sei die »Zweideutigkeit« all seiner Grundworte nicht zufällig: »In ihr spricht eindeutig die Sprache der Metaphysik.« (H, 283) Ja, Heidegger gelangte mittels solcher philosophischer Kriterien zu der Wertung, daß »Rilkes Dichtung in der seinsgeschichtlichen Bahn nach Rang und Standort hinter Hölderlin zurückbleibt« (H, 276) – kein Dichter unseres Weltalters könne diesen überholen (H, 320).

Andererseits wendete sich Heidegger dann je später desto entschiedener gegen die Meinung, »eine denkende Erfahrung mit der Sprache werde an Stelle der dichterischen eher ins Helle führen und dürfe die Schleier wegheben«,[60] ja generell gegen die »Anmaßung, über das Gedicht sprechen zu wollen«:

> Über das Gedicht sprechen, das hieße: von oben her und somit von außen darüber befinden, was das Gedicht ist. [...] Wie aber anders? Eher so, daß wir vom Gedicht her uns sagen lassen, worin sein Eigentümliches bestehe, worauf dieses beruhe.[61]

Nicht erst seine Auslegung, sondern das Gedicht selbst sei hermeneutisch.[62] So ist es denn auch nicht mehr die Dichtung, die sich einer philosophischen Befragung und gegebenenfalls einer Destruktion ihrer metaphysischen Voraussetzungen zu unterziehen hätte, sondern umgekehrt das philosophische Denken, das etwa durch die in Hölderlins Dichtung, aber auch in seinen ›Aufsätzen über ...‹ und ›Anmerkungen zu ...‹ artikulierte »dichterische Erfahrung« (EH, 182f.) in Frage gestellt wird; denn:

> Dieses Erfahren sachgerecht zu denken, dem Bereich nachzufragen, in dem es spielt, dem ist das bisherige Denken noch nicht gewachsen. (EH, 191)

---

60 Martin Heidegger, »Das Wesen der Sprache« (1957/58), in: US 147-204, hier: 173.
61 Martin Heidegger, »Das Gedicht« (1968), in: Heidegger, *Erläuterungen zu Hölderlins Dichtung*, hg. v. F.-W. von Herrmann, Frankfurt a. M. 1981 (= GA I, 4), 182-192, hier: 182 (künftig zit. mit der Sigle *EH*).
62 Vgl. Martin Heidegger, »Aus einem Gespräch von der Sprache. Zwischen einem Japaner und einem Fragenden« (1953/54), in: US, 79-146, bes. 114f. u. 118f.

In ähnlicher Weise hat es Derrida mit seinem *Schibboleth – pour Paul Celan* einerseits unternommen, Celans Dichtung ›denkend entgegenzukommen‹, indem er deren zentrale, scheinbar ganz idiosynkratische poetische Motive in seine eigene philosophische Begrifflichkeit (*trace, supplément, simulacre, crypte* etc.), wenn nicht gar in eigene Philosopheme (wie das der »de-markierenden Struktur der Iterabilität«[63]) übersetzt, das Wort *Schibboleth* auf »jede bedeutungslose, arbiträre Marke« ausdehnt, »wenn sie unterscheidend, einschneidend, entscheidend wird« (50/58), oder schließlich ein »semantisches Minimalraster« für die reiche Lexik der ›Beschneidung‹ in der Bibel angibt (99f./117f.) – philosophische Hermeneutik literarischer Texte auch dies, vergleichbar zentralen Partien von Heideggers Rilke-Vortrag oder von Gadamers *Kommentar zu Paul Celans Gedichtfolge ›Atemkristall‹*.[64]

Doch andererseits und viel wesentlicher schließt Derrida gerade an den späten Heidegger an, wenn auch er das Gedicht selbst als »hermeneutisches Ereignis, dessen Schreibung dem ἑρμηνεύειν zugehört« (88/104), behandelt. Ist die Singularität des Datums (»Ein einziges Mal« [11/9]) und die absolut singuläre – und gleichwohl wiederholbare – Performanz des literarischen Werks (sein »Jedesmal-ein-einziges-Mal« [26/28])[65] das leitende Thema des *Schibboleth – pour Paul Celan*, so ist es Derridas erklärte Absicht: »nicht über das Datum im allgemeinen zu sprechen, sondern vielmehr auf das zu hören, was Paul Celan darüber sagt« (13/11). Was in seiner Einmaligkeit »jeder Form der philosophischen Befragung, jeder Objektivierung, jeder theoretisch-hermeneutischen Thematisierung zu widerstehen scheint«: »Celan zeigt es poetisch: durch das Ins-Werk-Setzen des Datums« (17/36). Wie Derrida damit Heideggers Wesensbestimmung des Kunstwerks als »Ins-Werk-Setzen der Wahrheit«[66] aufnimmt

---

63 Vgl. etwa Jacques Derrida, »Signature événement contexte« (1971), in: Derrida, *Marges – de la philosophie*, Paris 1972, 356-393, bes. 375, 377, 381 u. 392 (dt. Übers.: »Signatur Ereignis Kontext«, übers. v. Donald Watts Tuckwiller, in: Derrida, *Randgänge der Philosophie*, hg. v. P. Engelmann, übers. v. Gerhard Ahrens [u.a.], Wien 1988, 291-314, bes. 298, 300, 304 u. 313); sowie Derrida, *Limited Inc.*, Paris 1990, bes. 200f. u. 249 (dt. Übers.: 196f. u. 243).

64 Hans-Georg Gadamer, »Wer bin Ich und wer bist Du? Kommentar zu Paul Celans Gedichtfolge ›Atemkristall‹« (1973/1986), in: Gadamer, *Ästhetik und Poetik II: Hermeneutik im Vollzug*, Tübingen 1999 (= Gesammelte Werke 9; UTB 2115), 383-451.

65 Von der »performance absolument singulière« der Literatur handelt Derrida in »Préjugés – *Devant la loi*«, 131 (dt. Übers.: 83).

66 Martin Heidegger, »Der Ursprung des Kunstwerkes« (1935/36), in: H, 1-74, hier: 59 u.ö.; an die Übersetzung dieser Formel: »mise en œuvre de la vérité« (Derrida,

und zugleich entscheidend modifiziert, so auch dessen emphatische Betonung der wesentlichen ›Geschichtlichkeit‹ der Dichtung,[67] die Heidegger gleichwohl von allem bloß ›Historischen‹ rein geschieden wissen wollte, wenn er über das Hölderlinsche *Jezt* und *Dann* schreibt:

> Wann ist die Zeit dieses »dann«? Welcher Art ist seine Zeit? Sie entzieht sich jeder Berechnung.[68]
>
> Solche »Zeit« läßt sich nie angeben (»datieren«) und ist nicht ausmeßbar durch Jahreszahlen und Abschnitte von Jahrhunderten.[69] Für das »Jezt« seiner Dichtung gibt es kein kalendermäßiges Datum. [...]
> Denn dieses gerufene und selbst rufende »Jezt« ist selbst, in einem ursprünglicheren Sinne ein Datum, will sagen – ein Gegebenes, eine Gabe; gegeben nämlich durch die Berufung.[70]

Hatte Derrida in seinen *Mémoires – pour Paul de Man* (1984) eine Dekonstruktion der Heideggerschen Entgegensetzungen und Hierarchisierungen zwischen Wesenhaftem und Un-Wesentlichem, Bloß-Faktischem gefordert, die sich in Begriffsoppositionen, wie ›eigentlich‹ vs. ›uneigentlich‹ oder ›Geist‹ vs. ›Nur-Geistreiches, Intelligenz, Literaten- und Ästhetentum‹,[71] und in Sätzen vom Typ »Die Wissenschaft denkt nicht«[72] oder »das Wesen der Technik [ist] ganz und gar nichts Technisches«[73] ausdrückt,[74] so ergreift er nun (ein halbes Jahr später) im *Schibboleth – pour*

Positions, 20; *Positionen*, 45: »Ins-Werk-Setzen-der-Wahrheit« lehnt sich die Wendung »mise en œuvre de la date« (17) direkt an.
67 Martin Heidegger, »Die Sprache im Gedicht. Eine Erörterung von Georg Trakls Gedicht«, in: US, 76.
68 Martin Heidegger, »Hölderlins Erde und Himmel« (1959), in: EH, 152-181, hier: 173.
69 Martin Heidegger, »*Wie wenn am Feiertage* ...« (1939), in: EH, 49-77, hier: 76.
70 Martin Heidegger, *Hölderlins Hymne »Der Ister«* (SS, 1942), hg. v. Walter Biemel, Frankfurt a. M. 1984 (= GA II, 53), 8. Vgl. hierzu Jean Greisch, »*Zeitgehöft* et *Anwesen. La diachronie du poème*«, in: *Contre-jour. Etudes sur Paul Celan. Colloque de Cerisy*, hg. v. Martine Broda, Paris 1986, 167-183, bes. 180, sowie Derrida, *Schibboleth – pour Paul Celan*, 120ff./143f.
71 Vgl. Martin Heidegger, *Einführung in die Metaphysik* (SS, 1935), hg. v. Petra Jaeger, Frankfurt a. M. 1983 (= GA, II, 40), 50.
72 Martin Heidegger, »Was heißt Denken?« (1952), in: Heidegger, *Vorträge und Aufsätze*, hg. v. F.-W. von Herrmann, Frankfurt a. M. 2000 (= GA, I, 7), 127-143, hier: 133.
73 Martin Heidegger, »Die Frage nach der Technik« (1953), in: ebd. 5-36, hier: 7.
74 Vgl. Derrida, *Mémoires – pour Paul de Man*, 109-112 u. 134f.; dt. Übers.: Derrida, *Mémoires. Für Paul de Man*, hg. v. P. Engelmann, übers. v. H.-D. Gondek, Wien 1988 (= EP 18), 145-149 u. 188f.

Paul Celan die Gelegenheit, an Hand von Celans »poetischer Erfahrung des Datums« (19/19) dessen verschiedene Aspekte – von der strikt kalendarischen Fixierung bis zu seiner (etymologisch gestützten) Verallgemeinerung als ›Gegebenes, Gabe‹ (32f./36f.) – in ihrer Untrennbarkeit und Übergängigkeit zu befragen.

IV

Doch Derrida schließt sich hier nicht nur in einzelnen Begriffen und Thesen kritisch an den späten Heidegger an, sondern er orientiert sich auch modellhaft an dessen ›Trakl-Erörterung‹ *Die Sprache im Gedicht*.[75] Was ihn daran faszinieren mußte, das war zunächst ihre strikte Verweigerung eines technisch-rhetorischen (wenn man so will: ›strukturalistischen‹) Zugangs zum Gedicht und ihr anthologisches Verfahren der (wie Heidegger untertreibend sagt) »Auswahl weniger Strophen, Verse und Sätze«, um »unsere Achtsamkeit fast wie durch einen Blicksprung an den Ort des Gedichtes zu bringen« (US, 35). Noch wichtiger mußte es aber für Derrida sein, daß Heideggers Programm einer »denkende[n] Zwiesprache mit dem Gedicht eines Dichters« (US, 34) hier zu einer »besonderen Zurückhaltung« gegenüber der unvermittelten Übersetzung dichterischer Formulierungen in die (und sei es der Dichtung entlehnte) Sprache der Philosophie führt, wie sie in den ›Hölderlin-Erläuterungen‹ gang und gäbe war – »›Das Hauss‹ meint hier den Raum [...]«,[76] »Das Höchste ›über dem Lichte‹ ist die strahlende Lichtung selbst« (EH, 18), »Heimkunft ist die Rückkehr in die Nähe zum Ursprung« (EH, 23) etc. –, ja wie sie noch in dem unmittelbar vorangehenden Aufsatz *Die Sprache* die Resümees der einzelnen Strophen von Trakls Gedicht *Ein Winterabend* prägt.[77] Auf die naheliegende Frage, wie sich denn seine Ablehnung jeder »Metasprache« (US, 150) mit der Absicht, die »Dichtung deutlicher zu denken« (H, 277), vereinbaren lasse, gibt Heidegger nun im Hinblick auf Stefan Georges Gedicht *Das Wort* die Antwort:

> Wenn wir das Gedicht als Lied im Einklang mit den verwandten Liedern hören, dann lassen wir uns durch den Dichter und mit ihm das Denkwürdige des Dichtertums sagen.
> Sich das Denkwürdige sagen lassen, heißt – Denken.[78]

---

75 Siehe oben Anm. 53.
76 Martin Heidegger, »*Heimkunft / An die Verwandten*« (1943), in: EH, 9-31, hier: 16.
77 Vgl. Martin Heidegger, »Die Sprache« (1950/51), in: US, 7-30, bes. 19-23.
78 Martin Heidegger, »Das Wort« (1958), in: US, 205-225, hier: 224.

Wenn Derrida betont, nicht über das Datum im allgemeinen sprechen zu wollen, sondern vielmehr »auf das zu hören, was Paul Celan darüber sagt« (13/11), so vollführt er eine ganz ähnliche Geste. Die praktische Konsequenz daraus war in Heideggers ›Trakl-Erörterung‹ das Verfahren einer Exegese einzelner Verse, Wörter und Wendungen und ihrer Fortspinnung durch Zitate und Paraphrasen von Parallelstellen: scheinbar ein Musterfall für die vom ›New Criticism‹ (und nicht nur von ihm) geächtete *heresy of paraphrase*.[79] Doch eher handelt es sich dabei um ein radikales, spekulatives Pendant zu der von Lévi-Strauss am mythischen Denken entfalteten und von Genette auf die Literaturkritik übertragenen Verfahrensweise der *bricolage* zur Herstellung eines neuen aus den Bruchstücken früherer Diskurse.[80] Und dies bis hinab zu den Elementen der Lexik, indem Heidegger durch den Rückgang bis auf die Wortwurzeln und unter Ausnutzung ihrer althochdeutschen, griechischen, ja indogermanischen Entsprechungen – etwa durch die Verbindung des ›Fremden‹ mit dem ›Wanderer‹ (via ahd. *fram* ›anderswohin vorwärts, unterwegs nach ...‹) (US, 37) oder von ›Geschlecht‹, ›Schlag‹ und ›Fluch‹ (via griech. πληγή) (US, 46) – die von ihm zitierten Traklschen Verse in ein dichtes Geflecht von spekulativen Wortfamilien, Korrespondenzen und Polysemien überführt, das von vornherein jede diskursive Eindeutigkeit überbordet.[81]

Derrida hat sich diesem schriftstellerischen Verfahren – man muß sagen: maßvoll – angeschlossen, ihm auch metapherntheoretisch seine Reverenz erwiesen.[82] Nicht so Heideggers Etymologismus als einer

---

79 Vgl. Cleanth Brooks, »The Heresy of Paraphrase«, in: ders., *The Well Wrought Urn. Studies in the Structure of Poetry*, 2. Aufl., London 1960 (¹1947), 176-196; dt. Übers.: »Die Häresie der Paraphrase«, in: Cleanth Brooks, *Paradoxie im Gedicht. Zur Struktur der Lyrik*, übers. v. Rolf Dornbacher, Frankfurt a. M. 1965 (= es 124), 100-123.
80 Vgl. Claude Lévi-Strauss, *La Pensée sauvage*, Paris 1962, bes. 27-29 u. 32; dt. Übers.: *Das wilde Denken*, übers. v. Hans Naumann, Frankfurt 1973 (= stw 14), bes. 29-32 u. 34f. Ferner Gérard Genette, »Structuralisme et critique littéraire«, in: ders., *Figures I*, Paris 1976 (¹1966) (= collection points 74), 145-170, bes. 145-149; dt. Übers.: »Strukturalismus und Literaturwissenschaft«, übers. v. Erika Höhnisch, in: *Strukturalismus in der Literaturwissenschaft*, hg. v. Heinz Blumensath Köln 1972 (= Neue Wissenschaftliche Bibliothek 43), 71-88, bes. 71-73.
81 »*Aber das Gedicht spricht nicht in Aussagen*«, heißt es in Entsprechung dazu in dem Vortrag »Sprache und Heimat« (1960), in: Martin Heidegger, *Aus der Erfahrung des Denkens. 1910-1976*, hg. v. Hermann Heidegger, Frankfurt a. M. 1983 (= GA I, 13), 155-180, hier: 165.
82 Vgl. Jacques Derrida, »Le retrait de la métaphore« (1978), in: Derrida, *Psyché*,

sprachphilosophischen Konsequenz seiner Ursprungsphilosophie,[83] den Derrida mit dem Bezug auf eine fiktive gemeinsame Wurzel *S-B-L* von hebr. *šibbolæt* und griech. σύμβολον (59/70) diskret parodiert. Wie er es überhaupt für ein Indiz der ›Dekonstruktion‹ – in Abhebung vom Stil und Ton Heideggers – erklärt, daß sie sich »mehr für die Textualisierung oder die Kontextualisierung als für die ursprüngliche Bedeutung des Namens [...] interessiert«.[84] Dementsprechend kann Derrida Heideggers Apologie der »Mehrdeutigkeit«, ja der »zweideutigen Zweideutigkeit [...] des dichterischen Sagens« im Gegensatz zur »technischen Exaktheit des bloß wissenschaftlich-eindeutigen Begriffs« (US, 71f.) nur unterschreiben; nicht aber, daß jene dichterische Mehrdeutigkeit »aus einer Versammlung, d.h. aus einem Einklang« eine ›Eindeutigkeit im höheren Sinne‹ gewinnen müsse, um sich so von der »Vieldeutigkeit aus dem Unbestimmten einer Unsicherheit des poetischen Umhertastens« abzugrenzen (US, 71). Denn wie Derrida schon in seiner Dissertation dem Husserlschen »Imperativ der Eindeutigkeit« die »verallgemeinerte Vieldeutigkeit« Joyces gegenübergestellt hatte,[85] so plädiert er auch gegen Heideggers (zumindest theoretisch proklamierte) begrenzte Polysemie für eine radikale Dissemination der Bedeutungen.[86] Daß die so von ihm praktizierte »Form der Aussagen (Paradoxien, diskursive Widersprüche – und folglich eine obsessive Struktur)« in Heideggers Augen wohl einen Abfall ins ›Nur-Geistreiche‹, ›Literaten- und Ästhetenhafte‹ dargestellt hätte (DE, 103/77), nimmt Derrida dabei bewußt in Kauf.

Doch wie im Formalen, so gibt es auch im Inhaltlichen eine wesentliche Differenz zwischen dem *Schibboleth – pour Paul Celan* und Heideggers Dichtungs-Auslegungen: die ganz unterschiedliche Einschätzung

---

63-93, bes. 86; dt. Übers.: »Der *Entzug* der Metapher«, übers. v. Alexander G. Düttmann/Iris Radisch, in: *Die paradoxe Metapher*, hg. v. Anselm Haverkamp, Frankfurt a. M. 1998 (= es 1940), 197-234, bes. 225f.

83 Kritisch hierzu Derrida, »La main de Heidegger«, 448-451; »Heideggers Hand«, 94-99.

84 »[...] on s'intéresse à la textualisation ou à la contextualisation plutôt qu'au sens originaire du nom« (Derrida, *Mémoires – pour Paul de Man*, 113; dt. Übers.: 150).

85 »L'impératif de l'univocité« vs. »l'équivoque généralisée« (Jacques Derrida, »Introduction« zu: Edmund Husserl, *L'origine de la géométrie*, übers. u. eingel. v. Jacques Derrida, 2. Aufl., Paris 1974 ['1962], 3-171, hier: 101 u. 107; dt. Übers.: Derrida, *Husserls Weg in die Geschichte am Leitfaden der Geometrie. Ein Kommentar zur Beilage III der »Krisis«*, übers. v. Rüdiger Hentschel/Andreas Knop, Vorw. v. Rudolf Bernet, München 1987 [= Übergänge 17], 133 u. 138).

86 Vgl. Derrida, »La main de Heidegger«, 441 u. 445-448; »Heideggers Hand«, 83f. u. 88-94.

der Individualität des Dichters im Hinblick auf das Gedicht. Denn trotz aller – Formulierungen Hölderlins aufgreifenden – Glorifizierung der Dichter als »Stiftende«,[87] »Halbgötter« (EH, 103), »Propheten« (allerdings nicht nach der »jüdisch-christlichen Bedeutung«, wie Heidegger sogleich einschärft) (EH, 114), aber auch als »Erstlingsopfer« (EH, 150), macht es für Heidegger das »Großgeglückte« eines Gedichts aus, »daß es Person und Namen des Dichters verleugnen kann« (US, 15). Ist doch das »Sagen des Dichters« für ihn – ganz abgelöst von den Bewegungen der Subjektivität[88] – rein medial das »Auffangen der Winke der Götter« und zugleich die »Auslegung der ›Stimme des Volkes‹«.[89] – Dagegen ist der Dichter für Derrida sehr viel aktiver derjenige, der ›das Wort beschneidet‹,[90] der mit der ›Signatur eines Datums‹ »in der Sprache eine Spur, die Erinnerung an einen *zugleich* einmaligen und wiederholbaren, kryptischen und lesbaren Einschnitt hinterläßt« (87f./102). Und besonders Celan erscheint ihm nicht – wie Hölderlin für Heidegger – als eine Art *vates* oder Bewahrer von Urworten, sondern wie ein Rabbiner, der die deutsche Sprache nach dem Holocaust beschneidet und dadurch zum Dichter wird (110f./132f.).

»*Die Sprache spricht*« (US, 10), dies war der Eckstein nicht nur von Heideggers Sprachdenken, sondern auch seines Dichtungsverständnisses; oder wie die entfaltetere Formel lautet: »*Eigentlich spricht die Sprache, nicht der Mensch. Der Mensch spricht erst, indem er jeweils der Sprache entspricht.*«[91] Wenn dagegen Derrida – ausgehend von Celans Frage nach dem »Unwiederholbaren«[92] – die Dichtung als »Ins-Werk-Setzen des Datums« (17/16) bestimmt, so hat der von Celan herbeigerufene Satz: »Aber das Gedicht spricht ja!« (G.W. III, 196) einen dem Heideggerschen genau entgegengesetzten Sinn. Ist doch für Celan das Gedicht »gestaltgewordene Sprache eines Einzelnen, der unter dem Neigungswinkel seines Daseins, dem Neigungswinkel seiner Kreatürlichkeit spricht« (G.W. III, 197f.): also weder in die Singularität des Datums eingemauert, durch das

---

87 Martin Heidegger, »*Andenken*« (1943), in: EH, 79-151, hier: 149.
88 Kritisch hierzu: Dieter Henrich, *Der Gang des Andenkens. Beobachtungen und Gedanken zu Hölderlins Gedicht*, Stuttgart 1986, 190-192.
89 Martin Heidegger, »Hölderlin und das Wesen der Dichtung« (1936), in: EH, 33-48, hier: 46.
90 Vgl. Celan, *Einem, der vor der Tür stand* (G.W. I, 242); sowie hierzu 101ff./120ff.
91 Martin Heidegger, »Hebel – der Hausfreund« (1957), in: ders., *Aus der Erfahrung des Denkens 1910-1976*, 133-150, hier: 148.
92 *A la pointe acérée* (G.W. I, 251f.).

es herausgefordert ist (21f./21), noch auch der Sprache hörig. Sondern das Gedicht *spricht* – zum anderen, zu allen.

Ausgehend von Heidegger, doch genau auf das hörend, was Celan durch das poetische ›Ins-Werk-Setzen des Datums‹ gezeigt hat, unternimmt Derrida hier mit dem begrifflichen Arsenal der Dekonstruktion – die für ihn weder eine Methode ist noch in eine solche transformiert werden kann[93] – faktisch eine philosophische Rettung der in der Moderne scheinbar ganz obsolet gewordenen Idee des ›Gelegenheitsgedichts‹, wie sie der späte Goethe mit Blick auf sein mehr als vierzig Jahre zuvor entstandenes ›dunkles‹ Gedicht *Harzreise im Winter* entworfen hatte. Ausgangspunkt dieser Selbstinterpretation war Goethes Bewunderung dafür, daß ein »sinniger Ausleger, dem die wunderlichen Besonderheiten jenes Winterzuges keineswegs bekannt seyn konnten, dennoch durch wenige Andeutungen geleitet, die Eigenheiten des Verhältnisses, die Wesenheit des Zustandes und den Sinn des obwaltenden Gefühls durchdringlich erkannt und ausgesprochen« habe.[94] All seine poetischen Arbeiten seien nämlich »durch mehr oder minder bedeutende Gelegenheit aufgeregt, im unmittelbaren Anschauen irgend eines Gegenstandes verfaßt worden«,[95] die der Dichter allerdings nicht »deutlicher aussprechen« dürfe, »um das Gedicht nicht zur Prosa herunter zu ziehen«.[96] Anstelle jener »eigentlichen, im Gedicht nur angedeuteten, Anlässe«, die dessen »wirkliche, doch würdige Base« darstellten, müsse der Interpret vielmehr den »innern, höhern, faßlichern Sinn vorwalten lassen«, wie er bereits dem Dichter ›vorgeschwebt‹ haben mag.[97]

Als Peter Szondi seinen Fragment gebliebenen Interpretationsversuch von Celans Berlin-Gedicht *Du liegst im großen Gelausche* ...[98] mit dessen

---

93 Vgl. Derrida, »Lettre à un ami japonais«, 390f.
94 Johann Wolfgang Goethe, »Ueber Goethe's Harzreise im Winter. Einladungsschrift von *Dr. Kannegießer*, Rector des Gymnasiums zu Prenzlau. December 1820« (in: *Ueber Kunst und Alterthum* III 2, 1821, 43-59), wieder abgedruckt in: Goethe, *Sämtliche Werke. Briefe, Tagebücher und Gespräche* (›Frankfurter Ausgabe‹), 40 Bde., hg. v. Friedmar Apel/Hendrik Birus [u. a.], Frankfurt a. M. 1986-1999, hier: I. Abteilung, Bd. 21, 131-139, hier: 131.
95 Ebd. 132.
96 So Goethe im Zusammenhang dieses Aufsatzes in einem Brief an Friedrich Wilhelm Riemer, 13.3.1821, in: Goethe, *Werke*, hg. im Auftrage der Großherzogin Sophie von Sachsen (›Weimarer Ausgabe‹), 133 Bde., Weimar 1887-1919, Repr. München 1987, hier: IV. Abth., Bd. 34, 161.
97 Goethe, »Ueber Goethe's Harzreise im Winter«, 132 u. 139.
98 Siehe oben Anm. 41.

genauer räumlichen und zeitlichen Datierung begonnen hatte, stellte er sich gleich selbst die Frage:

> Inwiefern ist das Verständnis des Gedichts abhängig von der Kenntnis des biographisch-historischen Materials? Oder prinzipieller gefragt: Inwiefern ist das Gedicht durch ihm Äußerliches bedingt, und inwiefern wird solche Fremdbestimmung aufgehoben durch die eigene Logik des Gedichts?

Und Szondi gab darauf die doppelte Antwort: Gewiß hätte Celan dieses Gedicht ohne die »Erlebnissequenz seines Berlinaufenthaltes« nicht schreiben können, aber »die Interdependenz der einzelnen Momente im Gedicht«, seine »Textur«, hat »jene realen Bezüge nicht unverwandelt« gelassen. Der interpretatorische »Rekurs auf das reale Erlebnismaterial« sei daher ein »Verrat am Gedicht und an seinem Autor«.[99] – Gadamer hat dies nur verschärft, wenn er auf die »von Szondi mit Bravour gestellte Frage« seinerseits antwortete:

> Man muß nichts Privates und Ephemeres wissen. Man muß sogar, wenn man es weiß, von ihm wegdenken und nur das denken, was das Gedicht weiß. Aber das Gedicht will seinerseits, daß man alles das weiß, erfährt, lernt, was es weiß – und all das fortan nie vergißt.[100]

Wie sich beide damit immer noch – oder: wieder – innerhalb der von Goethe umrissenen Dialektik des ›Gelegenheitsgedichts‹ bewegten, so bei aller Radikalisierung der Fragestellung auch Derrida mit seiner Bestimmung des Gedichts als ›Spur der Vernichtung des Datums‹:[101]

> Ein Datum trägt sich fort, es transportiert sich, es enthebt sich seiner selbst – und löscht sich daher in seiner Lesbarkeit aus. Diese Löschung stößt ihm nicht zu wie ein Unfall, sie zieht seinen Sinn oder seine Lesbarkeit nicht in Mitleidenschaft, vielmehr wird diese Löschung eins mit dem Zugang der Lektüre selbst zu dem, was ein Datum noch

---

99 Szondi, »Eden«, 395f. In einem später gestrichenen Absatz formuliert Szondi als »Arbeitshypothese«: daß »die Determiniertheit des Gedichts durch den Erlebnishintergrund einer Autonomie hat weichen müssen, die in der immanenten Logik des Gedichts besteht« (ebd. 429f.).

100 Gadamer, »Wer bin Ich und wer bist Du?«, 436-443, hier: 439; vgl. auch den Abschnitt »Hermeneutische Methode?« (ebd. 447-451).

101 »L'annulation de la date [...] laisse sa trace dans le poème. Cette trace est le poème.« (71/85) So heißt es schon in Derridas *Carte postale*, 189: »En publiant [...] nous achèverions la destruction« (*Die Postkarte*, 1. Lfg., 217: »Alles [...] würden wir dem Untergang weihen, indem wir es öffentlich machen«).

bedeuten kann. Wenn die Lesbarkeit jedoch das Datum auslöscht, ebenjenes, das sie zu lesen gibt, so wird dieser seltsame Vorgang mit der Einschreibung des Datums selbst seinen Anfang gefunden haben.[102]

Läuft also Derridas *Schibboleth – pour Paul Celan* statt auf einen ganz neuen Typ der (Anti-)Interpretation nur auf die modifizierte Wiederholung eines traditionellen – sei es des Heideggerschen, sei es gar des Goetheschen – hermeneutischen Paradigmas hinaus? Oder ist dies womöglich bloß ein Scheingegensatz? Hatte doch Heidegger in seinem Kant-Buch betont: »Wiederholung des Möglichen bedeutet gerade nicht das Aufgreifen dessen, was ›gang und gäbe‹ ist, wovon ›begründete Aussicht besteht‹, daß sich daraus ›etwas machen läßt‹«, sondern vielmehr »die Erschließung seiner ursprünglichen, bislang verborgenen Möglichkeiten, durch deren Ausarbeitung es verwandelt und so erst in seinem Problemgehalt bewahrt wird.«[103]

Diesen Problemgehalt auszuarbeiten wäre nun allerdings die Aufgabe der Literaturwissenschaft.

---

102 »Une date s'emporte, elle se transporte, s'enlève – et donc s'efface dans la lisibilité même. L'effacement ne lui survient pas comme un accident, il n'affecte pas son sens ou sa lisibilité, il se confond au contraire avec l'accès même de la lecture à ce qu'une date peut encore signifier. Mais si la lisibilité efface la date, cela même qu'elle donne à lire, cet étrange procès aura commencé à l'inscription même de la date.« (40/45f.)
103 Martin Heidegger, *Kant und das Problem der Metaphysik* [1929], hg. v. F.-W. von Herrmann, Frankfurt a. M. 1991 (= GA I, 3), 204.

JACQUES DERRIDA

Schibboleth

pour Paul Celan

Éditions Galilée

Schibboleth

Literatur

Anz, Heinrich, »Das Ungesagte im Gesagten: Martin Heideggers Auslegungen von Dichtung und ihre Bedeutung für die Poetologie«, in: *Literatur und Philosophie. Vorträge des Kolloquiums am 11. u. 12.10.1982*, hg. v. Bjørn Ekmann, Kopenhagen, München 1983 (= Text und Kontext, Sonderreihe 16), 125-140.

Benjamin, Walter, *Gesammelte Schriften*, hg. v. Rolf Tiedemann/Hermann Schweppenhäuser, Bd. I. 1, Frankfurt a. M. 1980.

Birus, Hendrik, »Adornos ›Negative Ästhetik‹?«, in: *Deutsche Vierteljahrsschrift* 62 (1988), 1-23.

- »Hermeneutik und Strukturalismus. Eine kritische Rekonstruktion ihres Verhältnisses am Beispiel Schleiermachers und Jakobsons«, in: *Roman Jakobsons Gedichtanalysen. Eine Herausforderung an die Philologien*, hg. v. Hendrik Birus/Sebastian Donat/Burkhard Meyer-Sickendiek, Göttingen 2003 (= Münchener Komparatistische Studien 3).

Bloom, Harold/Paul de Man/Jacques Derrida/Geoffrey H. Hartman/ J. Hillis Miller, *Deconstruction and Criticism*, New York 1979.

Bollack, Mayotte (Hg.), *L'acte critique. Un colloque sur l'œuvre de Peter Szondi (Paris, 21-23 juin 1979)*, Lille 1985.

Brooks, Cleanth, »The Heresy of Paraphrase«, in: ders., *The Well Wrought Urn. Studies in the Structure of Poetry*, 2. Aufl., London 1960 ([1]1947), 176-196; dt. Übers.: »Die Häresie der Paraphrase«, in: Cleanth Brooks, *Paradoxie im Gedicht. Zur Struktur der Lyrik*, übers. v. Rolf Dornbacher, Frankfurt a. M. 1965, 100-123.

Celan, Paul, *Gesammelte Werke in fünf Bänden*, hg. von Beda Allemann/ Stefan Reichert, unter Mitw. v. Rudolf Bücher, Frankfurt a. M. 1983. [Sigle G.W.]

- *Der Meridian. Endfassung – Entwürfe – Materialien* (›Tübinger Ausgabe‹), hg. v. Bernhard Böschenstein/Heino Schmull, unter Mitarb. v. Michael Schwarzkopf u. Christiane Wittkop, Frankfurt a. M. 1999.

Cullers, Jonathan, *On Deconstruction. Theory and Criticism after Structuralism*, 2. Aufl., Ithaca, N.Y. 1983; dt. Übers.: *Dekonstruktion. Derrida und die poststrukturalistische Literaturtheorie*, übers. v. Manfred Momberger, Reinbek b. Hamburg 1988.

Derrida, Jacques, »Introduction« zu: Edmund Husserl, *L'origine de la géométrie*, übers. u. eingel. v. Jacques Derrida, 2. Aufl., Paris 1974 ([1]1962), 3-171; dt. Übers.: *Husserls Weg in die Geschichte am Leitfaden der Geometrie. Ein Kommentar zur Beilage III der »Krisis«*, übers. v. Rüdiger Hentschel/Andreas Knop, Vorw. v. Rudolf Bernet, München 1987.

- *De la grammatologie*, Paris 1967, dt. Übers.: *Grammatologie*, übers.

v. Hans-Jörg Rheinberger/Hanns Zischler, Frankfurt a. M. 1983. [Sigle G]
- *L'écriture et la différence*, Paris 1979 [¹1967] (= collection points, 100); dt. Übers.: *Die Schrift und die Differenz*, übers. v. Rodolphe Gasché, Frankfurt a. M. 1976.
- *La dissémination*, Paris 1972; dt. Übers.: *Dissemination*, hg. v. P. Engelmann, übers. v. Hans-Dieter Gondek, Wien 1995.
- *Marges – de la philosophie*, Paris 1972, dt. Übers.: *Randgänge der Philosophie*, hg. v. P. Engelmann, übers. v. Gerhard Ahrens [u.a.], Wien 1988.
- *Positions. Entretiens avec Henri Ronse, Julia Kristeva, Jean-Louis Houdebine, Guy Scarpetta*, Paris 1972 ; dt. Übers.: *Positionen. Gespräche mit Henri Ronse, Julia Kristeva, Jean-Louis Houdebine, Guy Scarpetta*, hg. v. P. Engelmann, übers. v. Dorothea Schmidt, unter Mitarb. v. Astrid Wintersberger, Graz, Wien 1986.
- *Glas*, Paris 1974.
- *La carte postale de Socrate à Freud et au-delà*, Paris 1980; dt. Übers.: *Die Postkarte von Sokrates bis an Freud und jenseits*, übers. v. Hans-Joachim Metzger, 2 Lieferungen, Berlin 1982 u. 1987.
- *D'un ton apocalyptique, adopté naguère en philosophie*, Paris 1983; dt. Übers.: *Apokalypse*, hg. v. P. Engelmann, übers. v. Michael Wetzel, Graz, Wien 1985.
- »Préjugés – Devant le loi«, in: *La faculté de juger. Colloque de Cerisy*, Paris 1985 ; dt. Übers.: *Préjugés. Vor dem Gesetz*, hg. v. P. Engelmann, übers. v. Detlef Otto u. Axel Witte, Wien 1992.
- *Parages*, Paris 1986; dt. Übers.: *Gestade*, hg. v. P. Engelmann, übers. v. Monika Buchgeister/Hans-Walter Schmidt, Wien 1994.
- *Schibboleth – pour Paul Celan*, Paris 1986; dt. Übers.: *Schibboleth. Für Paul Celan*, hg. v. Peter Engelmann, übers. v. Wolfgang Sebastian Baur, Graz, Wien 1986.
- *De l'esprit. Heidegger et la question*, Paris 1987, 17; dt. Übers.: *Vom Geist. Heidegger und die Frage*, übers. v. Alexander García Düttmann, Frankfurt a. M. 1988. [Sigle DE]
- *Psyché. Inventions de l'autre*, Paris 1987.
- *Ulysse gramophone – deux mots pour Joyce*, Paris 1987; dt. Übers.: *Ulysses Grammophon*, übers. v. Elisabeth Weber, Berlin 1988.
- *Geschlecht (Heidegger): Sexuelle Differenz, ontologische Differenz; Heideggers Hand (Geschlecht II)*, hg. v. P. Engelmann, übers. v. H.-D. Gondek, Wien 1988.
- *Limited Inc.*, übers. v. Samuel Weber, Evanston, Ill. 1988, 111; dt. Übers: *Limited Inc.*, hg. v. P. Engelmann, übers. v. Werner Rippl, unter Mitarb. v. Dagmar Travner, Wien 2001.

- *Mémoires – pour Paul de Man*, Paris 1988; dt. Übers.: *Mémoires. Für Paul de Man*, hg. v. P. Engelmann, übers. v. H.-D. Gondek, Wien 1988.
- »Comment ne pas parler: *Dénégations*«, in: Derrida, *Psyché*, 535-595; engl. Übers.: »How to Avoid speaking: *Denials*«, übers. v. Ken Frieden, in: *Languages of the Unsayable: The Play of Negativity in Literature and Literary Theory*, hg. v. Sanford Budick/Wolfgang Iser, New York 1989, 3-70; dt. Übers.: *Wie nicht sprechen. Verneinungen*, hg. v. P. Engelmann, übers. v. H.-D. Gondek, Wien 1989.

Frank, Manfred, *Das Sagbare und das Unsagbare. Studien zur neuesten französischen Hermeneutik und Texttheorie*, Frankfurt a. M. 1980.
- *Was ist Neostrukturalismus?*, Frankfurt a. M. 1983.

Gadamer, Hans-Georg, *Ästhetik und Poetik II: Hermeneutik im Vollzug*, Tübingen 1999 (= Gesammelte Werke 9).
- *Hermeneutik I: Wahrheit und Methode. Grundzüge einer philosophischen Hermeneutik*, 6. Aufl., Tübingen 1999 (= GW, 1).

Gérard Genette, »Structuralisme et critique littéraire«, in: ders., *Figures I*, Paris 1976 (¹1966), 145-170; dt. Übers.: »Strukturalismus und Literaturwissenschaft«, übers. v. Erika Höhnisch, in: *Strukturalismus in der Literaturwissenschaft*, hg. v. Heinz Blumensath, Köln 1972, 71-88.

Goethe, Johann Wolfgang, »Ueber Goethe's Harzreise im Winter. Einladungsschrift von *Dr. Kannegießer*, Rector des Gymnasiums zu Prenzlau. December 1820« in: *Ueber Kunst und Alterthum* III 2, 1821, 43-59, wieder abgedruckt in: Goethe, *Sämtliche Werke. Briefe, Tagebücher und Gespräche* (›Frankfurter Ausgabe‹), 40 Bde., hg. v. Friedmar Apel/Hendrik Birus [u. a.], Frankfurt a. M. 1986-1999, hier I. Abteilung, Bd. 21, 131-139.

Greisch, Jean, »*Zeitgehöft* et *Anwesen*. La diachronie du poème«, in: *Contre-jour. Etudes sur Paul Celan. Colloque de Cerisy*, hg. v. Martine Broda, Paris 1986, 167-183.

Habermas, Jürgen, *Der philosophische Diskurs der Moderne. Zwölf Vorlesungen*, 3. Aufl., Frankfurt a. M. 1986.

Haverkamp, Anselm (Hg.), *Die paradoxe Metapher*, Frankfurt a. M. 1998.

Heidegger, Martin, *Sein und Zeit* [1927], hg. v. Friedrich-Wilhelm von Herrmann, Frankfurt a. M. 1977. [Sigle SZ]
- *Kant und das Problem der Metaphysik* [1929], hg. v. Friedrich-Wilhelm von Herrmann, Frankfurt a. M. 1991.
- *Einführung in die Metaphysik*, hg. v. Petra Jaeger, Frankfurt a. M. 1983.
- *Hölderlins Hymne »Der Ister«*, hg. v. Walter Biemel, Frankfurt a. M. 1984.
- *Holzwege*, hg. v. Friedrich-Wilhelm von Herrmann, Frankfurt a. M. 1977.

- *Erläuterungen zu Hölderlins Dichtung*, hg. v. Friedrich-Wilhelm von Herrmann, Frankfurt a. M. 1981. [Sigle EH]
- *Aus der Erfahrung des Denkens. 1910-1976*, hg. v. Hermann Heidegger, Frankfurt a. M. 1983.
- *Unterwegs zur Sprache*, hg. v. Friedrich-Wilhelm von Herrmann, Frankfurt a. M. 1985. [Sigle US]
- *Vorträge und Aufsätze*, hg. v. Friedrich-Wilhelm von Herrmann, Frankfurt a. M. 2000.

Henrich, Dieter, *Der Gang des Andenkens. Beobachtungen und Gedanken zu Hölderlins Gedicht*, Stuttgart 1986.

Holenstein, Elmar, *Roman Jakobsons phänomenologischer Strukturalismus*, Frankfurt a. M. 1975.

Jermann, Christoph/Klaus Weimar »›Zwiesprache‹ oder Literaturwissenschaft? Zur Revision eines faulen Friedens«, in: *Neue Hefte für Philosophie* 23 (1984), 113-157.

Janz, Marlies, »›… noch nichts Interkurrierendes‹. Paul Celan in Berlin im Dezember 1967«, in: *Celan-Jahrbuch* 8 (2001/02), 335-345.

Lévi-Strauss, Claude, *La Pensée sauvage*, Paris 1962; dt. Übers.: *Das wilde Denken*, übers. v. Hans Naumann, Frankfurt a. M. 1973.

Lyotard, Jean-François, *Le Postmoderne expliqué aux enfants. Correspondence 1982-1985*, Paris 1986; dt. Übers.: *Postmoderne für Kinder. Briefe aus den Jahren 1982-1985*, hg. v. P. Engelmann, übers. v. Dorothea Schmidt, unter Mitarb. v. Christine Pries, Wien 1987.

Mallarmé, Stéphane, *Œuvres complètes*, hg. v. Henri Mondor/G. Jean-Aubry, Paris 1984 ([1]1945) (= Bibliothèque de la Pléiade 65).

Piaget, Jean, *Le structuralisme*, 8. Aufl., Paris 1983 ([1]1968) (= Que sais-je? 1311); dt. Übers.: *Der Strukturalismus*, übers. v. Lorenz Häfliger, Olten, Freiburg i. Br. 1973.

Szondi, Peter, *Schriften II*, hg. v. Jean Bollack u. a., Frankfurt a. M. 1978.

CAROL JACOBS

Wiederholung *In Nuce:*
Hamanns »*Aesthetica*–«[1]

»Diese Worte der Weisen sind Spiesse und Nägel [...].«[2]
(*Der Prediger Salomo* XII, 11)
»Most blessed of women be Ja'el, [...]: of tent-dwelling women most blessed.«[3] (*Song of Deborah, Judges* V, 24)

Hamann ist ein nomadischer Schriftsteller. Gerade wenn man denkt, man wüßte, wo er ist, gerade wenn man eine Stimme vernimmt, die einem bedeutet, einzukehren und zu verweilen, stellt sich heraus, daß er seine Zelte bereits abgebrochen und woanders aufgebaut hat. Aber sicher nicht, ohne eine gewisse Gastfreundschaft gezeigt zu haben. Denn wo Wasser vollkommen genügt hätte, den Durst zu löschen, gibt Hamann einem ohne Unterlaß Milch.

Im Jahr 1761 schrieb Johann Georg Hamann seinen berühmten Essay *Aesthetica in nuce*. Er erscheint ein Jahr später in einer Sammlung von Stücken mit dem Titel *Kreuzzüge des Philologen*. Wie man diesen Essay beurteilen soll, ist heute wie damals ein entscheidendes Problem. Was man über *Aesthetica in nuce* mit Gewißheit sagen kann, ist zweierlei. Der Text ist keine Ästhetik und er bietet nichts »in nuce«, wenn wir darunter eine kurze und bündige, unproblematische Zusammenfassung dessen verstehen, was Hamann zu sagen hat. Diese rigorose Weigerung, deutlich zu sprechen, verwirrt den modernen Leser, doch für seine Zeitgenossen

---

1 Wenn nicht anders vermerkt, beziehen sich alle Quellenangaben auf Johann Georg Hamann, *Sämtliche Werke* (Wuppert R. Brockhaus), im Nachdruck der von Josef Nadler besorgten historisch-kritischen Ausgabe, Tübingen 1999. Sie sind mit einem N gekennzeichnet, gefolgt von Band- und Seitenzahl.
2 Wenn nicht anders vermerkt, zitiert nach *Biblia*. Das ist: *Die ganze heil. Schrift. Alten u. Neuen Testaments. Verdeutscht durch D. Martin Luther*, Regensburg 1754-1756.
3 Bei Luther lautet der Satz nach dem Doppelpunkt: »gesegnet sey sie in den Zelten unter den Weibern« (*Deborae und Baraks Lob- und Siegslied, Richter* V, 24). Da Hamann am Ende von *Aesthetica in nuce* ebenfalls von den »Nägel[n] zu einem Gezelt« (N II, 217) spricht, wird hier der englischen Übersetzung der Vorzug gegeben (*The New Oxford Annotated Bible with the Apocrypha. Revised Standard Version*, hg. v. Herbert G. May/Bruce M. Metzger, New York 1977).

war Hamann nicht weniger unverständlich. Goethe schreibt in *Dichtung und Wahrheit*: »so gibt es abermals ein zweideutiges Doppellicht, das uns höchst angenehm erscheint, nur muß man durchaus auf das Verzicht thun, was man gewöhnlich Verstehen nennt«.[4]

Christian Ziegra als Rezensent von Hamanns *Sokratische[n] Denkwürdigkeiten*, die gerade drei Jahre vor *Aesthetica in nuce* veröffentlicht worden waren, beschreibt sie als »eine Schrift, die lauter Aberwitz und Unsinn in sich hält [...]. Wer nicht Lust hat seinen Verstand zu verderben, daß er diese unnatürliche Ausgeburt eines verwirrten Kopfes ungelesen laße« (N II, 87-88). Nirgends läßt sich bei Hamann eine Stelle finden, die dieses bestreiten würde. Er selbst ist es schließlich, der diese Schmähschrift aufbewahrt und sich entscheidet, sie gemeinsam mit seiner Antwort zu veröffentlichen. Darüber hinaus beschreibt er selbst sein Werk in ziemlich ähnlichen Begriffen.[5]

Auch wenn Goethe und Hamanns Rezensent die Erfahrung der Lektüre von *Aesthetica in nuce* in aller Deutlichkeit – gleichsam messerscharf – formuliert haben, so kamen doch die Literarhistoriker seither kaum in Verlegenheit, wenn es galt, den Platz des Essays in der Traditionslinie der deutschen Literatur hervorzuheben.[6] *Aesthetica in nuce*, so belehren sie

---

4 Johann Wolfgang von Goethe, *Aus meinem Leben, Dichtung und Wahrheit*, hg. v. Klaus-Detlef Müller, Frankfurt 1986 [= *Sämtliche Werke. Briefe, Tagebücher und Gespräche* (›Frankfurter Ausgabe‹), 40 Bde., hg. v. Friedmar Apel/Hendrik Birus u. a., Frankfurt a. M. 1986-1999, hier I. Abteilung, Bd. 14, 9-992], hier: 561. Goethe leitet diese Passage ein, indem er sagt (und das wird sich für das folgende als relevant erweisen): »Unter meiner Sammlung befinden sich einige seiner gedruckten Bogen, wo er an dem Rande eigenhändig die Stellen zitiert hat, auf die sich seine Andeutung beziehn. Schlägt man sie auf, so gibt es [...].«

5 Man lese dazu Hamanns Brief vom 1. Juni 1759 in J. G. Hamann, *Briefwechsel*, hg. v. Walther Ziesemer und Arthur Henkel, Wiesbaden 1955-59, Bd. 1, 334-336. Verweise auf die Briefe werden im folgenden mit ZH gekennzeichnet, gefolgt von Band- und Seitenzahl. Siehe außerdem seinen Brief vom 18. August 1759: »Meine Briefe sind vielleicht schwer, weil ich elliptisch wie ein Griech, und allegorisch wie ein Morgenländer schreibe [...]. Ein Lay und Ungläubiger kann meine Schreibart nicht anders als für Unsinn erklären, weil ich mit mancherley Zungen mich ausdrücke, und die Sprache der Sophisten, der Wortspieler [...] rede« (ZH, Bd. 1, 396); 12. Oktober, 1759, »Wahrheiten, Grundsätze, Systems bin ich Nicht gewachsen. Brocken, Fragmente, Grille, Einfälle. Ein jeder nach seinem Grund und Boden.« (ZH, Bd. 1, 431) Ebenso am 21. Mai 1760, wo er davon spricht, daß »Unordnung, der allgemeine Grundfehler meiner Gemüthsart [...]« sei (ZH, Bd. 2, 2).

6 Vgl. dazu: *Sokratische Denkwürdigkeiten, Aesthetica in nuce, mit einem Kommentar*, hg. v. Sven-Aage Jørgensen, Stuttgart 1968, 163-164 und Hans-Martin Lumpp, *Philologia crucis. Zu Johann Georg Hamanns Auffassung von der Dichtkunst. Mit einem*

uns, erklärt sich durch das, worauf es deutlich hinweist – worauf es in der Vergangenheit verweist und wohin es in der Zukunft weist. Hamann führt einen leidenschaftlichen Angriff gegen die Aufklärung[7] und ist, wie nur der Rückblick der Nachwelt es sehen konnte, der Vater des Sturm und Drang und schließlich auch der Romantik.[8] Aber *Aesthetica in nuce* auf diese Weise zu lesen ist wie »eine […] Sonnenfinsternis, die in einem Gefässe voll Wassers in Augenschein genommen wird« (N II, 199). Oder es gleicht, wie Hamann auch schreibt, einer Betrachtung der verkehrten »Seite von Tapeten«: da »zeigt sich das Material aber nicht die Fähigkeiten des Handwerkers« – »shews the stuff, but not the workman's skill« (N II, 199, Englisch im Original). Was passiert aber, wenn wir den Text aus größerer Nähe betrachten, obwohl Hamanns eigene Äußerungen darüber nicht leicht zu enträtseln sind und obwohl die unmittelbare Betrachtung von Hamanns Sicht der Aufklärung jeden Leser mit Blindheit bedroht?

Wie haben wir einen Schriftsteller zu verstehen, der sich genötigt sah, nur aus Anlaß eines anderen Textes oder in Beziehung zu einem anderen Text zu schreiben?[9] *Aesthetica in nuce* präsentiert sich als eine Polemik

Kommentar zur ›Aesthetica in nuce‹, Studien zur deutschen Literatur, Bd. 21, Tübingen 1970.

7 Zu diesem Punkt siehe Eric Blackalls hervorragenden Essay »The Mystical Approach«, in: *The Emergence of German as a Literary Language 1700-1775*, Ithaca 1978. Er beschreibt Hamanns Haltung folgendermaßen: »reiterating that opposition to all rationalistic criteria which he had expressed some twenty years before in 1763, when he had spoken of ›die Chimäre der schönen Natur, des guten Geschmacks und der gesunden Vernunft‹ […] ›Lügen ist die Muttersprache unserer Vernunft und Witzes‹, he wrote to Kant on 27 July 1759« (426). »In der Bibel finden wir eben die *regelmäßige Unordnung*, die wir in der Natur entdecken. Alle Methoden sind als Gängelwagen der Vernunft anzusehen und als Krücken derselben.« N I, 229-230 (zitiert in Blackall, 431).

8 Vgl. zum Beispiel Werner Kohlschmidt, *Geschichte der deutschen Literatur vom Barock bis zur Klassik*, Bd. 2, Stuttgart 1965, 444f. Außerdem Gwen Griffith Dickson, *Johann Georg Hamann's Relational Metacriticism*, Berlin, New York 1995, 16-17; Lumpp, *Philologia crucis*, 4, 6, 8, 174-186; Rudolf Unger, *Hamann und die Aufklärung*, Jena 1911, 263; James O'Flaherty, *Hamann's Socratic Memorabilia. A Translation and a Commentary*, Baltimore 1967, 18 und 128. Siehe außerdem Jørgensen, *Sokratische Denkwürdigkeiten, Aesthetica in nuce*, 191, für eine pointierte Kritik solcher historischen Einfalt, und 84, für seinen Vorschlag, daß Lowth' Vorlesungen von großer Wichtigkeit für die Entwicklung waren, Literaturgeschichte genetisch zu betrachten.

9 Vgl. Lumpp, *Philologia crucis*, 3 und Jørgensen, *Sokratische Denkwürdigkeiten, Aesthetica in nuce*, 183.

gegen Johann David Michaelis' Kommentar zu Robert Lowth' *De sacra poesi Hebräorum* (1758). Allerdings wird Hamann in *Aesthetica in nuce* nicht nur gegen Michaelis ausfällig, sondern ebenso gegen Lessing, Mendelssohn, Voltaire und andere. Es steht in diesem Essay sehr wenig, das nicht Lektüre von etwas anderem oder jemand anderem ist. Sogar Eigennamen werden gewöhnlich zugunsten von Umschreibungen aufgegeben, die manchmal alles andere als durchsichtig sind:[10] Michaelis, gegen den Hamann hier wie andernorts zu kämpfen entschlossen ist, erscheint als der »Erzengel über die Reliquien der Sprache Kanaans« (N II, 197), als ein »gelehrter Scholiast« der »älteste[n] Dichtkunst« (N II 198) und als ein »Meister in Israel« (N II, 201); Moses Mendelssohn erscheint als ein »Levit[...] der neuesten Literatur« (N II, 200), Lessing als »Aesop de[r] jünger[e]« (N II, 201), Mohammed als »der arabische Lügenprophet« (N II, 213), und Augustin als »der gute afrikanische Hirte« (N II, 213).

Doch was die Leser Hamanns auf Umwege leitet, ist nicht nur die Brechung von Eigennamen, indem er durch eine jeweils andere Figur sowohl diejenen, die er in Frage stellt, wie die, die er bewundert, personifiziert. Wie die den Essay beschließenden Zeilen uns in Erinnerung rufen, steht ein Großteil des Textes in den oft weitläufigen Fußnoten, die nicht unbedingt den darüber stehenden Text erläutern. Überdies ist jede zweite Satzwendung, so scheint es, selbst im Haupttext eine Anrufung oder ein Echo einer biblischen oder klassischen Passage.[11] Selbst wenn es nicht um die Antike geht, setzt Hamanns Essay eine ebenso unmögliche detaillierte Kenntnis der Werke seiner Zeitgenossen oder Quasizeitgenossen voraus.

Können wir, ausgehend von Hamanns religiösen Beteuerungen, nicht die Schlußfolgerungen früherer Kommentatoren zitieren und sein Schreiben als typologisches verstehen?[12] Wie in der Beziehung zwischen

---

10 O'Flaherty (*Hamann's Socratic Memorabilia*, 70-71) trifft diese Feststellung in bezug auf die *Sokratischen Denkwürdigkeiten*.
11 Vgl. Blackall, *The Emergence of German as a Literary Language*, 437-438, der ein gutes Verständnis für Hamanns Praxis der Anspielungen hat, und O'Flaherty, *Hamann's Socratic Memorabilia*, 68-70. Es gibt Momente, wo die Verweise auf die Bibel etwas erklären (siehe zum Beispiel die Fußnoten 12, 13, und 14 [N II, 200]), und andere, wo ein Trommelfeuer von Anspielungen den Leser verblüfft zurückläßt, so ahnungslos wie zuvor.
12 Vgl. Dickson, *Relational Metacriticism*, 132-133; Lumpp, *Philologia crucis*, 3; Blackall, *The Emergence of German as a Literary Language*, 430; Jørgensen, *Sokratische Denkwürdigkeiten, Aesthetica in nuce*, der die Parallelen zwischen Typologie und Geschichtskonzepten hervorragend darstellt; Karlfried Gründer, *Figur und Ge-*

Altem und Neuem Testament gibt ein Text den Vorgeschmack auf den anderen oder bezieht sich auf ihn als seine Prophezeiung zurück. Typologie verspricht messianischen Zugang zu einer offenbarten Wahrheit und eine teleologische Bewegung zu einem letzten Urteil.[13] *Aesthetica in nuce* würde dann eine Rolle in einer Geschichte der Erlösung spielen und vielleicht auch in einer Geschichte als Erlösung. Denn Typologie findet ein bemerkenswertes Echo in der Art und Weise, in der wir Literaturgeschichte zu erzählen neigen; eine Ära, sogar ein individueller Autor, als Vorläufer einer anderen Ära, in der ihre oder seine Erfüllung stattfindet. Und stünde dieses Konzept nicht sogar im Einklang mit den berühmtesten Passagen des Essays? Es würde sich nicht nur im Einklang mit ihnen befinden, sondern sie auch in den Kontext einer göttlichen Schöpfung stellen, in der, wie Hamann es in einem frühen Essay ausführt, Gott ein Schriftsteller ist:[14]

Alle Werke Gottes sind Zeichen und Ausdrücke seiner Eigenschaften; und so, scheint es, ist die ganze körperliche Natur ein Ausdruck, ein Gleichnis, der Geisterwelt. Alle endlichen Geschöpfe sind nur im Stande, die Wahrheit und das Wesen der Dinge in Gleichnissen zu sehen. (N I, 112, 21-25)

Hamanns Auslegung der *Genesis* scheint einen beruhigenden Platz für den menschlichen Leser zu garantieren. Wie eine typologische Textpraxis eine harmonische and produktive Beziehung zwischen Bildern entwirft, spricht die göttlich geschaffene Welt, die Hamann in *Aesthetica in nuce* beschreibt, von einem unproblematischen interpretativen Übergang vom Göttlichen zum Menschlichen.

schichte: Johann Georg Hamanns »Biblische Betrachtungen« als Ansatz einer Geschichtsphilosophie, Freiburg, München 1958, 118-19 und 127-131 und andere.

13 Dickson, *Relational Metacriticism,* Volker Hoffmanns *Johann Georg Hamanns Philologie. Hamanns Philologie zwischen enzyklopädischer Mikrologie und Hermeneutik,* Stuttgart 1972, zitierend, faßt es folgendermaßen zusammen:»Hoffmann's understanding of Hamann's use of typology« is along these lines: typology produces a relationship between the Old Testament and the New Testament on the foundation of a salvation-historical continuity and the tension it contains between promise and fulfillment«, 133.

14 »Gott ein Schriftsteller!« (*Über die Auslegung der Heiligen Schrift,* N I, 5). Siehe auch: »Gott offenbaret sich – der Schöpfer der Welt ein Schriftsteller [...]« (N I, 9).»Die Schrift kann mit uns Menschen nicht anders reden, als in Gleichnissen, weil alle unsere Erkenntnis sinnlich, figürlich und der Verstand und die Vernunft die Bilder der äußerlichen Dinge allenthalben zu Allegorien und Zeichen abstracter, geistiger und höherer Begriffe macht.« (N I, 157-158)

Poesie ist die Muttersprache des menschlichen Geschlechts; wie der Gartenbau, älter als der Acker: Malerei, – als Schrift: Gesang, – als Deklamation: – Gleichnisse, – als Schlüsse [...] Sinne und Leidenschaften reden und verstehen nichts als Bilder. In Bildern besteht der ganze Schatz menschlicher Erkenntnis [...] Der erste Ausbruch der Schöpfung, und der erste Eindruck ihres Geschichtschreibers; – die erste Erscheinung und der erste Genuß der Natur vereinigen sich in dem Worte: Es werde Licht! (N II, 197)

Reden ist übersetzen – aus einer Engelsprache in eine Menschensprache, das heißt, Gedanken in Worte, – Sachen in Namen, – Bilder in Zeichen [...] (N II, 199)

Wenn Poesie die Muttersprache des menschlichen Geschlechts ist, Gleichnisse älter als Schlüsse sind, dann weil die Sprache der göttlichen Schöpfung aus Bildern besteht, ein Sprechen, das aus der himmlischen in die Menschensprache übersetzt wird. Gott sprach zum Menschen in Bildern, und seither besteht der gesamte Schatz menschlichen Wissens in nichts anderem als diesen. Und dennoch, seltsamerweise, unverständlicherweise vielleicht, hat Hamann auch Folgendes zu sagen:

Wir haben in der Natur nichts als Turbatverse und *disiecti membra poetae* zu unserm Gebrauch übrig. Diese zu sammeln ist des Gelehrten; sie auszulegen, des Philosophen; sie nachzuahmen – oder noch kühner! – sie in Geschick zu bringen des Poeten bescheiden Theil. (N II, 198-199)

Eine Natur, gemacht aus zerbrochenen Fragmenten der Poesie, aber ebenso aus zerbrochenen Fragmenten der Poeten, *disiecti membra poetae*. Was mag es bedeuten, daß wir als Gelehrte diese zerbrochenen Teile sammeln, als Philosophen sie auslegen und als Poeten sie nachahmen müssen – was offenkundig nicht heißt, sie zu einem vereinheitlichten Ganzen zu formen? Was bedeutet es, daß Hamann den Poeten beauftragt, nicht einfach zu sammeln oder auszulegen, sondern nachzuahmen; die »Turbatverse« auf der einen, die *disiecti membra poetae*, die zerstreuten, zerstückelten Glieder des Poeten, auf der anderen Seite?

Auch wenn es keine leichte Aufgabe ist zu sagen, worauf er in seinem Kreuzzug gegen die Aufklärung aus ist, so bedeutet das keinesfalls, daß Hamanns Religion eines Universums der Bilder nicht ernstgenommen zu werden braucht. In der Tat werden die *Kreuzzüge des Philologen* im Namen einer radikalen Umformulierung des Begriffs des Bildes geführt. Wie nun aber sollen wir »Kreuzzüge« in einer Abfolge von Essays verstehen, die unleugbar vom Christentum angetrieben sind? Ist da ein heiliger

Gral, den Hamann sucht, irgendeinen Gewinn, zu dem er auszieht, um ihn aus der Ferne heimzuholen? Oder tut er es eher den Mitgliedern eines teutonischen Ordens in Preußen gleich, die er in einem Brief an Nicolai vom 4. März 1763 beschreibt.[15] Sie bauten unterirdische Labyrinthe, die sie kreuz und quer durchliefen, um ihren Eid zu erfüllen, an den weiter östlich stattfindenden Kreuzzügen teilzunehmen.[16] Ist da nicht vieles in Hamanns Werk, das unterirdisch und labyrinthisch ist, wenn wir nur nicht zögern, uns auf den Weg zu machen und es zu erforschen?[17]

Wir machen in der Lektüre von *Aesthetica in nuce* Fortschritte, wenn auch in einem leichten Zickzack-Kurs. Wir haben den Titel gelesen, die stets zitierten Eingangspassagen, sowie den Titel der Essaysammlung, in der der Text erscheint, und wir sind bereit, weiter voranzueilen – allerdings nicht ohne einen Umweg über das Eingangsmotto.

Wenn Hamanns Kreuzzüge mehr eine Angelegenheit des Untergrunds als der Oberfläche sind und uns schließlich nirgendwo hinführen, erfüllen ihre scheinbar typologischen Gesten wohl ebensowenig das messianische Versprechen eines konventionellen Christentums. Mehr als einer typologischen Interpretation ähnelt *Aesthetica in nuce* dem Cento der dekadenten Periode lateinischer Literatur, einer Textform, die ihren Namen vom Flicken-Kleid übernimmt: eine Komposition, gebildet durch das Zusammenfügen von Resten anderer Autoren.[18] Ein Flickwerk von

---

15 Vgl. Dickson, *Relational Metacriticism*, 76-77.
16 »Der Titel dieser ungezogenen Sammlung ist ein Provinzialscherz und bezieht sich auf die hin und (wieder) her in (Preußen) diesem Königreich befindliche Labyrinthe und (derselben), ihre Bedeutung, welche nach dem ersten Theil des erläuterten Preußens p. 723 der Arglistigkeit der ehemaligen Ordensbrüder und Kreuzherren ihren Ursprung zu verdanken haben.« (ZH 2, 195)
17 Etwas Ähnliches findet in den »Sokratische[n] Denkwürdigkeiten« statt: »Bey dieser Gelegenheit redete Sokrates von *Lesern*, welche *schwimmen* könnten. Ein Zusammenfluß von Ideen und Empfindungen in jener lebenden *Elegie* vom Philosophen machte dieselben Sätze vielleicht zu einer Menge kleiner Inseln, zu deren Gemeinschaft *Brücken* und Fähren der Methode fehlten.« (N II, 61)
18 Viele Leser Hamanns sprechen von *Aesthetica in nuce* als einem Cento: siehe zum Beispiel Jørgensen, *Sokratische Denkwürdigkeiten, Aesthetica in nuce*, 189; Dickson, *Relational Metacriticism*, 83 und Blackall, *The Emergence of German as a Literary Language*, 438. Das *OED* definiert den Cento als »a piece of patchwork; a patched garment«, aber auch, Johnson zitierend, als »a composition formed by joining scraps from other authors«. Die Frage, die der Cento aufwirft, ist selbstverständlich die Frage nach der Autorität, die Frage danach, wer spricht. Es ist zugleich die Stimme der Originaltexte, ebenso wie die desjenigen, der die textlichen Fragmente zusammengestellt hat. Man kann den Cento als ein Zusam-

Zitaten also, eine lange und wiederholt unterbrochene Prosopopöie, in welcher diese Figur unendlichen und abrupten Wechseln anheimfällt. Und ist es nicht ebendas, was der Untertitel von *Aesthetica in nuce* uns sagt? Denn wenigstens hier könnte man Hamann beim Wort nehmen: *Eine Rhapsodie in Kabbalistischer Prose*. Der Ausdruck ›Rhapsodie‹ kommt aus dem Griechischen und verweist auf Zusammennähen, ebenso wie auf Lied. Kabbala (aus dem Hebräischen für Tradition und Überlieferung) ist eine traditionelle, aber esoterische Form der Auslegung der Heiligen Schrift.[19]

Es ist mittlerweile mehr als offensichtlich: *Aesthetica in nuce* ist in sich kaum so geschlossen, wie der Titel suggeriert. Häufig vermerkt Hamann seine Quellen, aber öfter noch ist der Leser einer fernen and weiten Reise in unterschiedliche Richtungen überlassen, um alles selbst wieder zusammenzunähen. Das erklärt das Wuchern bemerkenswerten und unverzichtbaren Forschungsmaterials, das dazu bestimmt ist, uns zur Quelle von Hamanns Anspielungen zu führen.[20] Und dennoch, das Überschreiten der hermetischen Grenzen des Essays stellt nur manchmal eine Antwort zur Verfügung. Um ein nicht beliebiges Beispiel zu nennen: Die Verortung der biblischen Quellen Hamanns mag häufig ansonsten dunkle Passagen erhellen. In den Worten der den Essay abschließenden Zeilen könnten wir in dieser Hinsicht über die Gelehrten sagen, was Hamann über sich selbst als Rhapsodist schreibt: Sie haben »gelesen, beobachtet, gedacht, angenehme Worte gesucht und gefunden, treulich angeführt, gleich einem Kaufmannschiffe seine Nahrung weit hergeholt, und von ferne gebracht« (N II, 217).

Und dennoch, auch wenn die Heilige Schrift manchmal die Fähigkeit hat, unseren Hunger nach Verständnis zu stillen, meistens rasen die bibli-

---

menstellen und Bewahren einer Multiplizität von Stimmen auffassen. Dennoch, Proba Falconia, in seinem *Cento Vergilianus*, erzählt biblische Geschichten, indem er Zeilen von Vergil zitiert: Das legt nahe, daß der Cento auch als ein Zerpflücken der Autoren, die er zitiert, begriffen werden kann.

19 Siehe Jørgensen, *Sokratische Denkwürdigkeiten, Aesthetica in nuce*, 7 und Dickson, *Relational Metacriticism*, 82-83. An dieser Stelle und durch ihre intelligente Ausführung hindurch spricht Dickson von Interpretation als Hamanns vorrangigem Anliegen in *Aestheica in nuce*.

20 Als Ergänzung zu Dickson, *Relational Metacriticism*, Jørgensen, *Sokratische Denkwürdigkeiten, Aesthetica in nuce*, und Lumpp, *Philologia crucis*, sollte die Arbeit von Fritz Blanke und Karlfried Gründer, *Johann Georg Hamanns Hauptschriften Erklärt* (Gütersloh: 1962f.), erwähnt werden, obwohl es keinen Band zu *Aesthetica in nuce* gibt.

schen Bilder in einer so orgiastischen Geschwindigkeit vorbei, daß es keine Möglichkeit gibt, sie zu verdauen.[21]

Ohne Zweifel ist das bereits der Anfang zu einer Erklärung des ersten Denkspruchs, dieses biblischen Fetzens, der dem Text vorangeht, des Stückchens, das wie ein bizarr vergittertes Fenster funktioniert, indem es sich auf das hin öffnet – und doch nicht öffnet –, was ihm folgt. In diesem Eröffnungsmotto von *Aesthetica in nuce*, wo wir erwarten könnten, *in nuce* zu lesen, was Hamann zu sagen hat,[22] sorgt er dafür, daß wir die Referenz nicht verfehlen können: »bunte gestickte Kleider zur Ausbeute, gestickte bunte Kleider [um den Hals] zur Ausbeute.«

Das Zitat ist unter Auslassung der Vokale und deswegen in einem kaum zugänglichen Hebräisch gedruckt, aber die Quelle der Zeilen ist nichtsdestoweniger deutlich angegeben, »Buch der Richt. V. 30«.[23] Das Versfragment, vielleicht könnten wir es, Hamann zitierend, einen »Turbatvers« nennen, stammt aus dem *Buch der Richter*, einem der »historischen Bücher« des Alten Testaments, aus dem Hamann in Bruchstücken zitiert. In der dritten Zeile des Haupttextes folgt wieder ein Satz aus demselben Kapitel, der in der Fußnote als »Buch der Richt. V. 10« identifiziert wird. Und vier Seiten später wiederum eine lange Paraphrase, unmißverständlich aus demselben Kapitel. Jeder Kommentator fühlte sich berufen, dies hervorzuheben. Dennoch hat keiner von denen, die ich gelesen habe, einen vierten und letzten Hinweis auf die Passage am Ende von *Aesthetica in nuce* gegeben. Warum diese wiederholte Rückkehr zu dem Abschnitt aus dem *Buch der Richter*, bekannt als *Deborae und Baraks Lob- und Siegslied*?

Hamann bezieht sich darauf über Bischof Lowth' *Vorlesungen über die heilige Poesie der Hebräer* (*Lectures on the Sacred Poetry of the Hebrews*), zu welchen Johann David Michaelis seine Kommentare hinzufügte. Lowth feiert die Passage, die Hamann in seinem Motto zitiert, als das perfekteste Beispiel einer Prosopopöie. Die Art von Prosopopöie, in der »fiktive Rede einer realen Person überantwortet wird« (»fictious speech is usurped to a

---

21 Siehe zum Beispiel N II, 213-214.
22 Sicherlich schreibt Hamann diese Rolle dem Titel seiner Werke zu (anstatt seinen Motti). In einem Brief an Jacobi vom 12. November 1785 schreibt er: »Der Titel ist für mich kein Schild zum bloßen Aushängen, sondern der nucleus in nuce, das Senfkorn des ganzen Gewächses.« (C. H. Gildemeister, *Johann Georg Hammann's des Magus im Norden, Leben und Schriften*, Gotha 1868, 137-138, Bd. 5, *Hamanns Briefwechsel mit Friedrich Heinrich Jacobi*), zitiert nach O'Flaherty, *Hamann's Socratic Memorabilia*, 67.
23 Für eine Diskussion dazu siehe Dickson, *Relational Metacriticism*, 84.

real person«).²⁴ Im Vorspiel zu Hamanns drittem Hinweis auf *Richter* V erinnert er uns witzigerweise an Lowth' zentralen Punkt. »Sollte diese Rhapsodie gar die Ehre haben einem Meister in Israel zur Beurtheilung anheim zu fallen: so laßt uns ihm in heiliger Prosopopee [...] entgegen gehen« (N II, 201). Von diesem Blickwinkel aus muß das Motto interpretiert werden. Mit wessen Stimme, diese Frage stellt sich unvermeidlich, spricht Hamann, wenn er das *Buch der Richter* zitiert? Eine Frage, die nur dann sinnvoll ist, wenn wir die Erzählung und ihre Mitspieler kennen.

Deborae und Baraks Lob- und Siegslied (*Richter* V), komponiert von einem Zeitgenossen der Schlacht, die beschrieben wird, erzählt von dem Kampf zweier Stämme Israels gegen die Streitkräfte des Hazoriters Sissera. *Richter* IV, ein oder zwei Jahrhunderte später geschrieben, wiederholt die Erzählung. Dieses spätere Werk erzählt von der Prophetin Debora, die »zu derselbigen Zeit Richterin in Israel [war]« (*Richter* IV, 4). Weil die »Kinder Israel« vor dem Herrn »übel« getan hatten, »[verkaufte] der Herr [...] sie in die Hand Jabin der Kanaaniter König, der zu Hazor saß« (*Richter* IV, 2). Debora läßt Barak rufen und ermahnt ihn, seine Truppen gegen Sissera zu führen, wobei sie ihm verspricht, daß Gott »ihn in [s]eine Hände geben [will]« (*Richter* IV, 7). Aber der Wechsel von einer Hand in die andere endet hier nicht. Denn wenn Gott, der die Israelis den Händen der Hazoriter übergeben hat, nun anbietet, deren Anführer Sissera Barak in die Hände zu liefern, nimmt Debora jenes Versprechen fast so schnell zurück, wie sie es gegeben hat: »Aber der Preis wird nicht dein sein auf dieser Reise, die du thust«, läßt sie Barak wissen, »sondern der Herr wird Sissera in eines Weibes Hand übergeben« (*Richter* IV, 9).

In der Tat unterminiert nicht nur der Ausgang, sondern die ganze Geschichte von Baraks Schlacht die Macht dieses Möchtegernhelden Israels. Denn an dem »Tag, da [...] der Herr den Sissera [...] in [Baraks] Hand gegeben [hat]« (*Richter* IV, 14), ist es eher Jahwe, »[who] go[es] out before [him]«.²⁵ »Aber der Herr erschröckte den Sissera sammt allen seinen Wagen und ganzem Heer vor der Schärfe des Schwerdtes Baraks« (*Richter* IV, 15). Der Herr verdrängt Barak in der Schlacht, aber es ist eine Frau, die an seine Stelle tritt, wenn es darum geht, Sissera zu erschlagen. Der Anführer der Hazoriter flieht aus der Schlacht: und es ist unter Jaels Händen, daß Sissera fällt.

---

24 Robert Lowth, *Lectures on the Sacred Poetry of the Hebrews*, Bd. 1 (London 1816), 290.
25 *The New Oxford Annotated Bible*, 364. Luther übersetzt: »vor [ihm] her ausziehen [wird].«

24 Gesegnet sey unter den Weibern Jael, das Weib Hebers, des Keniters; gesegnet sey sie in der Hütten unter den Weibern.

25 Milch gab sie, da er Wasser forderte, und Butter brachte sie dar in einer herrlichen Schale.

26 Sie griff mit ihrer Hand den Nagel und mit ihrer Rechten den Schmiedhammer und schlug Sissera durch sein Haupt und zerquetschete und durchbohrete seinen Schlaf.

27 Zu ihren Füßen krümmete er sich [...] wie er sich krümmete, so lag er verderbt. (*Richter* V)

An dieser Stelle wird man bald die Zeilen von Hamanns Motto lesen (»bunte gestickte Kleider zur Ausbeute [...]«). Deboras Triumphlied feiert zunächst die Heldentaten bestimmter Stämme Israels und danach vor allen anderen Frauen Jael: aber jetzt wendet es sich abrupt einer anderen, vielleicht noch beunruhigenderen Szene zu. Im Harem von Sissera wartet zusammen mit den anderen Frauen ängstlich seine Mutter.

28 Die Mutter Sisseras sah zum Fenster aus and heulete durchs Gitter: Warum verzeucht sein Wagen, daß er nicht kommt? Wie bleiben die Räder seiner Wagen so dahinten?

29 Her wisest ladies make answer, nay, she gives answer to herself,[26]

30 Sollen sie denn nicht finden und austeilen den Raub, einem jeglichen Mann eine Dirne oder zwei zur Ausbeute und Sissera bunte gestickte Kleider zur Ausbeute, gestickte bunte Kleider um den Hals zur Ausbeute?«

(*Deborae und Baraks Lob- und Siegslied, Richter* V)

Die Sätze, die Hamann als Eröffnungszeilen und vielleicht als die entscheidenden von *Aesthetica in nuce* zitiert, sind die letzten in dieser Passage. In welcher Weise könnte dieses Motto uns die Summe dessen, was kommen wird, anbieten?

Es steht hier einiges auf dem Spiel. Auf der einen Seite Hamanns Frage nach der Prosopopöie. Der Autor von *Richter* V spricht sozusagen mit der

---

26 Die vielen konsultierten englischen Übersetzungen legen nahe, daß sie die Frage selbst beantwortet. Da so viele englische Forscher mit Luthers Übersetzung nicht einverstanden sind und Hamann selbst den Text im hebräischen Original gelesen haben dürfte, anstatt auf die deutsche Übersetzung angewiesen zu sein, wurde Vers 29 nach *The New Oxford Annotated Bible* zitiert. Luther übersetzt: »Die weisesten unter ihren Frauen antworteten, ja, sie antwortete auf die Frage selbst.«

Stimme Deboras; Debora wiederum spricht mit der Stimme von Sisseras Mutter, die ihren Frauen eine Frage stellt und sie dann ihrerseits beantwortet. Es geht hier auch um die Frage der Beute, um die Frage danach, was man von einer gewonnenen Schlacht mit zurückbringt und was es bedeutet, eine Position des Triumphs einzunehmen. Auf die Erzählung von Sisseras gewaltsamem Tod folgend, ist die zitierte Stelle aber ebenso eine Passage über die Täuschungen des Sieges.[27]

Dennoch: warum würde Hamann, so sahen sich seine Kommentatoren zu fragen gezwungen, in der Stimme von Sisseras Mutter sprechen? Warum würde der engagierte Christ die Rolle der Feindin Israels annehmen? Küsters folgend, erklärt Lumpp Hamanns Prosopopöie mit Blick auf den dritten Hinweis auf *Richter* V.[28] Hier verkündet der Erzähler, daß er auf das Erscheinen der zweiten Hälfte von Lowth' and Michaelis' Werken wartet, ebenso wie die Mutter von Sissera leidenschaftlich die Rückkehr ihres Sohnes erwartet. So wie Hamanns Leser die Geschichte erzählen, spricht er in der Stimme von Sisseras Mutter, um Michaelis, den Gegenstand seiner Polemik, damit vor seiner Ankunft für erledigt zu erklären. Dickson allerdings, der verständlicherweise zögert, Hamann mit der Mutter des Feindes gleichzusetzen, erwidert, er würde nicht »put himself in the role of Sissera's mother, on the side of the enemies [...]; he puts himself in the place of *Deborah*, impersonating her enemies; this

---

27 In seinen polemischsten Momenten gibt sich *Aesthetica in nuce* als eine Schlacht oder ein Wettkampf aus. Der zweite Satz des eigentlichen Textes präsentiert den Essay als ein Rennen gegen Michaelis. Hamann, als »der weise Idiot Griechenlands«, wird mit geborgten Hengsten über den ›Erzengel‹ Michaelis triumphieren, der »auf schönen Eselinnen« reitet. (»heil dem Erzengel über die Reliquien der Sprache Kanaans! Auf schönen Eselinnen siegt er im Wettlauf; – aber der weise Idiot Griechenlands borgt Euthyphrons stolze Hengste zum philologischen Wortwechsel« (N II, 197).) Diese Formulierung, daran erinnert uns Hamanns Fußnote, ist ebenfalls aus *Deborae Lob- und Siegslied*. Und hier wird die Verwirrung fortgeführt. Denn die Formulierung, die sich Hamann aus *Deborae und Baraks Lob- und Siegslied* für seine philologische Debatte borgt, »auf schönen Eselinnen«, würde Michaelis im biblischen Originaltext unter den triumphierenden Israeliten verorten. Hier wie anderswo folgt man Hamanns Anspielungen nur zu dem Preis, ihre originale Intention zu zerbrechen und somit die Logik seiner eigenen Behauptung zu zerstören, eine Warnung demnach, von Anfang an, gegenüber dem Unternehmen Fußnoten zu ihren Quellen zu folgen, und gegen fixierte Trennungslinien zwischen Gewinnen und Verlieren gerichtet.

28 Lumpp, *Philologia crucis*, 33; vgl. Marie-Theres Küsters, *Inhaltsanalyse von J. G. Hamanns »Aesthetica in Nuce, eine Rhapsodie in kabbalistischer Prose«*, Boltrop 1936.

Prosopopoeia is a double-personification«.[29] Aber können wir Hamann ohne weiteres auf die Position von Debora, als der Sängerin des Spottliedes, festlegen, eine Position des schadenfrohen Triumphs?[30] Ausgerechnet die Zeilen, die Hamann sich zu zitieren entschlossen hat, werden auch noch von einer Frau gesprochen, die von dem Tod ihres Sohnes – dessen Ermordung gerade in den vorangegangenen Versen grausam geschildert wurde – nichts weiß. Ist diese Passage also nicht eine Warnung vor den Täuschungen des Sieges und des unangebrachten Durstes nach Belohnung und Beute? Sind nicht Hamanns Sprachtheorie und, zwingender noch, die Performanz seiner Sprache so beschaffen, daß der Wille, die Prosopopäie auf seiten seiner Leser zu kontrollieren, als genauso ironisch verstanden werden muß wie die Erwartungen der Mutter auf Beute? (Und vielleicht ist die Ausbeute, die von einer typologischen Erklärung erbracht werden soll, nicht weniger ironisch.)

Das wird durch die textlichen Unsicherheiten des biblischen Textes um so klarer. Weiter oben haben wir eine konventionelle Übersetzung von Vers 30 des Mottos gegeben. Sie ergibt gewiß Sinn. Aber das Hebräische, das Hamann präsentiert, wie Bibelwissenschaftler es vorgefunden haben, läßt einen rat- und orientierungslos. Im hebräischen Original kann keiner sicher sein, für wen der Gewinn des Raubzugs bestimmt ist. So finden wir zum Beispiel die folgenden Übersetzungen: »Two pieces of dyed embroidery for the neck of the looter«[31] (»Zwei bunte gestickte Kleider um den Hals des Plünderers zur Ausbeute«), aber auch »for the neck of every spoiler?« (»um den Hals jedes Plünderers«), auch »for my neck« (»um meinen Hals,«)[32] und »for the neck of the queen« [»um den Hals der Königin« (282-83)] und, am verwirrendsten von allen, »for the neck of the booty« (»um den Hals der Beute«).[33] Aber in der wörtlichen englischen Übersetzung bei Lowth lesen wir:

---

29 Dickson, *Relational Metacriticism*, 84. Blackall, *The Emergence of German as a Literary Language*, sieht die Beute des Mottos als Hamanns *Aesthetica in nuce*, obwohl er Hamanns Stimme auch mit der der Prophetin zu identifizieren scheint, 439-440.
30 Vgl. John Gray, *Joshua, Judges, Ruth, New Century Bible Commentary*, Grand Rapids 1986, 203 und 280. Denn das ist es, worauf Hamanns Kommentatoren auf die eine oder andere Art zu insistieren scheinen, daß er sich selbst unerbittlich als eine Figur des Triumphes positioniert.
31 *The New Oxford Annotated Bible*.
32 *Judges*, Introduction, Translation and Commentary by Robert G. Boling, Garden City 1975, 105.
33 Diese letzten Alternativen sind einigen Übersetzungen entnommen, die ver-

To Sisera a spoil of divers colours,
A spoil of needlework of divers colours,
A spoil for the neck of divers colours of
needlework on either side.³⁴
Für Sissera eine Beute bunter Farben,
eine Beute gestickter Kleider aus bunten Farben,
eine Beute buntfarbiger gestickter Kleider für den Hals
auf beiden Seiten.

Bei der Wendung »gestickter Kleider [...] auf beiden Seiten« beginnt man zu vermuten, dieser Text gleiche jener Tapete, gegen die Hamann einwendet, sie verweigere sich doppelt, »[to] shew [...] the workman's skill« (N II, 199) (»die Fähigkeiten der Handwerker zu zeigen«), indem sie sich einerseits weigert, den Empfänger der Beute zu spezifizieren, andererseits, die Stimme zu definieren, von der das Motto gesprochen wird.

Als Hamann dann ein drittes Mal zum *Buch der Richter* zurückkehrt, scheint, wie wir bereits gesehen haben, die Sprecherposition zweifellos mit Sisseras Mutter identifiziert zu werden. Die Veröffentlichung der zweiten Hälfte von Lowth' Arbeit mit Michaelis' Kommentar ist angekündigt worden, und Hamann »brennt darnach«, wie Sisseras Mutter am Gitter sich nach der Rückkehr ihres Sohnes sehnt.

Ich brenne darnach – und warte umsonst bis auf den heutigen Tag, wie die Mutter des Hazoritischen Feldhauptmanns nach dem Wagen ihres Sohns zum Fenster aussahe, und durchs Gitter heulte – – Verdenken Sie es mir also nicht, wenn ich gleich dem Gespenst im Hamlet durch Winke mit Ihnen rede [...]. (N II, 201)

Die von Hamann hier vollzogene Geste, in der er uns mehr oder weniger deutlich warnt, bedarf einer Interpretation. Die Weise, in der er mit uns spricht, wird durch die vorangehenden Zeilen kompliziert.

Sollte diese Rhapsodie gar die Ehre haben einem Meister in Israel zur Beurtheilung anheim zu fallen: so laßt uns ihm in heiliger Proso-

---

sammelt sind bei George Foot Moore, *A Critical and Exegetical Commentary on Judges*, The International Critical Commentary, New York 1900, 168, der seine eigene Übersetzung neben anderen anbietet. Er fügt hinzu: »In the general disorder of the text in this verse, it is impossible to feel much confidence in any restoration«, 168. Aufgrund der Verdorbenheit des Textes haben diese Zeilen viel mit *Aesthetica in nuce* gemeinsam, wenigstens in ihrer legendären Unlesbarkeit.

34 Lowth, *Lectures*, 293.

popee, die im Reiche der Todten eben so willkommen als im Reiche der Lebendigen ist (– – si NUX modo ponor in illis) entgegen gehen […]. (N II, 201)

Deborae und Baraks Lob- und Siegslied scheint stets begleitet vom Begriff der »Beurteilung«, und zwar nicht allein wegen seines Ortes im *Buch der Richter.* Und wenn die Frage des Urteils (des Beurteilens) hier auf dem Spiel steht, dann auch, wie im Motto, das im Titel von *Aesthetica in nuce* gegebene Versprechen, das Versprechen, zusammenzufassen und einzuschließen. Denn die Stimme, die die Perspektive von Sisseras Mutter annimmt, ist eigentlich nicht Hamanns, sondern eher die »NUX« oder Nuß des Titels *Aesthetica in nuce* (»– – si NUX modo ponor in illis« – »falls ich unter ihnen als Nuß gelten kann«). *The nut speaks.* Die Nuß spricht, oder der Narr, ja, der Verrückte spricht. Angesichts der Meinung einiger Zeitgenossen Hamanns kann diese Behauptung einiges Recht für sich in Anspruch nehmen. Aber was könnte es bedeuten, daß es weder Hamann ist, der spricht, und noch nicht einmal, wie der Titel des Essays nahelegen könnte, seine Ästhetik, sondern eher die »Nuß«. Mit der Nuß von »in nuce« führt uns der Philologe doch schließlich dazu, eine leichte und befriedigende Begegnung mit seiner ästhetischen Theorie zu erwarten: zusammengefaßt, wohlverpackt, verdichtet.[35] An diesem Versprechen bündiger Klarheit scheitert die Passage mindestens ebenso dramatisch wie das Motto. Die Nuß [the nut] spricht zu uns in Zeichen »gleich dem Gespenst im Hamlet durch Winke« (N II, 201). Sie ersetzt ihre eigene Stimme durch *Deborae und Baraks Lob- und Siegslied* oder die Stimme der sehnsüchtigen Mutter in dem Lied, das eine Beute und eine Macht zur Vorstellung bringt, die sich niemals materialisieren werden. Die Nuß könnte dann das Pfand einer eingefaßten, zusammengefaßten und wiederholbaren Kommunikation sein, die versprochene Ausbeute des ästhetischen Essays, *Aesthetica in nuce,* aber sie enthält uns die Sicht auf gestickte bunte Kleider vor, von denen wir nicht wissen, für wen sie bestimmt sind.[36]

35 Vgl. Dickson, *Relational Metacriticism,* 102.
36 Eine Fußnote warnt uns im Hinblick auf diese Passage und im Hinblick auf die Prosopopöie im allgemeinen, daß »L'art de personifier ouvre un champ bien moins borné et plus fertile que l'ancienne Mythologie« (N II, 201) [»die Kunst der Personifikation eröffnet ein viel weniger begrenztes und fruchtbareres Feld als die antike Mythologie«] (Übersetzung, P.R.). Das Durchbrechen von Grenzen in der Prosopopöie der Nuß bringt uns wieder zu den implizierten Ermahnungen aus *Richter* V, 30 über eine unangebrachte Gier auf Beute in diesem Text.

Wir sollten ein letztes Mal der Darstellung folgen, in der der Essay in der Ankündigung eines Abschlusses gipfelt. Diese Zeilen fassen den gesamten Essay zusammen; auf der einen Seite verurteilen sie die Eitelkeit von *Aesthetica in nuce*, auf der anderen erwecken sie die Erwartung von Gottes letztem Gericht, seinem Urteil. Dieses Schlußwort erscheint als eine »Apostille«, übersetzbar entweder als Nachwort,[37] als Glosse oder als kritische Randbemerkung.[38] In der Apostille bietet uns Hamann eine erste Lektüre und eine Beurteilung seines Essays an, denn Lektüre und Urteil gehen, vielleicht notwendigerweise, Hand in Hand. Sie ist also eine Metakritik, wiederum in der Stimme eines anderen: Einige Kritiker hören die imaginäre Stimme von Michaelis, einige die von Hamann selbst – hier wie im Verlauf von *Aesthetica in nuce* lesen wir den Interpreten interpretieren. »Interpret der Interpreten«, so erinnert uns eine Fußnote, ist die sokratische Definition eines Rhapsodisten. Daß darin die Praxis der *Rhapsodie in kabbalistischer Prose* besteht, kann uns am Ende des Textes nicht mehr überraschen.

Was könnten wir von diesem Interpreten der Interpreten erwarten? Daß er uns mit Klarheit in die richtige Richtung schickt? Eine alles umfassende Struktur über das Ganze stülpt? Daß, während wir uns selbst im Lesen Hamanns hierhin und dorthin getrieben finden, er selbst die Dinge für uns schließlich festnagelt?

> Als der älteste Leser dieser Rhapsodie in kabbalistischer Prose seh ich mich vermöge des Rechts der Erstgeburt verpflichtet, meinen jüngern Brüdern, die nach mir kommen werden, noch ein Beispiel eines barmherzigen Urtheils zu hinterlassen, wie folget:
>
> Es schmeckt alles in dieser ästhetischen Nuß nach Eitelkeit! – nach Eitelkeit – Der Rhapsodist[*] hat gelesen, beobachtet, gedacht, angenehme Worte gesucht und gefunden, treulich angeführt, gleich einem Kaufmannschiffe seine Nahrung weit her geholt, und von ferne gebracht.
>
> [*] – οι ραψωδοι – ερμηνεων ερμενεις. (– die Rhapsodisten – Interpreten der Interpreten. [P.R.]) Sokrates in Platons Ion. (N II, 217)

Sicherlich hat dieses letzte Gleichnis (vom Kaufmannschiff), wie so viele andere Sätze in *Aesthetica in nuce*, eine biblische Quelle, selbst wenn

---

37 Lumpp, *Philologia cruces*, zitiert Meyers Lexicon, 8. Aufl. (1936), Bd. 1, sp. 460, Artikel ›Apostille‹: »beglaubigte Nachschrift zu einer Urkunde«, 105.
38 Jørgensen, *Sokratische Denkwürdigkeiten, Aesthetica in nuce*, 146.

das eigentliche Thema der Passage die Art and Weise betrifft, in der der Text aus andernorts gefundenen Quellen gewoben ist. Aber wie kann diese Quelle eine Bedeutung haben, in dieser Passage, die, und zwar kritisch, über die rhetorische Praxis des Rhapsodisten spricht?[39] Selbst wenn diese Quelle irreführend sein sollte, so geht es in diesem Passus doch um zwei verschiedene Weisen, in welchen der Rhapsodist seine Quellen, nachdem er sie in der Ferne gefunden und herbeizitiert hat, schließlich benutzt, um seine Schrift anzufertigen: eine kumulative Addition von Sätzen auf der einen Seite und eine Vorführung von Bildern auf der anderen.

> [Der Rhapsodist] hat Satz und Satz zusammengerechnet, wie man die Pfeile auf einem Schlachtfelde zählt; und seine Figuren abgezirkelt, wie man die Nägel zu einem Gezelt abmißt. Anstatt Nägel und Pfeile hat er mit den Kleinmeistern und Schulfüchsen seiner Zeit ******** und --------- Obelisken und Asterisken geschrieben. (N II, 217)

Dieses sind die zwei verschiedenen Gesten, so scheint es, welche *Aesthetica in nuce* konstituieren und irgendwie erklären: Satz und Satz zusammenrechnen und Figuren abzirkeln. Anscheinend können sie ihrerseits durch die Anrufung von Gottes letztem Gericht transzendiert werden. Denn die den Essay abschließenden Zeilen, welche die meisten Kommentatoren unerwähnt lassen, sind diese:

> Laßt uns jetzt die **Hauptsumme** seiner
> neusten Aesthetick, welche die älteste ist,
> hören:
> **Fürchtet Gott und gebt Ihm die**
> **Ehre, denn die Zeit Seines Gerichts**
> **ist kommen, und betet an Den, der**
> **gemacht hat Himmel und**
> **Erden und Meer und die**
> **Wasserbrunnen!**
> (N II, 217)[40]

---

39 In *Die Sprüche Salomonis* ist das Handelsschiff, das Nahrungsmittel aus fernen Ländern mitbringt, ein Gleichnis für »eine tüchtige Frau« (XXXI, 14). Hier, wie so oft an anderen Stellen in *Aesthetica in nuce*, verfolgt man den scheinbaren Referenten nur, um herauszufinden, daß er nicht funktioniert oder daß man die biblische Bedeutung überdenken muß.
40 Typographisch gesetzt wie in der Erstausgabe, (Lumpp, *Philologia crucis*, 234).

Aber wie sollen wir diese Zeilen beurteilen, die das letzte Urteil in den Worten der Schöpfung ankündigen, als der Himmel, die Erde und das Meer voneinander geteilt wurden? Wie sollen wir diese Hauptsumme verstehen, die das definitive Ende ankündigt, allerdings in der Sprache des Anfangs; eine Hauptsumme, die die endgültige Aufteilung einer Welt ankündigt, deren Schöpfung, Hamann zufolge, in einer unermeßlichen Bilderproduktion bestand. Wie also sollen wir die Interpretation dessen verstehen, was daran gebunden ist, zergliedert zu werden?

Wir sollten also nicht überstürzt zu einem Urteil kommen, wenigstens nicht zu *dem* Urteil. Durch seine Doppelgeste ist das Gericht, das in der Schlußpassage gefeiert wird, vielleicht eher die Verlängerung als die Gegenkraft des Urteils, das am Anfang der Apostille gefällt wurde. Der Rhapsodist, so erzählen uns Hamann oder der erste Leser, hat seine Worte aus weiter Ferne mitgebracht und seinen Text auf zwei verschiedene Arten hergestellt. Auf der einen Seite hat er »Satz und Satz zusammengerechnet«, vielleicht auch Behauptung um Behauptung, wie man Pfeile auf einem Schlachtfeld zählt. Eine Rechnung, die zur »Hauptsumme« und Schlußlinie führt, die zusammenzählt, indem sie im Namen des »Pfeils« stattfindet, jenes Zeichens, das eine einfache Richtung und ein einfaches Ziel zu versprechen scheint. Wenn es hier um eine Frage des Pfeils und des Bildens einer logischen Linie von Behauptungen oder Sätzen geht, um eine Frage der Hinleitung zu der Quelle von Worten, die von weit her kommen, so ist es doch auch eine Frage des Kreises und der Figur. Die zweite Art und Weise der Komposition des Rhapsodisten findet statt, wenn er »seine Figuren abzirkelt«. Er zirkelt seine Figuren ab, wie man die Position von Heringen oder Nägeln für ein Zelt »abmißt«. Dabei handelt es sich kaum um dieselbe Art Maß, die das Zusammenzählen von Pfeilen auf dem Schlachtfeld leitet. Man mißt den Platz der Nägel des Zeltes ab, so wie man »abzirkelt«, wie man mit einem Kompaß mißt, indem man die Form eines Kreises erzeugt, durch das Einstechen und Fixieren eines Punktes, um die anderen in gleicher Distanz festzulegen, dabei eine Figur produzierend, die weder hierhin noch dorthin führt. Und wir sind immer noch nicht da, am Höhepunkt der Bedeutung dieser Figuren, der die handwerklichen Fähigkeiten Hamanns beschreiben könnte. Der älteste Leser der Rhapsodie gibt uns nun, so scheint es, die wörtliche Bedeutung dieser Figuren. Er ersetzt Nägel und Pfeile mit Sternchen und Strichen, ***** und -----, die er in einer Apposition Obelisken und Asterisken nennt.

In einem Textkörper des 18. Jahrhunderts, wie ihn die Erstausgabe von *Aesthetica in nuce* präsentiert, leiten uns Asterisken oder Sternchen zu den Fußnoten, die unten auf der Seite mit demselben Zeichen markiert sind.

Wie die aufeinander aufbauenden, zu Pfeilen werdenden Sätze scheinen uns die Asterisken von *Aesthetica in nuce* in die richtige Richtung zu schicken, zu Erleuchtung und Erklärung führend, indem sie uns zu biblischen und anderen Referenzen bringen, die anscheinend von diesen nahrhaften Anmerkungen zur Verfügung gestellt werden. Wenn die Asterisken auf Fußnoten verweisen, die eine unproblematische Verschiffung von Erklärungen textlicher Undurchsichtigkeiten aus der Ferne versprechen, wie sollen wir jene Figuren lesen, die wie die Nägel eines Zeltes abgesteckt werden? Eine Fußnote, die letzte von *Aesthetica in nuce*, soll die Bedeutung dieser Zeichen näher erklären. Hamann zitiert das Vorwort von Hieronymus zum Pentateuch: »Asteriscus illucescere facit; obeliscus iugulat et confodit« (»Asterikse erhellen; Obeliske ermorden und erstechen«, N II, 217). Hamanns Anmerkung signalisiert eine Warnung, aber seine Leser haben uns dennoch zu einer – es ist keine Überraschung – weniger bedrohlichen Erklärung geführt, die im Lehrbuch *Der Prediger Salomo* XII, 11 unter den einladenden Schutz der Heiligen Schrift fällt: »Diese Worte der Weisen sind Spiesse und Nägel« (*Der Prediger Salomo* XII, 11).[41] Diese Passage der »Apostille« feiert, wie die Gelehrten sie verstehen, die Weisheit der Gelehrten. Demgemäß sind sie als Schildwache auf ihrem Posten gegen tödliche Gefahren. Kein Wunder, daß diese Leser nicht bemerken können, was hier wirklich auf dem Spiel steht, daß sie sich entschieden haben, den zwingenderen Hinweis zu verschlafen; denn die Passage fordert uns dazu auf, zum *Buch der Richter* zurückzugehen, dieses Mal zu *Richter* IV.

18 Jael aber gieng heraus, Sissera entgegen, und sprach zu ihm: Weiche, mein Herr, weiche zu mir und fürchte dich nicht! Und er wich zu ihr ein in ihre Hütte; und sie deckte ihn zu mit einem Mantel.

19 Er aber sprach zu ihr: Lieber, gieb mir doch ein wenig Wassers zu trinken, denn mich dürstet. Da thät sie auf einen Milchtopf, und gab ihm zu trinken und deckete ihn zu.

20 Und er sprach zu ihr: tritt in der Hütte Thür, und wenn jemand kommt, und fraget, ob jemand hie sey, so sprich: Niemand.

---

41 Jørgensen schlägt beide vor, *Der Prediger Salomo* XII, 11 und *Jesaja* LIV, 2. (»Mache den Raum deines Zeltes weit und breite aus die Decken deiner Wohnstatt; spare nicht! Spann deine Seile lang und stecke deine Pflöcke fest!«) Dickson verweist auf Jesaja, aber gibt uns die Stelle von *Der Prediger Salomo* als: »The sayings of the wise are like pegs of a tent.«

21 Da nahm Jael, das Weib Heber, *einen Nagel* von der Hütte und einen Hammer, in ihre Hand und gieng leise zu ihm hinein und schlug ihm den Nagel durch seinen Schlaf, daß er zur Erde sank. Er aber war entschlummert, ward ohnmächtig und starb.
(*Richter* IV, Hervorhebung von Vf.)

Und doch ist dies nicht die vollständige Erklärung. Anstatt seine typologische Nahrung einzig und allein von dem entfernten Text *Richter* »weit her [zu holen]« (N II, 217) und zurückzubringen, ist es eher in Hamanns eigener Domäne, daß »ein Nagel des Gezelts« (N I, 81) am durchschlagendsten zu finden ist.

Bevor wir durch den Köder der Zelthaken oder Nägel in dieses Feld hineingelockt werden, sollten wir zu dem Gleichnis der Pfeile zurückkehren. Wenn die Asterisken die Pfeile sind, sind sie zugleich, wieviel sie auch erhellen mögen, nichtsdestoweniger mit einer Szene des Blutbads verbunden, mit dem Schlachtfeld. Sie führen uns zurück zu der Schlacht, die den Essay heimgesucht hat, zu dem Ringen in *Richter* IV und V, das nur einen einzigen Sieger zwischen Gut und Böse kennt. Die Erstausgabe von *Aesthetica in nuce* macht dies noch deutlicher. Dort treffen wir anstelle von Pfeilen auf Spieße; und Deboras Gesang zufolge wurden weder Spieß noch Schild unter jenen in Israel gesehen, so arm waren die Leute. Spieße können in *Deborae und Baraks Lob- und Siegslied* deshalb nur die Waffen der Hazoriter sein. Spieße oder Pfeile zusammenzuzählen ist dann wie die klare Berechnung jenes Gefechtes, in dem »alles Heer Sisseras [...] vor der Schärfe des Schwerdts [fiel], daß nicht einer über blieb« (*Richter* IV, 16).

Doch ist es in dieser Schlußpassage von *Aesthetica in nuce* nicht das »Schlachtfeld« allein, das uns zurückverweist auf *Richter* IV, 16. Ausgehend davon, was der Erzähler der Apostille, der erste Leser der Rhapsodie in kabbalistischer Prosa, über Zeltnägel zu sagen hat, kann man nicht anders als eine Stimme hören, die uns zuruft: »Weiche [...] weiche« (*Richter* IV, 18). Und wenn wir abweichen, uns zur Seite wenden, uns sozusagen seitwärts bewegen anstatt geradeaus, im Gegensatz zum schlichten, in eine Richtung verlaufenden Kampf, obwohl mit unentwirrbaren Verbindungen zu ihm, gibt es eine andere Szene, nicht vom Zusammenzählen und Erleuchten – sondern diesmal vom »Ermorden und Erstechen«.[42] Auf der einen Seite sind die Pfeile, die man zusammenzählt, ein Beweis des sicheren Sieges, des Erschlagens aller Feinde

---

42 »Asteriscus illucescere facit; obeliscus iugulat et confodit« (»Asteriske erhellen; Obeliske ermorden und erstechen«, N II, 217).

durch jenen Helden unter den Israeli mit Namen Barak, Beweis ebenso eines sich klar abzeichnenden Pfades zu den Quellen und zu einer Erklärung, auch die Garantie von Gewinnen, sowohl militärischen als auch textuellen. Doch auf der anderen Seite gibt es eine andere Szene. Nicht alle Feinde sind von Barak erschlagen worden. Er hat denjenigen verfehlt, der wirklich zählt. Sissera wurde zum Zelt von Jael gerufen, er ist dazu verleitet worden, sich beiseite zu wenden, abzuweichen, einzukehren. Seite an Seite mit den auf etwas gerichteten Pfeilen sind es die mit einem Kompaß abgezirkelten Figuren, die Zeltnägel, die weder wirklich umzäumen, einschließen und zusammenfassen noch alles *in nuce* präsentieren. Figuren werden abgemessen und Punkte eingebracht in einer Art und Weise, die man am wenigsten erwartet.

Kein Wunder, daß die Gelehrten sich die Ohren zuhalten in dem Wunsch, die Anspielung nicht zu hören. Denn die Geschichte der Figuration, die Hamann erzählt, ist kaum eine des Triumphs für den Leser. Und dennoch, von Anfang an ist der Leser unser Interesse gewesen. Was bedeutet es, Hamann zu verstehen oder daran zu scheitern, so haben wir gefragt, vorausgesetzt, es ist in der Tat Hamann, der spricht? Ist *Aesthetica in nuce* ein typologischer Text, oder sind wir dazu angehalten, ihn eher wie eine kabbalistische Rhapsodie zu lesen, zusammengenäht wie ein Cento, in dem die Quelle des Textes fast irrelevant ist für seine Bedeutung? Ist *Aesthetica in nuce* ein Kreuzzug, geführt, um Sinn aus der Ferne zurückzubringen, oder markiert der Text den springenden Punkt einer figuralen und nomadischen Sprache? Wie sind all diese Fragen des Lesens in Hamanns Erzählung einer göttlichen Schöpfung impliziert, in welcher wir eine Welt bewohnen, die aus nichts als Bildern besteht, welche am Anfang von Gott hervorgebracht werden und deren Übersetzung dem menschlichen Leser überlassen oder vermacht ist. Warum ist all dies unaufhörlich und unvermeidlich an die Begriffe von Urteil und maßgebender moralischer Positionierung gebunden? Wie rahmt das *Buch der Richter Aesthetica in nuce* von seinem Eingangsmotto bis zu seiner abschließenden Apostille ein?

Wenn man diesen letzten Zeilen genau zuhört, spricht der Rhapsodist, der Interpret der Interpreten. Hamann liest. Aber er liest nicht einfach das *Buch der Richter*, noch vollzieht er sein Lesen einfach als ein Urteilen. Er liest sich selbst, wie er *Deborae und Baraks Lob- und Siegslied* liest.

1758, nur drei Jahre bevor *Aesthetica in nuce* entworfen wurde, mitten in seiner religiösen Konversion, geht Hamann, wie er selbst erzählt, ein zweites Mal die Bibel durch.[43] Und während er wiederliest, schreibt er

---

43 »Ich habe heute mit Gott den Anfang gemacht zum zweytenmal die heilige Schrift zu lesen« (N I, 7, erster Satz aus *Biblische Betrachtungen*).

seine *Biblischen Betrachtungen*. Darin ist *Deborae und Baraks Lob- und Siegslied* der Gegenstand einer langen, jedoch kaum geradlinigen Betrachtung. Dreimal, so erinnern wir uns, hat Hamann die biblische Passage zitiert, zweimal mit expliziten Fußnoten, die uns zu Kapitel und Vers führen (N II, 195, 197), einmal mit so ausführlichen und ausdrücklichen Details, daß es für jeden Leser unmöglich ist, diese Referenz zu verfehlen (N II, 201). In der »Apostille« ist es nur ein knapper Satz, »die Nägel zu einem Gezelt«, der uns unmißverständlich zum Buch *Richter* zurückbringt, nicht mehr zu der Prosopopöie von Sisseras Mutter, sondern zu Jaels Triumph, und uns damit zugleich zurückbringt zu Hamann, wie er dieselben Verse der Heiligen Schrift wiederliest.

> So wie wir in Jesu Leiden am besten die Abscheulichkeit der Sünde erkennen; so sehen wir zugleich in den Vorbildern unsers Siegers Bilder der Tyranney der Schlange, die er überwunden. Was für fürchterliche Feinde [...], die zum Morden scheinen geboren zu seyn, die als Abgesandte Gottes kommen [...] – Was für ein grausames Weib, das unter der Gestalt einer gastfreyen, friedfertigen, gefälligen Frau uns entgegen gelaufen kommt, ihre Hütte anbietet, uns zudeckt, an statt Wasser uns Milch zu trinken [giebt] und uns wieder zudeckt, der wir thöricht genug sind unsere Furcht anzuvertrauen und sie zur Schildwache unserer Gefahr zu machen, unterdessen sie keine andere Absicht gehabt mit ihrer Freundlichkeit, Pflege und Wartung, als uns in dem Schlaf der Sicherheit zu sehen, um *unser Haupt* durch einen eisernen Nagel nicht nur zu durchboren, sondern auf ihrem *Grund und Boden* fest *zu schlagen*! So siegte Gott über den Satan durch seine eigenen Werkzeuge, durch die List, die er ihnen gelehrt hatte, durch die Falschheit, die sie in seiner Schule gelernt hatten, durch die Grausamkeiten, wozu er sie abgehärtet hatte! Gott sey Dank, der uns den Sieg, diesen herrlichen Sieg gegeben hat durch unsern Herrn Jesum Christum!
>
> *Ein Nagel des Gezelts*,[44] – – ein Gift, ein Kunstgriff der Höllen – – mit einem Hammer in der Hand [...] ja einen Hammer für uns – – er schleicht – er trift den Ort, den er am gefährlichsten kennt – er macht ihn fest auf dem Grunde, unterdessen wir schlafen, unterdessen wir müde sind von dem Fluch, den er uns geholfen hat auf uns zu laden, und dessen Sieg er nicht verhindern kann, so sehr er auch die Früchte desselben zu vereiteln sucht. (N I, 80-81, Hervorhebung durch Vf.)

---

44 In *Aesthetica in nuce* lesen wir »die Nägel zu einem Gezelt« (N II, 217).

Wie in der Apostille geht es auch in dieser Betrachtung um eine Frage der unbequem abgesteckten Figuration. Was ist die Beziehung, so fragt Hamann, zwischen Jesus und seinen Vorbildern? In den Vorbildern von Jesus, in jenen, die ihm im Alten Testament vorangingen, sehen wir, anders als anzunehmen, Bilder der Tyrannei der Schlange eher als Figuren des Leidens, die Christus ähneln würden. Verständlicherweise ist Hamann von der grausamen Gewalt Jaels als einer Abgesandten Gottes überwältigt. Aber was in dem Tumult dieser Interpretation der Heiligen Schrift tatsächlich stattfindet, ist dies, daß die Abgesandten Gottes und Satan, die Schildwachen gegen das Böse und jene, die es begehen, sogar Gott selbst und Satan völlig austauschbar und ununterscheidbar sind. Im wilden Gerangel dieser Prosa, noch dazu als Leser, identifiziert sich Hamann wiederum nicht mit Jael, »gesegnet [...] unter den Weibern«, (*Richter* V, 24) sondern mit jenem erschöpften, schlafenden Feind Israels, der gründlich und grotesk am Boden festgenagelt ist.[45]

Gefangen in den »Turbatversen« von *Richter*, weiß Hamann nicht länger, wer der Feind ist und wer der Verteidiger der jüdisch-christlichen Tradition. Die gesamte Kraft der nicht festzulegenden Prosopopöie kehrt hier wieder, in einer Passage, in der Hamann die Stimme von Israels Feind Sissera annimmt, selbst als er den heiligen Text feiert, der ihn dazu bringt, den Gegenstand seiner Interpretation auf den Kopf zu stellen.

In dieser *Rhapsodie in kabbalistischer Prose*, *Aesthetica in nuce*, in diesem aus Stoffen unterschiedlicher Farben[46] zusammengenähten rhapsodistischen Text kommen Brocken verschiedener Autoren und Fetzen von *Deborae und Baraks Lob- und Siegslied* zurück, um uns heimzusuchen wie Hamlet vom Geist seines Vaters.[47] Aber die Verankerung von Hamanns

---

45 Hamann erkennt in seinen »Gedanken über meinen Lebenslauf« seine Akte der Identifikation, wenn er die Bibel liest und wieder liest, aber schreibt von einer Identifikation mit Israel, nicht mit seinen Feinden: »Ich erkannte meine eigenen Verbrechen in der Geschichte des jüdischen Volks, ich las meinen eignen Lebenslauf, und dankte Gott für seine Langmuth mit diesem seinem Volk, weil nichts als ein solches Beyspiel mich zu einer gleichen Hoffnung berechtigen konnte« (N II, 40). (Siehe O'Flaherty, *Hamann's Socratic Memorabilia*, 52.)
46 Wie kann es ein Zufall sein, daß die Formulierung aus Deborahs Triumphlied, jene aus dem Motto, die von Lowth als »A spoil of needlework of divers colours« übersetzt wurde, in der Definition des Centos, wie sie das OED anbietet, erscheint: »1610 HEALEY St. Aug. City of God (1620) Centones are pieces of cloath of diverse colours [...]«.
47 Und starben nicht beide, Hamlets Vater und Sissera, einen ähnlichen Tod, von der Seite des Kopfes im Schlaf angegriffen?

Prosa in den Versen des Alten Testaments bringt keine typologische Schließung mit sich, keine messianische Prophezeiung oder Erfüllung von Frage und Antwort, von Text und Erläuterung. Keine Ausbeute wird uns zugeführt, kein einfacher Sieg in ihren Kämpfen mit den Aufklärern, nicht einmal eine eindeutige Personifizierung, die uns wissen ließe, wer in dem Essay zu uns spricht. Wiederholt fällt *Aesthetica in nuce* Urteile im Namen des Christentums, aber der Text praktiziert auch einen anderen Modus der Kritik, der die Bruchstücke, auf die die Etymologie von ›Urteil‹ verweist, herausstellt. Hamann selbst, in der langen Passage, die wir gerade gelesen haben, ist den *disiecti membra poetae* nicht unähnlich, von denen wir zuvor gesprochen haben, zerrissen zwischen den Positionen, die eine strenge und genaue Lektüre selbst des heiligsten aller Texte uns aufzubürden nicht umhinkann. In den *Biblischen Betrachtungen* mit der Aufgabe konfrontiert, die von Gott verfaßten Gleichnisse zu lesen, sinkt Hamann erschöpft in ein Pathos von Sieg und Niederlage zurück. In *Aesthetica in nuce* entwirft er die Aufgabe der Interpretation auf eine deutlich andere Weise und eröffnet eine Religion, die befreit. *Aesthetica in nuce* setzt somit keine bestimmte Lektürepraxis oder machthungrige Gewißheit des Urteils voraus, noch sehnt es sich nostalgisch danach. Hamann greift die Position einer gewissen Erleuchtung an, den Asterisken in seinen Fußnoten nicht unähnlich, gleichgültig wie heilig ihr offenkundiger Inhalt. Er unternimmt dies im Namen eines radikalen Christentums, welches ebenso häufig auf ein letztes Urteil hinzuweisen scheint, wie es den Leser in unabschließbare Figuren hineinzieht.

Die Ethik von *Aesthetica in nuce* ist zusammengefaßt in dem unberechenbaren Nachspiel der »Apostille«; was nicht nur besagt, daß sie in den eigentümlichen Worten dieser letzten Seite beispielhaft dargelegt ist. Hamanns Ethik ist ein Aufruf zum unaufhörlichen Vollzug einer »Postille«, eines Kommentars also, wie das Wörterbuch uns berichtet, zu Texten der Heiligen Schrift oder jeder anderen Schrift. Der ethische Akt ist einer des Kommentars, der Rhapsodie, nicht nur der Interpretation, sondern einer Lektüre der eigenen Lektüre. Eines Lesens mit den rhapsodistischen Risiken, die Hamann in den *Biblischen Betrachtungen* auf sich nimmt, fürchterlichen Risiken für seine vorgefaßten Begriffe von guten und bösen Texten, von richtig und falsch. Unvermeidlich führt eine solche Ethik zu keiner einfachen Herrschaft, zu keinem gesicherten Verständnis der eigenen Autorität als Schriftsteller oder Leser, zu keinen Gewinnen oder, wie Hamann schreibt, zu keinen »angenehmen Worten […] treulich angeführt« (N II, 17) als Nahrung, die aus der Ferne gebracht wird. Vor dem Hintergrund einer solchen Lektüre taucht kein messianischer Horizont der Erlösung oder des maßgebenden Urteils auf. Doch bereits auf der ersten Seite von *Aesthetica in nuce* lesen wir, daß es Bilder sind, aus denen »der ganze Schatz menschlicher Erkenntnis and Glückseligkeit [besteht]« (N II, 197). Es ist ein Schatz, dessen »Hauptsumme« nicht berechnet werden kann.[48]

Aus dem Amerikanischen von Peter Rehberg

Literatur

Biblia. Die ganze heil. Schrift. Alten u. Neuen Testaments. Verdeutscht durch D. Martin Luther, Regensburg 1754-1756.

The New Oxford Annotated Bible with the Apocrypha. Revised Standard Version, hg. v. Herbert G. May/Bruce M. Metzger, New York 1977.

Blackall, Eric, »The Mystical Approach«, in: ders., *The Emergence of German as a Literary Language 1700-1775,* Ithaca 1978.

Blanke, Fritz/Karlfried Gründer, *Johann Georg Hamanns Hauptschriften Erklärt,* Gütersloh 1962f.

Judges, Introduction, hg. u. übers. v. Robert G. Boling, Garden City 1975.

Dickson, Gwen Griffth, *Johann Georg Hamann's Relational Metacriticism,* Berlin, New York 1995.

Gildemeister, C. H., *Johann Georg Hammann's des Magus im Norden, Leben und Schriften,* Gotha 1868.

Goethe, Johann Wolfgang von, *Aus meinem Leben, Dichtung und Wahrheit,* hg. v. Klaus-Detlef Müller, Frankfurt 1986 [= *Sämtliche Werke. Briefe, Tagebücher und Gespräche* (›Frankfurter Ausgabe‹), 40 Bde., hg. v. Friedmar Apel/Hendrik Birus u. a., Frankfurt a. M. 1986-1999, hier I. Abteilung, Bd. 14, 9 992].

Gray, John, *Joshua, Judges, Ruth, New Century Bible Commentary,* Grand Rapids 1986.

Gründer, Karlfried, *Figur und Geschichte: Johann Georg Hamanns »Biblische Betrachtungen« als Ansatz einer Geschichtsphilosophie,* Freiburg, München 1958.

Hamann, Johann Georg, *Briefwechsel,* hg. v. Walther Ziesemer/Arthur Henkel, Wiesbaden 1955-59. [Sigle ZH]

— *Sämtliche Werke,* Wuppert R. Brockhaus, im Nachdruck der von Josef Nadler besorgten historisch-kritischen Ausgabe, Tübingen 1999. [Sigle N]

---

48 Mit größtem Dank an Werner Hamacher für seine Lektüre.

- *Sokratische Denkwürdigkeiten, Aesthetica in nuce,* hg. v. Sven-Aage Jørgensen, Stuttgart 1968.

Hoffmann, Volker, *Johann Georg Hamanns Philologie. Hamanns Philologie zwischen enzyklopädischer Mikrologie und Hermeneutik,* Stuttgart 1972.

Kohlschmidt, Werner, *Geschichte der deutschen Literatur vom Barock bis zur Klassik,* Bd. 2, Stuttgart 1965.

Küsters, Marie-Theres, *Inhaltsanalyse von J. G. Hamanns »Aesthetica in Nuce, eine Rhapsodie in kabbalistischer Prose«,* Boltrop 1936.

Lowth, Robert, *Lectures on the Sacred Poetry of the Hebrews,* Bd. 1, London 1816.

Lumpp, Hans-Martin, *Philologia crucis. Zu Johann Georg Hamanns Auffassung von der Dichtkunst. Mit einem Kommentar zur ›Aesthetica in nuce‹,* Tübingen 1970 (= Studien zur deutschen Literatur Bd. 21).

Moore, George Foot, *A Critical and Exegetical Commentary on Judges, The International Critical Commentary,* New York 1900.

O'Flaherty, James, *Hamann's Socratic Memorabilia. A Translation and a Commentary,* Baltimore 1967.

Unger, Rudolf, *Hamann und die Aufklärung,* Jena 1911.

CARINA DE JONGE

Geschichte als Wiederholung –
Darstellungen der Judenverfolgung in Hermann Kestens historischem Roman *Ferdinand und Isabella* (1936)

Bei Veranstaltungen zum Gedenken an die unter dem Nationalsozialismus begangenen Verbrechen ist oft die Mahnung »Nie wieder« zu hören. Diese Mahnung impliziert, daß der Völkermord an den europäischen Juden nicht singulär bleiben muß, sondern sich wiederholen könnte. Ob ein Ereignis als Wiederholung eines anderen angesehen wird, ist eine Frage der historischen Konstruktion bzw. Interpretation. Die Rekonstruktion eines Ereignisses nach dem Muster eines früheren Ereignisses kann als Hilfsmittel dienen, die Gegenwart zu verstehen und adäquat auf sie zu reagieren. So wurden von Befürwortern einer Intervention Anfang der neunziger Jahre Parallelen zwischen den serbischen Konzentrationslagern und den nationalsozialistischen Vernichtungslagern gezogen, um ein militärisches Eingreifen im ehemaligen Jugoslawien zu legitimieren. Für andere stellte diese Argumentation eine unzulässige Instrumentalisierung des Holocausts dar.

Das Extremereignis des Holocausts dient heute als Vergleich für andere Verbrechen gegen die Menschheit. Es ist aber auch selbst nicht von seiner Vorgeschichte zu isolieren. In *Writing and Rewriting the Holocaust* hat James E. Young gezeigt, daß der Holocaust trotz der einzigartigen Dimension und Systematik des Mordens nur in Begriffen des Vorangegangenen sprachlich erfaßt werden kann. Die Benennung des Ereignisses in Kategorien des Vergangenen sei ein hilfreiches Mittel zur Erkenntnis des Geschehenen und zur Vermeidung von Mystifikationen. Aber in den dreißiger Jahren, so Young, hat die – zum Teil von den Nazis bewußt inszenierte – Analogie zu jahrhundertealten judenfeindlichen Traditionen in Europa möglicherweise die Sicht der Juden auf den Ernst ihrer Lage getrübt. Indem die Nazis suggerierten, ihre judenfeindlichen Aktionen würden den Rahmen des üblichen Antisemitismus nicht übersteigen, hätten sie ihre Opfer beschwichtigt und von Widerstand oder Flucht abgehalten.[1] Was die Mehrheit der jüdischen Opfer des Nationalsozialis-

---

1 James E. Young, *Writing and Rewriting the Holocaust. Narrative and the Consequences of Interpretation*, Bloomington 1990, 94.

mus betrifft, leuchtet Youngs Darstellung ein. Sie vernachlässigt jedoch die Gruppe der Juden, die rechtzeitig emigriert sind. Deren Zeugnisse – sowohl Briefe als auch literarische Dokumente – zeigen, daß zumindest einige der Emigranten sich über ihre gefährdete Position im Dritten Reich keine Illusionen machten.

Einer von diesen Emigranten ist der deutsch-jüdische Schriftsteller Hermann Kesten (1900-1996). Daß Kesten von Anfang an die Bedrohung erkannte, die das Naziregime für die Juden darstellte, zeigt sich unter anderem in einem Brief an Robert Neumann vom August 1933: »Nach Deutschland zu reisen, halte ich für jeden Juden heute nicht für ungefährlich, man will uns ausrotten [...].«[2]

In der ersten Hälfte seines Exils verfaßt Hermann Kesten, wie viele andere Exilschriftsteller auch, historische Romane.[3] Sein erster historischer Roman, *Ferdinand und Isabella*, entstand kurz nach seiner Emigrierung. Er spielt im Spanien des 15. Jahrhunderts und erzählt von der Verfolgung der Juden im Rahmen der Inquisition. Die Darstellung der Geschichte ist dabei maßgeblich von der Gegenwart des Exils geprägt. Hierbei nutzt Kesten die spezifischen Möglichkeiten, die den historischen Roman im Unterschied zur Historiographie kennzeichnen, um die Position zu markieren, von der aus erzählt wird.

Viele der bisherigen Studien zu der im Exil der dreißiger und vierziger Jahre weit verbreiteten Gattung des historischen Romans bezogen sich normativ auf Georg Lukács' Monographie *Der historische Roman*.[4] In der Schilderung von historischen Figuren und Ereignissen sollte der historische Roman demnach allgemeine gesellschaftliche Konflikte der Gegenwart zur Darstellung bringen. Die Germanistik der sechziger und siebziger Jahre suchte in der Exilliteratur ein literarisches Erbe jenseits des Nationalsozialismus. Vom historischen Roman verlangte sie aus diesem Grund, daß dieser ein Geschichtsbild entwerfe, das seine Entstehungszeit sowie die geschilderte historische Periode als Stufen in einem Emanzipationsprozeß miteinander vermittle.[5] Hermann Kestens historische Ro-

---

2 Andreas Winkler, *Hermann Kesten im Exil (1933-1940). Sein politisches und künstlerisches Selbstverständnis und seine Tätigkeit als Lektor in der deutschen Abteilung des Allert de Lange Verlages*, Hamburg 1977, 16.
3 Hermann Kesten, *Ferdinand und Isabella*, Amsterdam 1936; künftig zit. mit der Sigle FuI; *König Philipp der Zweite*, Amsterdam, 1938.
4 Georg Lukács, *Der historische Roman* [1937], Berlin, 1955.
5 Vgl. Fritz Hackert, »Die Forschungsdebatte zum Geschichtsroman im Exil. Ein Literaturbericht«, in: *Exilforschung. Ein internationales Jahrbuch* 1 (1983), 367-388.

mane wurden im Rahmen dieser Forschung, wenn überhaupt, dann nur negativ besprochen, da die darin gestalteten historischen Personen und Ereignisse zu sehr auf »anthropologische Grundkonstanten« hin abstrahiert würden.[6] Diese Kritik übergeht nicht nur die frappierenden Parallelen zwischen Kestens Darstellung der Judenvertreibung im Spanien des 15. Jahrhunderts und der Vernichtung der europäischen Juden im 20. Jahrhundert. Sie übersieht auch, in welchem Maße Kesten den historischen Roman als Bühne für die literarische Inszenierung der realen Exilposition nutzt. In dem Aufsatz »Exil in der Literatur« hat Elisabeth Bronfen vorgeschlagen, Exil in einer Position »zwischen Metapher und Realität« zu begreifen.[7] Der Begriff des Exils bezeichnet demnach nicht nur den Zustand des einzelnen Exilanten, sondern gewinnt, indem er sich auf eine bis ins Alttestamentarische zurückreichende Tradition des Exils bezieht, geradezu mythische Qualitäten.[8] Bronfen definiert das »Exil in der Literatur« somit als eine Beschreibung realer Lebensbedingungen des Autors einerseits und als Einreihung in gängige Beschreibungstraditionen andererseits.[9] Helmut Koopmann schließt sich implizit dieser Definition an, wenn er den historischen Roman als Versuch versteht, die eigene Lage historisch einzuordnen.[10] Laut Koopmann werde Geschichte im historischen Exilroman von ihrem spezifischen Kontext gelöst und so einerseits zum Gleichnis für die Gegenwart gemacht, andererseits rückwärts gewandt in den Bereich des Mythischen verlegt. Die Wahl von Stoffen aus der europäischen Geschichte sei so nicht nur Mittel

---

6 Renate Werner, »Transparente Kommentare. Überlegungen zu historischen Romanen deutscher Exilautoren«, in: *Exilliteratur 1933-1945*, hg. v. Wulf Koepke und Michael Winkler, Darmstadt 1989, 355-394, hier: 366. Siehe außerdem Klaus Schröter, »Der historische Roman. Zur Kritik seiner spätbürgerlichen Erscheinung«, in: *Exil und innere Emigration*, hg. v. Reinhold Grimm und Jost Hermand, Frankfurt a. M. 1975.
7 Elisabeth Bronfen, »Exil in der Literatur. Zwischen Metapher und Realität«, in: *Arcadia* 28 (1993), 167-183.
8 Ich benutze das Wort ›mythisch‹ hier und im Folgenden als Abgrenzung zum Begriff des ›Historischen‹, als Erzählung über Allgemein-Menschliches.
9 Bronfen, »Exil in der Literatur«, 173.
10 Helmut Koopmann, »Geschichte, Mythos, Gleichnis. Die Antwort des Exils«, in: *Ästhetik der Geschichte*, hg. v. Johann Holzner/Wolfgang Wiesmüller, Innsbruck 1995. Koopmanns Behauptung, Geschichte erscheine bei den meisten Exilanten nicht als Wiederkehr des Gleichen, sondern als Überwindungsgeschichte, läßt sich allerdings nicht mit dem Geschichtsbild in Kestens Romanen vereinen. Erscheinen hier doch die Diktatur und die Gewalt gegen Juden als zeitlose, immer wieder vorkommende Begebenheiten.

der Exilschriftsteller, sich selbst historisch zu beheimaten, nachdem sie aus Deutschland vertrieben wurden. Sie stelle gleichzeitig einen Versuch dar, einen Sinn in der Geschichte zu entdecken und so das eigene Schicksal in diese größere Ordnung einzureihen. Eine solche Konzeption der Exilliteratur wird der Reichweite der Thematik und Darstellungsmöglichkeiten der Exilliteratur eher gerecht als eine Theorie, die bemüht ist, sie in das Schema einer bestimmten Teleologie zu pressen.

Das Geschichtsbild, das Hermann Kesten in seinem historischen Roman *Ferdinand und Isabella* entwirft, weist keine geradlinige Entwicklung, sondern vielmehr eine Wiederholungsstruktur auf. Gerade in der Darstellung früher judenfeindlicher Exzesse, die im Rahmen der Gesamthandlung isoliert dastehen, wird die Verbindung zur Gegenwart der Nazizeit besonders deutlich. Dieser Gegenwartsbezug wird hier als Wiederholung bezeichnet, weil der historische Hintergrund mehr ist als nur eine Kulisse für aktuelle politische Probleme. Zu oft wird in dem Roman die Geschichte selbst explizit thematisiert, als daß der historische Stoff nur als Verschlüsselung für die zeitgenössische Situation verstanden werden könnte.[11]

Die Verfolgung der Juden wird in *Ferdinand und Isabella* kausal und zeitlich getrennt von dem roten Faden der Handlung erzählt. Erzählt wird der gewaltsame Aufstieg des Königspaares Ferdinand von Aragon und Isabella von Kastilien. Im Fortsetzungsroman *Philipp der Zweite* erscheint der Titelheld dann als Erbe, der nichts mehr erobert, sondern sein bestehendes Reich zu festigen sucht. Als Mittel dazu dient ihm nicht der Krieg, sondern die Schrift: Philipp regiert bevorzugt durch Dekrete und gewinnt Macht über Menschen, indem er Dokumente über sie sammelt.

In *Ferdinand und Isabella* finden sich drei Abschnitte, die ausführlicher auf das Schicksal der spanischen Juden eingehen. Die Romanhandlung ist in dreizehn Bücher aufgeteilt, die ihrerseits in Kapitel gegliedert sind. Das neunte Buch über die Inquisition und das elfte Buch über die Vertreibung der spanischen Juden sowie das Kapitel »Die edle Stadt Toledo« aus dem vierten Buch über den kastilischen Erbfolgekrieg sind der Judenverfolgung gewidmet. Die Textpassagen zum Schicksal der Juden in Spanien sind wie gesagt nur locker mit der Haupthandlung, dem Kampf um die Macht in Spanien, verbunden. Diese Konstruktion be-

---

[11] Es wäre außerdem unlogisch, anzunehmen, daß ein nach eigenen Angaben um der Meinungsfreiheit willen exilierter Schriftsteller wie Hermann Kesten sich einer verschlüsselten Schreibweise bedienen würde, um den deutschen Zustand zu kommentieren.

GESCHICHTE ALS WIEDERHOLUNG

wirkt, daß die Beschreibungen der Judenverfolgung ihre historische Eigenheit verlieren. Sie rücken dadurch einerseits in die Nähe des 20. Jahrhunderts, gleichzeitig aber in eine fast mythische Ferne.

Im Kapitel »Die edle Stadt Toledo« wird ein Pogrom beschrieben, das zeitlich mit dem Streit zwischen Heinrich von Kastilien und dessen Halbbruder Alfons zusammenfällt. Der Anlaß für das Massaker im jüdischen Ghetto von Toledo ist aber ein anderer: Die Juden müssen dafür büßen, daß sie die sogenannte Brotsteuer eintreiben. Diese verhaßte Maßnahme ist zwar von katholischen Geistlichen verhängt worden, wird aber von Juden ausgeführt, damit die Geistlichen nicht die Wut der Bevölkerung zu spüren bekommen müssen. Weder das Pogrom noch dessen Ausgang stehen in einem Kausalzusammenhang mit dem Kampf zwischen den beiden kastilischen Thronanwärtern.[12]

Die Darstellung des Pogroms enthält viele Elemente, die auch in antisemitischen Reden und Akten des 20. Jahrhunderts wiederzufinden sind. So bemüht sich ein Hofprediger, dem die Volkswut gelegen kommt, diese Wut in einer Ansprache mit fast schon klassischen antisemitischen Klischees weiter zu schüren:

> Er [Der Hofprediger, CJ] schilderte das Blut, das Jesus vergoß, die blutigen Tränen, den Spott der Juden, ihre Frechheit.
> »Und was sind sie, daß sie spotten? Steuereintreiber! Wechsler! Bluthunde möchte ich sie heißen, aber ich fürchte, den Hunden unrecht zu tun! Und du, Volk von Toledo! Sparsam, fleißig, fromm, bescheiden und groß! Wer sitzt dir wie die Laus im Pelz? Wer verteuert das Brot dir im Maul?« »Die Juden!« schrie eine Stimme aus dem Volk. Schon schrieen Hunderte: »Die Juden!« (FuI, 233)

Die Rede des Hofpredigers enthält genau die drei durch die Jahrhunderte hindurch konstanten Elemente antijüdischer Propaganda, die Raul Hilberg im Einleitungskapitel zu seinem Buch über den Massenmord an den europäischen Juden unterscheidet: Die Darstellung der Juden als Verbrecher (in diesem Fall als Mörder Christi), als Feinde des unschuldigen eigenen Volkes (»Wer verteuert das Brot dir im Maul?«) und die Gleichsetzung der Juden mit parasitärem Ungeziefer (»Wer sitzt dir wie die Laus im Pelz?«).[13] Der Ausgang des Pogroms – am Ende werden die Juden ge-

---

12 Allerdings trägt Alfons' Nachsicht den Juden gegenüber zu seiner Ermordung bei.
13 Raul Hilberg, *Die Vernichtung der europäischen Juden*, übers. v. Christian Seeger u.a., Frankfurt a. M. ⁹1999, 21-28. [Original: *The Destruction of the European Jews*, Chicago 1961].

zwungen, für den ihretwegen verursachten Schaden zu zahlen – erinnert den späteren Leser an das Novemberpogrom von 1938.[14]

Im neunten Buch mit dem Titel »Der Großinquisitor Torquemada« hat die Verfolgung der Juden anders als an anderen Stellen eine Motivation in der Haupthandlung: Das Königspaar braucht das jüdische Geld, um den Krieg um Granada zu finanzieren. Die Argumente aber, mit denen sie die Verurteilung wohlhabender Juden zum Scheiterhaufen rechtfertigen, beruhen vollends auf irrationalen Ressentiments. Diese Ressentiments werden nicht ohne Sarkasmus wiedergegeben.

»Sie [die Juden] bereiten ihre Fleischspeisen oder andere Gerichte mit Öl statt mit Speck! Duldest du das, o Herre Gott, daß man dich so verspottet?« brüllte der Inquisitor. Und die Gemeinde zitterte vor Empörung. Sie kochen mit Öl, dachten die frommen Katholiken, und verschmähen den Speck! Das sind nicht mehr Menschen, das ist Vieh, dachte die fromme Gemeinde. (FuI, 587)

Nach dem Sieg in Granada wird die Verfolgung der Juden fast völlig von der Haupthandlung getrennt. Vorher war sie noch durch diese motiviert, indem die Hauptfiguren durch die Vertreibung oder Ermordung reicher Juden ihren Krieg finanzierten. Jetzt wird ihnen die Verfolgung der Juden zum Selbstzweck.

Das Buch »Die Vertreibung der Juden aus Spanien« folgt dem Buch über »Die Eroberung Granadas« und beschreibt die Vollstreckung der Forderung nach einem Spanien ohne Juden. Dieses Buch ist durch seine eigene Chronologie kausal wie zeitlich am stärksten von dem Rest der Handlung isoliert. Die Abschnitte über die historische Begebenheit der Judenverfolgung unter den ›katholischen Königen‹ gewinnen so einen un- oder überhistorischen Charakter. Hierdurch entsteht eine über den Handlungsrahmen des Romans hinausreichende Wiederholungsstruktur.

Das Buch beginnt mit einem Kapitel, das die Regierungsmaßnahmen seit 1492 – unter diesen auch das Judenedikt – auflistet. Dieses Kapitel trägt den Titel »Die tragische Gans« und hat Züge einer Sage. Die verheerenden Folgen des Regimes der katholischen Könige werden nämlich auf die Gänsefeder zurückgeführt, mit der diese ihre Gesetze geschrieben haben: Die Gans, von der sie stamme, sei verflucht gewesen. Der letzte Abschnitt des Buches beschreibt, wieder als geschlossene Erzählung, die massenhafte Flucht der Juden unter dem Titel »Der Auszug aus Ägyp-

---

14 Ebd., 45.

ten«. Es fängt an und endet mit dem Ausruf »Gott, und Du siehst zu und schweigst?« (FuI, 706) Die isolierte, geraffte, chronikartig beschriebene Darstellung der Judenvertreibung erinnert den heutigen Leser einerseits an die Judenverfolgung zu späteren Zeiten: Wie in den dreißiger Jahren reagiert die Mehrheit der Juden zunächst mit Unglauben auf die Judengesetze; die Reichen versuchen die Könige zu beschwichtigen, indem sie Handel mit ihnen treiben. Da die meisten zu spät fliehen, müssen sie sich ihre Flucht aus Spanien sowie ihre Zulassung zu den Nachbarländern teuer erkaufen.[15] Andererseits verweist die Beschreibung – schon im Titel – auf das Alte Testament zurück, sei es auch in fast parodistischer Form. Während der Auszug aus Ägypten im 2. Buch Mose von göttlichen Wundern und Zeichen begleitet wird, warten die Juden in *Ferdinand und Isabella* vergeblich auf Wunder.[16] Auch der Name der Werkzeugs, mit dem die zurückbleibenden Juden zwangsgetauft werden, »dem Ysop, dem praktischen Fegewisch«, enthält eine ironische Anspielung auf das 2. Buch Mose:[17] Hier erfüllt ein im Blut des Opferlamms getauchtes Büschel der Pflanze Ysop eine wichtige Funktion im Ritual zum Gedenken an die Befreiung der Juden aus der ägyptischen Sklaverei.[18]

Dienen die als zeitlos dargestellten Szenen der Judenverfolgung in *Ferdinand und Isabella* aber wirklich nur zur Untermauerung der Auffassung, daß die Geschichte eine Aneinanderreihung von Grausamkeiten ist und daß sich nichts ändern wird? Und wenn ja, wozu bedarf es eines fast achthundert Seiten zählenden Romans, um diese Behauptung zu unterstützen? Im Kapitel über das Pogrom in Toledo findet sich eine Stelle, an der explizit eine mögliche und im 19. und 20. Jahrhundert gängige Geschichtsauffassung formuliert wird. Diese aber wird implizit, durch den Verlauf der Handlung, wieder verworfen. Nach dem Pogrom im Toledaner Ghetto besichtigen zwei durchreisende Schriftsteller die Trümmerhaufen und diskutieren über den höheren Sinn eines so grausamen Ereignisses. Der jüngere von ihnen betrachtet die Geschichte als eine endlose Aneinanderreihung von Verbrechen. Diese Geschichte ist aus seiner Sicht nicht literaturfähig:

[Der Dichter spricht:] Historisch betrachtet ist dieses Schauspiel an diesem Ort nicht neu, schon 1108 erschlug man in Toledo die Juden,

---

15 Vgl. Hilberg, *Die Vernichtung der europäischen Juden*, 140ff.
16 FuI, 699.
17 FuI, 704, 705.
18 2 Mose 12:22.

der erste Pogrom übrigens in Spanien. Ich denke, dieser wird nicht der letzte sein. Kennt Ihr den Namen des griechischen Philosophen Heraklit, des Dunkeln? Er lehrt: Pantha rei, alles fließt, alles geht vorbei. Poetisch betrachtet aber ist solch ein Ereignis zu grausig, zu wirklich, zu menschlich, als daß es einen wahren Poeten anregen könnte. Stellt euch die kostbare Form des Sonetts gefüllt mit einem Pogrom vor, unmöglich? Also! (FuI, 247)

Geschichte erscheint in der Darstellung des jüngeren Poeten als ein Kontinuum. Sie ist ständig im Fluß, aber diese Bewegung bedeutet keine Veränderung: Der Fluß fließt immer in dieselbe Richtung, es gab Pogrome und es wird immer wieder Pogrome geben. Das Geschichtsbild des Poeten entspricht wohl kaum dem Geschichtsbild, das dem Roman zugrunde liegt, und dasselbe gilt wahrscheinlich für sein Literaturbild. Denn mitten in seiner Abhandlung wird der fremde Dichter von einigen Toledanern, die bei der Plünderung des Ghettos nicht auf ihre Kosten gekommen sind, gelyncht und ausgeraubt. Am Ende bleibt »eine Leiche vom poetischen und vom historischen Standpunkt, aber auch von vielen andern Standpunkten aus«, so der Erzählerkommentar (FuI, 247, 248).

Die Ermordung des Poeten läßt sich lesen als implizite Kritik einer Auffassung der Geschichte als unaufhaltsame, lineare Aneinanderreihung von Ereignissen sowie einer Literatur, die sich über ihre eigene Lage keine Rechenschaft gibt. Der junge Schriftsteller argumentiert, daß manche Ereignisse zu häßlich sind, um einen Platz in der Poesie zu finden. Bei diesen Überlegungen vergißt er aber vollkommen seinen eigenen Standpunkt: auf dem Trümmerhaufen des Ghettos mit dem Atem der Plünderer im Nacken. Er sieht zwar die Geschichte, zieht daraus aber keine Schlußfolgerung für die eigene Situation.

Das Geschichtsbild, das hier kritisiert wird, hat einige Gemeinsamkeiten mit dem Bild des Historismus, das Walter Benjamin in seinen »Geschichtsphilosophischen Thesen« ebenfalls kritisch schildert: Geschichte als lineare, immer in derselben Form erkennbare Abfolge kausal miteinander verbundener Ereignisse. Historismuskritik und das Ersetzen des historistischen Geschichtsbildes durch ein Bild von Geschichte als Konstruktion war in den zwanziger und dreißiger Jahren bei vielen Theoretikern zu finden. Der Vorläufer dieser Bewegung im 19. Jahrhundert war Friedrich Nietzsche, der das geschichtliche Interesse seiner Zeit als lebensfeindlich ansah. In Anlehnung an Friedrich Nietzsche konzentrierten Theoretiker wie Theodor Lessing oder Oswald Spengler in den zwanziger Jahren ihre Kritik auf die temporale Struktur der zeitgenössischen Geschichtsschreibung. Eine neue Form der Historiographie sollte

Kunst und Wissenschaft in der Geschichtsschreibung wieder miteinander vereinigen und so das historische Wissen dem Leben annähern.[19] Die Kritik des Historismus ist auch einer der wesentlichen Impulse von Walter Benjamins Entwurf einer materialistischen Geschichtsschreibung, wie er sie in den Thesen »Über den Begriff der Geschichte« formuliert.[20] In seinem Versuch, die Geschichte als Instrument der Befreiung umzudeuten, schwindet die zeitliche Distanz zwischen Jetztzeit und Vergangenheit:

> Der historische Materialist geht an einen geschichtlichen Gegenstand einzig und allein da heran, wo er ihm als Monade entgegentritt. In dieser Struktur erkennt er das Zeichen einer messianischen Stillstellung des Geschehens, anders gesagt, einer revolutionären Chance im Kampfe für die unterdrückte Vergangenheit. Er nimmt sie wahr, um eine bestimmte Epoche aus dem homogenen Verlauf der Geschichte herauszusprengen; so sprengt er ein bestimmtes Leben aus der Epoche, so ein bestimmtes Werk aus dem Lebenswerk. Der Ertrag seines Verfahrens besteht darin, daß *im* Werk das Lebenswerk, *im* Lebenswerk die Epoche und *in* der Epoche der gesamte Geschichtsverlauf aufbewahrt ist und aufgehoben. Die nahrhafte Frucht des historisch Begriffenen hat die Zeit als den kostbaren, aber des Geschmacks entratenden Samen in ihrem *Innern*.[21]

Die Wiederholungsstruktur, die der Geschichte in Kestens Werk zukommt, ist möglicherweise unter Einfluß Walter Benjamins und anderer Historismuskritiker entstanden. Ein direkter Einfluß Benjamins auf Kestens Königsromane läßt sich nicht nachweisen, zumal Benjamin die Thesen »Über den Begriff der Geschichte« erst 1940, nach dem Erscheinen von Kestens historischen Romanen, verfaßt hat. Aber es bestanden Beziehungen zwischen Benjamin und Kesten. Sie haben sich in den zwanziger Jahren in Berlin persönlich kennengelernt, und Benjamin hat eine Rezension zu Kestens zweitem Roman, *Ein ausschweifender Mensch*,

---

19 Diese Zusammenfassung der Historismuskritik der zwanziger Jahre beruht auf Gregor Streim, »›Krisis des Historismus‹ und geschichtliche Gestalt. Zu einem ästhetischen Konzept der Zwischenkriegszeit«, in: *Literatur und Geschichte. Ein Kompendium zu ihrem Verhältnis von der Aufklärung bis zur Gegenwart*, hg. v. Daniel Fulda/Silvia Serena Tschopp, Berlin, New York 2002.
20 Walter Benjamin, »Über den Begriff der Geschichte«, in: ders., *Gesammelte Schriften* I.2., Frankfurt a. M. 1974, 691-704.
21 Ebd., 703.

geschrieben.²² Man kann zumindest feststellen, daß sich Kesten und Benjamin in demselben Kontext bewegt haben. In seinen Thesen verbindet Benjamin eine materialistische Geschichtsauffassung mit jüdischen Vorstellungen der Geschichte als Erlösungsgeschichte. Er grenzt diese Auffassung von der Tradition des Historismus sowie vom sozialdemokratischen Fortschrittsdenken des 20. Jahrhunderts ab. Der Historismus betrachte die Geschichte als Aneinanderreihung vergangener Begebenheiten, die eine unveränderliche Wahrheit enthalte und den späteren Generationen zu jeder Zeit zur Verfügung stehe. Nach Benjamin aber ist die Vergangenheit ständig von ihrer Vereinnahmung durch die herrschende Klasse bedroht. Das eigentliche Subjekt historischer Erkenntnis, die unterdrückte Klasse, sei damit von derselben Drohung betroffen. Die Aufgabe des historischen Materialismus sei es deshalb, »sich einer Erinnerung [zu] bemächtigen, wie sie im Augenblick einer Gefahr aufblitzt«.²³ Die sozialistische Politik habe den Fehler gemacht, den technisch-industriellen Fortschritt mit dem gesellschaftlichen gleichzusetzen und diesen Fortschritt noch dazu als kontinuierlichen und unaufhaltsamen Prozeß zu definieren. Zugrunde gelegt werde dabei eine Auffassung, nach der Geschichte in »eine[r] homogene[n] und leere[n] Zeit« abläuft.²⁴

Dagegen setzt Benjamin einen Begriff von Geschichte, die »Gegenstand einer Konstruktion [ist] und deren Ort nicht die homogene und leere Zeit, sondern die von ›Jetztzeit‹ erfüllte bildet«.²⁵ Zu einer Revolution gehöre die Sprengung des zeitlichen Kontinuums bis hin zur Einführung eines neuen Kalenders. Ein vergangener Augenblick sollte dem Handelnden als Vorlage dienen. So wurde während der Französischen Revolution das antike Rom aus dem Strom der Geschichte herausgelöst und als Modell für die Jetztzeit eingesetzt. Der materialistische Historiker habe die Aufgabe, die Zeit stillzustellen und in einem Augenblick die gesamte Menschheitsgeschichte wahrzunehmen. Diesem Herauslösen des Vergangenen aus dem zeitlichen Kontinuum wohnt insofern ein Moment der Wiederholung inne, als eine bestimmte Vergangenheit von einer bestimmten Gegenwart – über den Abstand hinweg, der sie in temporaler Hinsicht trennt – zitiert wird. Die Gegenwart, bei den Histori-

22 Walter Benjamin, »Die dritte Freiheit. Zu Hermann Kestens Roman ›Ein ausschweifender Mensch‹«, in: *Die Literarische Welt*, Berlin 7. 6., 1929. Zit. nach ders., *Gesammelte Schriften* III, Frankfurt a. M. 1972, 171-174.
23 Benjamin, »Über den Begriff der Geschichte«, 695.
24 Ebd., 701.
25 Ebd., 701.

sten Endpunkt einer zeitlichen Kette, bei den Sozialisten Punkt auf der unaufhaltsam fortgeführten Linie des Fortschritts, wird bei Benjamin zur ›Jetztzeit‹, die sich in jedem Augenblick als messianische offenbaren kann.

Die von Benjamin kritisierten Geschichtsvorstellungen des Historismus und die sozialistische Vorstellung der Geschichte als Ablauf in einer homogenen und leeren Zeit entsprechen dem Bild der Geschichte als eines Flusses, wie es der Poet in *Ferdinand und Isabella* schildert. Der Lauf des Flusses ist einerseits unaufhaltsam und unwiederbringlich, andererseits zu jeder Zeit nachzuzeichnen. Das Problem des Poeten ist, daß er Geschichte als etwas Externes sieht, auf das er Zugriff hat, auf das er aber aus seiner Position als Dichter heraus nicht reagieren muß. In Wirklichkeit gehört er, in dem Moment, in dem er sich inmitten der Trümmerhaufen Toledos befindet, zu den Unterdrückten und Gefährdeten, und hätte aus seinen an sich richtigen Beobachtungen zum Lauf der Geschichte Schlüsse für die Gegenwart zu ziehen.

Kestens Roman *Ferdinand und Isabella* unternimmt den Versuch, genau jene Konsequenzen aus der eigenen historischen Lage zu ziehen, die der Schriftsteller in Toledo aus ästhetischen Überlegungen heraus vermeidet. Die Abschnitte zur Verfolgung der spanischen Juden sind, wie gezeigt, aus dem Fluß des Romangeschehens herausgelöst und verlieren so ihre Bindung an eine historische Epoche. Sie weisen einerseits auf die Gegenwart des Erzählens voraus, andererseits in die alttestamentarische Judenverfolgung zurück. In dieser Weise irritieren auch sie das Kontinuum der Geschichte.

Auf den ersten Blick erscheint die Geschichte in Kestens Romanen als eine aussichtslose ewige Wiederkehr des Gleichen: Die Passagen zur Judenverfolgung sind in ihren Bezugnahmen auf Gegenwart sowie auf die Gründungsmythologie der Juden unhistorisch. Metahistorische Kommentare wie der Abschnitt über den Poeten bieten aber Aufschluß darüber, wie das Geschichtsbild, das Kestens historische Romane schildern, zu lesen ist: Die Ermordung des Poeten bildet einen Appell, Stellung zur eigenen historischen Position zu beziehen. Diese Position läßt sich nicht auf einer Achse historischen Fortschritts verorten, sondern ist eine gefährdete. Geschichte ist kein Besitz, sondern muß erkämpft werden. In den hier besprochenen Passagen wird sichtbar, wie Kesten eine Rolle einnimmt, die zu seiner realen Position paßt: die des Propheten. Merkmal des Propheten ist schließlich auch eine physische Entfernung von der herannahenden Katastrophe, vor der er seine Landsleute zu warnen versucht. Hier zeigt sich, wie im Sinne Elisabeth Bronfens die Realität des Exils mit ihrer literarischen Verarbeitung in Übereinstimmung gerät.

Literatur

Quellen

Kesten, Hermann, *Ferdinand und Isabella*, Amsterdam 1936. [Sigle FuI]

Sekundärliteratur

Benjamin, Walter, »Geschichtsphilosophische Thesen«, in: *Illuminationen*, hg. v. Siegfried Unseld, Frankfurt a. M. 1969.

Bronfen, Elisabeth, »Exil in der Literatur. Zwischen Metapher und Realität«, in: *Arcadia* 28 (1993), 167-183.

Hilberg, Raul, *Die Vernichtung der europäischen Juden*, übers. v. Christian Seeger u.a., Frankfurt a. M. ^{9}1999. [Original: *The Destruction of the European Jews*, Chicago 1961]

Koopmann, Helmut, »Geschichte, Mythos, Gleichnis. Die Antwort des Exils«, in: *Ästhetik der Geschichte*, hg. v. Johann Holzner/Wolfgang Wiesmüller, Innsbruck 1995, 77-98.

Lessing, Theodor, *Geschichte als Sinngebung des Sinnlosen* [1919], München 1983.

Lucács, Georg, *Der historische Roman* [1937], Berlin, 1955.

Schmitt, Hans-Christoph, »Exil als Heimat und Ort des neuen Exodus. Zur Bewältigung der Exilserfahrung Israels in der alttestamentarischen Prophetie«, in: *Vertreibung und Exil. Lebensformen – Lebenserfahrungen*, hg. v. Theo Stammen, München, Zürich 1987.

Schröter, Klaus, »Der historische Roman. Zur Kritik einer spätbürgerlichen Erscheinung«, in: *Exil und innere Emigration*, hg. v. Reinhold Grimm/Jost Hermand, Frankfurt a. M. 1972.

Streim, Gregor, »›Krisis des Historismus‹ und geschichtliche Gestalt. Zu einem ästhetischen Konzept der Zwischenkriegszeit«, in: *Literatur und Geschichte. Ein Kompendium zu ihrem Verhältnis von der Aufklärung bis zur Gegenwart*, hg. v. Daniel Fulda/Silvia Serena Tschopp, Berlin, New York 2002.

Young, James E., *Writing and Rewriting the Holocaust. Narrative and the Consequences of Interpretation*, Bloomington 1990.

ANTJE VOUTTA

Figurationen des Unwiederholbaren: literarische Annäherungen an Geburt und frühe Kindheit

> Noch bevor ich ein »Ich« erwerbe, war ich ein Etwas, das berührt wurde, bewegt, gefüttert, zu Bett gebracht, angesprochen wurde, in dessen Umgebung gesprochen wurde. Alle diese Eindrücke sind Zeichen einer bestimmten Art, Zeichen, die auf der Ebene meiner Ich-Bildung etwas verzeichnen […]. Es sind Zeichen des Anderen, aber auch Spuren, aus denen schließlich ein »Ich« hervorgehen wird, das niemals imstande sein wird, diese Zeichen vollständig wieder zu finden oder zu lesen, ein »Ich« für das diese Zeichen zum Teil überwältigend und unlesbar, rätselhaft und prägend bleiben.[1]

Sowohl in *Kritik der ethischen Gewalt* als auch in *Psyche der Macht*[2] spricht Judith Butler von der Unmöglichkeit, die Voraussetzungen des Subjekts in Sprache fassen oder überhaupt in jeglicher Form besitzen oder beanspruchen zu können. Das Subjekt kann seine Genese nicht erinnern, vielmehr ist jede vollständige Rekonstruktion der »primären Entstehungsmomente eines Subjekts phantasmagorisch«.[3] Kann es ohne Erinnerung denn eine sprachliche Repräsentation dieser neben dem Tod wohl grundlegendsten Erfahrung des Menschen geben?

Wenn man in bezug auf das vor- und frühsprachliche Stadium der menschlichen Entwicklung von Erinnerungen sprechen kann, dann sind diese im Bereich der noch nicht fest mit Bedeutung behafteten Zeichen situiert, etwa als Körpererinnerungen, sensuelle Eindrücke und psychische Markierungen jeglicher Art.[4] Für Julia Kristeva sind es diese nicht-

---

1 Judith Butler, *Kritik der ethischen Gewalt, Adorno-Vorlesungen 2002*, übers. v. Reiner Ansén, Frankfurt a. M. 2003, 85.
2 Judith Butler, *Psyche der Macht. Das Subjekt der Unterwerfung*, übers. v. Reiner Ansén, Frankfurt a. M. 2001. [Original: *The Psychic Life of Power*, Stanford 1997]
3 Ebd., 67.
4 Julia Kristeva, *Die Revolution der poetischen Sprache*, übers. v. Reinold Werner, Frankfurt a. M. 1978, 36. [Original: *La révolution du language poétique*, Paris 1974] Vgl. hierzu auch: Jean Piaget/Bärbel Inhelder, *Die Psychologie des Kindes*, übers. v.

verbalen Zeichensysteme, die sie im Semiotischen verortet.⁵ Gemeinsam mit dem Symbolischen bilden sie den Prozeß der Sinngebung. Gerade in literarischen Texten ist das Semiotische Kristeva zufolge wenn schon nicht »auffindbar« oder vom Subjekt rekapitulierbar, so doch ständig präsent. Klänge, Triebströme und Rhythmen des Semiotischen lassen sich nicht in Sprache transformieren, da sie die grammatischen Strukturen von Wörtern und Sätzen überdehnen, zerstören und verschiebend und verdichtend neu – aber unlesbar – zusammensetzen.⁶

Poetische Sprache kann sich also dem Semiotischen nur anzunähern versuchen, ohne das vorsprachliche Stadium der menschlichen Entwicklung je in der symbolischen Sprache wieder einholen zu können. Es gibt literarische Beispiele, in denen Erzählsubjekte sich Geburt und früher Kindheit, Ereignissen, die jenseits der Sprache im Unbewußten »lagern«, annähern. Das Begehren, den eigenen Anfang im Erinnerungstext zu präsentieren, ist allen Einschränkungen und Problemen zum Trotz offenbar groß, wie Kindheitsautobiographien⁷ sowie die Kindheit beschreibende Autobiographien⁸ seit der Romantik⁹ belegen.

Lorenz Häfliger, Freiburg i. B. 1972, 62. [Original: *La psychologie de l'enfant*, Paris 1966] »Am Ende der senso-motorischen Periode, zwischen 1,5 und 2 Jahren, tritt eine für die Entwicklung der späteren Verhaltensweisen grundlegende Funktion auf, nämlich daß man etwas (irgendetwas ›Bezeichnetes‹: Gegenstand, Ereignis, Begriffsschema usw.) mit Hilfe eines differenzierten ›Zeichens‹, das nur gerade dieser Vorstellung dient, abbilden kann: Sprache, inneres Bild, symbolische Geste. [...] Wenn es auch noch keine Vorstellung gibt, werden dennoch schon von allem Anfang an Bedeutungen ausgebildet und verwendet, denn jede senso-motorische Assimilation (die perzeptive inbegriffen) besteht schon darin, Bedeutungen zu übertragen.«
5 Kristeva, *Die Revolution der poetischen Sprache*, 35.
6 Vgl. hierzu ebd., 109: »Die Sprachstrukturen werden durch eine solche Praxis des Prozesses [der Sinngebung] gänzlich verändert. Rhythmische, lexikalische, selbst syntaktische Umbildungen greifen die signifikante Kette an und öffnen den materiellen Schmelztiegel ihrer Erzeugung.«
7 Vgl. hierzu: Richard N. Coe, *When The Grass Was Taller. Autobiography and the Experience of Childhood*, New Haven 1984; sowie Katrin Lange, *Selbstfragmente. Studien zur Kindheitsautobiographie*, Diss., München 1999.
8 Vgl. hierzu: *Imagined Childhoods. Self and Society in Autobiographical Accounts*, hg. v. Marianne Gullestad, Oslo 1996.
9 Vgl. hierzu: Heinz Hanno Ewers, *Kindheit als poetische Daseinsform. Studien zur Entstehung der romantischen Kindheitsutopie im 18. Jahrhundert*, München 1989.

Um zu zeigen, wie vielfältig die narrativen Verfahren sind, mit denen sich Geburt und früher Kindheit angenähert wird, sollen hier einige prägnante Textbeispiele vorgestellt und analysiert werden. Dabei bilden folgende Prosatexte das Fundament der Analyse: Charles Dickens' Roman *David Copperfield* (1849-50), James Joyce' *A Portrait of the Artist as a Young Man* (1916), Andrej Belyjs *Kotik Letajew* (1922), Christa Wolfs *Kindheitsmuster* (1976) und Jeffrey Eugenides' *Middlesex* (2003).

Ich beginne mit Texten, in denen Geburt und frühe Kindheit für Texteingänge von so genannten Selbstzeugnissen eingesetzt werden, wie etwa in *Dichtung und Wahrheit* oder *David Copperfield*, dessen erstes Kapitel den Titel »I am born« trägt.

To begin my life with the beginning of my life, I record that I was born (as I have been informed and believe) on a Friday, at twelve o'clock at night.[10]

Andere Autoren haben noch weiter vorgegriffen, wie etwa der Erzähler in *Tristram Shandy*, der sogar Geschichte und Vorgeschichten der elterlichen Zeugung rekapituliert. Allerdings werden Geburt und Vorgeburtliches nicht als erinnerte Erfahrung, als eigenes Erlebnis geschildert, sondern in Form eines Berichts, dessen »Fakten« sich einem Dritten zugetragen haben. So heißt es ja auch »ich wurde geboren«, d.h., daß das Ich noch nicht Agens des benannten Ereignisses gewesen ist.

Wenn Goethe seine nicht unproblematische Geburt als ursächlich für die Einführung des Hebammenunterrichts darstellt, so kann man dies als Selbststilisierung zum »Mann der Innovationen«, gewissermaßen als *foreshadowing* lesen. Als Gegenmodell einer solchen Selbststilisierung wäre erneut der Textbeginn von *David Copperfield* zu nennen, in dem die Weichen für ein hartes und beschwerliches Leben gestellt werden.

In consideration of the day and hour of my birth, it was declared by the nurse [...] that I was destined to be unlucky in life [...].[11]

Die Geburt eignet sich, wie sich an zahlreichen weiteren Beispielen zeigen ließe, also hervorragend, um der Inszenierung des persönlichen Mythos einen *frame* vorzugeben, ohne in der Vermittlung an die Grenzen des Sagbaren stoßen zu müssen. Denn bei Goethe und Dickens wird der narrative Modus des Erwachsenen beibehalten, die Geburt summarisch,

---

10 Charles Dickens, *David Copperfield* [1849-50], London 1992, 1.
11 Ebd., 1.

als Bericht vermittelt. Die Geburt hat hier im Grunde genommen nur den Status des Motivs inne. Selbst Adalbert Stifters kleine fragmentarische Schrift *Mein Leben*, in der Vorgeburtliches beinahe wie nach Vorgabe der Entwicklungspsychologie inszeniert wird[12] und der Erzähler den Versuch unternimmt, vorsprachliche Erfahrung sprachlich zu konstruieren, bleibt dieser durchgängig als erwachsener Sprecher erkennbar. »Es waren Klänge« heißt es da, »es war unten«, »etwas wie Wonne und Entzücken«. Auch die Anstrengung des Geburtserlebnisses selbst wird nicht ausgespart: »ich erinnere mich an Strebungen, die nichts erreichten und an das Aufhören von Entsetzlichem.«[13]

Ähnlich wie die Setzung des eigenen Beginns, sei es die Geburt, sei es die erste erinnerte Erfahrung der Kindheit, variiert auch die Beschreibung des Endes dieser Lebensphase. Manche Genres, etwa Kindheitsautobiographien, wie Walter Benjamins *Kindheit um 1900* oder *Kindheit* von Lev Tolstoi, beenden den Text gleichzeitig mit dem retrospektiv gesetzten Ende der Kindheit, während in der Mehrzahl der Autobiographien Kindheit als Ausgangspunkt, als erklärender Prätext für die weitere Entwicklung des Selbst beschrieben oder inszeniert wird.[14] Nicht das Ende der Kindheit, sondern das Ende des Lebens ist dann der Kulminationspunkt von Erinnerung und Narration.

Nicht immer ist ein Bruch spürbar, der die Erfahrungswirklichkeiten von Kindheit, Adoleszenz und Erwachsensein voneinander abgrenzt. Die Vorstellungen der Ursachen für das Ende der Kindheit sind so verschieden wie die Vorstellungen von der Kindheit überhaupt. Denn diese ist als Begriff, ebenso wie der des Subjekts, ständig in historischem Wandel begriffen.

Das Ende der Kindheit wird häufig mit dem Verlust der Unschuld eingeleitet, sei es bedingt durch die Akkumulation von Wissen oder mit dem Erlebnis einer ersten Dezentrierung. Unter welchen Umständen auch immer man Kindheit erlebt: als Erfahrung ist sie unumgänglich. Selbst in dem Satz »ich hatte keine Kindheit« ist die Erfahrung dieser Lebensphase inbegriffen. Ihr Ende bedeutet, nicht zuletzt auch wegen der körperlichen Transformation des kindlichen in einen erwachsenen

---

12 Vgl. hierzu Hellgard Rauh, »Vorgeburtliche Entwicklung«, in: *Entwicklungspsychologie*, 5. völlig neu bearbeitete und erweiterte Auflage, hg. v. Rolf Oerter/Leo Montada, München, Weinheim 2002, 131-37.
13 Adalbert Stifter, *Mein Leben. Fragment einer Autobiographie*, Salzburg 1941, 2.
14 Katrin Lange, *Selbstfragmente. Studien zur Kindheitsautobiographie*, Diss., München 1999.

Leib, Metamorphose und Abschied, Neubeginn. Kindheiten und ihre Enden, seien sie Marker für Textenden oder für Lebensetappen, sind keineswegs immer kongruent zur linearen Bewegung des Textes, sondern können – etwa nach dem Prinzip der *mémoire involontaire* – auch gelegentlich im Text aufblitzen. Hier handelt es sich nicht um einen »Akt« des Erinnerns, des Heraufbeschwörens, sondern vielmehr um Erinnerung als passivisches, empfangendes Moment, das durch verschiedene Sinnesreize ausgelöst wird.[15]

Die Struktur erzählender Texte impliziert fiktive Nachträglichkeit,[16] da die narrativen Ereignisse dem Akt der Narration vorgängig sind.[17]

Damit wird das Ich in der Ich-Erzählung zu einer anderen, vergangenen Version jenes Selbst, das sich im Präsens, im Akt der Narration befindet. Die meisten Lebensgeschichten sind so angelegt, daß sich diese beiden narrativen Ebenen an einem Zielpunkt vereinen.

Usually, when the story terminates (in the present, a present that looks into the future) the protagonist has fused with the narrator: *I* tell a story about someone who in the course of this story turns out to be *me*, that is, the *I* who has been telling this story all the time.[18]

---

15 Vgl. hierzu: Marcel Proust, *Auf der Suche nach der verlorenen Zeit (Erster Teil: In Swanns Welt)*, übers. v. Eva Rechel-Mertens, Frankfurt a. M. 1964, 66. [Original: *A la recherche du temps perdu: Du côté de chez Swann,* Paris 1955-1956] Der Erzähler Marcel beschreibt dort, wie der Geschmack von Lindenblütentee in Kombination mit einer bestimmten Sorte Gebäck die Erinnerung an eine verstorbene Tante hervorruft: »Und dann mit einem Male war die Erinnerung da. Der Geschmack war der jener Madeleine, die mir am Sonntagmorgen in Combray [...] sobald ich ihr in ihrem Zimmer guten Morgen sagte, meine Tante Léonie anbot, nachdem sie sie in ihren schwarzen oder Lindenblütentee getaucht hatte.«

16 Der Begriff »Nachträglichkeit« ist Sigmund Freuds psychoanalytischer Deutung des sog. ›Wolfsmanns‹ entlehnt. Sigmund Freud, *Gesammelte Werke*, 18 Bde., hg. v. Anna Freud, Bd. 12, London 1947, 72. Vgl. hierzu auch Almut Finck, *Autobiographisches Schreiben nach dem Ende der Autobiographie*, Berlin 1999, 62: »Nachträglichkeit bedingt, daß ein Ereignis bei seinem Ereignis nie vollkommen erfahrbar ist; Erfahrung im emphatischen Sinne ist vielmehr an eine Unvollständigkeit geknüpft, die der nachträglichen Supplementierung bedarf, damit sie als Erfahrung überhaupt statthat.«

17 Gérard Genette, *Die Erzählung*, übers. v. Andreas Knop, München 1998, 154. [Original: *Discours du récit*, Paris 1972]

18 Jens Brockmeier, »From the end to the beginning. Retrospective teleology in autobiography«, in: *Narrative and Identity. Studies in Autobiography, Self and Culture*, hg. v. Jens Brockmeier/Donal Carbaugh, Amsterdam 2001, 251.

Die Differenz zwischen dem Ich, das *war*, und dem Ich, das *ist*, die ja ein permanentes, wenngleich in der Rezeption selten bewußt wahrgenommenes Merkmal von narrativen Texten ist, wird besonders signifikant, wenn von frühen Lebenserfahrungen berichtet wird. Allerdings wird in den hier zu diskutierenden Textbeispielen sehr unterschiedlich mit dieser Differenz umgegangen. Mal wird das vergangene Selbst als Bezugspunkt eines kohärenten Subjekts begriffen, mal wird ihm jegliche Verläßlichkeit und Legitimation abgesprochen. Texte des letztgenannten Typs inkorporieren die Vorstellung, daß jedes Unterfangen, Vergangenes zu rekapitulieren, ein Akt des Überschreibens, der Konstruktion ist.

Figurationen des eigenen Anfangs in Erinnerungstexten – im Sinne der ersten erinnerten Kindheitserfahrungen – werden häufig im Alter von sechs bis neun Jahren angesetzt, also in einem Entwicklungsstadium, in dem das Kind bereits in das Gesetz der Sprache eingetreten ist und diese verhältnismäßig gut beherrscht bzw. in der Lage ist, die einzelnen Elemente der Handlung in eine chronologische und »sinnvolle« Ordnung zu bringen.[19] Der Grund liegt auf der Hand: Während es dem Kleinkind nicht möglich ist, Erfahrung in Sprache zu fassen, ist dem sprachgewandten Erwachsenen die vorsprachliche Erfahrungswelt des Kindes unzugänglich geworden.

Es gibt aber Texte bzw. Textteile,[20] in denen die Sprachnormen, Ordnungen und Ausdrucksweisen des Erwachsenen zugunsten einer als kindlich inszenierten[21] Erzählfigur verlassen werden. Obwohl in James

---

19 Vgl. hierzu: Arthur N. Applebee, *The Child's Concept of Story*, Chicago 1978.
20 Meinen Beobachtungen zufolge sind solche frühkindlichen Vermittlungsebenen nur in einzelnen Textpassagen auffindbar, was wohl nicht zuletzt durch eine vom Autor intendierte, leserorientierte Schreibweise zu begründen ist. Ein anderes Beispiel für eine den Erzählgestus dominierende, abweichende Sicht- und Ausdrucksweise einer Figur ist z. B. auch der geistig behinderte und damit in gewisser Hinsicht ›kindlich gebliebene‹ Benjy aus William Faulkners *The Sound and the Fury*. Dieser multiperspektivische Roman gibt Benjys Erfahrungswelt ebenfalls nur teilweise Raum. (William Faulkner, *The Sound and the Fury* [1929], New York 1987).
21 Mit kindlicher Inszenierung ist hier einerseits gemeint, daß frühe Kindheit nicht lediglich *be*schrieben wird, sondern daß sie auf verschiedenen Ebenen der Darstellung zum ›Erscheinen‹ gebracht wird. Anderseits impliziert die Inszenierung ›als‹ Kind, daß die kindliche Erfahrung als Referenzpunkt nicht verfügbar oder abrufbar ist. Vgl. hierzu Wolfgang Iser, *Das Fiktive und das Imaginäre. Perspektiven literarischer Anthropologie*, Frankfurt a. M. 1991, 511: »Der Inszenierung muß etwas vorausliegen [...], welches durch sie zur Erscheinung kommt. Dieses Vorausliegende vermag niemals vollkommen in Inszenierung einzugehen, weil sonst

Joyce' *Portrait of the Artist as a Young Man* ein Er-Erzähler die kindliche Figur fokalisiert, lohnt es sich den berühmten Textbeginn in diesem Zusammenhang näher zu betrachten:

Once upon a time and a very good time it was there was a moocow coming down along the road and this moocow that was coming down along the road met a nicens little boy named baby tuckoo.
His father told him that story: his father looked at him through a glass: he had a hairy face.
He was baby tuckoo. The moocow came down the road where Betty Byrne lived: she sold lemon platt. [...] When you wet the bed first it is warm then it gets cold. His mother put on the oilsheet. That had the queer smell.
His mother had a nicer smell than his father.[22]

An diesem Textanfang ist erkennbar, daß die kindlich inszenierte und sprachlich vermittelte Erfahrungswelt eines Kleinkindes dem Leser einiges abverlangt, denn das Erzählte muß erst, ähnlich einem Puzzle, zusammengesetzt werden, um einen Sinn zu ergeben.[23] Joyce versucht, das noch nicht lineare und nicht teleologische Denken des Kindes sprachlich so zu realisieren, daß der Leser es als frühkindlich begreift: einfache und kurze Sätze, deren Verbindung wie eine Art assoziativer Patchwork-Teppich anmutet, in dem sich eigene Wahrnehmungen und dem Kind Zugetragenes noch nicht klar voneinander abgrenzen lassen. Der Versuch überzeugt, wenngleich niemand mit Sicherheit zu sagen vermag, ob diese Bewußtseinsdarstellung eines Kleinkindes ›realitätsgetreu‹ ist.

Es stellt sich die Frage, weshalb die Rezeption dieser Darstellung einer der Erfahrungswelt des Erwachsenen grundsätzlich entzogenen Innenwelt des Kleinkindes überhaupt funktioniert. Gibt es womöglich doch so etwas wie eine latente Erinnerung an die Zeit vor dem dritten Lebensjahr? Gemäß der psychoanalytischen Theorie Julia Kristevas läßt sich diese Frage positiv beantworten – gesetzt den Fall allerdings, daß man die ›latenten Erinnerungen‹ gänzlich dem Bereich des Semiotischen, des nicht in Sprache Faßbaren zuordnet. Das Semiotische ist Kristeva zufolge

---

diese selbst das Vorausliegende wäre. Anders gewendet ließe sich sagen, daß jede Inszenierung aus dem lebt, was sie nicht ist.«
22 James Joyce, *A Portrait of the Artist as a Young Man* [1916], New York 1993, 5.
23 Heidi Gideon, *Bin ich das? Oder das? Literarische Gestaltungen der Identitätsproblematik*, Göttingen 2004, 63.

stets im Symbolischen präsent, wenn auch, wie eingangs beschrieben, nicht einfach auffindbar oder beschreibbar. Das ›Funktionieren‹ von literarischen Darstellungen früher Kindheit oder Geburt vollzieht sich möglicherweise auf derselben nicht greifbaren oder benennbaren Ebene des Nicht-Sprachlichen. Kristeva nennt jenes sprachliche Material insofern poetisch, als es in besonders deutlicher Weise innerhalb der Lyrik zu finden ist, die Kristeva zufolge einen privilegierten ›Resonanzraum‹ für die semiotischen Prozesse der Sprache bietet. *Kotik Letajew* ist ein – wenn auch poetisch überdeterminierter – Prosatext, der gemäß Kristevas Definition nur wenig Potential besitzt, das »Semiotische an die Textoberfläche«[24] zu bringen. Dennoch kann *Kotik Letajew* als gelungener Versuch bezeichnet werden, die vorbewußte Welt des Kindes nicht zu beschreiben, sondern vielmehr mit Hilfe von Klang-, Farb-, und Raummetaphern die Grenzen einer dominant symbolischen Sprache zu erproben. Nicht zuletzt ist es die Malerei der russischen Avantgarde – ein nichtverbales Zeichensystem – die sich als essentiell für die dichterische Komposition von *Kotik Letajew* erweist.[25]

Wenn [...] die poetische Sprache Primärprozeßhaftes hinüberrettet in das Territorium des intermediären Feldes der Enklave im Sekundärbereich und wenn sie also im Uranfänglichen in seiner Vorsprachlichkeit homolog sein soll, so muß sie in erster Linie nichtverbale Seiten des Zeichenmediums aktivieren.[26]

Wie weit das »Primärprozeßhafte« bzw. »Uranfängliche« zurückreicht, wann die semiotische Phase beginnt, wird wohl eine unbeantwortete Frage bleiben müssen.

Der Erzähler im Roman *Kotik Letajew*, auf den ich nun ausführlicher zu sprechen komme, vermag aber nicht nur »Primärprozeßhaftes«, sondern sogar das Stadium vor Zeugung und Geburt erlebend zu erinnern, ein ›nachempfundenes‹ kosmisches Stadium des Wissens, das durch die Geburt als Eintritt in die irdische Welt sein vorläufiges Ende findet. Vorläufig deshalb, weil Geburt und Tod hier eben nicht Anfang und Ende

---

24 Kristeva, *Die Revolution der poetischen Sprache*, 127.
25 Monika Mayr, *Ut pictura descriptivo? Poetik und Praxis künstlerischer Beschreibung bei Flaubert, Proust, Belyj und Simon*, München 2001, 400.
26 Erika Greber, »Subjektgenese, Kreativität und Geschlecht. Zu Pasternaks *Detstvo Ljuvers*«, in: *Psychopoetik. Beiträge zur Tagung »Psychologie und Literatur«*, hg. v. Aage A. Hansen-Löve, München 1991 (= Wiener Slawistischer Almanach. Sonderband 31), 347-397, hier: 370.

bedeuten, sondern als Teil eines ständig in Bewegung befindlichen Zyklus der Transformationen verstanden werden.[27]

> ich lebte vor der Geburt, ich erinnere mich:
> in mir entstehen Entsprechungen –
> – und in der mimischen Geste (nicht im Wort, nicht im Bild) entsteht das Gedächtnis an das Gedächtnis.[28]

Der Erzähler, der sich an der Hälfte seines Lebens angekommen sieht, eröffnet qua Meditation den Dialog mit dem vergangenen Kind und dem vorgeburtlichen Wesen, das er gewesen zu sein vorgibt. In der Erinnerung, die nichts Geringeres als die Evolution der gesamten Menschheitsgeschichte und die Teilhabe an kosmischen Rhythmen bereithält, wird, anders als bei Joyce, die Sprache der Erzählinstanz nicht zugunsten einer kindlichen Sprechweise verfremdet. Während in der Eingangspassage von *A Portrait of the Artist as a Young Man* eine kindliche Figur so fokalisiert wird, daß sowohl Blickpunkt als auch Sprache als frühkindlich glaubhaft werden, haben wir es in *Kotik Letajew* mit einem als durchgängig in der Erwachsenensprache befindlichen Erzähler zu tun, der die Welt teilweise mit den Augen eines Kindes, teilweise mit denen eines Erwachsenen sieht. Damit ist *Kotik Letajew* weder in das eingangs beschriebene Textkorpus von summarisch berichteten Kindheiten einzuordnen noch denjenigen Texten zuzurechnen, die bemüht sind, die Sprache des erinnernden Subjekts dem erinnerten Subjekt (hier: dem Kind) anzugleichen. Belyj versucht nicht, eine den gängigen Vorstellungen entsprechende, realitätsnahe Sprache für die Darstellung kindlicher Erfahrung zu finden, sondern schafft aus dem poetischen Potential der Sprache heraus einen Resonanzraum für kindliches Erleben.

Der Roman beginnt mit dem ersten ›Wiedersehen‹ von Kind und Erwachsenem:

> Hier stehe ich, auf diesem schroffscheidenden Grat – und werfe stumme und lange Blicke in die Vergangenheit ...
>
> Ich bin – fünfunddreißig: das Selbstbewußtsein hat mir das Hirn zersprengt und sich in die Kindheit gestürzt; ich schaue mit zersprengtem Hirn, wie die Schwaden der Ereignisse rauchen, wie sie rückwärts laufen ...

---

27 Zur Bedeutung von Rudolf Steiners Antroposophielehre und der russischen Avantgarde bei Belyj vgl. Monika Mayr, *Ut pictura descriptivo?*, 297.
28 Andrej Belyj, *Kotik Letajew* [1922], übers. v. Gabriele Leupold, Frankfurt a. M. 1993, 138.

Vergangenes streckt sich bis an meine Seele; ich erstehe vor mir selbst an der Schwelle des dritten Jahrs; wir sprechen miteinander; wir – verstehen einander.[29]

Von einem Perspektivenwechsel kann man hier nicht sprechen, da kindliches und erwachsenes Erleben gewissermaßen gleichzeitig existent sind und sich in dem im Text vielbeschworenen »Selbstbewußtsein« treffen.

– die Natur um Dich herum – bist du; inmitten ihrer finsteren Schluchten sehe ich dich, das Kind ...
– Du, wie ich – bist; wir haben ineinander erkannt; alles was war, was ist und was
wird, – zwischen uns: das Selbstbewußtsein – liegt in unseren Umarmungen ...
Das Selbstbewußtsein, wie das Kind in mir, schlägt die Augen weit auf und reißt alles nieder – bis zurück zum ersten Aufblitzen des Bewußtseins; zerschlagen ist das Eis: der Wörter, der Begriffe, der Bedeutungen.[30]

Der Leser erfährt im Texteingang, daß der Erzähler im Folgenden über zwei Erfahrungswelten verfügt, die sich eigentlich gegenseitig ausschließen müßten. Denn wo alles »niedergerissen« ist, das »Eis der Wörter, der Begriffe, der Bedeutung«, da kann auch keine Rede mehr sein, weder vom Selbst noch vom Anderen. Aber genau dieser Widerspruch ist es, der den Doppelblick, die doppelte Wahrnehmung von Erwachsenem und Kind im Text konstruiert.

Der Erzähler durchläuft gemeinsam mit dem einstigen Kind noch einmal Geburt und frühe Kindheit, wiederholt diese gepaart mit erwachsenem Wissen. Die Wiederholung spielt hier in vielerlei Hinsicht eine Rolle, Belyj läßt seinen Erzähler, ohne C. G. Jungs Archetypenlehre[31] kennen zu können, über das kollektive Unbewußte reflektieren. Denn in *Kotik Letajew* wird Kindheit so begriffen, daß das Individuum die Evolution des Kosmos wiederholt, »jeder einzelne durchmißt von neuem die gesamte Schöpfungsgeschichte«.[32]

---

29 Ebd., 7.
30 Ebd., 9-10.
31 Carl Gustav Jung, *Die Archetypen und das kollektive Unbewußte* [1934], Olten 1976.
32 Ilma Rakusa, »Nachwort« in: Andrej Bely, *Kotik Letajew* [1922], übers. v. Gabriele Leupold, Frankfurt a. M. 1993, 217-224, 217.

Allerdings ist dieses kosmische Wissen nicht von Dauer, denn das Heranwachsen, der Eintritt in die Sprache, ist unweigerlich mit dem Verlust des Spirituellen verbunden. Der Erzähler sieht sich selbst dabei zu, wie er, perfekt zur Welt kommend, durch Lernen verlernen muß. Der Dialog zwischen dem 35jährigen Erzähler und dem vergangenen Kind endet mit dessen Vollendung des fünften Jahres.

So wie sich das Kind allmählich in die weltliche Ordnung einfindet und sie als Wirklichkeit akzeptiert, verliert es die sogenannte Fähigkeit des »Hellsehens«, wird der zwiespältige Blick allmählich zum rein erwachsenen Blick.

Morgens betrachte ich vom Bett aus: die Sträußchen auf der Tapete.

Ich kann schielen (mir selbst aufs Näschen schauen): und dann kippen die Wände – kleben mir am Näschen; mit dem Finger durchstoße ich sie: leicht und luftig durch die Wand mein Finger; ach, auch mit dem Kopf durch die Wand! – die Wand ist undurchsichtig.

ich blinzele: –
– alle Wände fliegen an ihren Platz; und dort sind sie – fest. So ist die Wirklichkeit, die mich umgibt: sie festigt sich; in Erfahrungen lerne ich; [...].[33]

Das an die Kindheitsverehrung der Romantik erinnernde Ideal des ›kleinen Individualisten‹ ist in der Moderne keine Seltenheit. In Virginia Woolfs *To The Lighthouse* beispielsweise wird die Ausdifferenzierung des Sprachvermögens ebenfalls als Verlust des originären Bewußtseins des Kindes beschrieben. Kotik lernt »in Erfahrungen«, und zwar in Erfahrungen, die er selbst macht, das heißt nicht in erster Linie durch andere, durch Dritte oder Normen bedingt. Normen und Gesetze müssen zwar adaptiert werden, aber sie werden nicht als der Subjektwerdung vorgängig begriffen. Der Text schildert im wesentlichen die reiche Imaginationswelt des im Kosmischen gehaltenen Knaben, mit verhältnismäßig wenigen Erfahrungen außerhalb der ›eigenen‹ Welt. Die Teleologie des Textes ist auf den Verlust dieser Welt zugunsten des Reifungsprozesses gerichtet, die als Schlußpunkt zu verstehen ist. Kotik kämpft zwar mit den vielschichtigen Bedeutungen der Wörter im Spracherwerb, aber er hat bereits ein vorsprachliches Verständnis von den Dingen, die ihn umgeben, das er allerdings nach und nach verlieren wird. Dieser Verlust der ›kosmischen Weisheit‹ beginnt bereits unmittelbar nach der Geburt.

---

33 Bely, *Kotik Letajew*, 126.

Das ständige Wachsen des Bewußtseins, welches hier als ›unklares Wissen‹ während der Geburt empfangen wird, wird als schmerzhafter Prozeß beschrieben, eine Qual, für die Kotik noch keine Worte hat.

Das Bewußtsein dehnte sich aus und lief zurück.
»Nein! Nein! Hilfe!« ...
»Ich – dehne mich aus« ... –
– so hätte das Kind gesagt, wenn es das hätte sagen können, wenn es hätte verstehen können; es konnte nichts sagen; und – es konnte es nicht verstehen; es schrie: warum – verstanden sie nicht, begriffen sie nicht.[34]

Das Besondere an *Kotik Letajew* ist, daß die Kindheitserinnerungen des Erzähler-Ichs nicht nur reanimiert werden können, sondern daß dieser Erzähler außerdem ein Bewußtsein vor der Sprache besitzt, das erinnert, ja wiederholt werden kann. Kotik verfügt über ein beinahe statisches, einheitliches Ich, das sich aus sich selbst heraus schafft, das seine Existenz ohne singulären Anfang und ohne finales Ende im kosmischen Zyklus verortet.

Eine derart ununterbrochene Verbindung zwischen kindlichem und erwachsenem Subjekt ist für die Erzählerin eines weiteren Romans alles andere als selbstverständlich.

In Christa Wolfs *Kindheitsmuster* würde die sprachliche Repräsentation des erinnerten kindlichen Selbst durch ein gegenwärtiges Ich eine Einheit suggerieren, die bei Wolfs Erzählerin Nelly Jordan geradezu »Sprach-ekel«[35] hervorruft. Denn dem vereinenden Ich in Wolfs Roman steht die Tatsache entgegen, daß die Erzählerin im Täterkollektiv Nazi-Deutschlands ihre frühe Sozialisation erfahren hat und es ihr »unmöglich ist, bei dem Wort Auschwitz das kleine Wörtchen ›ich‹ mitdenken zu müssen«.[36] Zum großen Teil sind diese Schwierigkeiten aber auch auf ihre tiefen Zweifel an der Verläßlichkeit des Gedächtnisses selbst zurückzuführen.

Für den vorliegenden Zusammenhang soll das Projekt der *Kindheitsmuster* auf die programmatische Frage des Textes reduziert werden: »Wie sind wir so geworden, wie wir heute sind.«[37] Denn die Frage nach den

---

34 Ebd., 12.
35 Christa Wolf, *Kindheitsmuster*, Hamburg 1993, 9.
36 Wolf, *Kindheitsmuster*, 33.
37 Ebd., 64.

Modalitäten der Subjektkonstitution beinhaltet immer auch die nach dem Anfangs- und Ausgangspunkt des Werdens. Daß der Anfang, etwa im Sinne der Geburt oder der ersten ein bis zwei Lebensjahre, hier nicht linear rückerinnert werden will, kann als Konsequenz eines Subjektverständnisses interpretiert werden, welches das Subjekt als Effekt der Subjektivation, der Ein- oder Unterordnung ins Symbolische begreift. Daraus muß logisch folgen, daß das Subjekt die semiotische Phase, im Sinne Julia Kristevas als vorsprachliches Stadium, gar nicht erinnern kann. ›Ich‹ zu sagen impliziert demnach die nicht sagbare Summe aller vorherigen Subjektpositionen. Die einzelnen Stellen dieser Summe von Identifikationen sind zwar nicht erinnerbar, gleichwohl aber als Verwerfungen, als Verlustspur im Unbewußten existent. Demgemäß lautet der erste Satz der Kindheitsmuster auch: »Das Vergangene ist nicht tot; es ist nicht einmal vergangen. Wir trennen es von uns ab und stellen uns fremd.«[38]

Durch Fremdstellen, indem sie ihr vergangenes Ich dissoziiert und im Textverlauf von ihrem vergangenen Ich nur mehr als »dem Kind« spricht, versucht die Erzählerin, alternative Wege der Erinnerung zu gehen, um sich so den Stadien der eigenen Entwicklungsprozesse zu nähern. Darüber hinaus spaltet sie ihr gegenwärtiges Ich von ihrer Schriftstellerin-Existenz ab, wodurch eine Dialog-Struktur zwischen den beiden entsteht, in der das Schriftstellerin-Ego die erwachsene Nelly Jordan in der zweiten Person Singular anspricht.

Über Monate hin, stellte sich das Dilemma heraus, sprachlos bleiben oder in der dritten Person leben, das scheint zur Wahl zu stehen. [...] Ich, du, sie in Gedanken ineinanderschwimmend, sollen im ausgesprochenen Satz einander entfremdet werden.[39]

Die Erzählerin überbietet sich förmlich mit frühen Erinnerungen, beschreibt sogar die Trennung, die »ein dreijähriges normal entwickeltes Kind«[40] von der dritten Person vollzieht.[41]

---

38 Ebd., 9.
39 Ebd., 1.
40 Ebd., 14.
41 Das Phänomen des Erlernens »Ich zu sagen« in der frühen Kindheit wird bei Lacan beschrieben. Vgl. hierzu Jacques Lacan, *Das Seminar von Jacques Lacan. Freuds technische Schriften*, übers. v. Werner Hamacher, Freiburg i. B. 1978, 213: »Wie lernt er [der Mensch], das zu sagen, dies *ich*? *Ich* ist ein Verhalten, dessen Gebrauch in einer bestimmten Referenz auf den anderen, die eine gesprochene Referenz ist, erlernt wird. Das *ich* wird in der Referenz auf *du* geboren. [...] Das

Frühere Entwürfe fingen anders an: [...] als Fallen in einen Zeitschacht, auf dessen Grund das Kind in aller Unschuld auf einer Steinstufe sitzt und zum ersten Mal in seinem Leben zu sich selbst ICH sagt. Ja: Am häufigsten hast Du damit angefangen, diesen Augenblick zu beschreiben, der, wie Du Dich durch Nachfragen überzeugen konntest, so selten erinnert wird. Du aber hast eine, wenn auch abgegriffene Originalerinnerung zu bieten, denn es ist mehr als unwahrscheinlich, daß ein Außenstehender dem Kind zugesehen und ihm später berichtet haben soll, wie es da vor seines Vaters Ladentür saß und in Gedanken das neue Wort ausprobierte, ICH ICH ICH ICH ICH, jedesmal mit einem lustvollen Schrecken, von dem es niemandem sprechen durfte. Das war ihm gleich gewiß.

Nein. Kein fremder Zeuge, der so viele unserer Erinnerungen an die frühe Kindheit, die wir für echt halten, in Wirklichkeit überliefert hat. Die Szene ist legitimiert.[42]

Allerdings folgt den bruchstückhaften Erinnerungen, die im Text dargeboten werden, immer auch tiefe Skepsis. Die Bestimmtheit, mit der die erste Originalerinnerung hier beispielsweise auftritt, wird schon ein paar Sätze weiter wieder entkräftet.

Das Kind selbst aber, das zu erscheinen hätte? Kein Bild. Hier würde die Fälschung beginnen. [...] Vor dem ersten Satz wäre hinter den Kulissen alles entschieden. Das Kind würde die Regieanweisungen ausführen: Man hat es ans Gehorchen gewöhnt. Sooft Du es brauchtest – die ersten Anläufe werden immer verpatzt – würde es sich auf die Steinstufe hocken [...].[43]

Kind wiederholt den Satz, den man zu ihm sagt, mit dem *du* anstatt die Inversion mit dem *ich* zu bilden. Es handelt sich um eine Verzögerung im Spracherwerb.« Vgl. hierzu auch: Roman Jakobson, »Der grammatische Aufbau der Kindersprache«, in: Elmar Holenstein, *Von der Hintergehbarkeit der Sprache. Kognitive Unterlagen der Sprache*, Frankfurt a. M. 1980, 186: »Ich glaube es gibt in der sprachlichen Entwicklung des Kindes zwei befreiende Phasen. Erst die Nennung des Subjekts und des Prädikats: Sie beschenkt den Redner mit einer Unabhängigkeit von *hic et nunc*. Dann der zweite Schritt, das Erfinden der *Shifters*. [...] Laut Fichte bedeutet die Erwerbung des Pronomens »ich« den Anfang der Selbsterkenntnis. In Wirklichkeit begreift der Kleine beim Erlernen dieses Fürworts, daß er zu einer ganzen Reihe von möglichen Sprechern gehört, die alle dieselbe wechselbare Funktion des Ichs ausüben und dadurch miteinander verbunden sind.«
42 Wolf, *Kindheitsmuster*, 11-12.
43 Ebd., 12.

Die Skepsis bleibt bis zur letzten Seite bestimmendes Merkmal des Textes. Das Kind, das in mir verkrochen war – ist es hervorgekommen? Oder hat es sich, aufgescheucht, ein tieferes, unzugängliches Versteck gesucht? [...] Und die Vergangenheit, die noch Sprachregelungen verfügen, die erste Person in eine zweite und dritte spalten konnte – ist ihre Vormacht gebrochen? Ich weiß es nicht.[44]

Die Paradoxie einer sprachlichen Rekonstruktion der Subjektwerdung kann, dessen scheint sich auch die Erzählerin bewußt zu sein, nicht durchbrochen werden. Auch wenn das zweifelnde »Ich weiß es nicht« gegen Ende des Textes dazu verleiten könnte, es als »Hoffnungsschimmer« für eine Einheit der vormals gespaltenen Erzählinstanz zu lesen, da die Erzählerin hier schließlich zum ersten Mal das Pronomen »ich« auf sich selbst bezieht.

Der Text ist an seinem Ende angekommen, das Ende der Kindheit – mit 16 Jahren – wurde im Text erreicht, die Erinnerungsarbeit somit vorläufig beendet. Das Ich ist im Moment des Schreibens angekommen und das Pronomen »Ich« also deckungsgleich mit dem präsentischen Selbst. Gleichwohl ist dieses Ich keine Konstante, denn die Erzählerin läßt auch zum Schluß ein Verständnis des Subjekts als ständig im Entstehen begriffenes, als *Subjekt-im-Prozeß*[45] erkennen.

»Je näher uns jemand steht, desto schwieriger scheint es zu sein, Abschließendes über ihn zu sagen, das ist bekannt.«[46] Und ganz zu Beginn von *Kindheitsmuster* heißt es: »In die Erinnerung drängt sich die Gegenwart ein, und der heutige Tag ist schon der letzte Tag der Vergangenheit.«[47] Von sich selbst sprechen oder schreiben bedeutet, vergangene Entwürfe zu überschreiben.

Und wie sind wir so geworden, wie wir sind? Eine vorsichtige Antwort könnte lauten: durch Wiederholung, durch Sprach-muster, denen sich das Subjekt unterwerfen muß, um Subjekt zu werden, durch den Diskurs, der dem Subjekt immer vorgängig ist. In diesem Zusammenhang ist es interessant zu sehen, daß die Erzählerin ihr vergangenes Ich gewissermaßen »anruft«:[48]

---

44 Ebd., 519.
45 Vgl. hierzu Kristeva, *Die Revolution der poetischen Sprache*, 210: »Das Subjekt *ist* nie, das Subjekt ist Prozeß der Sinngebung und stellt sich bloß als sinngebende Praxis dar.«
46 Wolf, *Kindheitsmuster*, 519.
47 Ebd., 9.
48 Der Begriff der Anrufung ist Althussers Prinzip der Interpellation entlehnt, welches er zur Erklärung der sprachlichen Erzeugung des Subjekts heranzieht. Vgl.

Aus dem Wohnzimmerfenster hätte die Mutter nun das Kind zum Abendbrot zu rufen, wobei sein Name, der hier gelten soll, zum erstenmal genannt wird: Nelly! (Und so, nebenbei, auch der Taufakt vollzogen wäre, ohne Hinweis auf die langwierigen Mühen bei der Suche nach passenden Namen).[49]

Und Nelly folgt dem Ruf, wendet sich um, womit der Akt der Subjektivation hier ebenfalls thematisiert wird, wenngleich auch nicht als Erinnerung, sondern als nachträgliche Konstruktion.

Die Subjektgenese beginnt in *Kindheitsmuster* nicht mit der frühen Kindheit, sondern mit dem Ende des Textes, dem Moment des Schreibens, der in der narrativen Gegenwart liegt. Den Anfang, der hier in eine Zukunft über das Textende hinausweist, lese ich als Anfang eines neuen Selbstverständnisses. Eines, das Identität als »multipel« begreift, als »in ihren Grenzen durchlässig und fließend«.[50]

Nur als literarische Erfindung oder im Traum können die eigenen verworfenen Subjekte, die einstigen Anfänge unseres Selbst, aufleben, wiederholt werden.

Nachts werde ich – ob im Wachen, ob im Traum – den Umriß eines Menschen sehen, der sich in fließenden Übergängen unaufhörlich verwandelt, durch den andere Menschen, Erwachsene, Kinder, ungezwungen hindurchgehen. [...] Sicher, beim Erwachen die Welt der festen Körper wieder vorzufinden, werde ich mich der Traumerfahrung überlassen, mich nicht auflehnen gegen die Grenzen des Sagbaren.[51]

* * *

Über die Zweifel, die Wolfs Erzählerin in bezug auf die sprachliche Repräsentation von (immer schon vergangenen) Erfahrungen hat, verliert Jeffrey Eugenides' hermaphroditische Erzählfigur in *Middlesex* höchstens ein paar Worte, wie um zu signalisieren, daß sie sich dieser Problemfelder bewußt ist. Spielerisch weist sie den Leser darauf hin, daß die Rekapitulation von Geburt und vorgeburtlicher Existenz die Grenzen des Menschenmöglichen deutlich überschreitet.

hierzu: Louis Althusser, *Ideologie und ideologische Staatsapparate*, im gleichnamigen Band, Hamburg, Berlin 1977.
49 Wolf, *Kindheitsmuster*, 13.
50 Ebd., 519.
51 Ebd.

Of course, a narrator in my position (prenatal at the time) can't be entirely sure about any of this.[52]

My eyes, switched on at last, saw the following: a nurse reaching out to take me from the doctor; my mother's triumphant face, as big as Mount Rushmore, as she watched me heading for my first bath. (I said it was impossible, but still I remember it.)[53]

Cal(lie), der/die von seinen/ihren Geburten erzählt, zuerst als Mädchen, dann als Junge (mit 14) und zuletzt als ›weder noch‹ im Alter von 41 Jahren, ist eine Erzählfigur, die sich über das Paradox, das vorsprachliche Lebensstadium erinnern und in Sprache fassen zu können, ebenso hinwegsetzt wie über die Unvereinbarkeit von Ich-Perspektive und Allwissenheit. Sie erzählt die Geschichte ihres rezessiven fünften Gens, vor dem Hintergrund der Biographien von Großeltern und Eltern, inklusive der Innensicht und Gefühlswirklichkeiten der Familienmitglieder, bis hin zurück in das ehemals griechische Städtchen Smyrna im Jahre 1922. Die Subjektgenese der Erzählfigur wird – anders als bei Belyj – nicht nur im Kontext mit Mythischem und Spirituellem gesehen, sondern auch unter historisch-kulturellen Gesichtspunkten. Familiengeschichte und Disposition der interfamiliären Fortpflanzung werden sowohl mit den griechisch-orthodoxen Weltanschauungen der Großeltern als auch mit der Situation der Immigranten in den USA der zwanziger Jahre begründet.

Der Moment der leiblichen Befruchtung, der pränatale Akt, wird als eigene Erfahrung geschildert. Callie/Cal war ›dabei‹:

As sperm meets egg, I feel a jolt. There's a loud sound, a sonic boom as my world cracks. I feel myself shift, already losing bits of my prenatal omniscience, tumbling towards the blank slate of personhood. [...] Then, slippery as yolk, I dive headfirst into the world.

»Im sorry little baby girl«, my mother said in bed, touching her belly and already speaking to me. »I wanted it to be more romantic.«[54]

Eugenides' Erzählfigur teilt mit Belyjs Erzähler die Auffassung, das pränatale Stadium sei das Stadium der Allwissenheit. Auch hier wird die Sprache der erwachsenen Erzählfigur, die als 41jähriger seine Geschichte erzählt, keiner als kindlich imaginierten Sprechweise angepaßt. Die Erzählfigur in *Middlesex* ist aber fern von lyrischer Sprache oder Sprach-

---

52 Eugenides, *Middlesex*, 10.
53 Ebd., 243.
54 Ebd., 239.

experimenten. Nicht die vermeintliche Überlegenheit des Kindes gegenüber dem Erwachsenen, mit der man in *Kotik Letajew* seitenweise konfrontiert wird, ist das Anliegen für eine derartig privilegierte Sprecherposition. Cal(lie) befindet sich in einem Vakuum der Nicht-Identität,[55] weder Mann noch Frau kann sie weder als Mann noch als Frau sprechen – also spricht sie für alle und aus allen Figuren. Durch die Verbindung von Ich-Perspektive und Allwissenheit wird ihre narrative Autorität verdoppelt. Cal(lie) nimmt in ihrer Geschichte auf Michel Foucaults *Über Hermaphrodismus. Der Fall Barbin* und die gender-Diskurse der siebziger Jahre ebenso Bezug wie auf andere Kulturen, in denen es mehr als nur zwei Geschlechter ›gibt‹ und wo diese über mystische Gaben verfügen. Sie spielt mit der Assoziation, selbst über derartige Gaben zu verfügen, ist ein narrativer ›Zwitter‹, allwissend und gleichzeitig Ich-Erzählerin, rational und spirituell zugleich. Was ihre Sozialisation als Mädchen veranschaulicht, schließt an Wolfs *Kindheitsmuster* an. Die Geschlechtsidentität ist ebenso durch wiederholte Darbietungen und Rituale »erzeugt«,[56] wie andere soziale, weltanschauliche Muster den Menschen von Beginn an prägen. Der gesellschaftliche Zwang, eines der beiden »wahren« Geschlechter[57] »sein« zu müssen, greift tiefer – nämlich bis in den Leib hinein – als die Ideologien, von denen sich die Erzählerin in Christa Wolfs Roman zu befreien sucht. Aber auch Cal(lie) läßt sich nicht auf eine »wahre und endgültige Identität«[58] festlegen.

Ziel des Aufsatzes war es, an ausgewählten Textbeispielen zu zeigen, wie vielfältig die Vermittlungsverfahren bei der literarischen Annäherung an Geburt und frühe Kindheit sind und gleichzeitig eine Einführung in den Gegenstand zu geben. Als erste Beispiele hatte ich *David Copperfield* und *Aus meinem Leben: Dichtung und Wahrheit* angeführt. Über frühe Kindheit und Geburt wird hier als Faktum berichtet, wobei insbesondere die Beschreibung der eigenen Geburt als Passiv-Konstruktion vermittelt wird. Es wird kein Versuch gemacht, frühkindliche oder vorgeburtliche

---

55 Meine Verwendung des Begriffs Nicht-Identität ist nicht identisch mit Foucaults »glücklichem Limbus der Nicht-Identität«, den er im Zusammenhang mit Herculine Barbins Pubertät formuliert hat, sondern ist hier als wertneutral anzusehen. Vgl. hierzu: Michel Foucault, *Über Hermaphrodismus. Der Fall Barbin*, Frankfurt a. M. 1998, 12.
56 Vgl. hierzu Judith Butlers Begriff der *gender performance*, in: dies., *Das Unbehagen der Geschlechter*, Frankfurt a. M. 1991, 217.
57 Foucault, *Über Hermaphrodismus*, 14.
58 Ebd., 14.

Erfahrung zu *inszenieren*, vielmehr wird die Erwähnung bzw. Konstruktion ihrer Umstände als Prätext für das spätere Werden dienstbar gemacht.

Anhand der Eingangspassagen des Romans *A Portrait of the Artist as a Young Man* habe ich gezeigt, wie die Sprache des Erzählers – gemäß bestimmten Vorstellungen über diese Lebensphase – der Erfahrungswelt eines sehr kleinen Kindes angeglichen wird. Sehr kurze Sätze bestimmen hier die Narration, die Erzähleinheiten folgen diskontinuierlich aufeinander und wechseln je nach Assoziation der fokalisierten Figur.

Es folgte der Roman *Kotik Letajew*, in dem kindliche und erwachsene Perspektive sich teils abwechseln, teils zu einem Doppelblick vereinen, in dem die erwachsene Sprache jedoch durchweg beibehalten wird. Hier werden kindliches und vorgeburtliches Erleben aus dem poetischen Potential der Sprache heraus geschaffen.

Christa Wolfs Erzählerin im Roman *Kindheitsmuster* schließlich läßt die Erfahrungen früher Kindheit und Subjektwerdung in der Narration »erscheinen«, indem sie immer wieder die Unmöglichkeit ihrer Rekapitulation beteuert. Gerade dieses Insistieren, die tiefe Skepsis gegenüber der menschlichen Erinnerungsleistung, Wolfs programmatische Vorstellung von der Prozessualität von Erinnerung und Subjekt und die damit verbundene Aufspaltung der Erzählinstanz läßt die dargebotenen Fragmente einer Kindheit um so authentischer wirken. Gerade durch die wiederholte Negation der Wiederholbarkeit dringt Wolfs Text bis an die Grenzen des Sagbaren vor.

Ganz anders die Erzählfigur Cal(lie) aus *Middlesex*. Sie hat kein Problembewußtsein bezüglich der Erinnerbarkeit von Geburt und früher Kindheit. Zwar wird die Tatsache, daß sich der Mensch für gewöhnlich nicht an diese Lebensphase erinnert, thematisiert, jedoch lediglich in Form eines metanarrativen Kommentars, der die Souveränität und Eigenmächtigkeit der Erzählinstanz jedoch um so deutlicher affirmiert. Die Rekapitulation von Geburt und elterlicher Zeugung ist hier nicht nur möglich, sondern wird, wie auch die Kindheit, ausschließlich aus der Perspektive einer erwachsenen Erzählfigur vermittelt, die in jedem Lebensalter über dieselben Fähigkeiten zur Interpretation der Ereignisse verfügt. Diese ungewöhnliche, märchenhaft-unglaubwürdige Erzählfigur vereinnahmt die Phänomene der Kindheit ungleich mehr, als sie deren Verfügbarkeit problematisiert.

Während Christa Wolf zeigt, wie unhintergehbar frühkindliche Prägungen und wie unzulänglich Bewußtsein und Sprache diesen verkörperten Erfahrungen gegenüber sind, statten Belyj, Joyce und Eugenides ihre

Erzählfiguren – auf wenn auch sehr verschiedene Weise – mit einer erzählerischen Souveränität aus, die den Konstruktcharakter des Unmöglichen – die sprachliche Re-präsentation[59] und Wiederholung von früher Kindheit und Geburt – als Möglichkeit gleichwohl nachdrücklich affirmiert.

Literatur

Althusser, Louis, *Ideologie und ideologische Staatsapparate*, im gleichnamigen Band, Hamburg, Berlin 1977.

Bely, Andrej, *Kotik Letajew* [1922], übers. v. Gabriele Leupold, Frankfurt a. M. 1993.

Benjamin, Walter, *Berliner Kindheit um neunzehnhundert* [1932], Frankfurt a. M. 2000.

Brockmeier, Jens, »From the end to the beginning: Retrospective teleology in autobiography«, in: *Narratives and Identity. Studies in Autobiography, Self and Culture*, hg. v. Jens Brockmeier/Donal Carbaugh, Amsterdam 2001.

Butler, Judith, *Das Unbehagen der Geschlechter*, übers. v. Kathrina Menke, Frankfurt a. M. 1991. [Original: *Gender Trouble*, New York, London 1990]

– *Psyche der Macht. Das Subjekt der Unterwerfung*, übers. v. Reiner Ansén, Frankfurt a. M. 2001. [Original: *The Psychic Life of Power*, Stanford 1997]

– *Kritik der ethischen Gewalt. Adorno-Vorlesungen 2002*, übers. v. Reiner Ansén, Frankfurt a. M. 2003.

Coe, Richard N., *When The Grass Was Taller. Autobiography and the Experience of Childhood*, New Haven 1984.

Dickens, Charles, *David Copperfield* [1849-50], London 1992.

Eugenides, Jeffrey, *Middlesex*, New York 2003.

---

59 Zu dieser Schreibweise und Bedeutungsverschiebung des Begriffs der Repräsentation vgl. Hans Ulrich Gumbrecht, »Produktion von Präsenz, durchsetzt mit Absenz. Über Musik, Libretto und Inszenierung« in: *Ästhetik der Inszenierung*, hg. v. Josef Früchtl/Jörg Zimmermann, Frankfurt a. M. 2001, 65: »Eine ganz andere Sichtweise eröffnet sich, sobald man das Wort ›Re-Präsentation‹ mit einem Bindestrich schreibt und in seiner etymologischen Bedeutung denkt, nämlich als ein Wieder-Vergegenwärtigen. Solche Re-präsentation ist nicht Stellvertretung für etwas abwesend Bleibendes, sondern die Produktion der erneuten Präsenz von etwas zuvor abwesend Gewesenem.«

Ewers, Heinz Hanno, *Kindheit als poetische Daseinsform. Studien zur Entstehung der romantischen Kindheitsutopie im 18. Jahrhundert*, München 1989.

Faulkner, William, »That Evening Sun« in: ders., *These Thirteen. Volume Two of the Collected Short Stories*, London 1958.

– *The Sound and the Fury* [1929], New York 1987.

Finck, Almut, *Autobiographisches Schreiben nach dem Ende der Autobiographie*, Berlin 1999.

Freud, Sigmund, *Gesammelte Werke*, 18 Bde., hg. v. Anna Freud, Bd. 12, London 1947.

Foucault, Michel, *Über Hermaphrodismus. Der Fall Barbin*, übers. v. Wolfgang Schäffner/Joseph Vogl, Frankfurt a. M. 1998. [Original: *Herculine Barbin dite Alexine B.*, Paris 1978]

Gideon, Heidi, *Bin ich das? Oder das? Literarische Gestaltungen der Identitätsproblematik*, Göttingen 2004.

Genette, Gérard, *Die Erzählung*, übers. v. Andreas Knop, München 1998. [Original: *Discours du récit*, Paris 1972]

Goethe, Johann Wolfgang von, *Aus meinem Leben, Dichtung und Wahrheit*, hg. v. Klaus-Detlef Müller, Frankfurt 1986 [= *Sämtliche Werke. Briefe, Tagebücher und Gespräche* (›Frankfurter Ausgabe‹), 40 Bde., hg. v. Friedmar Apel/Hendrik Birus u. a., Frankfurt a. M. 1986-1999, hier I. Abteilung, Bd. 14, 9-992].

Greber, Erika, »Subjektgenese, Kreativität und Geschlecht. Zu Pasternaks *Detstvo Ljuvers*«, in: *Psychopoetik. Beiträge zur Tagung »Psychologie und Literatur«*, hg. v. Aage A. Hansen-Löve, München 1991 (= Wiener Slawistischer Almanach. Sonderband 31), 347-397.

Gumbrecht, Hans Ulrich, »Produktion von Präsenz, durchsetzt mit Absenz. Über Musik, Libretto und Inszenierung« in: *Ästhetik der Inszenierung*, hg. v. Josef Früchtl/Jörg Zimmermann, Frankfurt a. M. 2001.

Iser, Wofgang, *Das Fiktive und das Imaginäre. Perspektiven literarischer Anthropologie*, Frankfurt a. M. 1991.

Jakobson, Roman, »Der grammatische Aufbau der Kindersprache«, in: Elmar Holenstein, *Von der Hintergehbarkeit der Sprache. Kognitive Unterlagen der Sprache*, Frankfurt a. M. 1980.

Joyce, James, *A Portrait of the Artist as a Young Man* [1916], New York 1993.

Jung, Carl Gustav, *Die Archetypen und das kollektive Unbewußte* [1934], Olten 1976.

Kristeva, Julia, *Die Revolution der poetischen Sprache*, übers. v. Reinold Werner, Frankfurt a. M. 1978. [Original: *La révolution du language poétique*, Paris 1974]

Lacan, Jacques, *Das Seminar von Jacques Lacan. Freuds technische Schriften*, übers. v. Werner Hamacher, Freiburg i. B. 1978.

Lange, Katrin, *Selbstfragmente. Studien zur Kindheitsautobiographie*, Diss., München 1999.

Piaget, Jean/Inhelder, Bärbel, *Die Psychologie des Kindes*, übers. v. Lorenz Häfliger, Freiburg i. B. 1972. [Original: *La psychologie de l'enfant*, Paris 1966]

Proust, Marcel, *Auf der Suche nach der verlorenen Zeit*, übers. v. Eva Rechel-Mertens, Frankfurt a. M. 1964. [Original: *A la recherche du temps perdu*, Paris 1955-1956]

Rakusa, Ilma, »Nachwort« in: Belyj, Andrej, *Kotik Letajew* [1922], übers. v. Gabriele Leupold, Frankfurt a. M. 1993, 217-224.

Hellgard, Rauh, »Vorgeburtliche Entwicklung«, in: *Entwicklungspsychologie*, 5. völlig neu bearbeitete und erweiterte Auflage, hg. v. Rolf Oerter/Leo Montada, München, Weinheim 2002, 131-208.

Steiner, Rudolf, *Kunst und Anthroposophie*, Dornach 1996.

Sterne, Laurence, *The Life and Opinions of Tristram Shandy Gentleman* [1759-67], London 1980.

Stifter, Adalbert, *Mein Leben. Fragment einer Autobiographie* [1867], GW Bd. 1, Salzburg 1941.

Suchsland, Inge, *Julia Kristeva zur Einführung*, Hamburg 1992.

Tolstoi, Lev, *Detstvo* [1852], übers. v. Karl Nötzel, Freiburg i. B. 1949.

Wolf, Christa, *Kindheitsmuster* [1976], Hamburg 1993.

Woolf, Virginia, *To The Lighthouse* [1927], New York 1988.

KLAUS MÜLLER-WILLE

Black Box und Geheimniszustand –
Anfang(en) als Wiederholung
in der skandinavischen Systemdichtung

I. Anfang und Wiederholung

Historien om plusquamperfektum
Ja nu begyndte det. Det havde kunnet vente lidt endnu. Det havde kunnet hvis det havde kunnet vente.

Det har ikke kunnet vente. Hvad det havde kunnet er plusquamperfektum. Hvad det havde kunnet er uinteressant.

Det er begyndt. Alt havde kunnet være anderledes. Alt kan ikke være anderledes.[1]

Die Geschichte über das Plusquamperfekt
Ja nun fing es an. Es hätte noch etwas warten können bis jetzt. Es hätte können wenn es hätte warten können.

Es hat nicht warten können. Was es hätte können ist Plusquamperfekt. Was es hätte können ist uninteressant.

Es hat angefangen. Alles hätte anders sein können. Alles kann nicht anders sein.[2]

Diese kleine Reflexion über den Anfang entstammt einer Gedichtsammlung, die der Däne Hans-Jørgen Nielsen 1967 unter dem schlichten Titel

---

1   Hans-Jørgen Nielsen, *Output*, København 1967, 43.
2   Übersetzungen aus dem Skandinavischen stammen – soweit nicht anders angegeben – von mir, KMW. Das für die Textinterpretation wichtige Spiel mit zeitlichen Aufschüben kann im Deutschen nicht vollständig wiedergegeben werden. Aufgrund der dänischen Syntax wird die Zäsur im Enjambement der zweiten und dritten Zeile zwischen »können« und »warten« und nicht wie im Deutschen zwischen »warten« und »können« gesetzt.

Output publiziert. Nimmt man den Titel des Gedichtes ernst, dann treten in der angekündigten Geschichte verschiedene Zeitformen als Aktanten gegeneinander an. Gegen die langweilige und larmoyante Weltsicht, die in der Form eines ›hätte sein können‹ zum Ausdruck kommt, wird ein gleichermaßen cooles wie fatalistisches ›hat es aber nicht‹ gesetzt. Angesichts des Spiels mit der grammatikalischen Terminologie fällt eine Nachlässigkeit in der diegetischen Argumentation auf. Offensichtlich wendet sich die narrative Sprechinstanz weniger gegen die Zeitform des Plusquamperfekts an sich als vielmehr gegen die Form eines hypothetischen Irrealis, der im Dänischen wie im Deutschen über die Verwendung des Modalverbs ›können‹ konstruiert wird. Spätestens hier wird deutlich, daß sich der Text auf einer ganz anderen Ebene mit der Zeitform des Plusquamperfekts bzw. mit dem Zusammenhang zwischen dieser Zeitform und dem Phänomen ›Erzählung‹ auseinandersetzt. So läßt sich die erste Strophe als extrem selbstreferentielle Deixis interpretieren, mit der das Gedicht auf den Versuch aufmerksam macht, das Ereignis seines eigenen Beginns aufzuheben. Der Text suggeriert, sich selbst überholen und Kontrolle über seine eigene Genese gewinnen zu wollen. Dabei wird deutlich gemacht, daß die Aufhebung des Anfangs in einem doppelten Sinn verfehlt wird. Das Sprechen über den Anfang des eigenen Sprechens kommt gleichermaßen verspätet wie verfrüht. Der bezeichnete Anfang ist nicht nur ein immer schon gewesener, sondern aufgrund des sprachlichen Vollzugs ein immer noch im Kommen begriffener. Das Gedicht bringt dies sehr schön durch den entscheidenden temporalen Wechsel zwischen dem »det begyndte« (es begann) der ersten Strophe und dem »det er begyndt« (es hat begonnen) der dritten Strophe zum Ausdruck, die *nachträglich* eine temporäre Differenz in den Anfang einschreibt, der zwischen einem einmaligen, punktuellen Ereignis und einer sich ereignenden Verlaufsform zu changieren beginnt. Schon das bloße Einschreiben dieser Differenz verdeutlicht das Paradox der konstitutiven Nachträglichkeit des Anfangs, welches motivisch in der Thematisierung von Aufschub und Warten aufgegriffen wird: Der sprachlich konstituierte Anfang von Sprache, der hier thematisiert wird, ist paradoxerweise immer schon vollzogen, wie er in der Zukunft immer erst gewesen sein wird. In der Vertiefung dieser temporalen Paradoxien mutiert die Geschichte über eine Zeitform zu einem autoreferentiellen Sprachspiel, das die Vorstellung einer linear verlaufenden Zeit und damit die Vorstellung von Erzählbarkeit selbst in Frage stellt.

So läßt sich der Vorwurf an das Plusquamperfekt als uninteressante Zeitform durchaus buchstäblich lesen. Als eine verlaufende Zeitform, die über einen Anfang und ein Ende verfügt, steht das Plusquamperfekt in einem abstrakten Sinne für die sprachliche Bedingung der Möglichkeit eines geschlossenen Erzählverlaufs. Gegen diese Form von erzählbar gemachter Zeit beharrt das Gedicht auf den Sprung eines inkommensurablen, eines werdenden Anfangs. Thematisiert wird das Ereignis einer nicht re-präsentierbaren, werdenden Zeit, das sich noch nicht einmal in der Form einer Erzählung bannen läßt, die ihren Anfang in der Form einer kreisförmigen Bewegung erst über ihr zukünftiges Ende zu gewinnen verspricht. Mit dem verhandelten Gegensatz zwischen einem sich selbst begründenden Zeitverständnis, in dem Anfang und Ende sich über eine Narration wechselseitig bedingen, und dem Denken der werdenden Zeit als nicht aufhebbaren Sprung spielt Nielsen einerseits auf Kierkegaards Hegel-Kritik in *Gjentagelsen* (Die Wiederholung) und *Forord* (Vorwort/ Vorwörter) an. Mit der Figur eines durchgestrichenen bzw. eines sich im Entzug konstituierenden Anfangs wird andererseits auf zentrale Theoreme der zeitgenössischen französischen Semiotik zurückgegriffen.[3] In seinen poetologischen Essays geht Nielsen immer wieder auf Inspiration durch sprach- und zeichentheoretische Arbeiten ein, die ihn – wie andere Vertreter der skandinavischen Systemdichtung – dazu gebracht hätten, in seinen Texten Sprache zu inszenieren und zentrale Kategorien der literarischen Kommunikation (›Autor‹, ›Werk‹, ›Subjekt‹ etc.) in Frage zu stellen.[4] Im konsequenten Verzicht auf solche Anfangssetzungen versucht man letztendlich, Sprache oder Text selbst agieren zu lassen, wobei die Autorfunktion in der Regel durch komplexe Programme oder Spielregeln ersetzt wird, die den Eindruck erzeugen, daß sich die Texte selbst generieren.[5]

---

3 Konzis zur Zeitkonzeption sowie zum Anfangs- und Wiederholungsbegriff bei Derrida vgl. Birgit Erdle, »Traumatisierte Schrift. Nachträglichkeit bei Freud und Derrida«, in: *Poststrukturalismus. Herausforderung an die Literaturwissenschaft* hg. v. Gerhard Neumann, Stuttgart 1997, 79-93. Zur frühen Rezeption der entsprechenden Theorien in Dänemark, die wohl mit der semiotischen Tradition des Landes (Hjelmslev) zu tun hat, vgl. Klaus Müller-Wille, »Digero ergo …? – Das *64. Frühstück im Grünen* und die Figuration transtextueller Prozessualität«, in: *Text und Zeit. Wiederholung, Variante, Serie als Konstituenten literarischer Transmission*, hg. v. Barbara Sabel/Jürg Glauser, München 2004, 110-169, hier 121-132.
4 Vgl. stellvertretend die Essays in Hans-Jørgen Nielsen, *›Nielsen‹ og den hvide verden. Essays, Kritik, Replikpoesi 1963-68*, København 1968.
5 Vgl. dazu die klassische und begriffsprägende Einführung von Steffen Hejlskov-Larsen, *Systemdigtningen. Modernismens tredje fase*, København 1971; sowie den programmatischen Artikel von Hans-Jørgen Nielsen, »Modernismens tredje fase: Fra erkendelse til eksempel«, in: *Eksempler. En generationsantologi*, hg. v. dems., København 1968, 155-179.

Während die Nähe zur zeitgenössischen Schrifttheorie einerseits hilft, die Systemdichtung philosophisch aufzuwerten, droht sie andererseits, die einzelnen Gedichte zu reinen Exempeln grammatologischer Theoreme verkommen zu lassen. Viele Texte der Systemdichtung bieten die Möglichkeit, nochmals auf Kernbegriffe der frühen Dekonstruktion wie etwa das ›ursprüngliche Supplement‹, die ›archi-écriture‹, die ›différance‹ oder eben das diesen Begriffen zugrunde liegende Konzept der Wiederholung einzugehen; und genau dieser Zugang hat in der Tat lange Zeit die wissenschaftliche Auseinandersetzung mit dem Material geprägt.[6]

Auch ich möchte die enge Verbindung mit der zeitgenössischen Semiologie oder Grammatologie zum Ausgangspunkt nehmen, um die in den einzelnen Texten verhandelten Konzepte von Anfang und Wiederholung näher zu betrachten. Allerdings wird es mir in erster Linie darum gehen, Differenzen im Umgang mit den skizzierten Paradoxien zu analysieren. Ich werde in meinen konkreten Lektüren also versuchen, die Wiederholung allgemeiner sprachphilosophischer Positionen der späten 1960er Jahre zu vermeiden.[7] Statt dessen möchte ich der Frage nachgehen, mit welchen konkreten Figuren und Verfahren einzelne Texte arbeiten und zu welch unterschiedlichen Lösungen die Konzeption eines entzogenen oder strukturell latenten Anfangs führen kann. Zwei weitere skandinavische Exempel aus den späten 1960er Jahren sollen illustrieren, welch weitreichende theoretische Implikationen solch konkreteren Analysen besitzen können.

II. Den Anfang de-konstruieren –
Potenzierte Kybernetik bei Torsten Ekbom

Bei dem ersten Beispiel handelt es sich um einen als »strategisches Modelltheater« klassifizierten Text, der die oben skizzierten Charakteristika der Systemdichtung nahezu paradigmatisch einlöst. Wie andere Spielromane oder ›Black-Box-Poesie‹[8] der Zeit geben Torsten Ekboms

---

6 Vgl. stellvertretend die frühe Studie von Hugo Hørlych Karlsen, *Skriften, spejlet og hammeren. En kritisk analyse af en række nyere eksperimentelle danske forfatterskaber*, København 1973.

7 Zu einer pragmatistischen Kritik der literaturwissenschaftlichen Wiederholung philosophischer Wiederholungsbegriffe vgl. Markus Wild, »*Play it!* – aber nicht *again*. Der Wiederholungsbegriff in pragmatistischer Beleuchtung«, in: *Text und Zeit*, 184-205.

8 Es ist für die folgende Analyse wichtig, darauf hinzuweisen, daß die Bezeichnung ›Black-Box-Poesie‹ im Skandinavien der 1960er-Jahre durchaus den Status einer

1966 publizierte *Spelmatriser för Operation Albatros* (Spielmatrizen für Operation Albatros) vor, über eine komplexe Matrix generiert worden zu sein, die dem Leser in einem angefügten Dossier präsentiert wird. Dort finden sich Hinweise auf die datenverarbeitende Tiefenschicht des Textes, die aus einem alphabetischen Code-System sowie einer numerischen Verrechungstabelle mit Zufallszahlen besteht. Beide Tabellen generieren der Fiktion zufolge ein Ordnungs- und Verteilungsmuster für operative und psychische Variablen, die ebenfalls im Dossier aufgeführt werden. Bei den Variablen, die zwei als rot und blau titulierten Parteien zugeordnet werden, handelt es sich um ein Sammelsurium von kürzeren oder längeren Handlungsfolgen – z.b. »Mit einem Schlitten durch den Schnee gleiten«, »Zigarette anzünden«, »Stirn runzeln«, »zögern«[9] –, die entfernt an die narrativen Funktionen Propps erinnern und die die Basiselemente des in 15 Spielmatrizen aufgeteilten Textes bilden werden. Schließlich liefert ein auf dem Klappentext abgedrucktes Szenario das im Text verwendete Inventar von Figuren, Rollen und Requisiten.

Grundlegend für den gesamten Text ist eine schlichte allgemeine Spielregel, die es erlaubt, das gesamte Textgeschehen als Auseinandersetzung zwischen den kollektiven Aktanten Rot und Blau zu lesen: »ALLMÄN SPELREGEL / Blås vinst = Röds förlust / Blås förlust = Röds vinst«[10] (ALLGEMEINE SPIELREGEL / Gewinn Blau = Verlust Rot / Gewinn Rot = Verlust Blau). Der in den Spielmatrizen entwickelte Konflikt zwischen Blau und Rot bleibt in jeglicher Hinsicht kryptisch. Der Text setzt relativ unvermittelt in der Gefechtszentrale Blau ein, wo man sich dafür entscheidet, den Computer Cage IV in der Kriegsführung einzusetzen. Dieser produziert der Fiktion zufolge die 15 Spielmatrizen, die als Ausgangspunkt der Genese der nachfolgenden 15 Kapitel dienen.

Der Aufbau der Kapitel folgt einer genau kalkulierten Abfolge. Auf die in der Fiktion über einen Computer generierten Spielmatrizen folgt eine Analyse, die stark an entsprechende Vorgaben aus der zeitgenössischen Spieltheorie erinnert.[11] Die Analysen werden direkt auf die im

---

  Gattungsbezeichnung innehatte. Vgl. etwa die Beiträge von Hans-Jørgen Nielsen, »Poeten med den sorte kasse. Datamaskinepoesi«, und Stig Brøgger, »Kunst og datamaskiner«, in: *ta'* 4 (1967), 20-23 und 24-26.
 9 Torsten Ekbom, *Spelmatriser för Operation Albatross. Strategisk modellteater*, Stockholm 1966, 220-221.
 10 Ebd., 224.
 11 Zu konkreten Vorbildern aus der zeitgenössischen Spieltheorie vgl. Jonas Ingvarsson, *En besynnerlig gemenskap. Teknologins gestalter i svensk prosa 1965-1970*, Göte-

Dossier verzeichneten Verrechnungstabellen und Textvariablen bezogen, so daß der Eindruck der maschinellen Erstellung der folgenden Texte unterstrichen wird. Diese werden jeweils mit einem Titel und einer kursiv gesetzten Szenenangabe eingeleitet, die nochmals daran erinnert, daß wir es hier mit einem ›strategischen Modelltheater‹ zu tun haben. Eine Spielmatrize kann durchaus mehrere solcher Kapitel enthalten. Die Textblöcke sind typographisch auffällig gestaltet und produzieren z.T. reines Rauschen, das auf nochmalige Verarbeitung des Textmaterials schließen läßt. Einige Textblöcke sind mit auffälligen Streichungen bis zur Unkenntlichkeit entstellt,[12] andere sind mit numerischen oder alphabetischen Chiffren durchsetzt, die darauf hinweisen, daß die Texte noch nicht decodiert bzw. wieder recodiert worden sind:

Flera gånger tyckte han att han hörde röster på långt håll fjgt dhft åvje wwnc om det nu var smällar och inte isberg, som stötte ihop var underligt matta och dämpade. Inte ett ljud bröt den frostbundna båvj fkgt ru. Över den snötäckta tysta isvärlden vilade ett trancelikt båvm ruti fjgr cmvk. fkgt djfu alldeles stilla började den starka kylan vmbj fhgy rtee whfy dgss xbch fkgi ruty egft dkgg ritt qjfu[13]

Mehrfach vermeint er weitentfernte Stimmen zu hören fjgt dhft åvje wwnc wenn es denn Explosionen und nicht Eisberge waren, die gegeneinander stießen, waren merkwürdig still und gedämpft. Nicht ein Laut durchbrach die frostgebundene båvj fkgt ru. Über der schneebedeckten Eiswelt ruhte eine trancegleiche båvm ruti fjgr cmvk. fkgt djfu ganz still fing die starke Kälte an vmbj fhgy rtee whfy dgss xbch fkgi ruty egft dkgg ritt qjfu

Der über die einzelnen Spielmatrizen generierte Text verfügt weder über eine fortlaufende Narration, noch läßt sich eine durchgehende Sprechinstanz ausmachen. Schon die Titel der verwendeten Überschriften – wie etwa »Margo Pain löser en gåta« (Margo Pain löst ein Rätsel), »Dr Palander lägger korten på bordet« (Dr Palander legt die Karten auf den Tisch), oder »Dr Zark slår tillbaka« (Dr Zark schlägt zurück) – zeigen, daß hier

---

borg 2003, 159-163. Eine extrem kurze Einführung, die erklärt, was eine Spielmatrize ist und wie sich eine solche analysieren läßt, liefert Stig Brøgger, »Om Spilteori«, in: *ta'* 2 (1966), 3-5.

12 So ist etwa das zweite Kapitel der zehnten Spielmatrize mit dem bezeichnenden Titel »Med ryggen mot väggen« (Mit dem Rücken gegen die Wand) komplett gestrichen.

13 Ekbom, *Spelmatriser*, 178-179.

überwiegend mit Versatzstücken aus der Populärfiktion, vor allem mit Agentenromanen, gearbeitet wird.[14]

Für das theoretische Niveau des Textes sind allerdings Zitate aus Arbeiten Wittgensteins ausschlaggebend, die z.T. als aufgezeichnete Signale in den Text eingefügt werden und z.T. den handelnden Figuren in den Mund gelegt werden (s.u.). Auch wenn der Text über keine durchgehende Narration verfügt, läßt sich eine relativ stabile topologische Struktur ausmachen. Die dargestellten Handlungen spielen zum einen in diversen als Zonen bezeichneten Fremdräumen – meist öde Polargebiete, Wüste, Meer oder andere ›glatte, ungekerbte‹ Räume –, die von Agenten oder Expeditionsgruppen der Gegner Rot und Blau erkundet werden. Es handelt sich um extrem dynamische Räume, die von den Aktanten ein Höchstmaß an semiotischen und strategischen Kompetenzen abverlangen. Meist geht es darum, sich der Beobachtung durch Truppen und Agenten der Gegner zu entziehen und deren Signale und Spuren zu entziffern.[15]

Zum anderen ist die Handlung in den medial hochaufgerüsteten Operationsräumen der Gefechtszentralen Blau und Rot lokalisiert. Die Dynamik dieser Räume spielt sich auf einer rein semiotischen bzw. medialen Ebene ab. Es geht hier vor allem um Probleme der Verortung, Codierung und Decodierung diverser Signale.

Auch wenn die Auseinandersetzung zwischen Rot und Blau im ganzen Text obskur bleibt, ist das Objekt ihrer Begierde genau benannt. Es handelt sich um »svarta lådor«, das sind schwarze Kisten, welche die Agenten

---

14 Die Anlehnung an *James Bond* steht m.E. in einem deutlichen Zusammenhang zum zeitgenössischen Strukturalismus, dessen Modelle einer Erzählgrammatik häufig an der Populärliteratur exemplifiziert werden. Zu Bond vgl. etwa Hans-Jørgen Nielsen, »007: En mand uden egenskaber. Agentromaner som imaginært teater«, in: ders., ›*Nielsen*‹, 79-84. In seinen ebenfalls 1966 erschienenen narratologischen Arbeiten rekurriert Roland Barthes ebenfalls auf Bond, um die Wirkungsweise einer funktionellen Syntax zu erläutern. Schon bei ihm finden sich Ansätze, die strukturale Handlungsanalyse mit kybernetischen Modellen zu verbinden. Vgl. Roland Barthes, »Einführung in die strukturale Analyse von Erzählungen«, in: ders., *Das semiologische Abenteuer*, übers. v. Dieter Hornig, Frankfurt a. M. 1988, 102-143.

15 Zum erkenntnistheoretischen Fundament des Agentenromans, mit dem Ekbom geschickt spielt, vgl. Eva Horn, »Geheime Dienste. Über Praktiken und Wissensformen der Spionage«, in: *Lettre* 53 (2001), 56-64; sowie Eva Horn, »Secret Intelligence. Zur Epistemologie der Nachrichtendienste«, in: *Raum, Wissen, Macht*, hg. v. Rudolf Maresch/Niels Werber, Frankfurt a. M. 2002, 173-192.

an allen möglichen Orten auftreiben. Die Metapher der Black Box, die bekanntlich in der Kybernetik verwendet wird, um Systeme zu beschreiben, deren Transformationsregeln der wissenschaftlichen Analyse und Simulation nicht zugänglich sind, wird hier also buchstäblich genommen. Dabei macht die folgende Passage deutlich auf die texttheoretischen Implikationen aufmerksam, mit der die Metapher im Roman verwendet wird. Unter der Kapitelüberschrift »Händelserna på isberget« (Geschehnisse auf dem Eisberg) wird von folgender Entdeckung eines Agenten berichtet:

> Han var van att se is formad på det mest egendomliga sätt, men det isstycke han stött emot var verkligen högst egendomligt. Med hastigt bultande pulsar drog han fram sin tunga jaktkniv och högg in på isen. Ett stycke flög bort. Han högg och högg, så att isen sprutade åt alla håll. På några minuter hade han kommit fram till det han hoppades få se och förresten ▆▆▆▆▆▆▆▆▆▆▆▆▆▆▆. Isen var inte massiv. Den hade bildat en skorpa kring ▆▆▆, och att döma av utseendet måste det vara en låda. Han började arbeta på ▆▆▆▆, då han visste att om det fanns något skrivet på lådan borde det vara där. Det fanns där. Efter ytterligare ▆▆▆▆▆ arbete hade han blottat träet tillräkligt för att kunna läsa texten, som föreföll att ha ristats in där med en mycket hård blyertspenna. Den löd:[16]

▆▆▆▆

> Er war es gewohnt Eis auf die eigenartigsten Arten geformt zu sehen, aber das Eisstück, gegen das er stieß, war wirklich höchst eigenartig. Mit hastig schlagendem Puls zog er sein schweres Jagdmesser hervor und hieb auf das Eis ein. Ein Stück flog weg. Er hieb und hieb, so daß das Eis zu allen Seiten wegspritzte. Nach einigen Minuten war er bei dem angekommen was er zu sehen erhoffte und außerdem ▆▆▆▆▆▆▆▆▆▆. Das Eis war nicht massiv. Es hatte eine Kruste um ▆▆▆ gebildet, und dem Aussehen nach mußte es sich um eine Kiste handeln. Er fing an, an ▆▆▆▆▆▆ zu arbeiten, da er wußte, daß wenn etwas auf der Kiste geschrieben wäre, es dort sein mußte. Es war dort. Nach weiterer ▆▆▆▆▆▆ Arbeit hatte er das Holz weit genug freigelegt um den Text lesen zu können, der dort mit einem sehr harten Bleistift eingeritzt zu sein schien. Er lautete:

---

16 Ekbom, *Spelmatriser*, 79.

Neben solchen unbenannten schwarzen Kisten, die die Agenten stets
genauso schnell verlieren wie gewinnen, spielen mehr und mehr Kisten
eine Rolle, die mit dem Schriftzug »Antroposbolaget« (Anthroposkonzern) gekennzeichnet sind. Die Laborräume dieses Konzerns, in denen
menschliche Körper in unterschiedliche Experimentalapparaturen eingespannt sind, werden ausführlich in einem Kapitel mit dem bezeichnenden Titel »Ned i djupet« (In die Tiefe) geschildert.

Die Interpreten des Romans haben sich aus erklärlichen Gründen zunächst auf die Zitate aus dem *Tractatus logico-philosophicus* gestützt, die
durch den Text zirkulieren. Insbesondere der folgende philosophische
Dialog, in den zwei der unzähligen Agentenfiguren des Textes unvermittelt verfallen, wurde als Ausgangspunkt für weitreichende Auslegungen
genommen:

– Vi har en sak att vara tacksamma för, anmärkte Tug optimistiskt,
och det är att världens mening måste ligga utanför världen. I världen är allt som det är och sker allt som det sker. I den finns inget
värde – och funnes det ett, så hade det inget värde.
– Det har du rätt i, medgav Roy. Men det som oroar mig är att det
inte finns någon apriori given tingens ordning. Vad ska man tro
egentligen?
– Fråga inte mig.[17]

– Wir können für eine Sache dankbar sein, bemerkte Tak optimistisch, und das ist, daß der Sinn der Welt außerhalb der Welt liegen
muß. In der Welt ist alles, wie es ist, und geschieht alles, wie es
geschieht. In ihr gibt es keinen Wert – und wenn es einen gäbe, so
hätte er keinen Wert.
– Da hast du recht, räumte Roy ein. Aber was mich beunruhigt, ist,
daß es keine Ordnung der Dinge gibt, die a priori gegeben ist. Was
soll man eigentlich glauben?
– Frag mich nicht.

Die Einsicht in die sprachliche Ordnung der Dinge, auf der die Absage
an eine apriorisch gegebene, transzendente Ordnung im *Tractus* letzt-

---

17 Ebd., 146. Zitiert wird aus den Schlußsequenzen (6.41) aus Wittgensteins *Tractatus*.
Ludwig Wittgenstein, Tractatus logico-philosophicus, Werkausgabe Bd. 1. Tractatus logico-philosophicus. Tagebücher 1914-1916. Philosophische Untersuchungen, Frankfurt a. M. 1984 (= suhrkamp Taschenbuch Wissenschaft 501), 82.

endlich beruhe, präge – so die Interpreten – auch Ekboms erkenntnistheoretisches Anliegen.[18] Mit den unzähligen Zeichen- und Semioseprozessen, die der Text regelrecht inszeniere, unterlaufe er zunächst die Illusion einer transparenten Sprache.[19] Die Sprachkritik diene einer philosophischen »Erforschung der Wirklichkeit«, die Ekbom selbst in einem vielbeachteten Essay über die ästhetische Funktion beschreibt, »unsere gewöhnlichen Reaktionen gegenüber einer Welt zu hinterfragen, die eigentlich nie ›alltäglich‹ ist, und dem Leser ein Gefühl von Unsicherheit als eine *Erfahrung* zu vermitteln«.[20] Es geht um die Erfahrung von blinden Flecken, die in der Grundüberzeugung gipfeln, daß »[d]ie Wirklichkeit nicht so ist, wie ich sie sehe«.[21] In den *Spelmatriser* werde diese im weitesten Sinne phänomenologische Grundhaltung mit Wittgenstein über eine Sprachkritik realisiert.[22] Paradoxerweise wende Ekbom sein spezifisches (an)ästhetisches Verfahren in den *Spelmatriser* aber auch auf Wittgensteins metasprachliche Aussagen selbst an. Indem er die theoretische Grundlage seiner Poetik als bloßes Sprachspiel in sein strategisches Modelltheater einbeziehe, demonstriere er nicht nur die Unabschließbarkeit von diversen Sprachspielen, sondern auch das (utopische oder besser atopische) Verlangen einer (mystischen) Wirklichkeits-Erfahrung, die über die Grenzen von sprachlichen Strukturen selbst hinausreiche.[23] Schließlich formuliere Ekbom doch selbst den Anspruch an die Literatur, »uns zu dem Punkt zu führen, wo das metaphysische Fragen beginnt«.[24]

Die Ergebnisse der vorgestellten Interpretationen lassen sich an einer Stelle konkretisieren: Die im Text formulierte Sprachkritik wird – und

18 Ausführlich zu Ekboms Wittgensteinrezeption in den *Spelmatriser* vgl. Beata Agrell, *Romanen som forskningsresa. Forskningsresan som roman. Om litterära återbruk och konventionskritik i 1960-talets nya svenska prosa*, Göteborg 1993, 72-85.
19 Ausführlich zu Ekboms Inszenierung von Sprache (hier im Hinblick auf den früheren Roman *spelöppning*) vgl. Peter Hansen, *Romanen och verklighetsproblemet. Studier i några svenska sextiotalsromaner*, Stockholm, Stehag 1996, 117-152.
20 »Kanske har utforskandet av verkligheten inget annat mål än detta: att ifrågasätta våra vanereaktioner inför en värld som egentligen aldrig är ›vardaglig‹, att överföra känslan av osäkerhet som en *erfarenhet* hos läsaren.« Zit. n. Torsten Ekbom, »Romanen som verklighetsforskning«, in: *Ord och Bild* 71 (1962), 517-522, hier 522.
21 »Verkligheten är inte sådan jag ser den.« Zit. n. ebd., 520 (zur Wahrnehmung dieses blinden Flecks vgl. 5.633 des *Tractatus*).
22 Zur kritischen Verschränkung von Phänomenologie und analytischer Sprachphilosophie in Ekboms Essay vgl. Agrell, *Romanen som forskningsresa*, 34-42.
23 Diese Interpretation vertritt Agrell mit Hinweis auf die Passagen im *Tractatus*, die der Grenzen der Sprache gewidmet sind. Vgl. ebd., 72-76.
24 »[A]tt föra oss fram till den punkt där det metafysiska frågandet börjar.« Zit. n. Ekbom, »Romanen«, 522.

schon hier wird der Rahmen der Wittgensteinschen Sprachkritik deutlich überschritten – von Beginn an medientheoretisch perspektiviert. In seiner Gesamtkonzeption stellt der Text eine fundamentale Heteronomie der Medien offen, über die sich jedwede Form von Textualität konstituiert. Indem die Codeprogramme, die den Text generieren, auf die Textoberfläche gebracht werden, wird das Wechselspiel zwischen Information und rauschendem Kanal offengelegt, das die Leser auf eine fundamentale Latenz in ihrem Umgang mit Medien aufmerksam macht.[25] Die Feststellung dieser strukturellen Latenz von Sprache oder Text wird auf der Handlungsebene gespiegelt. Dabei wird die zentrale rhetorische Figur des um seinen entzogenen Anfang kreisenden Textes im Text selbst nochmals durch das Motiv der Black Boxes figuriert, welche die Aktanten vergeblich in den Griff zu bekommen und zu öffnen versuchen.

Der gesamte Text zeigt, daß diese Metapher sehr bewußt verwendet wird. Die Angaben zu Computermodellen und Decodierungstafeln wie der Aufbau der Spielmatrizen zeugen von der medialen Aktualität des Textes, dessen Handlung nicht von ungefähr im Zentrum nachrichtentechnischer Innovation – eben militärischen Gefechtszentralen – spielt. Aufgrund dieser Thematik ist es kaum überraschend, daß einer der ersten Kittler-inspirierten literarischen Interpretationen Schwedens just Ekboms *Spielmatrizen* gewidmet ist.[26] In der Tat läßt sich die Ersetzung eines transzendentalphilosophischen Aprioris durch das konkrete technische Apriori einer Black Box gut mit Kittlers Ausführungen über das maschinelle oder technisch-apparative Fundament des Symbolischen in Einklang bringen.[27]

---

25 Zu dem Vexierspiel zwischen Rauschen und Information, die durch die wechselnde Aufmerksamkeit für die Botschaft oder den Kanal ausgelöst wird, vgl. das schöne Kapitel »Mittel, Mitte« in Michel Serres: *Der Parasit*, übers. v. Michael Bischoff, Frankfurt a. M. 1987, 102-109.
26 Jonas Ingvarsson, *En besynnerlig gemenskap*, 153-208.
27 Ingvarssons Anlehnung an Kittler ließe sich mit Blick auf Kittlers Ausführungen zum Computer in *Grammophon, Film, Typewriter* schärfen. Dort geht er u.a. auf einen 1985 veröffentlichten Brief ein, den Arno Schmidt an die Exzellenzen Truman (Roosevelt), Stalin und Churchill schickt. Es handelt sich – ähnlich wie bei den entsprechenden Passagen in den *Spelmatriser* – um einen vollständig codierten Text. Dazu Kittler: »Ein Schriftsteller, der die Schreibmaschine, nicht nur von Sekretärinnen her kannte, sondern selber aufs Buchpapier brachte, tat den in Potsdam versammelten Kriegsherrn postalisch kund, daß das Symbolische mit ENIGMA und COLOSSUS eine Welt der Maschine geworden ist. […] Mehr hat Literatur unter hochtechnischen Bedingungen nicht zu sagen. Sie endet in Kryptogrammen, die Interpretation abweisen und nur noch Interzeption erlauben.«

Es ist allerdings fragwürdig, ob der Text tatsächlich einer kybernetischen Anthropologie Vorschub leistet.[28] Immerhin wird mit dem Untertitel »Strategisches Modelltheater« auf die operative Funktion von Literatur verwiesen. Die Theatralität des Textes wird insbesondere durch einen Zwischenakt unterstrichen, der zwischen die 12. und 13. Spielmatrize eingefügt ist. Ins Blickfeld rückt hier das Publikum des Textes selbst, das sich in der Spielpause mit Coca-Cola und Whisky verköstigt und dem »House of the rising sun« der *Animals* lauscht.[29] Der Hinweis auf diese weitere Beobachterinstanz erlaubt es, die in den Spielmatrizen entwikkelte kybernetische Anthropologie kritisch auf ihre eigenen Blindheiten hin zu reflektieren. Indem der Verweis auf das eigene technische Apriori durch den Text selbst ironisch gebrochen wird, wird die beobachtete Abhängigkeit von technischen Medien nicht theoretisch bekräftigt, sondern selbst als Sprachspiel ausgestellt. Mit dem Themenkomplex um den Anthroposkonzern – in dem es um nichts anderes als um die Beobachtung einer fortschreitenden Experimentalisierung des menschlichen Lebens geht – wendet sich der Text darüber hinaus gegen den Regulierungswahn der jungen Wissenschaft der Kybernetik, das Leben selbst als Black Box zu erforschen und somit steuerbar zu machen. Es wird gezeigt, daß sich hinter ihren vermeintlich antimetaphysischen und voraussetzungslosen Konzepten nichts anderes verbirgt als eine von vornherein auf Regulierung bedachte Biopolitik.[30]

Zit. n. Friedrich Kittler, *Grammaphon, Film, Typewriter*, Berlin 1986, 378. Mit den Inszenierungen ganzer Ketten von solchen Kryptogrammen nimmt Ekbom nicht nur Arno Schmidts poetisches Verfahren, sondern auch Kittlers Thesen um rund 20 Jahre vorweg.

28 Zum Begriff und der langen Tradition der kybernetischen Anthropologie, die eng mit medientheoretischen Reflexionen verknüpft ist, vgl. Stefan Rieger, *Kybernetische Anthropologie. Eine Geschichte der Virtualität*, Frankfurt a. M. 2003.

29 Auch Agrell geht auf diese Szene ein, die sie als Beispiel für eine chiastische Strategie des Autors liest. Mit der potenzierten Bezugnahme auf den Leser versuche Ekbom letztendlich, eine »phänomenologische Szene darzustellen, wo *alle denkbaren* Leseakte und jegliche soziale Interaktion *überhaupt* stattfinde«. Zit. n. Agrell, *Romanen som forskningsresa*, 82.

30 Auch Ingvarsson geht ausführlich auf diesen technikkritischen Aspekt des Buches ein. Vgl. Ingvarsson, *En besynnerlig gemenskap*, 204-208. Allerdings bleibt er die Antwort schuldig, wie sich diese Kritik, die er letztendlich als humanistisch fundierte Stellungnahme für das ›Leben‹ selbst liest, in Einklang mit den medientheoretischen Grundannahmen und der dort entwickelten kybernetischen Anthropologie des Textes bringen läßt.

Allerdings bewegt sich die kritische Reflexion über die Kybernetik, die das strategische Modelltheater Ekboms formuliert, in einem kybernetischen Vokabular. Schon in seiner grundlegenden Struktur lehnt sich der Text an Modelle autoreferentieller Rückkoppelungsschleifen nichttrivialer Maschinen an, mit deren komplexen Effekten (auch temporärer Art) sich prominente kybernetische Theoretiker (Norbert Wiener, Heinz von Foerster u.a.) schon in den 1950er und frühen 1960er Jahren beschäftigt haben.[31] Ja, mit seinen kritischen Reflexionen nimmt der Text – wie ich im folgenden zeigen möchte – zentrale Denkfiguren einer ›Kybernetik der Kybernetik‹ oder ›KybernEthik‹ vorweg, die sich in den frühen 1970er Jahren formiert.[32]

Wie kaum ein anderer hat sich Heinz von Foerster darum bemüht, die Kybernetik als eine Erkenntnisalternative zu entwerfen, die konsequent auf jegliche Form von Anfangssetzungen verzichtet. Dabei – und diese Beobachtung scheint mir im Zusammenhang mit Ekboms epistemologisch fundiertem Text entscheidend zu sein – trägt der ständige Rekurs auf die Beginnlosigkeit kurioserweise zur Konstitution der Anfangssetzungen bei, mit denen auch die Kybernetik zweiter Ordnung arbeitet.

Foersters entsprechende Reflexionen in einem Buch mit dem bezeichnenden Titel *Der Anfang von Himmel und Erde hat keinen Namen* ließen sich – mit Rückgriff auf andere Texte Foersters – in folgendem Schema zusammenfassen:[33]

~~Anfang~~ ∞ Beobachtung

(Beobachtung zweiter Ordnung)

---

31 Zum Unterschied zwischen ›trivialen‹ und ›nicht-trivialen Maschinen‹ vgl. die klassische Einführung von Norbert Wiener, *Kybernetik. Regelung und Nachrichtenübertragung im Lebewesen und in der Maschine*, übers. v. E. H. Serr, Düsseldorf u.a. 1992.
32 Zur Kybernetik der Kybernetik bzw. zur KybernEthik vgl. Heinz von Foerster, *Wissen und Gewissen. Versuch einer Brücke*, übers. v. Karl Köck, hg. v. Sigfried J. Schmidt, Frankfurt a. M. 1996. Einen Abriß zur jüngeren Geschichte der Kybernetik bietet Rieger, *Kybernetische Anthropologie*, 263-334.
33 Heinz von Foerster, *Der Anfang von Himmel und Erde hat keinen Namen: eine Selbstschaffung in 7 Tagen*, hg. v. Albert Müller/Karl H. Müller, Berlin 2002, hier insb. 19-56. Meine Graphik lehnt sich an eine entsprechende Darstellung aus von Foersters Aufsatz »Kybernetik einer Erkenntnistheorie« an, in dem das ›Er-Kennen‹ als fortlaufende Rückkopplungsschlaufe von ›Er-Rechnungen‹ definiert wird. Vgl. von Foerster, *Wissen und Gewissen*, 50-71, hier 55.

Grundlegend ist die konstruktivistische Annahme, daß wir über keine allgemeingültigen metaphysischen Einsichten, sondern lediglich über Beobachtungen verfügen. Umgekehrt gehen Beobachtungen von latenten Anfangssetzungen aus, die sich dem Beobachter selbst entziehen. In Anlehnung an George Spencer Brown definiert von Foerster Beobachtungen als unterscheidende Bezeichnungen, denen eine weitere, latente Unterscheidung zugrunde liegt.[34] Ein Beobachter, der eine neue Unterscheidung trifft, kann nicht beobachten, von welchem Dritten er die von ihm bezeichnete Differenz unterscheidet. So geht etwa die explizite Unterscheidung von ›Licht‹ und ›Dunkel‹ mit einer latenten Unterscheidung zwischen dem mit dieser Differenz *bezeichneten* bzw. *markierten* Dualismus und einem invisiblen Dritten einher, das sich über diese Differenz nicht beobachten läßt, da es überhaupt erst durch die Unterscheidung als ›unmarked state‹ produziert wird (die Beobachtbarkeit eines Zustandes *vor* der Unterscheidung von ›Licht‹ und ›Dunkel‹ ist strukturell an diese Unterscheidung selbst geknüpft und kann somit erst nach der mit der ersten Beobachtung getroffenen Unterscheidung bcobachtet werden). Mit dieser implizit getroffenen Unterscheidung verfügt jede Beobachtung über einen konstitutiven blinden Fleck – ›Blindheit‹ und ›Einsicht‹ sind strukturell miteinander verknüpft.[35] Auch über kritische Beobachtungen dieser latenten Anfangssetzungen (hier also Setzungen oder Rahmen, die den Beobachtungen *nachträglich* vorausgehen) läßt sich der blinde Fleck nicht erhellen, denn es handelt sich notwendigerweise um Beobachtungen zweiter Ordnung, die ihrerseits Latenzen produzieren.[36] Beobachtungen über den Anfang ziehen also ständig potenzierte

---

34 Ausführlich zum Form-Paradox George Spencer Browns und der kybernetischen (sowie systemtheoretischen) Theorie der Beobachtung vgl. die Aufsätze von Dirk Baecker, »Im Tunnel«, und Niklas Luhmann, »Die Paradoxie der Form«, in: *Kalkül der Form,* hg. v. Dirk Baecker, Frankfurt a. M. 1993, 12-37 und 197-212.

35 Zum Zusammenhang von Blindheit und Beobachtung vgl. Heinz von Foerster, »Das Gleichnis vom blinden Fleck. Über das Sehen im allgemeinen«, in: *Der entfesselte Blick,* hg. v. Gerhard Johann Lischka, Bern 1993, 14-47; Niklas Luhmann, »Wie lassen sich latente Strukturen beobachten?«, in: *Das Auge des Betrachters. Beiträge zum Konstruktivismus,* hg. v. Paul Watzlawick/Peter Krieg, München 1991, 61-74; sowie Niklas Luhmann, *Soziale Systeme. Grundriß einer allgemeinen Theorie,* Frankfurt a. M. 1987, insb. 456-470.

36 Explizit zum Zusammenhang zwischen der Spencer Brown entlehnten Paradoxie der Form und der Anfangssetzung vgl. Luhmann: »Die so weit vorgebrachte Analyse lässt sich wiederholen und vertiefen, wenn wir auf die paradoxe Struktur des unterscheidenden Bezeichnens zurückgehen; oder auch, was dasselbe ist, auf

Schleifen von neuen Beobachtungen und (latenten) Anfangssetzungen mit sich.[37] Auch in diesem Modell ist der Anfang in zweifacher Hinsicht entzogen. Da er der Beobachtung vorausgeht, wird er immer zu spät, und da er sich erst aus einer noch zu vollziehenden Beobachtung zweiter Ordnung erschließen läßt, wird er immer zu früh beobachtet.

Ich möchte die hier skizzierten Paradoxien der Anfangssetzung, die (paradoxerweise) eben auch die Anfangssetzungen der Kybernetik selbst in Frage stellt, an einem sehr illustrativen Beispiel aus der der Kybernetik nahestehenden Systemtheorie erläutern. Luhmann geht in seinen Schriften häufig und explizit auf das Anfangsparadoxon ein.[38] Auch hier wird der Anfang über eine Beobachtung erster Ordnung definiert, die in ihrer doppelten Unterscheidung (der Unterscheidung, die zur Bezeichnung führt, wie der Unterscheidung von Unterscheidung und Bezeichnung) Latenzen erzeugt, die zu Beobachtungen zweiter Ordnung anregen:

> Vor dem Anfang, wenn man so sagen darf, gibt es nur reine Selbstreferenz mit Einschluß alles ausgeschlossenen Dritten. Durch den Anfang erzeugt Gott die Differenz von Himmel und Erde und setzt sich selbst zu dieser Differenz different. Gott ist jetzt, und erst jetzt, weder Himmel noch Erde. Er schließt sich selbst als Drittes aus – als Drittes, dessen Eintritt in die Differenz eine Paradoxie erzeugen würde.[39]

Die reine Selbstreferenz mit Einschluß alles ausgeschlossenen Dritten entzieht sich einer Beobachtung, welche auf die Differenz von ›marked‹ und ›unmarked space‹, ›System‹ und ›Umwelt‹ (Erde und Himmel) angewiesen ist. Mit seiner eigenwilligen Definition Gottes als Differenz zwischen reiner Selbstreferenz und der Differenz zwischen Himmel und Erde spielt Luhmann also mit einer verblüffenden Offenheit auf die fun-

---

die Willkür allen Anfangens.« Zit. n. Niklas Luhmann, *Die Kunst der Gesellschaft*, Frankfurt a.M. 1999, 72.

37 Diese Verflochtenheit von Anfang und Beobachtung habe ich in der Graphik durch das Zeichen ›∞‹ zu symbolisieren versucht, das hier für eine Art Möbiusband stehen kann.

38 Ausführlich zu den Problemkomplexen von Anfangssetzung und Latenz bei Luhmann vgl. Niels Werber, »Der eingeschlossene ausgeschlossene Dritte der Systemtheorie. Vortrag zur ›Figur des Dritten‹ in Konstanz 20.11.2001« [Ms.; homepage.ruhr-uni-bochum.de/niels.werber/publi.htm] sowie Albrecht Koschorke, »System. Die Ästhetik und das Anfangsproblem«, in: *Grenzwerte des Ästhetischen* hg. v. Robert Stockhammer, Frankfurt a. M. 2002, 146-163.

39 Niklas Luhmann, *Beiträge zur funktonalen Differenzierung der Gesellschaft*, Opladen 1987, 262.

damentale Blindheit an, auf der gerade auch systemtheoretische Einsichten beruhen. Liest man die Differenz von Himmel und Erde als Differenz von System und Umwelt, dann beruht die eigenwillige Definition Gottes auf einer Beobachtung zweiter Ordnung, welche auf die fundamentale Latenz der Systemtheorie selbst aufmerksam macht, die eben in der Unterscheidung von System und Umwelt ihren Anfang nimmt.

Indes wird hier tatsächlich die Genesis alles Systemdenkens erzählt, da die Aufmerksamkeit für die spezifische Blindheit des systemtheoretischen Denkens selbst nur auf der Beobachtung von Beobachterparadoxien beruht, deren Beobachtbarkeit ihrerseits auf der Differenz von System und Umwelt aufbaut. So versucht Luhmann mit dieser Anfangserzählung auch die Vorstellung einer reinen Selbstreferenz – das ist der Rest oder eben der Anfang, der sich systemtheoretisch eigentlich nicht beobachten läßt, über einen Re-Entry in die Theorie einzubinden. Die dem Systemdenken zugrunde liegende Figur von ausschließendem Einschluß wird durch den systemischen Einschluß des Ausgeschlossenen bestätigt.[40] Die freimütig durchgestrichene Anfangssetzung systemtheoretischen Denkens wirkt systemstabilisierend.[41]

Interessanterweise bildet die Aufmerksamkeit für die hier skizzierten Anfangsparadoxien eine der Grundlagen von Luhmanns Ästhetik. Kunst wird explizit auf die »Entfaltung einer Formparadoxie« zurückgeführt, die ihrerseits auf die Willkür jeglicher Anfangssetzung verweisen soll.[42]

---

40 So die These von Niels Werber, »Der eingeschlossene ausgeschlossene Dritte der Systemtheorie«. Die Kritik an der Denkfigur des einschließenden Ausschlusses, die die Souveränität des Systems begründet, ließe sich mit Agamben schärfen. Vgl. Giorgio Agamben, *Homo sacer. Die souveräne Macht und das nackte Leben*, übers. v. Hubert Türing, Frankfurt a. M. 2002, insb. 25-40. In diesem Sinne könnte man behaupten, daß Luhmann mit seiner ständigen Rede über die Latenz weniger die logischen Paradoxien systemtheoretischer Grundannahmen offenzulegen als vielmehr die Genealogie des von ihm verwendeten Dezisionismus zu verbergen versucht. Zur Ausblendung genealogischen Denkens durch Luhmann vgl. David E. Wellbery, »Die Ausblendung der Genese. Grenzen der systemtheoretischen Reform der Geisteswissenschaften«, in: *Widerstände der Systemtheorie. Kulturtheoretische Analysen zum Werk von Niklas Luhmann*, hg. v. Albrecht Koschorke/Cornelia Vismann, Berlin 1999, 19-27. Zum Verhältnis Luhmann – Schmitt vgl. Thomas Wirtz, »Entscheidung. Niklas Luhmann und Carl Schmitt«, in: *Widerstände der Systemtheorie*, 175-199.
41 Luhmann macht selbst explizit auf diese Tatsache aufmerksam: »Auch wenn das Unbeobachtbare unbeobachtbar bleibt, ist es wichtig, daran zu erinnern. Denn das legitimiert die Willkür des Anfangs.« Zit. n. Luhmann, *Kunst der Gesellschaft*, 74.
42 Luhmann, *Kunst der Gesellschaft*, 48-77, hier 76-77.

Gerade weil sich Ekbom in der Gestaltung des Romans so weit auf kybernetische Theoreme einläßt, laden seine *Spielmatrizen* zu einer systemtheoretischen Lektüre ein. Zunächst deckt sich Ekboms poetologisches Programm in einigen zentralen Punkten mit Luhmanns Ästhetik. Auch Ekbom setzt auf ein anästhetisches Programm, d.h. auf einen »zweckentfremdeten Gebrauch von Wahrnehmung«, eine »Wahrnehmung der Wahrnehmung«,[43] durch den die Rezipienten mit ihrem Nicht-Sehen konfrontiert werden.[44] Das Nicht-Sehen bezieht sich im Roman in der Regel auf die latente Wirkung von textuellen Medien, welche die Wahrnehmung strukturieren.[45] Im Roman wird das mit der Beobachtung dieser Medien verknüpfte Programm einer »selbsterzeugten Ungewißheit«[46] durch die Inszenierungen von Anfang setzenden Beobachtungen (der sich im ›unmarked spaces‹ bewegenden Agenten) umgesetzt, die auf ständig potenzierten Ebenen durch Beobachter zweiter Ordnung (andere Agenten, Gefechtszentralen, fiktive Zuschauer und Leser) beobachtet werden. Somit prozessiert der Roman einen (unendlich fortführbaren) Regreß von Beobachtungen zweiter Ordnung, durch den die Leser letztendlich (durch Analogieschluß) zur Selbstbeobachtung angeregt werden. Entscheidend ist allerdings nicht diese Staffelung von Beobachtungen, sondern die Paradoxien, die der Text durch den Re-Entry seiner auf die Ästhetik eines blinden Flecks (bzw. auf die Wahrnehmung invisibler Black Boxes) verpflichteten Form in der Form selbst entfaltet. Kurioserweise nehmen die Beobachtungen zweiter Ordnung ihren Ausgang in Beobachtungen von Beobachtungen des blinden Flecks (immerhin versuchen die philosophisch geschulten Agenten selbst Black Boxes zu beobachten). Mit dieser subtilen Form von Rückkopplung wird die Aufmerksamkeit für die Beobachterposition von Systemen geschärft, die Beobachtungen selbst beobachten. Indem der Roman dazu einlädt, den blinden Fleck (die invisible Black Box) der Beobachtung von blinden Flecken (invisiblen Black Boxes) zu beobachten, deckt er eine fundamentale Paradoxie der Selbstbeobachtung auf und demonstriert somit indi-

---

43 Ebd., 70.
44 Ebd., 39-48 und 65-72.
45 Die hier skizzierten Paradoxien der ›System – Umwelt‹-Unterscheidung lassen sich selbstverständlich auch auf die von Luhmann entwickelte ›Medium – Form‹-Differenz übertragen. In diesem Sinne begibt sich der Roman auf die Suche nach der Black Box, welche die Unterscheidung von Medium und Form prozessiert.
46 Luhmann, *Kunst der Gesellschaft*, 71. Ekbom spricht nahezu synonym von einem »känslan av osäkerhet« (Gefühl der Unsicherheit). Zit. n. Ekbom, »Romanen«, 522.

rekt, daß sich das ›Nicht-Sehen‹ des ›Nicht-Sehens‹ auch mit avancierten kybernetischen Modellen nicht sehen läßt.

Ekboms erkenntnistheoretische Kritik der Kybernetik als einer Beobachtung zweiter Ordnung ließe sich metaphorologisch spezifizieren. Sie kommt in erster Linie in einer Dekonstruktion der Metapher der Black Box zum Ausdruck. Durch die Inszenierung dieser Metapher zeigt der Roman, wie das Modell der Black Box selbst die apriorisch gegebene Ordnung der Dinge zu konstituieren hilft, die es vorgeblich verneint. Die Vorstellung einer Black Box gibt nicht nur die räumliche Struktur von Außen- und Innenraum, System und Umwelt vor, sondern auch die zeitliche Struktur eines Prozesses, der durch den Verlauf von input zu output führt.[47] In diesem Sinne führt sie zu einer implikationsreichen Strukturierung des entzogenen Anfangs und zu einer entsprechenden Reglementierung eines auf Ein- und Ausschlußverfahren fixierten Denkens. Mit der Dekonstruktion dieser Metapher läßt sich der Text einerseits auf die Erkundung eines Anfangs ein, der selbst dem ein- und ausschließenden Prinzip der Black Box vorausgeht.[48] Andererseits aber wird gezeigt, daß genau diese Vorstellung eines Anfangs – eines (wie auch immer gearteten) ursprünglichen input – das Prinzip der Black Box bestätigt.

Trotz oder gerade wegen dieser ausgefeilten *erkenntnis*theoretischen Paradoxien, in die der Roman mündet, bleibt es fraglich, ob Ekbom mit diesem Text seinem Ziel einer durch die Kunst ermöglichten *Erfahrung* gerecht wird.[49] Immerhin wiederholt der Roman in seinen Rückkopp-

---

47 Zur entsprechenden Kritik der Metapher der Black Box durch die Kybernetik zweiter Ordnung vgl. Ranulph Glanville, »Die Form der Kybernetik: Interaktionen in der Black Box«, in: ders.: *Objekte,* hg. und übers. v. Dirk Baecker, Berlin 1988, 99-118.

48 Greift man die raumtheoretische Konzeption des Romans auf, dann könnte man sagen, daß Ekbom (wie die Agenten des Romans) auf der Suche nach einer extremen Form des ›unmarkierten Zustandes‹ ist, die sich selbst der Unterscheidung von ›marked‹ und ›unmarked space‹ – und d.h. den grundlegenden Differenzen von ›außen‹ und ›innen‹, ›vorher‹ und ›nachher‹, ›Raum‹ und ›Nicht-Raum‹ – entzieht. Dies würde sich mit Beobachtungen Beata Agrells decken, die die Funktion des Romans über die Erfahrung »eines ›unendlichen phänomenologischen Raumes‹« definiert, »der sich während des Spiels in ein Ereignis verwandelt«. Zit. n. Agrell, *Romanen som forskningsresa,* 82. Allerdings bleibt zu fragen, ob selbst ein solcher phänomenologischer (Ur-)Zustand (als ein aus verschiedenen Differenzen ausgeschlossener) strukturell an das Prinzip der Black Box geknüpft ist.

49 Zum Begriff der Erfahrung, und der Differenz zwischen Erkenntnis und Erfahrung vgl. Giorgio Agamben, *Kindheit und Geschichte. Zerstörung der Erfahrung und Ursprung der Geschichte,* übers. v. Davide Giuriato, Frankfurt a. M. 2004, 21-96.

lungsschleifen ständig die Ein- und Ausschlußverfahren (Rahmungen von Rahmen), die als Anfangssetzungen (Rahmen) zwar dekonstruiert, aber durch die ständige Perpetuierung dieser Verfahren indirekt wieder bestätigt werden.[50] Gerade vor dem Hintergrund dieser Form von potenzierter Kybernetik, das heißt des wiederholten De-Konstruierens (Durchstreichens) von Anfangssetzungen wird die Differenz zu einem ganz anderen – in diesem Fall wirklich poetischen – Verfahren deutlich, das den entzogenen Anfang sprachlich *erfahrbar* zu machen versucht.

III. Den Anfang wiederholen – Inger Christensens ›Experimentum linguae‹

Mit dem 1969 publizierten *det* (das, es) läßt sich Inger Christensen auf das schwierige Unterfangen ein, die programmatischen Vorgaben der Systemdichtung auf die Form langer Gedichte anzuwenden. Der Text, der von weiten intertextuellen Anspielungen von der Bibel über Dante und vor allem die Romantik bis hin zur generativen Grammatik Chomskys lebt, handelt wie Ekboms Spielmatrizen von der weltkonstituierenden Macht der Sprache.[51] Dabei wird nichts anderes als eine Geschichte der Sprache selbst entworfen. In einem im Prolog geschilderten Schöpfungsbericht wird die Entstehung sprachlicher Kategorien nachvollzogen, deren Verfestigung zu einer symbolischen Ordnung im Haupttext geschildert wird. Den optimistischen Schlußpunkt des Buchs setzt ein Abschnitt, der mit dem euphorischen Bekenntnis zur Destruktion dieser symbolischen Ordnungen dem Geist der 1968er gerecht zu werden versucht. Auch auf einer formalen Ebene wird der sprachtheoretische Anspruch des Gedichtes unterstrichen. Der Text lehnt sich in seiner grundlegenden Gliederung in die Abschnitte ›Szene‹, ›Handlung‹ und ›Text‹ an Kategorien an, die es erlauben, die geschilderte Sprachentwicklung in ein zeitgenössisches semiotisches Vokabular zu übersetzen.[52] Die drei Abschnitte wiederum werden nach 8 Relationskategorien untergliedert, die

---

50 Zu den entsprechenden Blindheiten von Luhmanns Ästhetik vgl. Susanne Lüdemann, »Beobachtungsverhältnisse. Zur (Kunst-)Geschichte der Beobachtung zweiter Ordnung«, in: *Widerstände der Systemtheorie*, 63-76.

51 Grundlegende deutsche Einführungen zu den strukturellen und intertextuellen Aspekten von *det* liefern Bernhard Glienke, »Themen in Systemen« und Gert Kreutzer, »System und Prozeß. Zur Form von Inger Christensens Det«, in: *skandinavistik* 5 (1975), 97-112 und 113-135.

52 Ausführlich dazu vgl. Marie-Louise Svane, »Den oprørske skrivemaskine«, in: *Analyser af moderne dansk lyrik*, Bd. 2, hg. v. Per Olsen, København 1976, 289-311.

einer Präpositionstheorie entnommen sind, in der der dänische Linguist Viggo Brøndal eine sprachtheoretisch fundierte Philosophie des Raums entwickelt.[53] In meiner Interpretation des Textes, die sich weitgehend auf poetologische Aussagen Christensens über das Gedicht stützen wird, werde ich mich allein auf das Problem der Anfangssetzung konzentrieren. Zunächst ist auffällig, daß Christensen ein ungebrocheneres, wenn nicht sogar emphatisches Verständnis von Anfang und Anfangen vertritt. So scheut sie sich nicht im Prolog von *det* einen eigenwilligen Schöpfungsbericht zu präsentieren, der vor der Entstehung von Raum und Zeit einsetzt:

> Det. Det var det. Så er det begyndt. Det er. Det bliver ved. Bevæger sig. Videre. Bliver til. Bliver til det og det og det. Går videre en det. Bliver andet. Bliver mere. Kombinere andet med mere og bliver ved med at blive andet og mere. Går videre end det. Bliver andet end andet og mere. Bliver noget. Noget nyt. Noget stadig mere nyt. Bliver i næste nu så nyt som det nu kan blive. Fører sig frem. Flanerer. Berører, berørers.[54]

> Das. Das war es. Jetzt hat es begonnen. Es ist. Es währt fort. Bewegt sich. Weiter. Wird. Wird zu dem und dem und dem. Geht weiter als das. Wird andres. Wird mehr. Kombiniert andres mit mehr und wird fortwährend andres und mehr. Geht weiter als das. Wird andres als andres und mehr. Wird etwas. Etwas neues. Etwas immer neueres. Wird im nächsten Nu so neu wie es nur werden kann. Stellt sich dar. Flaniert. Berührt, wird berührt.[55]

Angesichts der Funktion, die diese Anfangssetzungen für die implizite Poetik autogenetischer Texte besitzen, ist es nicht überraschend, daß Christensen schon in einem frühen Essay mit dem bezeichnenden Titel »I begyndelsen var kødet« (Am Anfang war das Fleisch) eingehend auf den Anfang von *det* zu sprechen kommt:

> Jeg blev hurtigt klar over, at det var tale om en slags skabelsesberetning: Jeg kunne mærke på den måde disse små sætninger bevægede sig på og på den måde de hele tiden refererede til hinanden og til deres

---

53   Vgl. Walter Baumgartner, »Zur Bedeutung von Viggo Brøndals Präpositionstheorie für *Det*«, in: *skandinavistik* 5 (1975), 136-142.
54   Der Einfachheit halber zitiere ich aus der zweisprachigen Ausgabe des Kleinheinrich-Verlages. Inger Christensen, *det/das*, übers. v. Hanns Grössel, Münster 2002, 10.
55   Ebd., 11.

egen bevægelse på, og kun til bevægelsen, at de ville stritte fantastisk imod, hvis jeg pludselig uden videre påtvång dem f.eks. et menneske, en by eller et eller andet tilfældigt. Jeg måtte begynde forfra og så fylde mere og mere på, så det hele kunne gå naturligt til.[56] Mir wurde schnell klar, daß es sich um eine Art Schöpfungsbericht handelte. An der Art und Weise, wie diese kleinen Sätze sich bewegten und wie sie sich ständig aufeinander und ihre eigene Bewegung bezogen, spürte ich, daß sie sich phantastisch sträuben würden, wenn ich ihnen plötzlich ohne weiteres z.b. einen Menschen aufzwänge, eine Stadt oder irgendetwas Zufälliges. Ich mußte von vorne anfangen und dann immer mehr auffüllen, damit das Ganze natürlich vor sich gehen könnte.[57]

Mit Christensen läßt sich der Anfang von *det* also als eine Sprachperformanz lesen, die über das ›reine Werden‹ der Sprache das ›Werden des Werdens‹ selbst zum Ausdruck bringen soll. Es wird der Eindruck erweckt, daß die Sprache sich selbst affiziert, sich selbst fortschreibt. Schon die Stilisierung dieser Bewegungen als ›natürliche‹ deutet an, daß Christensen ihr autopoetisches Konzept im Gegensatz zu anderen Autoren der Zeit nicht an technische, sondern an biologische Metaphern knüpft.[58] Doch die mit dieser Metaphorik verbundenen Konnotationen einer organisch wachsenden Sprache und Kunst werden von ihr selbst gebrochen, indem sie den Anfang über den spannungsreichen Chiasmus von ›Fleisch‹ und ›Wort‹ definiert:

Så tænkte jeg lidt over sætningen: ›I begyndelsen var ordet, og ordet blev kød ...‹ og tænkte på, at hvis man nu kunne tænke det utænkelige: at kødet kunne tale, at den ene celle kunne signalere til den anden, så hele den umælende verden pludselig sad inde med følgende umulige (for menneskets bevidtsthed) erfaring: I begyndelsen var kødet og kødet blev ord ...
I et forsøg at stå fast på disse to sætningers samtidighed, på disse paradoksale vilkår, begyndte jeg altså at producere noget, som jeg selv var et produkt af.

---

56 Inger Christensen, *Del af labyrinten. Essays*, København 1982, 29-30.
57 Inger Christensen, *Teil des Labyrinths. Essays*, übers. v. Hanns Grössel, Münster 1993, 33.
58 Vgl. dazu Anne Gry Haugland, »Mønsterdigtning. Betydningsvækst i Inger Christensens lyrik«, in: *Kritik* 155/156 (2002), 65-75.

I begyndelsen lod jeg faktisk, som om jeg ikke var til stede, som om det (›jeg‹) bare var noget kød der talte, lod som om *jeg* bare var noget, der fulgte med i købet, mens et sprog, en verden, foldede sig ud.⁵⁹ Dann dachte ich ein wenig über den Satz nach: »Im Anfang war das Wort, und das Wort wurde Fleisch ...« und dachte, wenn man nun das Undenkbare denken könnte: daß das Fleisch sprechen, daß eine Zelle der anderen signalisieren könnte, so daß die ganze sprachlose Welt plötzlich über folgende unmögliche (für das Bewußtsein des Menschen unmögliche) Erfahrung verfügte: Im Anfang war das Fleisch, und das Fleisch wurde Wort ...

In einem Versuch, fest auf der Gleichzeitigkeit dieser beiden Sätze zu bestehen, unter diesen paradoxen Bedingungen, fing ich also etwas zu produzieren an, wovon ich selber ein Produkt war.

Anfangs tat ich tatsächlich so, als wäre ich nicht zugegen, als wäre es (»ich«) nur etwas Fleisch, das spricht, tat so, als wäre *ich* nur so etwas wie eine Zugabe, während eine Sprache, eine Welt sich entfaltete.⁶⁰

Mit dem Wechselspiel zwischen Fleisch und Wort wird eine ›ursprünglichere‹ Form des Sprachgebrauchs umschrieben, die dem an das Subjekt bzw. dem an die Stimme gebundenen, prosopoietischen Schreiben vorausgeht. Im Anschluß an Definitionen von Gilles Deleuze könnte man sagen, daß Christensen eine reine Form der Sprachperformanz zu beschreiben versucht, über die sich die sprachlichen Funktionen von Repräsentation, Manifestation und Bedeutung erst konstituieren können.⁶¹ Da auch das semiotische Verhältnis zwischen Sprache und Körper erst über diese Sprachperformanz etabliert wird, wird diese anfängliche Sprache als eine semiosomatische Relation gedacht, die Christensen – mit deutlicher Anlehnung an Maurice Merleau-Ponty⁶² – als einen dialektisch nicht auflösbaren Chiasmus charakterisiert.⁶³

---

59 Christensen, *Del af labyrinten*, 30.
60 Christensen, *Teil des Labyrinths*, 33.
61 Zu den Begriffen vgl. Gilles Deleuze, *Logik des Sinns*, übers. v. Bernhard Dieckmann, Frankfurt a. M. 1993, 29-42. Der Bezug auf Deleuze bietet sich in diesem Fall an, da auch er die Frage nach einer vierten Dimension des Satzes mit einem Interesse für semiosomatische Interaktionen zwischen Körper und Sprache bzw. zwischen somatischen und semiotischen Ereignissen verbindet.
62 Zum philosophischen Hintergrund von Christensens Poetik und den deutlichen Einfluß von Merleau-Ponty vgl. Christine Seedorf, »Utopi og dementi. Inger Christensens poetik i spændingsfeltet mellem skabelse og opløsning af betydning«, in: *Spring* 18 (2002), 115-124.
63 Immer wieder geht Christensen in ihren Essays auf diesen Chiasmus ein, für den

Trotz Unterschieden in der verwendeten Metaphorik drängen sich Ähnlichkeiten zu Ekboms poetischem Konzept auf. Beide Autoren verknüpfen die von ihnen entwickelte Poetik explizit mit dem Begriff der Erfahrung. ›Erfahrung‹ wird dabei von beiden negativ definiert und an die Überwindung einer spezifischen Erkenntnisform gebunden, die ihrerseits mit Descartes' neuzeitlichem Subjektbegriff korreliert wird. Bei beiden Autoren werden entsprechende wahrnehmungs- und erkenntnistheoretische Spekulationen mit sprachtheoretischen Reflexionen verknüpft, die über die Frage nach einer anfänglichen Sprache letztendlich in die skizzierten Paradoxien der Anfangssetzung münden. Tatsächlich scheint Christensen mit Essaytiteln »Ich denke, also bin ich Teil des Labyrinths«[64] oder »Wie das Auge, das seine eigene Netzhaut nicht sehen kann«[65] auf eine vergleichbare Ästhetik des blinden Flecks oder der Black Box zu rekurrieren wie Ekbom.[66]

Im Gegensatz zu Ekbom nutzt Christensen den Bezug auf diesen blinden Fleck von Sprache und Texten allerdings nicht als autodestruktives Element, sondern versucht im Gegenteil einen in der Sprache selbst verborgenen, kryptischen Ursprung positiv zum Ausdruck zu bringen. Sie ist nicht auf Wirklichkeits-Erfahrungen fixiert, die durch die fortlaufende De-konstruktion von Wahrnehmungsmuster und sprachlichen Strukturen gewonnen werden, sondern auf Erfahrungen, die sich an der der Sprache selbst »innewohnenden Magie«[67] orientieren.[68] In diesem

sie u.a. das Bild des Möbiusbands bedient. Vgl. Christensen, *Del af labyrinten*, 62. Dabei interessiert sie sich nicht nur für die Verschränkung von Körper und Sprache, sondern u.a. auch für diejenige von mathematischen und alphabetischen Zeichen. Vgl. Lis Wedell Pape, »Fortællleligheder. Om tal og tale som system i Inger Christensens *Det* og *Alfabet*«, in: *Spring* 18 (2002), 126-140.
64 Christensen, *Del af labyrinten*, 53-62.
65 Christensen, *Hemlighedstilstanden. Essays*, København 2000, 125-133.
66 In der Tat stimmen auch entsprechende Interpretationen der Texte in diesem Punkt überein. Vgl. Anne Munch Terkelsens Analyse von *det*, die Christensen ein ähnlich (›mystisches‹) Interesse an einem ›sprachlichen Außerhalb‹ unterstellt, wie dies Beata Agrell bei Ekbom macht. Vgl. Anne Munch Terkelsen, »En puls uden krop«, in: *Sprogskygger. Læsninger i Inger Christensens forfatterskab*, hg. v. Lis Wedell Pape, Aarhus 1995, 67-85.
67 Christensen, *Hemlighedstilstanden*, 48.
68 Diese These ließe sich etwa an den (mystischen) Raumkonzepten illustrieren, welche die beiden Autoren in ihren Texten verhandeln. Während Ekbom an einer ›leeren‹ Raumerfahrung interessiert zu sein scheint, die noch vor grundlegenden sprachlichen Differenzen (wie ›außen‹ und ›innen‹) angesiedelt ist, ist Christensen umgekehrt an einer Raumerfahrung interessiert, die alle in der Sprache möglichen räumlichen Relationen (und das sind mehr als ›außen‹ und ›innen‹)

Sinne wird das kybernetische (oder systemtheoretische) Modell einer Autopoiesis, das Ekbom durch die fortlaufende De-konstruktion von Anfangssetzungen (unfreiwillig) perpetuiert, hier durch eine gezielte Aufmerksamkeit für das unbewußte, latente Gedächtnis der Sprache in Frage gestellt.[69]

Nun ist sich Christensen sehr wohl bewußt, daß sich diese in die Sprache kryptisch eingelagerte Sprache nicht einfach entfalten läßt, dennoch definiert sie Dichtung genau als dieses unmögliche Unterfangen. So geht sie in zwei 1992 gehaltenen Vorträgen nochmals ausführlich auf das Paradox der Anfangssetzung ein, das sie durch die verfremdende Überblendung verschiedener Anfangssetzungen bei Grundtvig, Genesis 1 und dem Johannesevangelium performativ zu illustrieren versucht.[70] Dabei zeigt sie auf, daß der entzogene Anfang, obwohl er als entzogener in der Sprache schon immer impliziert ist, als sich wirklich ereignender Anfang immer erst nachträglich erzeugt werden kann. Es geht um eine ›Wiederholung‹ des Anfangs, und das heißt im strengen Kierkegaardschen Sinne um eine – in jeglicher Hinsicht ›haltlose‹ – nach ›vorwärts gerichtete Erinnerung‹[71] des Anfangs: »Zuinnerst weiß man, daß der Anfang eine Brücke ist, die vorher schon gebaut ist, aber erst, wenn man in den leeren Raum hinausgeht, kann man die Brücke unter den Füßen spüren.«[72]

Um das entsprechende poetische Verfahren zu beschreiben, verwendet Christensen einen Aphorismus aus dem *Allgemeinen Brouillon*. Dort definiert Novalis das »Äußere« als ein »in Geheimniszustand erhobenes

---

vereinigt. Mehrfach beruft sie sich auf Viggo Brøndals Kategorie der Universalität, die dieser als »allerweiteste Synthese« definiert, »die alle Zonen und Grade von Relationsarten umfaßt, abstrakte, konkrete und komplexe, primäre und sekundäre, die zentrale und die periphere«. Zit. n. Christensen, *Hemlighedstilstanden*, 39-40.

69 In späteren Essays geht Christensen nicht von ungefähr ausführlich auf die Bedeutung etymologischer Ableitungen für ihre Arbeit ein. Vgl. Christensen, *Hemlighedstilstanden*, 50-52.

70 Da die zwei Vorträge »Geheimniszustand« und »Alles Wörter« ursprünglich an der Schule für Dichtung in Wien gehalten wurden, werde ich sie im folgenden allein in der deutschen Fassung zitieren. Vgl. Inger Christensen, *Der Geheimniszustand und Gedicht vom Tod. Essays*, übers. v. Hanns Grössel, München, Wien 1999, 48-69.

71 »Gjentaglse og Erindring er den samme Bevægelse, kun i modsat Retning; thi hvad der erindres, har været, gjentages baglænds, hvorimod den egentlige Gjentagelse erindres forlænds.« Zit. n. Søren Kierkegaard, *Gjentagelsen*, in: ders., *Samlede Værker*, Bd. 5, hg. v. A. B. Drachmann, København 1962, 115.

72 Christensen, *Geheimniszustand*, 51.

Inneres«.[73] Im Kontext ihres Essays bezieht Christensen Novalis' Begriff des Inneren indirekt auf ein Inneres der Sprache. In diesem Sinne versteht sie sich – wiederum mit Anspielung an Novalis – als »Sprachbegeisterte«, die sich in ihrer Arbeit dem »wunderbarsten und fruchtbarsten Geheimnis« verpflichtet, »daß, wenn einer bloß spricht, um zu sprechen, er gerade die herrlichsten, originellsten Wahrheiten ausspricht«.[74]

Es liegt nahe, diese Vorstellungen einer ursprünglicheren Sprache, die sich nicht nur kryptisch in der Sprache verbirgt, sondern auch nur ›geheimnisvoll‹ – als entzogene – zum Ausdruck gebracht werden kann, mit dem Konzept einer adamitischen Sprache zu vergleichen, wie es etwa von Walter Benjamin entwickelt worden ist.[75] Eine kurze Passage in Christensens Essay über den Geheimniszustand deutet allerdings an, daß das von ihr entwickelte Sprachkonzept nicht unbedingt in mystischen oder mythischen Kategorien verstanden werden muß, sondern daß es an einer ›alltäglichen‹ Erfahrung illustriert werden kann:

> Denn Gedichte schreiben, das heißt doch immer auf nacktem Boden und von vorne anfangen und jedes Mal das einzelne Gedicht so schreiben, als wäre es das erste Gedicht in der Welt.
> Aber eben auch nur so, als wäre es das erste. Das Beste, aber Unmögliche wäre, wenn man all die Gedichte, die geschrieben sind, lesen und sich an sie erinnern könnte, um sie im entscheidenden Augenblick zu vergessen. Auf dieselbe Weise vergessen wie seinerzeit, als man in der Schule schreiben lernte und plötzlich eines Tages die Bewegungen der Hand wie auch des Bleistifts vergessen hatte und selber schreiben konnte, von innen. Wenn man darüber nachdenkt, etwas von einem Mysterium.[76]

---

73 Ebd., 50. Zitiert wird aus Novalis' *Allgemeinen Brouillon*.
74 Ebd., 64. Zitiert wird aus Novalis' *Monolog*.
75 Die Anlehnung an eine adamitische Sprache schlägt sich vor allem in dem 1981 erschienenen Gedichtband *Alfabet* nieder, mit dem Christensen eine eigene Poetik der Namensgebung entwickelt. Auch wenn der Bezug zu Benjamin an dieser Stelle gesucht erscheinen mag, sei ausdrücklich auf Ausführungen Davide Giuriatos verwiesen, die mir die Augen für das geöffnet haben, was Christensen als Entzogenes in ihren Gedichten thematisiert. Vgl. Davide Giuriato, »Finsternis (Franz Kafka – Walter Benjamin)«, in: *Gestirn und Literatur im 20. Jahrhundert*, hg. v. Maximilian Bergengruen/Davide Giuriato/Sandro Zanetti, Frankfurt a. M. [Ms., erscheint Frühjahr 2006].
76 Christensen, *Geheimniszustand*, 49.

Das ›Innere‹ des Schreibens wird hier als ein Ablauf von motorischen Bewegungen definiert, die dem Schreibenden das Schreiben überhaupt erst ermöglichen. Diese angelernten, gleichermaßen ›ver-innerlichten‹ wie durch diese Verinnerlichung verborgenen Bewegungen lassen sich auch auf Sprache übertragen. Bei dem so verstandenen ›Inneren‹ der Sprache handelt es sich dann um die grundlegende Erfahrung des Spracherwerbs, der mit performativen Setzungen einhergeht, die das Verhältnis von Wörtern und Dingen (Zeichen und Körpern) überhaupt erst konstituieren. Auch wenn wir in unserem Sprachgebrauch notwendigerweise auf dieses Spracherlernen rekurrieren, bleibt uns die besondere Form und schöpferische Kraft dieses Sprache konstituierenden Ereignisses für immer verborgen. Als Sprechenden bleibt uns die Erfahrung des noch nicht vollzogenen, offenen Spracherwerbs entzogen. Die Paradoxie einer Veräußerung dieses Inneren besteht darin, daß der Sprechende (Schreibende) auf der einen Seite sein Sprechen (oder Schreiben) verlernen und vergessen müßte, um es dann in einer ›nach vorne gerichteten Erinnerung‹ als offenes zu wiederholen. Nur diese Doppelbewegung würde es erlauben, das Sprechen (das Schreiben) auf eine Art ›sprechend zu sprechen‹ (›schreibend zu schreiben‹), wie Beckmann im Königstädter-Theater ›gehend kommen‹ konnte.[77]

Christensens Bemühungen um diese spezifische Form des Sprechakts ließen sich mit Giorgio Agamben als *experimentum linguae* im eigentlichen Wortsinne bezeichnen, »in dem nämlich das, was erfahren wird, die Sprache selbst ist«.[78] Auch Agamben verbindet diese Erfahrung mit dem Spracherwerb bzw. mit der *In-fantilität* (lat. *infans* = ›nicht-sprechend‹) des Menschen, »deren Grenze gerade von der Sprache gezogen wird«.[79] Dabei macht er ganz deutlich, daß die Erfahrung der Kindheit oder *In-fantilität* nicht außerhalb der Sprache zu machen ist, sondern nur durch Sprache vermittelt werden kann:

> Die Vorstellung von einer Kindheit als einer vorsubjektiven ›psychischen Substanz‹ und eines vorsprachlichen Subjekts erweisen sich also

---

77 »[H]vad B. formaaer, har jeg ikke seet før. Han kan ikke blot gaae, men han kan komme gaaende.« Zit. n. Kierkegaard, *Gjentagelsen*, 143. Zur Verwendung des unabgeschlossenen, unvollendeten Partizips Präsens im Kontext der Bewegungstheorie von Kierkegaards *Wiederholung* vgl. Samuel Weber, »Vor Ort. Theater im Zeitalter der Medien«, in: *Grenzgänge. Das Theater und die anderen Künste*, hg. v. Gabriele Brandstetter/Helga Finter/Markus Weßendorf, Tübingen 1998, 31-51, hier 46.
78 Agamben, *Kindheit*, 9.
79 Ebd., 69.

als Mythen: Kindheit und Sprache scheinen demnach in einem Zirkel aufeinander zu verweisen, in dem die Kindheit der Ursprung der Sprache und die Sprache der Ursprung der Kindheit ist. Vielleicht müssen wir den Ort der Erfahrung und die Kindheit des Menschen gerade in diesem Zirkel suchen. Denn die Erfahrung und die Kindheit, die hier zur Diskussion stehen, können nicht einfach etwas sein, das der Sprache zeitlich vorangeht und an einem gewissen Punkt zu existieren aufhört, um in die Rede zu münden; sie sind kein Paradies, das wir zu einem gewissen Zeitpunkt für immer verlassen, um zu sprechen, sondern sie sind ursprünglich koexistent mit der Sprache, sie konstituieren sich sogar erst dadurch, daß die Sprache uns ihrer beraubt, indem sie den Menschen immer wieder als Subjekt produziert.[80]

Wie Christensen verbindet Agamben die Frage nach dem Ursprung der Sprache mit der Frage nach einer Sprache, die dem Sprechen als ›ich‹ vorausgeht, d.h., die die Stimme als Phänomen überhaupt erst konstituiert. Die Kindheit wird somit explizit als ein sprachliches Unbewußtes beschrieben, das Agamben mit Lacan und vor allem mit Emile Benveniste in Opposition zum Sprechen der ›Person‹ definiert:

> Gewiss, man kann diese Kindheit des Menschen mit dem Unbewussten Freuds identifizieren, das den versunkenen Teil der psychischen Erde besetzt. Aber als *Es*, d.h. als ›dritte Person‹ ist das Unbewusste in Wirklichkeit, wie uns Benveniste noch einmal zeigt, eine Nicht-Person, ein Nicht-Subjekt [...], das seinen Sinn nur in Opposition zur Person erhält. Lacans Hinweis überrascht demnach nicht, daß das *Es* seine Realität nur in der Sprache besitzt, daß es selbst Sprache ist.[81]

In diesem Sinne versteht Agamben Kindheit nicht als einen selbstpräsenten Anfang, sondern als einen »Bruch«, ein »Intervall«, eine fundamentale »Diskontinuität«,[82] die sich in der Sprache verbirgt. Wiederum in enger Anlehnung an Benveniste wird dieser Bruch über den anfänglichen Hiatus zwischen *Sprache* (kursiv im folgenden für frz. *langue*, it. *lingua*) und *Rede* (frz. *parole*, it. *parola*) definiert, der die Mythen von der Sprache als »göttlicher Gabe« oder als »menschlicher Erfindung« gleichermaßen *ad absurdum* führt:[83]

---

80 Ebd., 71.
81 Ebd., 70-71.
82 Ebd., 78.
83 Agamben geht in seiner Abhandlung explizit auf die Diskussion über den Anfang und den Ursprung der Sprache ein. Vgl. ebd., 72-73.

Die Kindheit übt aber eine weitere und entscheidendere Wirkung auf die Sprache aus. Sie führt nämlich jene Spaltung zwischen *Sprache* und Rede in die Sprache ein, die ausschließlich und grundsätzlich die Sprache des Menschen kennzeichnet. Denn die Differenz zwischen *Sprache* und Rede, die Möglichkeit, von der einen zur anderen überzugehen, und der Umstand, daß jeder sprechende Mensch den Ort dieser Differenz und dieses Übergangs darstellt, sind nichts Natürliches und sozusagen Evidentes, sondern das zentrale Phänomen der menschlichen Sprache. [...] Die Tiere treten nie in die *Sprache* ein, sie sind immer schon in ihr. Insofern der Mensch hingegen eine Kindheit hat und nicht immer schon Sprecher ist, spaltet er diese einheitliche *Sprache* und setzt sich als denjenigen, der sich, um zu sprechen, als Subjekt der Sprache konstituieren und *ich* sagen muss. Wenn daher die *Sprache* tatsächlich die Natur des Menschen ist – und bei genauerer Betrachtung kann Natur nur bedeuten: *Sprache* ohne Rede, *génesis synechés* bei Aristoteles, ›kontinuierlicher Ursprung‹; und Natur-Sein kann nur bedeuten: immer schon in der Sprache sein –, so ist die Natur des Menschen ursprünglich gespalten, weil die Kindheit in sie die Diskontinuität und die Differenz zwischen *Sprache* und Diskurs einführt.[84]

In ihren Bemühungen, den Anfang als Ereignis des eigenen Sprechens (oder Schreibens) sprechend (oder schreibend) zu wiederholen, treibt Christensens Poesie der Erfahrung dieser ursprünglichen Diskontinuität zu. So laboriert sie in *det* mit einer deutlichen Verschränkung von (universellen) grammatikalischen Kategorien und einer fortlaufenden Sprachperformanz. Die Vorstellung eines Intervalls zwischen *Sprache* und *Rede* wird zusätzlich durch die Tatsache unterstrichen, daß sich Christensen in der Inszenierung der *Sprache* ausgerechnet an eine avancierte Präpositionstheorie anlehnt.

Durch die Thematisierung der anfänglichen Verschiebung zwischen *Sprache* und *Rede* aber wird das autopoietische Prinzip der Rückkopplungsschleife (des Möbiusbandes), das Christensen mit der fortlaufenden Darstellung von chiastischen Verschränkungen zwischen Körper und Schrift in *det* zu re-inszenieren versucht, an einer entscheidenden Stelle unterbrochen. Entgegen dem geschlossenen Modell gegenseitiger Voraussetzungen wird auf eine kleine anfängliche Verschiebung, einen Sprung aufmerksam gemacht. Erst die Erfahrung dieses Sprungs legitimiert die fortlaufende Bemühung um eine vorwärts gerichtete Erinnerung, d.h. um eine *Wiederholung* des Anfang.

---

84 Ebd., 76-77.

Literatur

Agamben, Giorgio, *Homo sacer. Die souveräne Macht und das nackte Leben,* übers. v. Hubert Türing, Frankfurt a. M. 2002.
- *Kindheit und Geschichte. Zerstörung der Erfahrung und Ursprung der Geschichte,* übers. v. Davide Giuriato, Frankfurt a. M. 2004.

Agrell, Beata, *Romanen som forskningsresa. Forskningsresa som roman. Om litterära återbruk och konventionskritik i 1960-talets nya svenska prosa,* Göteborg 1993.

Baecker, Dirk, »Im Tunnel«, in: *Kalkül der Form,* hg. v. Dirk Baecker, Frankfurt a. M. 1993, 12-37.

Barthes, Roland, »Einführung in die strukturale Analyse von Erzählungen«, in: ders., *Das semiologische Abenteuer,* übers. v. Dieter Hornig, Frankfurt a. M. 1988, 102-143.

Baumgartner, Walter, »Zur Bedeutung von Viggo Brøndals Präpositionstheorie für *Det*«, in: *skandinavistik* 5 (1975), 136-142.

Brøgger, Stig, »Om Spilteori«, in: *ta'* 2 (1966), 3-5.
- »Kunst og datamaskiner«, in: *ta'* 4 (1967), 24-26

Christensen, Inger, *Del af labyrinten. Essays,* København 1982.
- *Teil des Labyrinths. Essays,* übers. v. Hanns Grössel, Münster 1993.
- *Der Geheimniszustand und Gedicht vom Tod. Essays,* übers. v. Hans Grössel, München, Wien 1999.
- *det/das,* übers. v. Hanns Grössel, Münster 2002.

Deleuze, Gilles, *Logik des Sinns,* übers. v. Bernhard Dieckmann, Frankfurt a. M. 1993.

Ekbom, Torsten, »Romanen som verklighetsforskning«, in: *Ord och Bild* 71 (1962), 517-522.
- *Spelmatriser för Operation Albatross. Strategisk modellteater,* Stockholm 1966.

Erdle, Birgit, »Traumatisierte Schrift. Nachträglichkeit bei Freud und Derrida«, in: *Poststrukturalismus. Herausforderung an die Literaturwissenschaft,* hg. v. Gerhard Neumann, Stuttgart 1997, 79-93.

von Foerster, Heinz, *Wissen und Gewissen. Versuch einer Brücke,* übers. v. Karl Köck, hg. v. Sigfried J. Schmidt, Frankfurt a. M. 1996.
- »Das Gleichnis vom blinden Fleck. Über das Sehen im allgemeinen«, in: *Der entfesselte Blick,* hg. v. Gerhard Johann Lischka, Bern 1993, 14-47.
- *Der Anfang von Himmel und Erde hat keinen Namen: eine Selbsterschaffung in 7 Tagen,* hg. v. Albert Müller/Karl H. Müller, Berlin 2002.

Giuriato, Davide, »Finsternis (Franz Kafka – Walter Benjamin)«, in: *Gestirn und Literatur im 20. Jahrhundert,* hg. v. Maximilian Bergengruen/

Davide Giuriato/Sandro Zanetti, Frankfurt a. M. [Ms., erscheint Frühjahr 2006].

Glanville, Ranulph, »Die Form der Kybernetik: Interaktionen in der Black Box«, in: ders.: *Objekte*, hg. und übers. v. Dirk Baecker, Berlin 1988, 99-118.

Glienke, Bernhard, »Themen in Systemen«, in: *skandinavistik* 5 (1975), 97-112.

Gry Haugland, Anne, »Mønsterdigtning. Betydningsvækst i Inger Christensens lyrik«, in: *Kritik* 155/156 (2002), 65-75.

Hansen, Peter, *Romanen och verklighetsproblemet. Studier i några svenska sextiotalsromaner*, Stockholm, Stehag 1996.

Hejlskov-Larsen, Steffen, *Systemdigtningen. Modernismens tredje fase*, København 1971.

Hørlych Karlsen, Hugo, *Skriften, spejlet og hammeren. En kritisk analyse af en række nyere eksperimentelle danske forfatterskaber*, København 1973.

Horn, Eva: »Geheime Dienste. Über Praktiken und Wissensformen der Spionage«, in: *Lettre* 53 (2001), 56-64.

– »Secret Intelligence. Zur Epistemologie der Nachrichtendienste«, in: *Raum, Wissen, Macht*, hg. v. Rudolf Maresch/Niels Werber, Frankfurt a. M. 2002, 173-192.

Ingvarsson, Jonas, *En besynnerlig gemenskap. Teknologiens gestalter i svensk prosa 1965-1970*, Göteborg 2003.

Kierkegaard, Søren, *Gjentagelsen*, in: ders., *Samlede Værker*, Bd. 5, hg. v. A. B. Drachmann, København 1962, 113-194.

Kittler, Friedrich, *Grammaphon, Film, Typewriter*, Berlin 1986.

Koschorke, Albrecht, »System. Die Ästhetik und das Anfangsproblem«, in: *Grenzwerte des Ästhetischen*, hg. v. Robert Stockhammer, Frankfurt a. M. 2002, 146-163.

Kreutzer, Gert, »System und Prozeß. Zur Form von Inger Christensens Det«, in: *skandinavistik* 5 (1975), 113-135.

Luhmann, Niklas, *Soziale Systeme. Grundriß einer allgemeinen Theorie*, Frankfurt a. M. 1987.

– *Beiträge zur funktionalen Differenzierung der Gesellschaft*, Opladen 1987.

– »Wie lassen sich latente Strukturen beobachten?«, in: *Das Auge des Betrachters. Beiträge zum Konstruktivismus*, hg. v. Paul Watzlawick/Peter Krieg, München 1991, 61-74.

– »Die Paradoxie der Form«, in: *Kalkül der Form*, hg. v. Dirk Baecker, Frankfurt a. M. 1993, 197-212.

– *Die Kunst der Gesellschaft*, Frankfurt a. M. 1999.

Lüdemann, Susanne, »Beobachtungsverhältnisse. Zur (Kunst-)Geschichte der Beobachtung zweiter Ordnung«, in: *Widerstände der Systemtheorie. Kulturtheoretische Analysen zum Werk von Niklas Luhmann*, hg. v. Albrecht Koschorke/Cornelia Vismann, Berlin 1999, 63-76.
Müller-Wille, Klaus, »Digero ergo ...? – Das 64. *Frühstück im Grünen* und die Figuration transtextueller Prozessualität«, in: *Text und Zeit. Wiederholung, Variante, Serie als Konstituenten literarischer Transmission*, hg. v. Barbara Sabel/Jürg Glauser, München 2004, 110-169.
Munch Terkelsen, Anne, »En puls uden krop«, in: *Sprogskygger. Læsninger i Inger Christensens forfatterskab*, hg. v. Lis Wedell Pape, Aarhus 1995, 67-85.
Nielsen, Hans-Jørgen, *Output*, København 1967.
– »Poeten med den sorte kasse. Datamaskinepoesi«, in: *ta'* 4 (1967), 20-23.
– ›Nielsen‹ *og den hvide verden. Essays, Kritik, Replikpoesi 1963-68*, København 1968.
– »Modernismens tredje fase: Fra erkendelse til eksempel«, in: *Eksempler. En generationsantologi*, hg. v. dems., København 1968, 155-179.
Rieger, Stefan, *Kybernetische Anthropologie. Eine Geschichte der Virtualität*, Frankfurt a. M. 2003.
Seedorf, Christine, »Utopi og dementi. Inger Christensens poetik i spændingsfeltet mellem skabelse og opløsning af betydning«, in: *Spring* 18 (2002), 115-124.
Serres, Michel, *Der Parasit*, übers. v. Michael Bischoff, Frankfurt a. M. 1987.
Svane, Marie-Louise: »Den oprørske skrivemaskine«, in: *Analyser af moderne dansk lyrik*, Bd. 2, hg. v. Per Olsen, København 1976, 289-311.
Weber, Samuel, »Vor Ort. Theater im Zeitalter der Medien«, in: *Grenzgänge. Das Theater und die anderen Künste*, hg. v. Gabriele Brandstetter/Helga Finter/Markus Weßendorf, Tübingen 1998, 31-51.
Wedell Pape, Lis, »Fortællelighed er. Om tal og tale som system i Inger Christensens *Det* og *Alfabet*«, in: *Spring* 18 (2002), 126-140.
Wellbery, David A., »Ausblendung der Genese. Grenzen der systemtheoretischen Reform der Kulturwissenschaften«, in: *Widerstände der Systemtheorie. Kulturtheoretische Analysen zum Werk von Niklas Luhmann*, hg. v. Albrecht Koschorke/Cornelia Vismann, Berlin 1999, 19-28.
Werber, Niels, »Der eingeschlossene ausgeschlossene Dritte der Systemtheorie. Vortrag zur ›Figur des Dritten‹ in Konstanz 20.11.2001« [Ms.; homepage.ruhr-uni-bochum.de/niels.werber/publi.htm].
Wiener, Norbert, *Kybernetik. Regelung und Nachrichtenübertragung im Lebewesen und in der Maschine*, übers. v. E. H. Serr, Düsseldorf u.a. 1992.

Wild, Markus, »*Play it!* – aber nicht *again.* Der Wiederholungsbegriff in pragmatistischer Beleuchtung«, in: *Text und Zeit. Wiederholung, Variante, Serie als Konstituenten literarischer Transmission,* hg. v. Barbara Sabel/Jürg Glauser, München 2004, 184-205.

Wirtz, Thomas, »Entscheidung. Niklas Luhmann und Carl Schmitt«, in: *Widerstände der Systemtheorie. Kulturtheoretische Analysen zum Werk von Niklas Luhmann,* hg. v. Albrecht Koschorke/Cornelia Vismann, Berlin 1999, 175-199.

Ludwig Wittgenstein, Tractatus logico-philosophicus, Werkausgabe Bd. 1. Tractatus logico-philosophicus. Tagebücher 1914-1916. Philosophische Untersuchungen, Frankfurt a. M. 1984 (= suhrkamp Taschenbuch Wissenschaft 501).

KATJA KOBOLT

Wiederholen und Versöhnung
Zu Zlatko Topčićs Roman *Košmar*

> Der Tod ist die Sanktion von allem, was der Erzähler berichten kann. Vom Tode hat er seine Autorität geliehen.[1]

> The narrator is the most central concept in the analysis of narrative texts. The identity of the narrator, the degree to which and the manner in which that identity is indicated in the text, and the choices that are implied lend the text its specific character.[2]

Der Roman *Košmar* (*Albtraum*) des bosnisch-herzegowinischen Schriftstellers Zlatko Topčić erzählt vom Krieg in Bosnien und Herzegowina – genauer: vom Tod des bosnischen Muslimen Ado Solak, der vom bosnischen Serben Aco Nikolić am letzten Tag des Krieges erschossen wird. Der Roman erlebte seit seiner ersten Veröffentlichung im Jahr 1997 in Bosnien und Herzegowina schon vier Auflagen und wurde von der bosnisch-herzegowinischen Schriftstellervereinigung als das beste Buch des Jahres 1997 ausgezeichnet. Heute, zehn Jahre nach Kriegsende, veranschaulicht der Roman auf besonders eindringliche Weise das Problem des bosnisch-herzegowinischen Erinnerns an den Krieg. Dieses Erinnern ist in einem solchen Maße von Antagonismen geprägt, daß die Existenz eines gemeinsamen kulturellen Gedächtnisses fraglich bleibt. Dies zeigt sich gegenwärtig nicht zuletzt daran, wie um die juristische Bewertung des bosnisch-herzegowinischen Krieges gerungen wird.

Im Jahr 1993 erhob der Staat Bosnien und Herzegowina beim Internationalen Gerichtshof in Den Haag Klage gegen das heutige Serbien und Montenegro wegen Aggression und Genozid. In Den Haag sollte u.a. entschieden werden, ob der Krieg in Bosnien und Herzegowina als ein Bürgerkrieg oder als ein zwischenstaatlicher Krieg zu definieren war. Im Rahmen dieser Untersuchung geht es nicht um die Konsequenzen, die die Den Haager Entscheidung für die internationale Politik und das internationale Recht hat (in der Geschichte des internationalen Rechts

---

[1] Walter Benjamin, »Der Erzähler«, in: *Gesammelte Schriften,* hg. v. Rolf Tiedemann, Bd. II 2, Frankfurt a. M. 1977, 450.
[2] Mieke Bal, *Narratology. Introduction to the Theory of Narrative*, Toronto 1997, 19.

wurde noch nie ein Staat wegen Genozid verurteilt).³ Für die vorliegende Interpretation des Romans *Košmar* sind vielmehr die kulturellen Folgen dieser beiden Positionen zum Krieg von Belang. Wenn dieser sich im kollektiven Gedächtnis als ein zwischenstaatlicher Krieg etabliert, sind die Parteien nicht nur ethnisch, sondern auch national klar unterschieden. Dies aber droht die bestehende kulturelle Spaltung noch zu vertiefen. Wenn umgekehrt der Krieg als ein Bürgerkrieg in das kulturelle Gedächtnis eingeht, wird das wenngleich gemeinsame Erinnern in sich doch unausweichlich zerrissen sein.

Topčić' Roman setzt thematisch und diskursiv an dieser Problemstelle an: Wie kann der Bruderkrieg aus einer gesamt-bosnisch-herzegowinischen Perspektive erzählt werden, ohne hierbei die Täter- und Opferpositionen zu verwischen? Der Roman versucht dieses Problem auf verschiedenen narrativen Ebenen durch Verfahren der Wiederholung zu lösen: durch die Doppelgängerschaft zwischen den Antagonisten Ado und Aco wie auch durch eine proleptische Gesamtanlage, die das Erzählte unter das Zeichen der antizipierten Wiederholung stellt. Diese und andere Wiederholungseffekte der Erzählung verdeutlichen jedoch nicht nur aufs neue die Spaltung der bosnisch-herzegowinischen Kultur, sondern stellen zugleich eine Versöhnung der beiden Parteien in Aussicht. Die hiermit verbundene Deutungsperspektive läßt sich mit Blick auf die erzählerische Vermittlung noch weiter schärfen: In dem Maße, wie die vermeintlich heterodiegetische Erzählinstanz von *Košmar* sich zuletzt als homodiegetische entpuppt, wird sie zu einer gesamt-bosnisch-herzegowinischen *communal voice*⁴ (Susan Lanser), die in ihrem paradoxen Versuch, den eigenen Tod und das eigene Töten zu erzählen, sowohl den bosnischen Muslimen Adi als auch den bosnischen Serben Aco narrativ umschließt.

3 Vgl. hierzu die Dokumentation der Radiosendung in *Radio Slobodna Evropa*. Slobodan Kostić u.a., »Argumenti za paranoju«, 2003.
URL: http://www.danas.org/programi/magazin/kontrapunkt/2003/02/20030217-175858.asp [01.07.2005] Vgl. auch die offizielle Internetseite des internationalen Gerichtshofes (International Court of Justice), bei welchem die Klage erhoben wurde.
URL: http://www.icj-cij.org/icjwww/ipresscom/ipress2004/ipresscom2004-37_-bhy_20041208.htm [01.07.2005]
4 Susan S. Lanser, *Fictions of Authority – Women Writers and Narrative Voice*, Ithaca 1992, 21.

Wiederholung im Paratext

GEBRAUCHSANWEISUNG

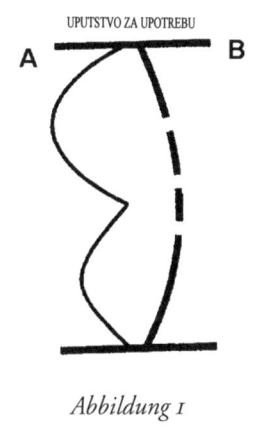

UPUTSTVO ZA UPOTREBU

Abbildung 1

Bevor der Autor seinen Roman schrieb, hatte er ihn vorgezeichnet. Die Skizze entstand aus dem Bedürfnis, alles, was er zu sagen hat, *mit einem Blick faßbar* zu machen. Dem einen wird das schon ausreichen, und für ihn gibt es eigentlich keinen Grund, weiterzulesen, am Ende der Geschichte wird er, sich wundernd, zur Skizze zurückkehren und sich fragen, weshalb ihm nicht schon von Anfang an alles klar war, während dem anderen gar nichts klar sein wird, weder nach dem Lesen noch nach dem Betrachten. Das, was folgt [der Text], ist nur eine ungeschickte Illustration dieser Skizze.[5] [Hervorhebung von KK]

In diesem Kommentar verweist der fiktive Erzähler in seiner Funktion als Autor auf die Mängel seiner Erzählung und erklärt die Skizze zum Schlüssel der folgenden Geschichte. Tatsächlich läßt sich die Plotstruktur von *Košmar* in Übereinstimmung mit dieser Skizze entschlüsseln. Der Roman besteht aus zwei teils in der 1., teils in der 3. Person vermittelten Erzählsträngen, deren jeweilige Kapitel mit den Buchstaben A und B versehen sind. Die A-Kapitel richten den Blick auf den Tschetnik-Alltag Acos sowie seine Verbrechen und seine Gesinnung. Die B-Kapitel be-

---

[5] Alle Übersetzungen der Romanzitate von Katja Kobolt zusammen mit Alexander Nebrig. Vgl. die Romanausschnitte aus der Originalfassung im Anhang.

schreiben den alltäglichen Kampf des Kolumnisten und Schriftstellers Ado, der im belagerten Sarajevo materiell, aber auch emotional und intellektuell zu überleben versucht. Erzählzeit ist der Moment, in dem der Protagonist Ado stirbt. Dagegen reicht die erzählte Zeit vom Moment des Sterbens zurück zur Vorkriegszeit, bis in die Kindheit von Ado und Aco hinein. Der Roman beginnt mit der Schilderung von Ados Tod und geht dann zurück in die Vorkriegszeit, wo die Erzählung mehrmals durch Vorausdeutungen darauf, wie Aco den Ado tötet, unterbrochen wird. Am Ende des Romans steht erneut die Todesszene.

Die dem Text vorangestellte Skizze thematisiert das paradoxe Unternehmen des Erzählens: den Versuch, innerhalb der sukzessiven Struktur des narrativen Mediums den einzigartigen Moment des eigenen Todes darzustellen. Eine homodiegetische Erzählung vom eigenen Tod aber droht die Differenz zwischen Erzähl- und erzählter Zeit und damit die Erzählung aufzuheben. In diesem Sinne ist der »Tod die Sanktion von allem« und das Erzählen des eigenen Todes paradox.[6] Mit seiner proleptischen Zeitstruktur und den Verfahren der Wiederholung versucht der Roman *Košmar* von diesem Paradox abzulenken und das zentrale Romanereignis – die Tötung Ados durch Aco – in der Zukunft zu halten und aufzuschieben.[7]

Thematische Wiederholungen,
Wiederholungen in der Plotstruktur und auf Figuren-Ebene

Der Roman beginnt mit dem Tod des Protagonisten, der in einem vorangestellten Kapitel von der den beiden Figurenstimmen scheinbar übergeordneten, extra-heterodiegetischen Erzählinstanz beschrieben wird:

Hundertsechsundfünfzig Tage nachdem sie das erste Mal Liebe gemacht hatten – zur richtigen Zeit, an den fruchtbaren Tagen verstreute er den Samen in ihren Schoß –, lag er auf der nassen Erde: Es wehte von Süden her der Geruch von Meer und Muscheln, aber der Schnee, verstreut wie eine karibische Inselwelt, leuchtete hin und her, grau,

---

[6] Walter Benjamin, »Der Erzähler«, in: *Gesammelte Schriften*, hg. v. Rolf Tiedemann, Bd. II 2, Frankfurt a. M. 1977, 450.
[7] Mit einer Prolepse wird die Gegenwart aus der Perspektive der Vergangenheit betrachtet bzw. antizipiert. »Mit *Prolepse* bezeichnen wir jedes narrative Manöver, das darin besteht, ein späteres Ereignis im voraus zu erzählen oder zu evozieren [...].« Gerard Genette, *Die Erzählung*, München ²1998, 25. Vgl. auch Matias Martinez/Michael Scheffel, *Einführung in die Erzähltheorie*, München ³2002, 31-39.

locker, durchlöchert wie ein Ameisenhaufen. Vor diesem Hintergrund fiel sein Gehirn noch mehr auf, obwohl es dem Schnee vollkommen glich: Wer ihn jetzt gesehen hätte – sein Gehirn, schleimig, rosafarben, mit engmaschigen und tiefen Runzeln, der Decke gleich, die seinen Körper umgab –, würde nur mühsam an ihm irgendwelche Träume oder gar etwas von seinen Erinnerungen erkannt haben. [...] Der Krieg liebt Verallgemeinerungen und Vereinfachungen, der Krieg zeichnet ein Bild in großen Linien und breiten Zügen, der Krieg mag keine Entbehrlichkeiten und Details, er eilt und überspringt, beschäftigt sich nur mit großen Sachen, weil er Geschichte schreibt. Der Krieg vergißt einzelne Gesichter, und aus einer Million Gesichter macht er eins, das einem weder vollkommen gleicht noch gänzlich von einem verschieden ist.

Die Patrone der Kalibergröße 7,9 mm lag quer zwischen seinen Augen: Sie kam von weit her, alt, geschwächt, jedoch stark und entschlossen genug, um das Stirnbein zu durchbrechen, ohne Kraft und Enthusiasmus, um weiter zu gehen. Sie lag in der Höhle wie eine Geliebte, dem Vögelchen im Nest gleich, eingelullt, geschützt, ohne Unheil, ruhig, gelassen, vom Schicksal erfüllt, glänzend, schön: und auf ihr, auf ihrem kupfernen Kleidchen, sonnenklar wie ein Urteil, stand der Name – Adi Solak. Sie trafen zusammen in einer fatalen Berührung, beide tot, wie das Versprechen, wie ein erfülltes Wort.

Das ist eine Geschichte über den Mann, der, hundertsechsundfünfzig Tage nachdem sie das erste Mal Liebe gemacht hatten – zur richtigen Zeit, an den fruchtbaren Tagen verstreute er den Samen in ihren Schoß –, auf der nassen Erde lag: es wehte von Süden her der Geruch von Meer und Muscheln und war das Ende des Krieges, sein letzter Tag.

Der Beschreibung des Todes in diesem Kapitel folgt das erste A-Kapitel, das von Acos Vater – Nikodije Nikolić – erzählt. Acos Vater schreibt zum Andenken und zur Ermahnung seines Sohnes und weiterer Generationen von Serben seine Erinnerungen an den Zweiten Weltkrieg nieder. Unter dem Titel *Qual. Wie aus einem schweigenden Sterbenden die Wahrheit herauszubekommen ist* beschreibt er verschiedene Foltermethoden, die er an der muslimischen Bevölkerung im Bürgerkrieg ausübte, der während des Zweiten Weltkrieges im ehemaligen Jugoslawien stattfand. Der Inhalt des Folterlehrbuches ist nicht ausführlich wiedergegeben, vielmehr bietet das Kapitel Einblick in die Empfindungen und Gedanken von Nikodije Nikolić. Er sieht seine Opfer mit ihren Augen, sie sind lebendiger als er selbst, so daß ihm Zweifel am eigenen Dasein kommen.

A 1

Er schreibt das Buch. Damit es nicht verlorengeht. Damit die Fehler nicht *wiederholt* werden: damit alles *wiederholt* wird, nur die Fehler nicht. Gott weiß, ob es noch Gelegenheiten gibt, und wenn es sie geben wird, werden sie so sein wie damals, solche, wie sie damals hatten. [...] Jetzt sieht er dieses Bild nämlich anders als damals, als es geschah: Jetzt sieht er es mit ihren Augen. Das ist auch eine nützliche Erfahrung, von welcher man Spuren hinterlassen soll. Man soll den Tod im Grab beleuchten, ihn von allen Seiten vermessen, damit die Fehler niemals *wiederholt* werden. [Hervorhebung von KK]

Schon in diesem ersten A-Kapitel werden Semantik und Darstellungsformen des Krieges deutlich, die den Roman auch insgesamt kennzeichnen. Die sprachlichen Wiederholungsfiguren sind nicht nur in diesem Ausschnitt, sondern auch an anderen Stellen des Romans zu beobachten. Darüber hinaus wird der für den Roman zentrale Krieg der Jahre 1992-1995 hier als Wiederholung des Bürgerkriegs im 2. Weltkrieg beschrieben.[8] Auch die formale Struktur des Romans *Košmar* schlägt in diesen Erinnerungen Nikodije Nikolić' durch: Während sich in Nikolić' Reminiszenzen die Perspektive (*wer sieht?*) von Opfer und Täter überlagern, wechselt im gesamten Roman auch die Stimme (*wer spricht?*) zwischen dem Mörder (Aco) und seinem Opfer (Ado) hin und her.

Im darauf folgenden ersten B-Kapitel wird auf die Erzählzeit bzw. den Moment des Erzählens hingewiesen. Der Ich-Erzähler Ado erzählt, wie er als Kind mehrmals einen Schneider aufsucht. Bei jedem Besuch wiederholt sich ein Spiel zwischen dem tauben Schneider und seiner Schwester, die diesen anbettelt, er solle doch die neue Hose für Ado noch vor dem Ende des Winters und nicht erst im Frühjahr anfertigen. Auch hier wird also ein sich wiederholendes Geschehen geschildert, für die vorliegende Fragestellung sind jedoch vor allem die Person des Erzählers und die zeitlichen Merkmale der Erzählung von Belang.

B 1

Die letzte Geste wäre folgende: Der König [der Schneider] würde die gebrochene und müde Königin [die Schwester] erhören, unfähig,

---

8 Auch die Lebensläufe der Figuren gehorchen dem Gesetz der Wiederholung. So wiederholt Aco die Verbrechen seines Vaters. Außerdem wird Ados Vater wegen seines unkontrollierten Körper- und Sozialverhaltens als kindisch dargestellt. Als der Vater stirbt, wird sein Leben durch das Enkelkind ›wiederholt‹ – Ados Geliebte Aida erwartet Ados Baby. Das Leben wird im Roman in eine perpetuierende Kreisbewegung zwischen Tod und Geburt gesetzt.

seiner großen Güte Widerstand zu leisten. Es war rührend, daß einer, der mir so fern und fremd ist, so leidenschaftlich und hingebungsvoll für mich kämpft. *Nie wieder – in allen diesen Jahren, zwischen jenem Winter, als es geschah, und diesem Winter, da ich mich daran erinnere und mich daran wärme – hatte ich so ein edles Gefühl.* [Hervorhebung von KK]

An dieser (kursiv markierten) Stelle findet sich der einzige explizite Verweis auf Erzählzeit und Person des Erzählers. Hier verweist der Erzähler auf sich selbst und den Moment des Erzählens – den Tod an einem Wintertag, dem letzten Tag des Kriegs.[9] Während die Romanerzählung am Anfang eine extra-heterodiegetische Erzählung zu sein schien, entpuppt sie sich an dieser Stelle als eine autodiegetische Erzählung. Wenn aber der Roman eine autodiegetische Erzählung von Ado bildet, dann enthält der Roman eine Paradoxie: Wie kann Ado seine eigene Geschichte, die Geschichte seines Todes, erzählen, wenn er doch tot ist?

Die diesem Bericht folgenden Kapitel A 2, A 3 und B 2 widmen sich dem Vorkriegsleben von Aco und Ado im Sarajevoer Viertel Grbavica. Die Bindungen zwischen den Nachbarn in diesem Viertel werden als fern und nah zugleich gekennzeichnet (Kapitel B 2). Während sich Ado in einem Keller in der Nachbarschaft seine erste erotische Berührung von einem Mädchen stiehlt (Kapitel B 2), pflegt Aco ein erotisches Verhältnis lediglich zu seiner Schußwaffe (Kapitel A 3). Alle nachfolgenden Kapitel – mit Ausnahme des Kapitels AB, das die Romanmitte darstellt – erzählen von der Kriegszeit. Ado lebt während des Krieges zusammen mit seinem kranken Vater und setzt sich beim Anschaffen der Lebensmittel und Medikamente für seinen Vater täglich der tödlichen Begegnung mit dem Scharfschützen aus. Bis zur Romanmitte ›durchlebt‹ bzw. antizipiert Ado bei seinen täglichen Besuchen der Stadtmitte Sarajevos in den Kapiteln B 5 und B 7 zweimal sein Sterben.

B 5

Es war 10:55, als er mit Ivo einen Kaffee im ›Lora‹ trank, um 10:58 grüßte er Ahmed vor ›Vjčna vatra‹; um 11:01 kaufte er vor ›Svjetlost‹ Zigaretten, danach ging er durch den Markt, nahm eine Tüte Uvin-Tee und ein Pfund ungerösteten Kaffee; um 11:03 kreuzte er die Titova Straße und trat in das ›Semberija‹ ein, bestellte ein Pfund Apfelkuchen;

---

9 Der bosnisch-herzegowinische Krieg wurde am 14.12.1995 mit der Unterzeichnung der Dayton-Einigung in Paris beendet.

um 11:05 lag er tot unter dem Tisch, der Apfelkuchen hatte sich, dickflüssig, dampfend mit seinem Blut vermischt, die Projektilteilchen haben seinen Oberkörper, so wie Jesus, auf das Pult genietet, auf dem neben der Waage seine gefrorenen, wie aus Glas gemachten Augen standen, klare, tiefe, sanfte ...

B 7

Er winkte ab und schaute auf die Uhr – es war 15:15. Um 15:25 saß er im Kaffee ›Zvono‹ und trank zwei Lozovača aus. Um 15:42 kaufte er, ohne schwarze Ahnungen, ›Oslobodženje‹, als erstes las er seine Geschichte auf der zweiten Seite, dann schlug er die vorletzte Seite auf: dieser und jener fiel Bosna und Herzegowina verteidigend als šehid [tür. Märtyrer], diesem und jenem ein dženaza [tür. Lehnwort Bestattung/Totengebet] am Friedhof ›Lav‹, diesem und jenem eine Beerdigung am Friedhof St. Mark ... Um 15:47 ging er am Kammerspiel vorbei. Um 15:50 lag er tot vor dem Gebäude ›Svjetlost‹, an der Stelle, wo einst die Skender-Büste stand; er lag auf dem Bauch wie ein träumender Penner. An ihm gab es keinerlei Blutspuren, nicht mal eine Träne, nur ein kleines Loch neben dem Herzen, einem Reiskorn gleich; das Pfefferkorn, scharf, heiß, herangeflogen von der Drvenije-Seite, grub sich in sein Herz und tötete ihn.

Eine der wiederholten Sterbeszenen wird aus der Täterperspektive geschildert. Die Opfer-/Täterpositionen werden dabei aber austauschbar. Der Täter Aco wird in seinem Traum (A 9) zum Opfer und zum Täter zugleich. Im Traum läuft Aco durch die eingekesselte Stadtmitte Sarajevos und wird vom Heckenschützen, der am jüdischen Friedhof lauert, getötet. Da vom jüdischen Friedhof aus normalerweise Aco selbst auf die Einwohner Sarajevos schießt, fragt er sich, wer er im Traum sei, das Opfer oder der Täter.

A 9

Warum habe ich mich umgedreht und zum Berg hinaufgeschaut, habe ich eine Stimme, einen Ruf gehört, oder habe ich einen Blick auf meiner Stirn gespürt? Und ... wieso ich an dieser Seite? Und wen habe ich gesehen, als ich hinaufgeschaut habe? Mich selbst? Das wäre möglich, weil mein Platz dort ist, auf dem jüdischen Friedhof. Aber, wer bin ich dann ... das Opfer? In wessen Leben bin ich eingetreten, wessen Traum habe ich geträumt?

In diesem Traum von Aco wird erneut das Verhältnis von Täter und Opfer zum Thema, das sich schon im Folterbuch von Acos Vater ankündigt, in dem die Opfer sich der Täter bemächtigen. Diese Umkehrung ist jedoch nicht als eine Relativierung der Opfer-Täter Position dargestellt, sondern thematisiert den ›gegen-sich-selbst‹ gerichteten Charakter des Bruderkriegs.

Das Kapitel, das die Romanmitte bildet, trägt den Titel AB und erzählt über ein zufälliges Treffen von Ado und Aco acht Jahre zuvor, als Aco den Ado nach der Uhrzeit fragte.

AB

Vor acht Jahren, an der Kreuzung von Titova und Dalmatinska, auf dem Platz, Čeka genannt, trafen sich zwei Menschen das erste Mal, dermaßen unwichtig füreinander, daß sie sich weder in die Augen geschaut noch sich ihre Gesichter gemerkt haben, als ob das Schicksal sie nie wieder verbinden würde. […]
Nie zuvor und nie danach traf man sich wieder, und gewiß gibt es diese Begegnung in ihren Erinnerungen nicht mehr. Nur damals, um zehn vor fünf, und dann acht Jahre später, berührten sich ihre Lebenskreise: Beide Male ging es um die Zeit.

Wiederholung in der Erzählstruktur

Im Kapitel A 10, das auf die Romanmitte folgt, wird der Moment des Sterbens von Ado nochmals aus der Perspektive des Täters Aco geschildert. Im Traum sitzt dieser entspannt in einem Polstersessel auf dem jüdischen Friedhof und beobachtet durch das Korn des Gewehrs seine potenziellen Opfer. Ein Mann fällt ihm ins Auge, der mit seinem Gang überhaupt nicht signalisiert, daß er den eventuellen Patronen der Heckenschützen entweichen will. Offensichtlich kennt Aco ihn. Der Mann schaut dem Heckenschützen ins Auge, als ob er ihn darum bitten würde, ihn zu töten.

A 10

Vergib mir, Gnädiger, Mitleidsvoller, weil ich weiß, daß die Sünde zu nennen dem Begehen der Sünde gleicht, aber … ich träumte … daß ich Tschetnik war. Ich gestehe jedoch meine Sünde und will von meinem Traum erzählen, er liegt mir schwer wie ein Stein, wie eine Qual und ein Fluch in meiner Brust, weshalb ich nicht atmen kann; er will aus mir heraus, und mir ist bitter, und diesen Traum muß ich wie Eiter ausdrücken.
Warum hat er mich so geschmerzt und alles ins Wanken gebracht, alles in Frage gestellt? Warum habe ich – Gott vergib mir – genossen, als ich ihn geträumt habe. Ist in mir eine Bestie wach geworden, im

Wachsein sonst gezähmt, verdrängt, im Schlaf entfesselt, frei, so wie sie ist, der Traum machte ihr es möglich, sie selbst zu sein. Und das geschieht mir, der ich gut bin, und alle, die mich kennen, denken, daß ich gut bin ... Woher dann meine Freude? Als ob das Böse ein Zeichen der Macht und das Gute ein Zeichen der Schwäche wäre, und ich – böse – bin mächtig geworden.

Der jüdische Friedhof. Da hatte ich in meinem Traum ein Haus mit einem Satteldach, ein schönes Haus, sauber, mit einem guten Ausblick auf die Hauptstraße. Ich habe ein handlanges Loch in die Wand gebohrt, es mit den Sandsäcken eingesäumt und dann von irgendwoher einen bordeauxroten plüschigen Polstersessel besorgt, einen tiefen, bürgerlichen, reich gepolsterten, verzierten und molligen Sessel.

Ich habe mich dahin gesetzt, daneben eine Flasche Lozovača, eine Zigarettenpackung ›Vek‹, einen Aschenbecher und die Schokolade ›Soko-Štark‹ gelegt: Ich hatte gute Voraussetzungen für ein Vergnügen, für eine Jagd. Dieses Bild hat mich an den Frieden erinnert, an einen Sonntagnachmittag, selig, langweilig, ausgedehnt und lieb, erfüllt vom Warten auf die Übertragung eines gemächlichen Fußballspiels. Lange guckte ich durch das Zielfernrohr meines Gewehrs; ich wandere um die Balkone mit der Wäsche, die zwerghafte Frauen aufgehängt hatten, ich sehe in der Wohnung über der ›Elektrotehna‹ ein Mädchen, das sich umzieht, in aller Muße, zärtlich, mit sanften Fingern, verführerisch, als ob sie das Liebkosen meines Blickes, meines Todesrufes gespürt hätte; ich verfolgte eine Katze, die ihr eigenes Blut vom Konservenrand leckte; ich sah die Autos, die sich mit hoher Geschwindigkeit vor dem Gewehrlauf bewegten, fortfahrend in der Illusion, mir entwischt zu sein, nicht wissend, daß ich sie eigentlich am Leben gelassen habe, weil sie gar nichts von der Kunst wissen, Bilder einzufangen ... Das Liebesvorspiel war zu Ende, und es war Zeit, zur Sache zu kommen. Auch im Traum ist eigentlich alles sehr einfach ... man hält die Luft an und drückt ein Auge zu, als ob man scherzte und mit dem Opfer kokettierte, man verfolgt seinen Schritt, seine Geste ...

Dann habe ich einen Mann erkannt, einen unter vielen. Eigentlich hatte er sich, bevor ich sein Gesicht gesehen habe, durch die Art und Weise seines Ganges durch die Straße abgehoben, die er müßig beschritt, er watschelte wie ein Gänschen, uninteressiert, von einer Pobacke zur andern, als ob er überhaupt nicht hier wäre, sondern irgendwo sehr weit, sehr fort, aber dennoch hat er seinen Körper hier gelassen, um die Straße entlang zu wälzen. Alle anderen sind rasch gelaufen, was jedoch meinem Geschäft nichts ausmacht, aber – aber dieser Mann lief so, als ob ihm das Leben gar nichts bedeutete, als ob er den Teufel riefe, um ihn zu sich zu holen. Ich muß gestehen, daß ich gewiß nicht wirklich Bewunderung, aber auf jeden Fall Respekt empfunden habe gegenüber einem, der offensichtlich den Tod verachtet. Immer wieder hielt er inne, beugte sich und schaute, ich übertreibe es kaum, direkt in mein Gesicht, in meine Augen. Als ob er mir etwas zu sagen hätte. Träume sind seltsam und lieben Übertreibungen, aber ganz gewiß sind mir von der Schwere seines Blickes Tränen in die Augen getreten. Hat er mich auch erkannt, so wie ich ihn erkannt habe? Vielleicht ist es für ihn eine größere Strafe, wenn ich ihn jetzt zum Leben verurteile. Es lag etwas Pathetisches in seiner Anrufung des Todes, was ich zutiefst erfaßte und erkannte. Was muß einem Menschen geschehen, daß er soweit kommt und den Tod anruft? Hat er jemanden verloren, jemanden andern? Sich selbst? Oder war er seit je allein und hat niemanden gefunden? Oder kam irgendwoher eine üble Stimme? Oder hat er sich selbst verloren? Es ist egal, was es war, etwas ist sehr schwierig und niemand weiß es besser, was für ihn gut ist. Weiß vielleicht irgend jemand besser als er, was für ihn gut ist. Weiß vielleicht irgendjemand, welche Qual ihn drückt. Vielleicht ist er wahnsinnig geworden, oder er war schon immer so.

In ihm gibt es kein Leben, von hier aus sieht man das klar, aber er hat keine Kraft, um es selbst loszuwerden. Dieser Mann mit einem im Traum, im Grund des Spiegels, bekannten Gesicht, sucht eigentlich meine Hilfe. Mit seinem Blick bittet er mich und erklärt mir, daß seine Tötung keine Sünde, sondern eine Wohltat ist.

Ich kann mich nicht an meine früheren Träume erinnern, weil ich selten träume und alles vergesse, aber wenn ich nur einmal im Traum ein Tschetnik und Mörder und Otter war, dann bin ich in diesem sauber geblieben: Ich zog den Abzug mit einem seligen Gefühl des Mitleids und der Güte, mit einem edelmütigen Stoß der Barmherzigkeit.

Ich habe meinen Teil erfüllt, ich habe ihm meine Hand gereicht, seine Bitte erhört, als ein Freund, als ein Nachbar, als ein Bruder. Gott helfe diesem unglücklichen Menschen!

Die Szene erfolgt als Ich-Erzählung und wird aus der Täterperspektive geschildert. Die Stimme aber kann nicht ohne weiteres dem Täter Aco zugeordnet werden, denn dies würde die Kohärenz der Charakterisierung von Aco unterlaufen. Schließlich wird Aco sonst als ein gewalttätiger Tschetnik geschildert, der seine Gewalttaten nicht als Verbrechen betrachtet und mit großer Leidenschaft mordet. Wem gehört die Stimme, die Acos Traum erzählt? Ist es die Stimme Ados, die im ersten B-Kapitel zum Vorschein kam? Die Antwort lautet: ja und nein zugleich. Aufgrund der proleptischen Grundstruktur wie auch der manifesten Doppelgängerschaft der beiden Antagonisten scheint folgende Deutung plausibler: Es handelt sich bei dieser Stimme um die Erzählinstanz, die beide Erzählstränge umspannt und sich schließlich zur gemeinsamen Stimme des Opfers Ado und des Täters Aco herausbildet.[10] Diese Doppelgängerschaft der Figuren wird in der eingangs zitierten Skizze durch den symmetrischen Verlauf der Erzähllinien markiert. Mit Hilfe dieser Skizze wäre nun also folgende Rekonstruktion der Plotstruktur denkbar:

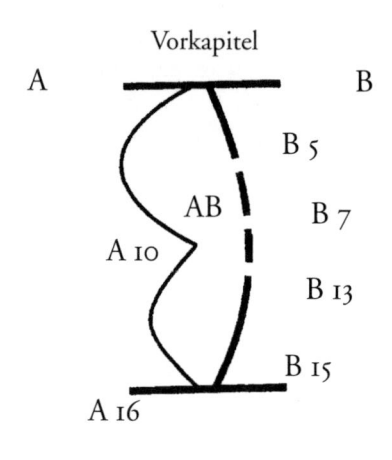

Abbildung 2

Die verschiedenen Treffen von Ado und Aco, ihre Begegnung acht Jahre zuvor, die im AB-Kapitel geschildert wird, wie auch ihr ›Treffen‹ im Korn des Gewehrs, das im vorangestellten Kapitel sowie in den Kapiteln B 15, A 10, A 16 beschrieben wird, werden in der Skizze als Anfang, Mitte und Ende markiert, und die Positionen der Antagonisten nähern sich hier auch graphisch einander an. Die antizipierten Tode in den Kapiteln B 5 und B 7 werden in der Skizze schließlich als Unterbrechungen der B-Linie dargestellt. Auch der Tod von Ados Vater im Kapitel B 13 wird als Unterbrechung der B-Linie in der Skizze markiert.

10 Ado und Aco, die als Doppelgängerfiguren des Erzählers konzipiert werden, sind sowohl den imaginären Doppelgängern (im Traum) als auch den manichäisch allegorischen (Ados Teil ist gut und Acos Teil ist böse) zuzuordnen. Da sie zwei Seiten einer Erzählerstimme darstellen, sind sie auch als psychologische Doppelgänger zu fassen. Vgl. die Doppelgängertypologie in Elisabeth Frenzel, *Motive der Weltliteratur*, Stuttgart 1999, 101.

Wiederholung als Funktion

Der in beiden Erzählsträngen des Romans vorherrschende extra-heterodiegetische Erzählmodus wird immer wieder durch Passagen unterbrochen, in denen die Figurenrede dominiert; dadurch scheint sich der Text in einen »Doppelroman« mit zwei eigenständigen Autoren zu verwandeln.[11] Auf Grund der proleptischen Grundstruktur der Erzählung und infolge der Doppelgängerschaft der beiden Antagonisten ist die Erzählinstanz des Romans *Košmar* jedoch sowohl in Ado als auch Aco zu verorten. Die Erzählinstanz des Romans entpuppt sich somit als extra-homodiegetische bzw. autodiegetische. Obgleich bisher auf das Genettesche Instrumentarium zurückgegriffen wurde, vermag Susan Lansers funktionsorientierte Unterscheidung von *personal* und *communal voice* die besondere Erzählstruktur des Romans *Košmar* gerade in ihrer erinnerungstechnischen Funktion greifbarer zu machen als das eindeutige Klassifikationsangebot der klassischen Narratologie.

Susan Lanser (1992) fragt nach den autoritätstiftenden Verfahren des Erzählens und gelangt dabei zu einer Unterscheidung zwischen der individuellen (*personal voice*) und der kollektiven Stimme (*communal voice*) des Erzählens. Mit *communal voice* beschreibt Lanser »*a spectrum of practices* that articulate either a collective voice or a collective of voices that share narrative authority*«*[12] [Hervorhebung KK]. Als *sequential form of*

---

11 Als Doppelroman gilt definitionsgemäß entweder ein von verschiedenen Autoren verfaßter Roman, eine serielle Auflage verschiedener Romane, die das gleiche Geschehen aus unterschiedlichen Perspektiven beschreiben, oder ein Roman zweier in Raum, Zeit und Hauptfiguren selbständiger Erzählstränge (vgl. *Metzler Literatur Lexikon. Begriffe und Definitionen*, hg. v. Günther Schweikle/Irmgard Schweikle, Stuttgart 1990, 107). Nach der These vorliegender Interpretation sind die Erzählstränge des Romans *Košmar* nicht selbständig, da sie von der gleichen Erzählperson erzählt werden, die sich durch die beiden Doppelgängerfiguren artikuliert.

12 Susan S. Lanser, *Fictions of Authority – Women Writers and narrative Voice*, Ithaca 1992, 21.
Laut Ansgar Nünnings Kritik an Lansers Modell ist die *communal voice* mehr auf der *histoire*-Ebene als auf der *discours*-Ebene nachzuweisen. Laut Nünning handelt es sich bei der Einteilung Lansers um verschiedene Ausprägungen der homodiegetischen Erzählinstanz (vgl. Ansgar Nünning, «Gender and Narratology – Kategorien und Perspektiven einer feministischen Narrativik», in: *Zeitschrift für Anglistik und Amerikanistik* 42 (1994), 102-138). Wie aus der vorliegenden Erzählanalyse hervorgeht, manifestiert sich die *communal voice* auch über *discours*-Merkmale.

communal voice bezeichnet Lanser eine Erzählweise, bei welcher durch ›eine‹ Stimme verschiedene Repräsentanten einer Gruppe zur Darstellung gelangen.[13] Während sich Genettes Beschreibung der Erzählinstanz vorrangig an der Erzählebene und am Kriterium der Teilhabe der Erzählinstanz am erzählten Geschehen orientiert, bleiben bei Lanser die narrativen Verfahren, mit welchen entweder eine personale (*personal*) oder gemeinschaftliche (*communal*) Erzählstimme entworfen wird, weitgehend undefiniert.

Im Roman *Košmar* sind die Besonderheiten der darin verwendeten Erzählinstanz durch das Verfahren der Wiederholung motiviert; die Erzählerstimme setzt sich aus zwei verschiedenen Stimmen zusammen, die wiederholt unterschiedliche Fassungen desselben Ereignisses bieten. Obgleich die Erzählinstanz sich nicht als eine eigenständige Figur in der erzählten Welt profiliert, vereinigt sie die verschiedenen Versionen des Geschehens, die sich aus der Doppelgängerschaft der beiden Antagonisten ergeben. Die Geschichte Ados und Acos ist darum die Geschichte einer übergeordneten Erzählinstanz. Im Erzählmodus dieser *communal voice* sprechen Täter und Opfer des Bruderkrieges mit einer Stimme, ohne die Opfer- und Täterrollen zu verwischen.

Diese spezifische Erzählweise erhält ihre Funktion im Kontext der bosnisch-herzegowinischen Erinnerungsproblematik. Da die Opfer und Täter im Roman gleichwohl klar umrissen werden, bietet *Košmar* keine Revision der Opfer- und Täterpositionen an. Somit stellt sich der Text gegen all jene Positionen, die eine konflikthafte Auseinandersetzung mit der jüngsten Vergangenheit scheuen und die Spaltung der bosnisch-herzegowinischen Kultur dadurch womöglich nur vertiefen. Zugleich entwirft die *communal voice* des Romans eine gemeinsame bosnisch-herzegowinische Stimme, ohne deren innere Differenzen zu überschreiben. Wenn das im Roman beschriebene Buch von Acos Vater für das Töten und für den Krieg geschrieben wurde, so erzählt Zlatko Topčić *von* und *für* die Versöhnung.

Er schreibt das Buch. Damit es nicht verlorengeht. Damit die Fehler nicht wiederholt werden: damit alles wiederholt wird, nur die Fehler nicht.

---

13 Ebd.

Anhang

UPOTSTVO ZA UPOTREBU

Prije nego što ga je napisao, autor je svoj roman nacrtao. Skica je nastala kao izraz potrebe da sve što ima reći stane u jedan pogled. Nekom će i to biti dosta i taj nema razloga da dalje čita, nego će se skici vratiti na kraju priče, začuden kako mu odmah sve nije bilo jasno, a nekom neće biti ništa jasno ni nakon čitanja ni nakon gledanja. Ono što sljedi samo je nevješta ilustracija ove skice.

Sto pedeset i šest dana nakon što su prvi put vodili ljubav – u pravi čas, u plodnim danima prosuo je sjeme u njenu karlicu – ležao je na mokroj zemlji: bilo je jugo, vjetar je nosio miris mora i školjki a snjieg je, rasut kao karipsko otočje opsojavao tu i tamo, siv, sipak kao pijesak, crvotočan kao mravinjak. Na toj pozadini, njegov mozak je bio još uočljiviji, iako snijegu sasvim sličan: onaj ko bi ga sada vidio – njegov mozak, ljigav, ružičast, gustih i dubokih nabora, sličan deki koja je pokrivala njegovo tijelo – teško da bi u njemu prepoznao ikakve snove, kamoli išta od njegovih sjećanja. [...]
Rat voli uopštavanja i pojednostavljenja, rat liči na sliku velikih poteza i debelih namaza, rat nema vremena za izlišnosti i detalje, on žuri i preskače, bavi se samo velikim stvarima, jer piše historiju. Rat razlijeva pojedinačna lica i od milion lica pravi samo jedno, ni jedno sasvim nalik, ni od jednog sasvim različito.

Metak kalibra 7,9 mm ležao je upoprječen izmedžu njegovih očiju: došao je iz daleka, star, onemoćao, ali dovoljno jak i odlučan da probije čeonu kost, bez snage i entuzijazma da ide dalje od tog. Ležao je u duplji kao ljubavnik, poput ptića u gnijezdu, uljuljkan, zaštićen, bez zla u sebi, miran, spokojan, ispunjene sudbine, sjajan, lijep: a na njemu, na bakrenoj košuljici, jasno je, poput usuda, pisalo ime – Adi Solak. Sreli su se, fatalnim dodirom, oba mrtvi, kao obećanje, kao ispunjena riječ.

Ovo je priča o čovjeku koji je sto petdeset i šest dana nakon što su prvi put vodili ljubav – u pravi čas, u plodnim danima prosuo sjeme u njenu karlicu – ležao na mokroj zemlji: bilo je jugo, vjetar je nosio miris mora i školjki, i bio je kraj rata, posljednji njegov dan.

A1

Piše knjigu. Da se ne zaboravi. Da se greške ne ponove: da se sve ponovi ali da se ne ponove greške. Bog zna hoće li opet biti prilika, i ako je bude, hoće li više ikada biti takva prilika kakvu su, onda, oni, imali. [...] Sada tu sliku, medžutim, vidi drugačije nego onda kada se dogodila: sada je vidi njihovim očima. To je, također, korisno iskustvo o kojem je treba ostaviti traga. Osvijetljiti u grobu smrt sa svih strana, izmjeriti je iz svakog ugla, kako se greške više nikada ne bi ponovile.

B 1

»Zadnji gest bi bio taj: kralj bi pomilovao kraljicu, skrhanu i umornu, ne mogavši odoljeti svojoj velikoj dobroti. Bilo je dirljivo što se neko, tako dalek i stran, toliko žestoko i požrtvovalno bori za mene. *Nikada više – u svim godinama koje stoje između zima kada se to događalo, i ove zime, kada se toga sjećam i na tome grijem – nisam imao tako pleminit osjećaj.*« [Hervorhebung KK]

B 5

Bilo je 10:55 kada je s Ivom popio kafu u ›Lori‹; u 10:58 pozdravio se s Ahmedom ispred Vječne vatre; u 11:01 kupio je cigarete ispred ›Svjetlosti‹, zatim prošao skroz Tržnicu, uzeo kesu uvinog čaja i pola kilograma sirove kafe; u 11:03 prešao je Titovu ulicu i ušao u ›Semberiju‹, naručio pola kilograma pite od jabuka; u 11:05 ležao je mrtav pod stolom, pita se, gusta, vrela pomešala s njegovom krvlju, a galeri su njegov gornji dio tijela, kao Isi, zakovali za pult na kojem su, uz vagu, stajale smrznute, kao od stakla da su, njegove oči, čiste, duboke, blage ...

B 7

Odmahnuo je i pogledao na sat – bilo je 15:15. U 15:25 sjedio je u kafeu ›Zvono‹ i popio dvije lozovače. U 15:42 je, bez crnih slutnji, kupio ›Oslobođenje‹, najprije pročitao svoju priču na drugoj strani, zatim je okrenuo pretposljednju stranu: taj i taj pao kao šehid braneći Bosnu i Hercegovinu, tom i tom dženaza na groblju ›Lav‹, tom i tom sahrana na groblju Svetog Marka ... U 15:47 prolazio je pored Kamernog teatra. U 15:50 ležao je mrtav ispred zgrade ›Svjetlosti‹, na mjestu gdje je nekad stajala Skenderoova bista: ležao je kao usnuo klošar, potrbuške. Na njemu nije bilo ni traga krvi, ni kap suze, samo se, kao zrno riže, vidjela rupica kraj srca: zrno biberovo, oštro, vrelo, doletjelo iz pravca Drvenije, zarilo se u njegovo srce, i ubilo ga.

A 9

Zašto sam se okrenuo i pogledao prema brdu, jesam li čuo nečiji glas, zov, ili sam na čelu osjetio nečiji pogled. i ... otkud ja na ovoj strani? I koga sam vidio kada sam pogledao gore? Sebe? Moglo bi biti, jer moje je mjesto tamo, na Jevrejskom groblju. Ali, ko sam onda ovaj ja ... žrtva?! U čiji sam ušao život, čiji sam sanjao san.

AB

Prije osam godina, na raskršču izmedžu Titove i Dalmatinske, na mjestu zvanom Čeka, srela su se dva čovjeka prvi put, toliko medžusobno nevažna da se nisu ni pogledali u oči ni zapamtili jedan drugom lice, kao da ih sudbina više nikada neće povezati. […]
Nikada prije i nikada poslije nisu se više sreli i ovog susreta zacijelo nema u njihovom sjećanju. Samo tada, u deset do pet, i onda osam godina poslije, dodirnuli su se njihovi životni krugovi: oba puta bila je riječ o vremenu.

A 10

Oprosti mi, Milostivi, Samilosni, jer znam, da je imenovati grijeh isto što i počiniti ga, ali … sanjao sam … da sam četnik. Ali, pristajem na grijeh i hoću da pričam svoj san jer mi stoji na grudima kao težak kamen, kao muka i kletva od koje disati ne mogu; hoće iz mene, mora iz mene, ovako ili onako, jer tijesno mu je u meni, i meni je gorko, i ovaj san moram istisnuti kao gnoj.

Zašto me toliko zabolio, i sve poljuljajo, doveo u pitanje? Zašto sam – oprosti mi, Bože – uživao dok sam ga sanjao. Je li se to u meni probudila zvijer, na javi obuzdana, potisnuta, u snu otrgnuta, slobodna, onakva kakva jest, san joj je dao priliku da takva bude. i to se dogadža meni, koji sam dobar, i svi koji me znaju misle da sam dobar … Otkud onda moja radost? Kao da je zlo znak snage a dobrota slabosti, pa sam, zao, postao jak.

Jevrejsko groblje. Tamo sam, u snu, imao jednu kuću na dvije vode, lijepu, čistu, s dobrim pogledom na glavnu ulicu. Probio sam u zid rupu veličine pedlja, ogradio je vrećama sa pijeskom i onda odnekud donio fotelju od bordo pliša, duboku, gospodsku, bogato tapaciranu, urešenu i meku. Sjeo sam, pored sebe stavio flašu lozovače i kutiju cigara ›Vek‹, - pepeljaru i čokoladu ›Soko-Štark‹: imao sam sve uslove za ugodžaj, lov. Podsjetila me ova slika na mir, na nedeljno poslijepodne, blaženo, dosadno, dugačko i drago, ispunjeno čekanjem prijenosa neke spore fudbalske utakmice. Dugo sam gledao kroz durbin snajperske puške; obilazim balkone s vešom kojeg su sterale žgoljeve žene, vidim u stanu, iznad ›Elektotehne‹, djevojku koja se presvlačila, polako nježno, mekim prstima, zavodljivo, kao da je osjećala milovanje mog pogleda, mog zijeva smrti; pratio sam jednu mačku koja je lizala vlastitu krv sa ruba oštre konzerve; vidio sam automobile koji su velikom brzinom promicali ispred cijevi, odlazeći u iluziju da su mi umakli, ne znajući da sam jih zapravo pustio da žive, jer neznaju ništa o umijeću prestizanja slika … Ljubavna predigra bila je gotova i trebalo je preći na stvar. I u snu, sve je zapravo sasvim pro-

sto ... Zaustaviš dah, zazmiriš na jedno oko, kao da se šališ i namiguješ žrtvi, pratiš mu korak, gest ...
Onda, prepoznah čovjeka, jednog izmedžu mnogima. Zapravo, prije nego što sam mu vidio lice, izdvojio se načinom kako je išao ulicom: koračao je sporo, gegao je kao guska, nezaiteresovano, s guza na guz, kao da uopšte nije tu nego negdje daleko, daleko a pustio tijelo da se samo valja ulicama, bez njega. Ostali su išli žurno, što meni ipak ne ometa posao, ali – ali ovaj čovjek je išao kao da mu život ne znači ništa i kao da doziva džavola da ga uzme. Moram priznati da sam osjećao izvjesno, ne divljenje, ali svakako poštovanje prema nekom ko tako jasno prezire smrt. Svako malo je zastajkivao, saginjo se i, valjda ne pretjerujem, gledao u moje lice, u moje oči. Kao da je imao nešto da mi kaže. Snovi su čudni i vole pretjerivanja ali sasvim je sigurno da su mi oči zasuzile od težine njegovog pogleda. Je li on mene prepoznao kao što sam ja njega? Možda je veča kazna ako ga, takvog osudim da živi. Bilo je nešto patetično u tom njegovom dozivanju smrti, nešto što sam duboko shvatao i prepoznavao. Šta se može dogoditi čovjeku pa da dodže na te grane da doziva smrt? Je li izgubio nekog, dragog? Sebe? Ili je oduvijek bio sam, pa nije našao nikog? Ili je došao odnekud zao glas? Ili je izgubio samog sebe. Svejedno šta je, nešto je teško, i on najbolje zna šta je dobro za njega. Zar iko bolje od njega zna koja ga muka tišti. Možda je postao lud, ili je takav ostao.

U njemu nema života, to se odavde jasno vidi, a nema ni snage da ga se sam liši. Taj čovjek, lica poznatog u snu, u dnu ogledala, zapravo traži moju pomoć. Pogledom me moli i objašnjava da njegovo ubistvo nije grijeh nego dobročinstvo.

Ne pamtim ranije snove, jer rijetko sanjam i vse zaboravljam ali ako sam i u jednom snu bio četnik i ubica i gad, tada sam u ovom ostao čist: potegao sam oroz s blaženim osjećanjem sažaljenja i dobrote, plemenitim porivom dobročinstva.

Ja sam učinio svoje, pružio sam mu ruku, uslušio molbu, kao prijatelj, kao komšija, kao brat. Neka Bog pomogne nesretnom čovjeku

Piše knjigu. Da se ne zaboravi. Da se grevke ne ponove: da se sve ponovi ali da se ne ponove greške.

Literatur

Quellen

Topčić, Zlatko, *Košmar*, Wuppertal u.a. 1997.

Sekundärliteratur

Bal, Mieke, *Narratology. Introduction to the Theory of Narrative*, Toronto ²1997.

Benjamin, Walter, »Der Erzähler«, in: *Gesammelte Schriften*, hg. v. Rolf Tiedemann, Bd. II 2, Frankfurt a. M. 1977.

Frenzel, Elisabeth, *Motive der Weltliteratur*, Stuttgart 1999.

Genette, Gerard, *Die Erzählung*, München ²1998.

Lanser, Susan S., *Fictions of Authority – Women Writers and narrative Voice*, Ithaca 1992.

Martínez, Matias/Scheffel, Michael, *Einführung in die Erzähltheorie*, München ³2002.

Metzler Literatur Lexikon. Begriffe und Definitionen, hg. v. Günther Schweikle/Irmgard Schweikle, Stuttgart 1990.

Nünning, Ansgar, »Gender and Narratology – Kategorien und Perspektiven einer feministischen Narrativik«, in: *Zeitschrift für Anglistik und Amerikanistik* 42 (1994), 102-138.

– /Nünning, Vera, »Von der strukturalistischen Narratolgie zur ›postklassischen‹ Erzähltheorie. Ein Überblick über neue Ansätze und Entwicklungstendenzen«, in: *Neue Ansätze in der Erzähltheorie*, hg. v. dens., Trier 2002.

BRIGITTE RATH

Detecting Serial Killers
Some thoughts on the plot structure of detective novels featuring serial killers[1]

für Franze

Abstract

Detective novels featuring serial killers have an unusual plot structure: In contrast to the crime plots of classical detective novels which concentrate on the solution of one crime, or a complex of intertwined crimes with one leading to another, the crime plot of a detective novel featuring a serial killer needs to integrate a potentially endless succession of similar events that do not cause further elements. This plot structure deviates significantly from plot structures that are considered typical for narratives; this deviation is moderated by various compensating strategies on two plot levels and on the discourse level. The unusual plot structure is responsible for the characteristics and the specific appeal of these detective novels.

In their search for a definition of narrative, formalist and structuralist narratologists turned to plot structures;[2] recent research that focuses on the transmedial qualities of narrative has reclaimed interest in the plot with the argument that a narrative can be told in different media and still

---

[1] I would like to thank the participants of the symposium »Theory and Aesthetics of Repetition« (Kloster Seeon, 5.12.-7.12.2003) for the stimulating discussion of my presentation of an earlier version of this paper. In addition, I am grateful to Alan Palmer and especially to Stephan Packard who helped me clarify my argument in several crucial points.

[2] Cf. eg. Vladimir Propp, *Morphology of the folktale* [1928], ed. by Louis A. Wagner, with an Introd. by Svatava Pirkova-Jakobson and a new Introd. by Alan Dundes, Austin ²1973. (= Publications of the American Folklore Society: Bibliographical and special series 9), early essays by Roland Barthes, eg. »Action Sequences« [1969], in: *Patterns of Literary Style*, ed. by Joseph Strelka, Pennsylvania 1971 (= Yearbook of Comparative Criticism III), 5-14. Cf. also the research of cognitive psychologists interested in stories, eg. Roger Schank/Robert Abelson, *Scripts, Plans, Goals, and Understanding. An Inquiry into Human Knowledge Structures*, Hillsdale, New Jersey 1977, Tom Trabasso/Linda Sperry, »Causal Relatedness and Importance of Story Events«, in: *Journal of Memory and Language* 24 (1985), 595-611.

be recognized and that therefore narrativity cannot be a quality of the discourse alone. The concept of plot has been considerably modified: plot structures are now seen as the result of a construction process that is not solely based on cues provided by the discourse but also on a specifically narrative cognitive frame that supplies inferences.[3]

I agree by and large with this position. For the purpose of this limited study though, I will simplify matters by setting aside the narrative schema that is involved in the construction of the plot. I will concentrate instead on some very basic inference processes, the resulting plot structures and their description, claiming that the plot of a classical detective novel is a typical narrative plot, whereas the (crime) plot of a detective novel featuring serial killers[4] – due to the repeated murders – deviates significantly and characteristically from the classical narrative plot structure. I define a plot structure to be a mental construct that consists of story elements such as events, states and actions, and of connections between them.[5] Regarding these connections, I will use the triadic categorisation that Hume develops in his *Enquiry concerning Human Understanding* (1748) to categorize what he calls the »association of ideas«: »*Resemblance, Contiguity* in time or place, and *Cause* or *Effect*.«[6] I will use these three kinds of connections in a twofold way to describe the generic plot structure of detective novels featuring serial killers: to analyze the kinds of inference processes – inductive and abductive inference – with which detectives re-

---

[3] For a complex development of this position see Werner Wolf, »Das Problem der Narrativität in Literatur, bildender Kunst und Musik: Ein Beitrag zu einer intermedialen Erzähltheorie«, in: *Erzähltheorie transgenerisch, intermedial, interdisziplinär*, ed. by Vera Nünning/Ansgar Nünning, Trier 2002 (= WVT-Handbücher zum Literaturwissenschaftlichen Studium 5), 23-104, esp. 27-53. Wolf offers a highly differentiated description of the cognitive concept of plot, subdividing it into concepts he refers to as *das Narrative* and *Geschichte*; the actual term ›plot‹ is one he uses in a different sense again, viewing ›plot‹ as being inextricably linked to a specifically mediated form of discourse (cf. 38f., 41f.).

[4] I will use the shorthand »SKDN« for detective novels featuring serial killers and »CDN« for what I call classical detective novels, i.e. detective novels that concentrate on the solution of one crime or of interconnected crimes where one causes the next.

[5] In the current context, I will not specify the nature of the involved elements further, but only their structural relation to other elements; what I am interested in are the connections between these elements.

[6] David Hume, *An Enquiry concerning Human Understanding* [1784], Oxford, New York 1999, III 2. Cited with reference to section number, part number if applicable (both in Roman numerals, separated by a slash) and paragraph (in Arabic numerals).

construct plot elements and connect them to each other, and to describe the nature of the resulting connection between the elements.

Detective novels prove to be especially rewarding when analyzed with an interest in plot structures. They consist of two plots, the plot of the crime and the plot of the detection of the crime.[7] Typically, one purpose of the detection plot – and the task of the detective[8] – is to reconstruct the crime plot. The detective is confronted with some events, or with their traces, and tries to infer other events and the connections between them with the purpose of producing a coherent narrative plot. Three aspects of this double plot structure[9] are important for the following argument: First, in respect to plot construction, the inference activities of the detective are similar to those of any reader trying to reconstruct and thereby understand the plot of a novel they are reading. Making the detective's inference processes explicit, these novels thus help us to understand the inference processes involved in the reader's reconstruction of the plot, and the following analysis of detectives' typical inference processes may thus, to some degree, be transferable to a description of readers reconstructing a plot. Second, in some SKDNs the detection plot integrates the repetitive, non-narrative structure of the crime plot into its own more typically narrative plot structure. Third, this double plot structure mirrors the repetition inherent in detective novels. Peter Brooks describes this relationship, himself making use of a *repetitio*: »A condition of all classic detective fiction [is] that the detective *repeat, go over again*, the ground that has been covered by his predecessor, the criminal.«[10] This repetition of the repetitive criminal acts proves to be the only way to end the series of crimes.

---

7   This structure was described as typical for detective novels by Tzvetan Todorov. Tzvetan Todorov, »The Typology of Detective Fiction« [1966], in: *The Poetics of Prose*, tr. by Richard Howard, Oxford 1977, 42-52. Todorov also points out that the crime plot is »absent«, and comes to be known through the detection plot only, and that therefore the relation of the one to the other mirrors the similarly interdependent relation of plot and discourse.
8   »Detective« always refers to the ficticious protagonist of detective novels. All personal pronouns used in this study for detectives, murderers or victims are masculine ones; this is for reasons of simplification only. The argument is equally valid for female characters.
9   This clear division between the crime plot and the detection plot in early detective novels becomes increasingly blurred in the history of the genre, as more and more interaction between the criminal and the detective is introduced.
10 Peter Brooks, *Reading for the Plot. Design and Intention in Narrative*, Cambridge (Mass.), London ⁷2002, 24 (my emphasis).

I. Typical narrative plot structure

I want to claim that the plot structure of SKDN deviates significantly from the typical narrative plot structure, which, for the purpose of this study, I will define using Aristotle's definition of plot as given in the *Poetics*. Although numerous other definitions have been offered since, many modern narratologists still rely more or less heavily on this well-known explication.[11] The relevant passages read as follows:

Χρὴ οὖν […] τὸν μῦθον, ἐπεὶ πράξεως μίμησίς ἐστι, μιᾶς τε εἶναι ταύτης καὶ ὅλης, καὶ τὰ μέρη συνεστάναι τῶν πραγμάτων οὕτως ὥστε μετατιθεμένου τινὸς μέρους ἢ ἀφαιρουμένου διαφέρεσθαι καὶ κινεῖσθαι τὸ ὅλον· … .

[The] plot being a representation of a piece of action must represent a single piece of action and the whole of it; and the component incidents must be so arranged that if one of them be transposed or removed, the unity of the whole is dislocated and destroyed.[12]

Ὅλον δέ ἐστιν τὸ ἔχον ἀρχὴν καὶ μέσον καὶ τελευτήν. Ἀρχὴ δέ ἐστιν ὃ αὐτὸ μὲν μὴ ἐξ ἀνάγκης μετ' ἄλλο ἐστίν, μετ' ἐκεῖνο δ' ἕτερον πέφυκεν εἶναι ἢ γίνεσθαι· τελευτὴ δὲ τοὐναντίον ὃ αὐτὸ μετ' ἄλλο πέφυκεν εἶναι ἢ ἐξ ἀνάγκης ἢ ὡς ἐπὶ τὸ πολύ, μετὰ δὲ τοῦτο ἄλλο οὐδέν· μέσον δὲ ὃ καὶ αὐτὸ μετ' ἄλλο καὶ μετ' ἐκεῖνο ἕτερον. Δεῖ ἄρα τοὺς συνεστῶτας εὖ μύθους μήθ' ὁπόθεν ἔτυχεν ἄρχεσθαι μήθ' ὅπου ἔτυχε τελευτᾶν, ἀλλὰ κεχρῆσθαι ταῖς εἰρημέναις ἰδέαις.

11 Barthes, for example, writes: »Aside from all this […], in the classical text – before the caesura made by the modern period – there is just as much of a certain number of current data which are connected to one another by a rule of logic and time, i.e., the latter following the former is also the result of the former; hence these current data are organized in the form of closely linked sequences […] the internal development of which – if it overlaps with that of other parallel sequences – assures the story its flow, and turns the narrative into an organic process as it approaches its ›end‹ or ›conclusion‹.« (Barthes, »Action Sequences«, 7); Gerald Prince's frequently quoted and recently revised *Dictionary of Narratology* cites Aristotle both in the entry on »plot« and, even more pertinently, in the entry on »middle«: »middle. The set of incidents in a PLOT or ACTION between the BEGINNING and the END. The middle follows and is followed by other incidents.« (Gerald Prince, *A Dictionary of Narratology*. Revised edition, Lincoln, London 2003, 52)

12 Aristotle, *The Poetics*, tr. by W. Hamilton Fyfe. London, Cambridge (Mass.) 1965, 1451a.

A whole is what has a beginning and middle and end. A beginning is that which is not a necessary consequent of anything else but after which something else exists or happens as a natural result. An end on the contrary is that which is inevitably or, as a rule, the natural result of something else but from which nothing else follows; a middle follows something else and something follows from it. Well constructed plots must not therefore begin and end at random, but must embody the formulae we have stated.[13]

These passages from Aristotle's *Poetics* help us to focus on some important characteristics of the basic narrative plot structure which can be depicted as follows:

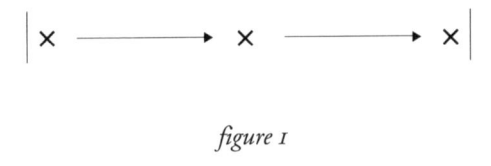

| x ⟶ x ⟶ x |

figure 1

The elements, »x«, show a chronological order, as implied in their position in a horizontal line, and are connected by causality, as marked by the arrows, the first one causing the following element without – as indicated by the vertical line – being caused by a previous element; the middle one being caused by a previous element and itself causing a succeeding one, and the last one being caused by a previous one, but not causing a further element; this is again indicated by a vertical line. All of the elements are connected to each other; none can be omitted without changing the plot considerably.

II. Plotting serial crimes: reconstruction and description of the SKDNs' generic crime plot

In developing the generic plot structure of SKDNs,[14] I will presuppose one constitutive trait: the detective being confronted by a number of murders. Detectives may deal with the situation by forming a group of murders all similar to each other. Basically, this process is a form of class-

---

13 Ibid., 1450b.
14 I will exclude from my analysis those detective novels that feature serial killings that form some kind of semiotic sequence (compare, for example, Ian Rankin's

building by inductive inference: the detective describes a class of murders that are characterized by a number of common attributes. All the and only the murders that show all of these attributes then belong to this class. Further murders that occur may either show the described attributes and thus be classified as elements of the defined class or not. This classification thus structures the murders with which the detective is confronted by emphasizing their similarity or dissimilarity respectively. It allows the detective to consider the murders that do not belong to the defined class as being unrelated in other respects as well and to disregard them in the context of the ongoing investigation. They will not be elements of the crime plot that the detective tries to reconstruct.

This process of class-building thus results in a selection of elements that are part of the pertinent crime plot. The connection between these elements is their similarity. The reconstruction of the crime plot based on these processes thus shows the following structure:

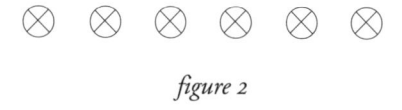

$$\otimes \quad \otimes \quad \otimes \quad \otimes \quad \otimes \quad \otimes$$

figure 2

This rudimentary plot structure consists of a number[15] of events, »×«, which are similar to each other, as indicated by the circles. The lack of any other elements is significant: they are not considered to be part of that plot structure and are therefore not depicted.[16] That the depicted elements are placed next to each other in a line implies a chronological se-

> novel *Knots and Crosses*, in which a murderer's ultimate goal is to take revenge on the detective; the names of the murder victims include as an acrostic the detective's daughter's first name). Those detective novels in which crimes are committed in order to obscure a crime show the plot structure of CDNs.
>
> 15 That there are six elements depicted is arbitrary. To constitute a series, a repeated (and thus confirmed) repetition is necessary, setting the minimum number of elements at three.
>
> 16 There will be more and different plot elements, of course, such as events leading up to the crimes. But this rudimentary plot structure forms the basis of all further reasoning.

quence. The individual murders can indeed usually be pinpointed in time. But without further inference processes, this succession seems arbitrary; there is no reason why the second murder could not have been the first one, apart from the empirical fact that this was so.

Digression: The central role of abductive inferences for reconstructing a crime plot

In addition to building a class of similar elements by inductive inference, there is a further way of structuring an unstructured number of elements: they can be inferred to be effects of one cause. Inferring an unobserved fact from an observed fact on the grounds of a causal connection is an inference process that Hume describes as central:

> All reasonings concerning matter of fact seem to be founded on the relation of *Cause* and *Effect*. By means of that relation alone we can go beyond the evidence of our memory and senses. If you were to ask a man, why he believes any matter of fact, which is absent; [...] he would give you a reason; and this reason would be some other fact; [...] A man, finding a watch or any other machine in a desert island, would conclude that there had once been men in that island. [...] And here it is constantly supposed that there is a connexion between the present fact and that which is inferred from it.[17]

The four points that Hume stresses in describing this inference process are that it links two facts – the basis of the inference is a fact, and so is the inferred element –, that the law connecting the two elements must be known[18] to the person who draws the inference,[19] and that the element

---

17 Hume, *Enquiry*, IV/I 4.
18 Hume explains the knowledge of that law as deriving from experience: »[The] knowledge of this relation is not, in any instance, attained by reasonings *a priori*; but arises entirely from experience, when we find, that any particular objects are constantly conjoined with each other.« (Hume, *Enquiry*, IV/I 6) – »[W]hen many uniform instances appear, and the same object is always followed by the same event; we then begin to entertain the notion of cause and connexion. We then *feel* a new sentiment or impression, to wit, a customary connexion in the thought of imagination between one object and its usual attendant.« (Hume, *Enquiry*, VII/II 30) The law as described by Hume is thus a mental construct based on a form of induction that makes use of both similarity and contiguity.
19 This turns out to be a crucial point: if the killer's actions are governed by highly idiosyncratic laws, the detective may not be able to infer the cause from a perceived effect (cf. below, page 261).

that is the basis for the reasoning must be present, while the inferred element is absent. Hume also emphasizes that the two elements are different from one another in all or most respects: »For the effect is totally different from the cause, and consequently can never be discovered in it.«[20]

The inference process that Peirce develops within a larger systematic context and that he names hypothesis or abduction[21] is characterized by the same attributes: »By hypothesis, we conclude the existence of a fact quite different from anything observed, from which, according to known laws, something observed would necessarily result. [This is reasoning] from effect to cause.«[22] Peirce gives the following example:

> I once landed at a seaport in a Turkish province; and, as I was walking up to the house which I was to visit, I met a man upon horseback, surrounded by four horsemen holding a canopy over his head. As the governor of the province was the only personage I could think of who would be so greatly honored, I inferred that this was he. This was an hypothesis.[23]

Abduction, establishing a cause for an effect,[24] may thus form the basic constituent of a narrative plot structure:

$$\{x\} \longrightarrow x$$

figure 3

One element »x« – here bracketed to indicate that it has not been observed but inferred – causes a second element; the temporal succession of the two elements is implied as it is assumed that cause precedes effect.[25]

---

20 Hume, *Enquiry*, IV/I 9.
21 Whenever I am referring to this special kind of inference, I will use the expression »abduction«, while using »hypothesis« for unspecific unverified propositions.
22 Charles S. Peirce, »Deduction, Induction and Hypothesis« [1878], in: *Writings of Charles S. Peirce. A Chronological Edition*, ed. by Christian Kloesel et al., Vol. 3: 1872-1878, Bloomington 1986, 323-338, here 332.
23 Ibid., 326.
24 Hume stresses that the inference may also run from cause to effect; cf. Hume, *Enquiry*, VII/II 27.
25 That Hume implies this temporal connection is suggested by the following definition of »Cause«: »[W]e may define a cause to be *an object, followed by another,*

This reasoning process is characteristic for detective novels; the detective usually reconstructs the crime plots by several abductive inferences that connect known effects to inferred causes and known causes to inferred effects, and thus establishes a causal chain of the events leading up to the crime or, prolonging the chain, up to a later event, such as planned or expected effects of the crime.[26] This causal chain forms the backbone of the narrative plot structure of the crime plot, which can be sketched as follows:

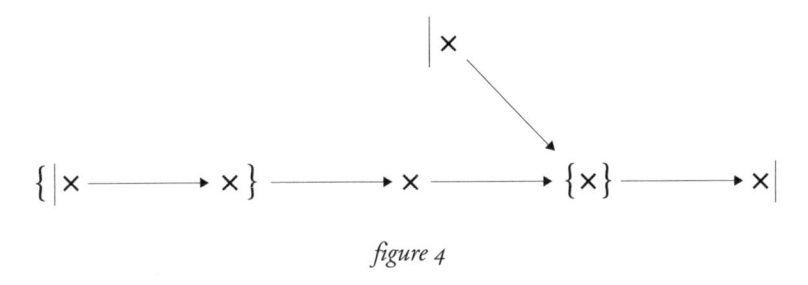

$$\{|x \longrightarrow x\} \longrightarrow x \overset{\displaystyle |x \searrow}{\longrightarrow} \{x\} \longrightarrow x|$$

figure 4

The detective tries to establish a causal chain which need not be monocausal, as is indicated in this sketch by one element being caused by two other elements. Most of these elements will be inferred, but some may have been observed either by the detective himself or by reliable witnesses. There is an ending; depending on the nature of the crime, this is either the crime itself or a planned or expected effect of the crime, such as a large inheritance; the vertical line indicates again that this last element does not cause any following elements[27] and thus constitutes the end of

> and where all the objects similar to the first are followed by objects similar to the second. Or in other words, where, *if the first object had not been, the second never had existed.*« (Ibid., VII/II 29); this supposition is usually shared by detectives acting in an environment where usual physical laws apply.

26 Nancy Harrowitz shows in her detailed analysis of Dupin's reconstruction of the narrator's thoughts in Edgar Allan Poe's »The Murders in the Rue Morgue« the central role of abductive inferences for the detective's work. Cf. Nancy Harrowitz, »The Body of the Detective Model« [1983], in: *The Sign of Three. Dupin, Holmes, Peirce*, ed. by Umberto Eco/Thomas A. Sebeok, Bloomington, Indianapolis 1988, 179-197, esp. 188-192.

27 Obviously we can always imagine possible effects of any event; the point made here is that these effects are not relevant for the plot; pragmatically, one could say that they are not relevant for the detective, that the detective (and the reader) is satisfied when this »last« element has been explained by having been linked to its cause or causes.

the plot that the detective tries to reconstruct. The first element, the beginning of the plot, is an element of which the detective thinks that it does not need to be explained.

To return to the case we are considering: the detective being confronted with a number of murders. He may structure them not only by building a class, but also by inferring them to be effects of a single cause. Peirce also describes this form of abduction, giving the following example for a reasoning process that infers the cause not from one, but from a number of effects:

> Numberless documents and monuments refer to a conqueror called Napoleon Bonaparte. Though we have not seen the man, yet we cannot explain what we have seen, namely, all these documents and monuments, without supposing that he really existed. Hypothesis again.[28]

This kind of abductive inference is as typical for the reasoning process of a detective as the kind of abduction discussed above: When confronted with several clues such as an open window, a footprint on the windowsill, a broken vase and a chair that is toppled over, the detective infers that these are the traces of someone (probably a rather clumsy burglar) having entered through the window. The detective also assumes as part of his abductive inference that, should he come to know any further clues, they will confirm this inference:

> Now, the facts which serve as grounds for our belief in the historic reality of Napoleon are not by any means necessarily the only kind of facts which are explained by his existence. […] The hypothesis asserts that [any further] such facts, when they do occur, will be of a nature to confirm, and not to refute, the existence of the man.[29]

The detective could also have inferred a separate reason for each of the observed facts (i.e. the owner forgot to close the window, a cat broke the vase, a dog toppled the chair and the gardener left the footprint when trimming the ivy above the window); but if several effects can be related to a single common cause, this is considered to be more economical than to infer an individual cause for each of the effects, and this explanation is therefore preferred;[30] as Eco writes in his article »Horns, Hooves, In-

---

28 Peirce, »Deduction«, 326.
29 Ibid., 336f.
30 As will be shown further on, the combination of different connections or a combination of inferences may also strengthen a hypothesis; in this case, the spatial contiguity of the elements supports the hypothesis.

steps«, analysing the inference processes in Voltaire's *Zadig*: »First of all, there were reasons of economy: a horse alone was more economical than a horse plus a knight.«[31]

So the detective, when confronted with a number of victims, makes an abduction to the effect that each one of these was killed by a murderer; and as long as there is no evidence to the contrary, he will assume that these murders were not committed by as many murderers, but by a single one. The reconstruction of the crime plot based on this kind of abduction thus shows the following structure:

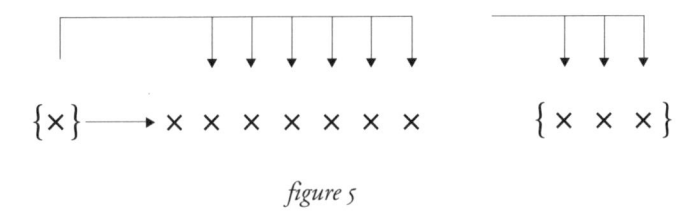

$$\{x\} \longrightarrow x \ x \ x \ x \ x \ x \ x \qquad \{x \ x \ x\}$$

figure 5

Every one of the elements in question has been linked to a common cause (in the example given above this is the burglar); but the events are not linked with each other (the broken vase did not cause the chair to topple).[32] Again, a temporal sequence is implied; the cause is prior to its effects, and the effects occur at different points in time. It is also inferred that other effects of this cause may come to be known (for example, a finger-print on a table).

What is the result of a combination of these two kinds of inference processes? They have been presented as if they were independent of one another, but they are usually intertwined in the detective's effort. I claim that their combination results in a qualitative difference, because specific further inferences can only be drawn by a combination of the two. Supposing that similar elements are the effects of a common cause provides an explanation for the similarity of the elements and thus not only de-

---

31 Umberto Eco, »Horns, Hooves, Insteps. Some Hypotheses on Three Types of Abduction«, in: Umberto Eco/Thomas A. Sebeok, *The Sign of Three. Dupin, Holmes, Peirce*, Bloomington, Indianapolis 1988, 198-220, here 213.
32 This is the reason why I subsume detective novels featuring a train of killings where one murder causes the next (for example, because the killer is trying to cover the traces of the previous murders by killing witnesses; this is quite a large group of novels, for a typical example, cf. Agatha Christie's *Death on the Nile*) under the class of CDNs.

scribes but motivates the similarity; also, the similarity of the elements supports the inference that they are all effects of one cause.

The combination of similarity and causality strengthens the inference that the elements of the class that resemble each other in certain aspects resemble each other in other aspects as well.

Based on similarity only, the detective, when observing that some of the elements of the class that he has built show a further common attribute, may assume by induction that all elements of this class show this attribute: »Induction is where we generalize from a number of cases of which something is true, and infer that the same thing is true of a whole class.«[33] When this further attribute can be linked to the murderer as its common cause, this abductive inference supports the induction: Some of these murders resemble each other in certain aspects. These murders have been committed by a single murderer. Their resemblance is due to their having been committed by the same murderer. The other known murders will show the same attributes. – The abduction thus strengthens the induction; on the other hand, the initial induction helps to form an abduction that provides more information about the murderer. A slightly different combination of abduction and induction – All observed murders are similar with respect to certain attributes (Induction). All these murders have been committed by a single murderer (Abduction). All murders committed by this murderer are similar (Induction). – allows to draw the inference that, should there be any further killings, they will show the known attributes.

Many investigations hinge on the supposition that further similarities between the elements of the class exist, without any indication of the nature of these similarities. This supposition, this conviction guides and fuels the detective's search pattern. In Ian Rankin's *Tooth and Nail*,[34] the main protagonist, Inspector John Rebus, and a further detective test all kinds of hypotheses about the supposed but not yet detected pattern:

> »I thought there might be some pattern to the dates when the Wolfman struck.« – »You mean like the stages of the moon, the equinox, that sort of thing?« Flight was smiling. Rebus nodded slowly. »Hell, John, I've been through all that and more.« He went to a particular manila folder and tossed it towards Rebus. »Take a look: I've tried number patterns, distance between murder sites, possible means of

---

33 Peirce, »Deduction«, 326.
34 *Tooth and Nail* is the current title of the novel; it was previously published as *Wolfman*.

transport [...]. I've tried linking the victims, checking which school they went to, which libraries they used, whether they liked sports or discos or classical bloody music. Know what? They don't have *anything* in common, not a single thing linking the four of them save the fact that they were women.« Rebus flicked through the file. It was an impressive amount of slogging, all to no end save that of clarification.[35]

The detective is mainly trying to find similarities between the murders that are not due to the killer's modus operandi but, for example, the effect of a habit of the killer, of his work environment, of a medical condition; anything that yields information about the killer as a person and helps to locate him in his context of everyday life – a difficult aim, as I will suggest later on in my analysis of the plot structure. Therefore, it is of central importance to detect further patterns that may allow just that:

Once again, I was groping for a connection. What did these five women have in common? Why did the killer pick them? How did he come in contact with them?[36]

We told him all five women definitely had one thing in common. Their voices. [...] »This killer may have some occupation that involves his calling women he doesn't know. He has access to their number and addresses.«[37]

This hope is based on an inference, not to a fact already specified, but to the certain existence of an as yet unknown fact. This inference is a deduction[38] that is based on a premise that has been formed by induction: The selection of victims is caused and restricted by many aspects of the killer's personality and habits. These aspects remain constant during the whole period and influence each of the selection processes in a similar way. This rule is formed by induction from a number of cases.

35 Ian Rankin, *Tooth and Nail* [1992], in: Ian Rankin: *Rebus: The Early Years. Knots & Crosses; Hide & Seek; Tooth & Nail*, London 1999, 391-597, here 464 (emphasis in the original).
36 Patricia Cornwell, *Postmortem* [1990], New York et al. 1998, 286.
37 Ibid., 304f.
38 »[Deductive reasoning] is, in fact, nothing but the application of a rule. The so-called major premise lays down this rule: as for example, *All men are mortal*. The other or minor premise states a case under the rule; as: *Enoch was* [sic] *a man*. The conclusion applies the rule to the case and states the result: *Enoch is mortal*. All deduction is of this character; it is merely the application of general rules to particular cases.« (Peirce, »Deduction«, 324).

In the present case, only few aspects of these many aspects of the selection process have been identified. This discrepancy in the number of identified aspects leads to the conclusion: There must exist some further aspects that can be identified.

A further crucial hypothesis of many investigations states that the killer will strike again. This is based on the inference that the – similar – elements are the effects of a single cause. Hume states that it is »some instinct or mechanical tendency« that ensures »this operation of the mind, by which we infer like effects from like causes, and vice versa.«[39] And accordingly, detectives assume that as long as the cause – the killing compulsion – persists, further killings will happen. The hypothesis is strengthened by knowledge about other serial killers which suggest that the killing compulsion will not change.

The combination of connections by similarity and by causality thus generates further plot elements and strengthens the coherence of the plot, the plot then showing the following structure:

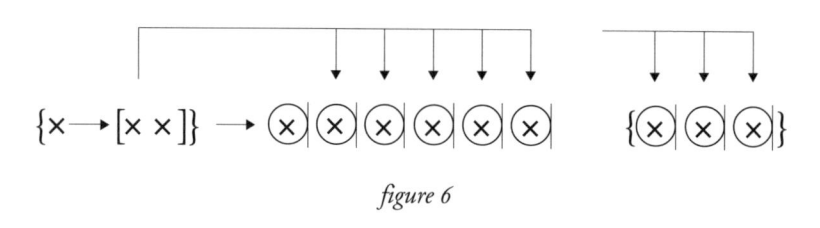

$$\{x \rightarrow [x\ x\ ]\} \rightarrow \boxed{x}\boxed{x}\boxed{x}\boxed{x}\boxed{x}\boxed{x} \quad \{\boxed{x}\boxed{x}\boxed{x}\}$$

figure 6

There is one element – e.g. the murderer's compulsion to commit murders – that is the cause for each of a succession of similar elements. It is also inferred that further similar elements may exist and come to be known or might exist in the future. There are further inferred elements, such as habits of the murderer, that are in close contiguity – indicated by the square brackets – to the direct cause of the murders; these are the aspects of the murderer's habits that cause further attributes that all the murders share. The plot elements are connected closely, as discussed above. But what is lacking – as in the plot structure derived from abduction only – are causal links between the elements. I consider this lack to

39 Hume, *Enquiry*, V/II 22.

be a crucial one; I claim that it causes a substantial deviation from the narrative plot structure that has been sketched above. Why?

Several of the similar elements could be missing without destroying the plot, thus suggesting that the plot has no unity; the reason for this is that every single one of these elements exhibits the structure of an ending: every single one is caused, but none has any effect. The plot structure is thus inundated by a vast surplus of endings. And as there is a strong hypothesis that there will be further killings – and as the murders are so similar that none of them is set off to differ in such a way as to be the final one – although there are so many endings, there is none that brings the plot to a closure.

This surplus of endings, this large number of central elements that are not part of a causal nexus marks the crucial difference between the crime plot of CDNs and SKDNs: crimes in CDNs are caused by well-known desires that aim at a specific goal. This locates the crime in a context of causal connections, and effects of the crime – such as a large inheritance – may allow to infer the identity of the murderer by abduction because the laws governing the cause-effect-relationship are well-known. Moreover, the desire that has caused the crime may be satisfied by the crime or its effects, thus providing an intrinsic ending to the crime plot. In SKDNs, however, the reason for the murderer's actions is not situated in the nexus of any known laws; the crimes are not committed for their effects, and so there are no effects that allow drawing inferences regarding the murderer's motive. And this is the reason why the detective's supposition described above, the supposition that the elements will share at least one further common attribute that is not due to the killer's modus operandi but to his habits, is decisive. And in contrast to the CDNs, although the crimes are ends in themselves, they are committed repeatedly, and so none of them can bring the crime plot to a closure.

Not only is there no end: there is also no development. There is only the potentially endless repetition of similar elements that have no effect and that do not lead to anything. The development of the plot is stalled, and the elements are not part of a larger context.

The unity of the plot is thus threatened; and the fact that all these elements are connected to a common cause cannot guarantee that they are all the actions of a single protagonist or that one detective is investigating them. Aristotle makes it explicit that this does not suffice to create a whole:

Μῦθος δ' ἐστὶν εἷς οὐχ ὥσπερ τινὲς οἴονται ἐὰν περὶ ἕνα ᾖ· πολλὰ γὰρ καὶ ἄπειρα τῷ ἑνὶ συμβαίνει, ἐξ ὧν ἐνίων οὐδέν ἐστιν ἕν· οὔτὡς δὲ καὶ πράξεις ἑνὸς πολλαί εἰσιν, ἐξ ὧν μία οὐδεμία γίνεται πρᾶξις.

A plot does not have unity, as some people think, simply because it deals with a single hero. Many and indeed innumerable things happen to an individual, some of which do not go to make up any unity, and similarly an individual is concerned in many actions which do not combine into a single piece of action.[40]

III. Glossing Over: How SKDNs deal with their repetitive structure

SKDNs are considered to be special; they form a subgenre that is marked clearly by paratexts. However, they are not considered to be deficient narratives. This suggests that they might employ structures that compensate for the lack of unity described above. I claim that there are indeed such structures, some of them located on the plot levels, some of them on the discourse level.

On the crime plot level, further connections between the elements may be made, most often by introducing a recursive element. The murders differ with regard to an attribute; and this difference seems to be related to their position among the succession of the murders. This leads to the inference that each killing modifies the killer's compulsion, causing, for example, a change in the killer's modus operandi. Peirce discusses this kind of inference as an inference that is hard to subsume under either the label of abduction or induction, but that combines elements of both kinds: »One [example] is where we observe, not facts similar under similar circumstances, but facts different under different circumstances – the differences of the former having, however, a definite relation to the difference of the latter. Such inferences, which are really inductions, sometimes present nevertheless some indubitable resemblances to hypotheses.«[41] Such an inference is based on a regular pattern of deviation and establishes a rule that allows to see a pattern of development among the seemingly repetitive elements. This pattern of development lends impetus and direction to the repetitive elements, thereby softening the obstinacy of the recurring murders. It also allows predicting future murders in more detail and more accurately, increasing the probability that

---

40 Aristotle, *Poetics*, 1451a.
41 Peirce, »Deduction«, 332.

the killer will be caught while preparing for or committing the following murder. And although the connection is often indirect, such a rule forms a causal link between the elements.[42] In Patricia Cornwell's *Postmortem*, the killer's modus operandi is suspected to be influenced by the publicity the murders are getting, which in turn is linked to a leak to the press, but it is also obviously linked to the previous murders. The hypothesis that publicity is responsible for an observed development in the pattern of the murders is discussed, first with some caution, then with increasing certainty:

»Do you think his pattern is escalating? That the murders are more closely spaced because he's getting more stressed, perhaps by the publicity?« – He didn't comment right away. Then he spoke very seriously, »He's a friggin' addict, Doc. Once he starts, he can't stop.« – »You are saying the publicity has nothing to do with his pattern?« – »No,« he replied, »I'm not saying that.«[43]

»The leaks to the press. [...] According to him, it's your theory the news stories are making the killer's homicidal urge peak more quickly, and therefore the leaks could be indirectly responsible for Lori's death. And now Henna Yarborough's death, too.«[44]

»In truth, I feel strongly there's a significant link between publicity and the killer's activity.«[45]

»It's my impression, based on a close examination of the Richmond killer's MO, that he's a blend of both extremes: He does it because it's a compulsion, and he absolutely doesn't want to be caught. But he also thrives on the attention, he wants everyone to know what he's done.«[46]

The inference of such a recursive pattern also allows the detective to link the chronological order of the killings – which is arbitrary as long as only the similarities between the elements are noted – to this additional causal

---

42 This causal link is not a causal link in Hume's definition (cf. page 254, note 24), as it only modifies the following murders but does not explain their existence: neither does the first murder cause the second, nor is the first murder committed to make the second possible. The recursive element is thus not enough to form a strong causal plot.
43 Cornwell, *Postmortem*, 162.
44 Ibid., 253.
45 Ibid., 254.
46 Ibid., 258.

structure. Once it is supposed that each killing influences the modus operandi of the next one, there is only one logically possible chronological order. The empirical chronological order can thus be used as a basis for further inferences. Similar to the effect of drawing inferences based on both similarity and causality, the combination of causality and chronology leads to stronger or different hypotheses: having inferred a rule that explains variations in effect in relation to the chronological succession may allow to decide which of two murders has been committed first; on the other hand, when forming such a hypothesis, the empirical chronology of the killings forms part of the data that are used to draw this inference.

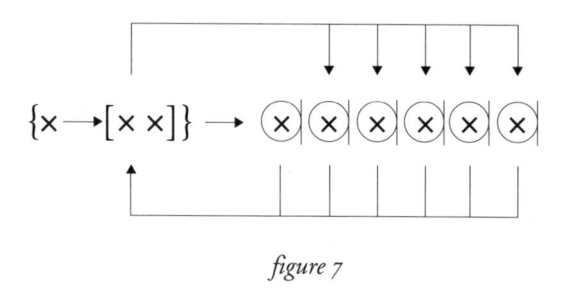

$$\{x \rightarrow [x\ x]\} \rightarrow \text{\textcircled{x}\textcircled{x}\textcircled{x}\textcircled{x}\textcircled{x}\textcircled{x}}$$

figure 7

The introduction of further connections on the plot level – resulting in some kind of causal and motivated chronological relationship between the elements – tones down the repetitive structure of the serial killings and integrates it in a plot structure that is close to a typical narrative structure – close, but not quite: The previous murders modify the later ones by modifying the killing compulsion, as shown by the arrows leading back from the killings. But the murders neither cause the killing compulsion nor each other in Hume's strong sense of causality: »*if the first object had not been, the second never had existed*«[47] – that is why the elements are still marked by vertical lines as having no effect.

The detection plot level shows as many repetitions as the crime plot

---

47 Hume, *Enquiry*, VII/II 29 – The killings are so similar that there is no reason why, if the first had been committed without a preceding one, the second would be dependent on the first; and the first has not been committed in order to make the second possible.

level, as the detective, in Brooks' words, »repeats« the actions of the killer. The repetitiveness of the killing thus forces the detective each time to go through the same steps of securing the evidence, dealing with the press etc.; but while the repetitive killings are not caused by any apparent reason nor have any intended effect, the repetitions on the detection plot level are clearly ›middle elements‹: they are caused by the crimes of the killer and are undertaken with the aim of stopping them.[48] The projected closure inherent in the detection plot also ends the crime plot, but from without: whereas the repetition in the crime plot wants to perpetuate itself, the detection plot's repetitions are forced upon it because of the repetitions of the crime plot, and aim at forcing the crime plot's repetitions to stop.

On the discourse level, too, there are strategies that help to integrate the repetitive structure of the serial killings; the most important strategy that is used is a combination of anachrony and iterative narration.

Anachronies – mostly analepses – are used frequently at the beginning of SKDNs. The concept of anachrony that describes a difference between plot level and discourse level in the temporal succession of events is somewhat more complex to use in the case of detective stories, because they feature two plot levels, the crime plot and the detection plot. Each of these three levels – the two plot levels and the discourse level – may order the events of the crime in a different way. One typical constellation is a differing order of events between the level of the crime plot and the level of the discourse, but a parallel succession of events on the levels of the detection plot and of the discourse, the discourse mirroring the sequence in which the detective gets his information.[49]

This is the case, for example, in Ian Rankin's *Tooth and Nail*. The first two lines, part of a short passage of internal focalisation on the murderer, read: »She drives home the knife. The moment, she knows from past experience, is a very intimate one.«[50] The parenthesis of the second sentence already makes it clear that the discourse starts not with the first

---

48 Although the detection plot thus consists of beginning, middle and (projected) end, a very large number of repetitions on the crime plot level does endanger the unity of the detection plot. This is countered by discourse strategies as discussed in the following section; it may also be countered by introducing a second action sequence on the detection level that is not linked to the crime plot, such as a love story involving the detective.
49 Cf., for a related argument, Dietrich Weber, *Theorie der analytischen Erzählung*, München 1975, esp. 27-41.
50 Rankin, *Tooth & Nail*, 393.

murder by this killer; it will later turn out to be the fourth one. Inspector John Rebus, the main protagonist of the novel, is called from Edinburgh to London to help solve a series of crimes after three have already been committed. Rebus's journey to London is one of the first events narrated, and the reader learns details about the previous killings, mostly as Rebus does, only after he has arrived in London and has started inquiries concerning the fourth murder.

In this case, the analepsis is motivated by the detective's lack of information, with parallel successions of events on the level of the detective plot and the discourse. But the analepsis may also be unmotivated, as is the case in Patricia Cornwell's *Postmortem*. This novel starts with medical examiner Kay Scarpetta, the main protagonist and homodiegetic narrator, being woken by a phone call in the middle of the night:

> »Pete Marino here. We got us one at 5602 Berkley Avenue. Think you better come.« […] Details were unnecessary. The moment I picked up the receiver and recognized Sergeant Marino's voice, I knew. […] Ordinarily, the medical examiner on call is summoned to a death scene. But this wasn't ordinary. I had made it clear after the second case that no matter the hour, if there was another murder, I was to be called.[51]

The first murder that is narrated, the first murder that the reader gets information about, is thus at least the third one (it will turn out to be the fourth); Kay Scarpetta, though, has examined all previous ones. In this case, crime plot and detection plot run parallel, the murders being investigated by the main protagonist as they happen, but the discourse deviates from this order by starting with the fourth, narrating the previous three later on.

Both these forms of analepsis have the same effect: the discourse starts with the detective already knowing that he is dealing with a serial killer. This allows for the previous murders – and the previous investigation – to be told iteratively.[52] Genette, when introducing the concept, shows that iteration eliminates the need for repetition on the discourse level when dealing with repetitions on the plot level. He implies that repeti-

---

51 Cornwell, *Postmortem*, 2.
52 An anachrony of some kind may be a side effect of iterative narration, e.g. when important singular events that are narrated happen between the individual instances of the summarized similar events. In these cases, starting the discourse with a later killing is the best way to narrate several killings iteratively; much information would have to be supplied and this supplement would have to be justified if the first killing was used as occasion for an iterative narration.

tion on the discourse level may often be unwanted:

> Revenons à notre deuxième type, ou singulatif anaphorique: »Lundi je me suis couché de bonne heure, mardi, etc.« De toute évidence, lorsqu'il se produit dans l'histoire de tels phénomènes de répétition, le récit n'est nullement *condamné* à les reproduire dans son discours *comme s'il était incapable du moindre effort* d'abstraction et de synthèse: en fait, et sauf effet stylistique délibéré, le récit dans ce cas, et *même le plus fruste*, trouvera une formulation sylleptique telle que: »Tous les jours« [...].[53]

> Let us go back to our second – singulative anaphoric – type: »Monday I went to bed early, Tuesday, etc.« Plainly, when such repeating phenomena occur in the story, the narrative is not by any means *condemned* to reproduce them in its discourse *as if it were incapable of the slightest effort* to abstract and synthesize: in fact, and except for deliberate stylistic effect, a narrative – and *even the most unpolished one* – will in this case find a sylleptic formulation such as »every day,« [...].[54]

Usually, the previous murders are introduced via comparison while the detective is at the scene of the most recent murder. At that stage of his investigation, the detective has already formed a mental construct of the typical attributes of these murders. Investigating at the scene of the most recent murder, he compares his observations with this schema and notes similarities and differences. The reader gets detailed information about this murder and about the pattern that the detective has abstracted from previous cases; the previous murders are never described completely, because information about what fills the slots of the schema and about deviations from the schema suffices. In Patricia Cornwell's *Postmortem*, for example, Kay Scarpetta describes the scene of the fourth murder in detail, filling in information about the previous murder victims at various points of her investigation:

> Lori Petersen was on top of the bed, the blue-and-white spread hanging off the foot of the bed. [...] Watching where I walked, I approached the bed, set my bag on the floor and got out a pair of surgical

---

53 Gérard Genette, »Discours du récit«, in: Gérard Genette, *Figures III*, Paris 1972, 65-282, here 147 (my emphasis).
54 Gérard Genette, *Narrative Discourse* [1972], tr. by Jane E. Lewin, foreword by Jonathan Culler, Oxford 1980, 116 (my emphasis).

gloves. Next I got out my camera and took several photographs of the body *in situ*. [...] Her straw-blond hair was in disarray. She was moderately tall, no less than five foot seven, and considerably fleshier than the younger version captured in the photographs down the hall. Her physical appearance was important because the absence of a pattern was becoming a pattern. The four strangling victims seemed to have had no physical characteristics in common, not even race. The third victim was black and very slender. The first victim was a readhead and plump, the second a brunette and petite. They had different professions: a schoolteacher, a free-lance writer, a receptionist, and now a physician. They lived in different areas of the city.[55]

This combination of analepsis and iterative narration reduces the need for repetition on the discourse level. At the same time, it not only makes clear that there are several murders that cause a repetitive structure on the level of the crime plot, but stresses the existence of a pattern by introducing several of the elements as instances of a schema; a schema that is often marked as deficient and in need of further elaboration.

The discussed strategies – both on plot level and on discourse level – gloss over the effects of the unusual plot structure that might impede the reading of the novel as a narrative text. Nevertheless, the repetitive structure of the murders on the level of the crime plot remains, and my last claim is that this characteristic trait sets serial killer detective novels apart from other detective novels.

IV. Eliminating death again

Serial Killings – both factual and ficticious – seem to grasp people's imagination with an unusual intensity. I suggest that this fascination is due to the specific structure of the surplus of endings that I analyzed. The unconnectedness, the unmotivated isolation of the killings is an aspect that is also stressed as being central for the image of serial killers from a cultural-anthropological perspective. Entitled »Catch Me Before I Kill More«, Philip Jenkins' study explores the reasons for the fascination with serial killers in the US during the 1980s. Analysing FBI news releases, media reports and factual and fictitious accounts of serial killers, he isolates six interlinked aspects of their image, while stressing that the empirical facts do not support this image. Several of these aspects overlap with characteristics that I have analyzed above. What I describe as a surplus of

---

55 Cornwell, *Postmortem*, 10f.

endings, he calls the killer's ›irrationality‹: »A serial killer was not just a repeat killer; he was a man who killed for no known motive. [...] The essence of serial murder was that it was irrational, ›motiveless‹ at least in the sense of lacking any motive that could be understood by the normal run of humans.«[56]

While Jenkins speculates about the political reasons for the ›invention‹ of such an image,[57] I want to explore a different line of argument. I would like to suggest that the fascination with serial killers – or, to be more precise, with the image of serial killers as it is presented in SKDNs – is due to the fact that this structure of repeated killings for no apparent reason beyond killing triggers the certainty that death is unavoidable. The impetus for the killings is strangely autonomous: the compulsion causes actions that are not aimed at an object but that are an end in and of themselves. There is no ultimate aim, no point that, when reached, will dispense the driving impetus. The crime is not directed against a specific person because of his or her individual character, but against members of a class; the choice among these is random. The fact that the next strike of the killer is inevitable, combined with the fact that the killer disregards the individuality of the victims, disregards their individual faults and merits and social relationships, creates the impression of a natural law at work: under certain (unspecified) circumstances, certain events – death – will inevitably, impersonally occur. There can never be an intrinsic ending to the crime plot; the series of murders must be stopped by an external force that changes this compulsion.

It is this impression of the inevitability of the next killing and random selection of the victim that deeply unsettles people, giving them the impression that there is nothing they can do to make sure that it is not them who will be the murderer's next victim.[58] In addition, the threat that

---

56 Philip Jenkins, »Catch Me Before I Kill More: Seriality as Modern Monstrosity«, in: *Cultural Analysis* 3 (2002), 1-17, here: 9. Cf. also »with no apparent rhyme, reason or motivation« (2), »the killer seems driven to murder not by some ›rational‹ reason but by a serious psychological disorder« (3).

57 Cf. ibid., 5f., 13f. Jenkins also speculates about serial killers triggering the ›atavistic‹ fear that the shaman – the detective – crossing the border to understand the evil will not be able to return; cf. ibid., 13.

58 Jenkins mentions this aspect but briefly, in the section that deals with the alleged rootlessness of serial killers: »As itinerant killers, their threat potential is vastly magnified because they can strike anywhere at any time. This is one type of danger that cannot be avoided by staying away from ›bad areas‹.« (Ibid., 9) – Compare CDNs that also deal with a series of murders, such as Arthur Conan Doyle's

there may be a potentially endless number of repetitions increases the fear that one might not be able to avert being also killed. This combination causes a feeling of a complete loss of control:

> The average citizen can't relate to drug and domestic shootouts or one wino stabbing another over a bottle of Mad Dog. But these murdered women were the colleagues you sit next to at work, the friends you invite to go shopping or to stop by for drinks, the acquaintances you chat with at parties, the people you stand in line with at the checkout counter. They were someone's neighbor, someone's sister, someone's daughter, someone's lover. They were in their own homes, sleeping in their own beds, when Mr. Nobody climbed through one of their windows.[59]

Sigmund Freud, writing in 1915 under the impression of World War I, describes in his article »Zeitgemäßes über Krieg und Tod [Timely Thoughts on War and Death]« a similar combination of random, but repeated and thus inevitable strikes.[60]

> Es ist evident, daß der Krieg diese konventionelle Behandlung des Todes hinwegfegen muß. Der Tod läßt sich jetzt nicht mehr verleugnen; man muß an ihn glauben. Die Menschen sterben wirklich, auch nicht mehr einzeln, sondern viele, oft Zehntausende an einem Tage. Es ist auch kein Zufall mehr. Es scheint freilich noch zufällig, ob die Kugel den einen trifft oder den anderen; aber diesen anderen mag leicht eine zweite Kugel treffen, die Häufung macht dem Eindruck des Zufälligen ein Ende.[61]

> It is evident that war must sweep aside this conventional treatment of death. Death now cannot be denied any longer; one is forced to believe

---

»The Five Orange Pips«: The victims know beforehand that they are in danger, as they know that they have violated a secret rule. This kind of CDN plot is therefore distinct from usual SKDN in two ways: There is nothing random about the crimes, and as both victim and killers are members of a highly esoteric society, they are set apart from other characters and from the reader.

59 Cornwell, *Postmortem*, 5.
60 Note the impersonality of this paragraph: The active subjects are War, Death and the bullet, not soldiers or an army. This is analogous to the serial killer being not perceived as a person, but as being driven by an inhuman compulsion.
61 Sigmund Freud, »Zeitgemäßes über Krieg und Tod« [1915], in: Sigmund Freud, *Gesammelte Werke. Chronologisch geordnet*, ed. by Anna Freud et al., Bd. X: Werke aus den Jahren 1913-1917, London 1946 (Reprint Frankfurt 1999), 324-355, here 344.

in it. People are really dying, and not one at a time, but many, often tens of thousands in a single day. And it is no longer coincidence. It may seem to be coincidental whether the bullet hits the one or the other; but this other one may still be hit by a second bullet, the accumulation doing away with the notion of coincidence. [my translation] The »conventional treatment of death« is to ignore the inevitability of death, especially the inevitability of our own death:

> Dies Verhältnis war kein aufrichtiges. Wenn man uns anhörte, so waren wir natürlich bereit zu vertreten, daß der Tod der notwendige Ausgang alles Lebens sei, daß jeder von uns der Natur einen Tod schulde und vorbereitet sein müsse, die Schuld zu bezahlen, kurz, daß der Tod natürlich sei, unableugbar und unvermeidlich. In Wirklichkeit pflegten wir uns aber zu benehmen, als ob es anders wäre. Wir haben die unverkennbare Tendenz gezeigt, den Tod beiseite zu schieben, ihn aus dem Leben zu eliminieren.[62]

> Our attitude [to death] was not sincere. When being examined, we were of course ready to maintain that death was the necessary end of all life, that each of us owed a death to nature and must be prepared to pay their debt, in short, that death was natural, undeniable and inevitable. In reality, though, we used to act as if it were different. We showed the unmistakable tendency to put death aside, to eliminate death from our lives. [My translation]

Freud's analysis of a different, but structurally similar phenomenon suggests an anthropological reason for people's fascination with the image of serial killers in general, and SKDNs in particular. In global interpretations of the genre of detective novels, the crime is often taken to be perceived as threatening the order of our world and our ability to understand it. The reconstruction of the crime and the arrest of the criminal reinstitute this order and reassure us of our ability to read the world.[63] In SKDNs, the stake is different but no less high: the inevitability of the killer's next strike, the impersonality, regularity and seeming necessity of the deaths, confront the protagonists and the readers with the inevitability of their own death. The detective tries to detect and understand the pattern

---

62 Ibid., 341.
63 For a far more differentiated presentation of this aspect see Hans Sanders, »Die Welt ist, was der Fall ist. Poetologische Randnotizen zum Kriminalroman«, in: *Romanistische Zeitschrift für Literaturgeschichte* (1993), 387-403.

of the killings, the laws governing the killer's actions. Once he is able to understand these laws, he is able to manipulate them and thus stop the killings. He uncovers the laws of death and destroys them. He helps maintain the fantasy that death can be averted.

Bibliography

Aristotle, *The Poetics*, tr. by W. Hamilton Fyfe. London, Cambridge (Mass.) 1965.

Barthes, Roland, »Action Sequences« [1969], in: *Patterns of Literary Style*, ed. by Joseph Strelka, Pennsylvania 1971 (= Yearbook of Comparative Criticism III), 5-14.

Brooks, Peter, *Reading for the Plot. Design and Intention in Narrative*, Cambridge (Mass.)/London ^{7}2002.

Cornwell, Patricia, *Postmortem* [1990], New York et al. 1998.

Eco, Umberto, »Horns, Hooves, Insteps. Some Hypotheses on Three Types of Abduction«, in: Umberto Eco/Thomas A. Sebeok, *The Sign of Three. Dupin, Holmes, Peirce*, Bloomington, Indianapolis 1988, 198-220.

Freud, Sigmund, »Zeitgemäßes über Krieg und Tod« [1915], in: Sigmund Freud, *Gesammelte Werke. Chronologisch geordnet*, ed. by Anna Freud et al., Bd X: Werke aus den Jahren 1913-1917, London 1946, 324-355. (Reprint Frankfurt 1999).

Genette, Gérard, »Discours du récit«, in: Gérard Genette, *Figures III*, Paris 1972, 65-282. [English Translation: Gérard Genette, *Narrative Discourse* [1972], tr. by Jane E. Lewin, foreword by Jonathan Culler, Oxford 1986.]

Harrowitz, Nancy, »The Body of the Detective Model« [1983], in: *The Sign of Three. Dupin, Holmes, Peirce*, ed. by Umberto Eco/Thomas A. Sebeok, Bloomington, Indianapolis 1988, 179-197.

Hume, David, *An Enquiry concerning Human Understanding* [1784], Oxford, New York 1999.

Jenkins, Philip, »Catch Me Before I Kill More: Seriality as Modern Monstrosity«, in: *Cultural Analysis* 3 (2002), 1-17.

Peirce, Charles S., »Deduction, Induction and Hypothesis« [1878], in: *Writings of Charles S. Peirce. A Chronological Edition*, ed. by Christian Kloesel et al., Vol. 3: 1872-1878, Bloomington 1986, 323-338.

Prince, Gerald, *A Dictionary of Narratology. Revised edition*, Lincoln, London 2003.

Propp, Vladimir, *Morphology of the folktale*, ed. by Louis A. Wagner, with an Introd. by Svatava Pirkova-Jakobson and a new Introd. by Alan

Dundes, Austin ²1973 (= Publications of the American Folklore Society: Bibliographical and special series 9).

Rankin, Ian, *Tooth and Nail* [1992], in: Ian Rankin: *Rebus: The Early Years. Knots & Crosses; Hide & Seek; Tooth & Nail*, London 1999, 391-597.

Sanders, Hans, »Die Welt ist, was der Fall ist. Poetologische Randnotizen zum Kriminalroman«, in: *Romanistische Zeitschrift für Literaturgeschichte* (1993), 387-403.

Schank, Roger/Abelson, Robert, *Scripts, Plans, Goals, and Understanding. An Inquiry into Human Knowledge Structures*, Hillsdale, New Jersey 1977.

Todorov, Tzvetan, »The Typology of Detective Fiction« [1966], in: *The Poetics of Prose*, tr. by Richard Howard, Oxford 1977, 42-52.

Trabasso, Tom/Sperry, Linda, »Causal Relatedness and Importance of Story Events«, in: *Journal of Memory and Language* 24 (1985), 595-611.

Weber, Dietrich, *Theorie der analytischen Erzählung*, München 1975.

Wolf, Werner, »Das Problem der Narrativität in Literatur, bildender Kunst und Musik: Ein Beitrag zu einer intermedialen Erzähltheorie«, in: *Erzähltheorie transgenerisch, intermedial, interdisziplinär*, ed. by Vera Nünning/Ansgar Nünning, Trier 2002 (= WVT-Handbücher zum Literaturwissenschaftlichen Studium 5), 23-104.

Zu den Autorinnen und Autoren

HENDRIK BIRUS, Studium der Germanistik, Vergleichenden Literaturwissenschaft und Philosophie in Hamburg und Heidelberg. M.A. (Heidelberg 1972), Dr. phil. (Heidelberg 1977), Habilitation (Göttingen 1984). Seit 1987/88 Professor und Vorstand des Instituts für Allgemeine und Vergleichende Literaturwissenschaft (Komparatistik) an der Universität München. Gastprofessuren an den Universitäten von Wien, Rom, Illinois (Urbana-Champaign), Indiana (Bloomington), Pennsylvania (Philadelphia) und Washington (Seattle), der Yale (New Haven) und der Washington University (St. Louis) sowie an der Ecole des Hautes Etudes en Sciences Sociales Paris; Fellow am Wissenschaftskolleg zu Berlin (1995/96); ord. Mitglied der Bayerischen Akademie der Wissenschaften.
Publikationen/Forschungsschwerpunkte: Poetische Namengebung. Zur Bedeutung der Namen in Lessings Nathan der Weise. 1978. — Vergleichung. Goethes Einführung in die Schreibweise Jean Pauls. 1986. — (mit Sebastian Donat) Goethe – ein letztes Universalgenie? 1999. — (Hrsg.) Hermeneutische Positionen: Schleiermacher – Dilthey – Heidegger – Gadamer. 1982. — (Hrsg.) Germanistik und Komparatistik. XVI. Germanistisches Symposion der DFG. 1994. — (Hrsg.) Johann Wolfgang Goethe: West-östlicher Divan. 1994. — (Hrsg.) J. W. Goethe: Ästhetische Schriften 1816-1820: Über Kunst und Altertum I-II. 1999. — Aufsätze zur Literarischen Onomastik, Hermeneutik und Literaturtheorie, zu komparatistischen Aspekten der Goethezeit sowie zu einzelnen Autoren und Philosophen des 18. bis 20. Jhdts.

AAGE A. HANSEN-LÖVE, Studium der Slawistik und Byzantinistik in Wien, Studienaufenthalte in Prag und Moskau. Promotion (1975 Wien) mit einer Dissertation zum Thema »Der russische Formalismus« (1978 Wien), 1984 Habilitation zum Thema »Der russische Symbolismus. Diabolische und mythopoetische Paradigmatik« (Bd. 1, Wien 1989; Bd. 2 1998). Seit 1987 Lehrstuhl für Slavische Philologie (Literaturwissenschaft) an der Universität München. Mitbegründer und Herausgeber der Zeitschrift und Schriftenreihe Wiener Slawistischer Almanach (seit 1978). 1999 Wirkl. Mitglied der Österr. Akademie der Wissenschaften.
Publikationen/Forschungsschwerpunkte: Wechselwirkung der Kunstformen (Leitung des Projekts der Deutschen Forschungsgemeinschaft »Intermedialität in der russischen Moderne«), Arbeiten zur Typologie und Periodisierung der russischen Literatur des 19. und 20. Jahrhunderts (Romantik, Realismus, Symbolismus, Avantgarden, Konzeptualismus), Studien zu Mythopoetik, Psychopoetik, Religion und Literatur und zu allgemeinen Fragen der Literatur- und Kunsttheorie. Zahlreiche Texte zu Einzelproblemen und Autoren der klassischen russischen Literatur (Lermontov, Gogol, Dostoevskij; Symbolisten und Futuristen, Chlebnikov, Mandelstam, Nabokov u.v.a.). Herausgabe und Monographie – Kasimir Malewitsch, Philosophische Schriften. 2004. Glossar zur Intermedialität in der russischen Avantgarde (in Vorbereitung).

ZU DEN AUTORINNEN UND AUTOREN 275

CAROL JACOBS, Studium der Vergleichenden Literaturwissenschaft an der Johns Hopkins University, Baltimore; Promotion 1974; seit 2002 Professorin für Deutsche Literatur und Birgit Baldwin Professorin für Vergleichende Literaturwissenschaft.
Publikationen/Forschungsschwerpunkte: Romantik (Kleist, Wordsworth, Shelley), Philosophie (Nietzsche, Hamann), Literatur (Ford Madox Ford, Emily Brontë, W. G. Sebald), Film (Campion), Texttheorie (Lessing, de Man, Benjamin), Anthropologie (Lévi-Strauss). The Dissimulating Harmony. 1978. — Uncontainable Romanticism. 1989. — Telling Time. 1993. — In the Language of Walter Benjamin. 1999. — (Hrsg. mit Henry Sussman) Acts of Narrative. 2003.

LUDWIG JÄGER, seit 1982 Lehrstuhl für Deutsche Philologie an der RWTH Aachen. 1991-1994 Vorsitzender des Deutschen Germanistenverbandes. Seit 2001 Geschäftsführender Direktor des Forschungskollegs »Medien und kulturelle Kommunikation« (SFB/FK 427) der Universitäten Aachen, Bonn und Köln und Leiter des Teilprojekts »Medialität und Sprachzeichen«.
Publikationen/Forschungsschwerpunkte: (Hrsg. mit Bernd Switalla) Germanistik in der Mediengesellschaft. München 1994. — Seitenwechsel. Der Fall Schneider/Schwerte und die Diskretion der Germanistik. München 1998. — Die Sprachvergessenheit der Medientheorie. Ein Plädoyer für das Medium Sprache. In: Werner Kallmeyer (Hrsg.) Sprache und neue Medien. Berlin, New York 2000. — Zeichen/Spuren. Skizzen zum Problem der Zeichenmedialität. In: Georg Stanitzek/Wilhelm Voßkamp (Hrsg.) Schnittstelle: Medien und kulturelle Kommunikation. Köln 2001 — Sprache als Medium. Über die Sprache als audiovisuelles Dispositiv des Medialen. In: Horst Wenzel/Wilfried Seipel/Gotthart Wunberg (Hrsg.) Audiovisualität vor und nach Gutenberg – Zur Kulturgeschichte der medialen Umbrüche. Wien 2001. — (Hrsg. mit Georg Stanitzek) Transkribieren – Medien/Lektüre. München 2002. — (Hrsg. und eingel.) Ferdinand de Saussure. Wissenschaft der Sprache. Frankfurt 2003. — (Hrsg. mit Erika Linz) Medialität und Mentalität. München 2004. — Versuch über den Ort der Schrift. Die Geburt der Schrift aus dem Geist der Rede. In: Gernot Grube/Werner Kogge/Sybille Krämer (Hrsg.) Schrift. Kulturtechnik zwischen Auge, Hand und Maschine. München 2005.

CARINA DE JONGE, Studium der Germanistik in Groningen, Berlin und Mainz; 2002/03 Aufnahme in den Münchener Promotionsstudiengang »Literaturwissenschaft«.
Publikationen/Forschungsschwerpunkte: Dissertationsprojekt zu den historischen Romanen Hermann Kestens; Veröffentlichungen in Neophilologus; freie Korrespondentin für Duitslandweb (Informationsportal über Deutschland vom Deutschland Institut Amsterdam in Zusammenarbeit mit dem niederländischen Außenministerium).

KATJA KOBOLT, Studium der Komparatistik und Journalistik an der Universität Ljubljana; 2002/03 Aufnahme in den Münchener Promotionsstudiengang »Litcraturwissenschaft«.

Publikationen/Forschungsschwerpunkte: Magisterarbeit zur Repräsentation von Frauen in preisgekrönten slowenischen Roman der Gegenwart; Dissertationsprojekt zur genderspezifischen literarischen Erinnerung an die postjugoslawischen Kriege; Balkanologie, Genderstudies, kulturwissenschaftliche Gedächtnisforschung, Narratologie.

KLAUS MÜLLER-WILLE, Studium der Nordischen Philologie, Kunstgeschichte und Neueren Deutschen Literaturwissenschaft in Kiel und Göteborg; seit 1998 Assistent an der Abteilung für Nordische Philologie am Deutschen Seminar der Universität Basel; Promotion zu Schrift- und Schreibtheorie bei C.J.L. Almqvist (Tübingen/Basel 2005). Habilitationsprojekt zum Wechselverhältnis zwischen Körper und Imagination in der skandinavischen Moderne und Postmoderne.
Publikationen/Forschungsschwerpunkte: Skandinavische Romantik (H.C. Andersen, J.L. Heiberg, S. Kierkegaard), Skandinavische Nachkriegsavantgarden (I. Christensen, P. Højholt, L. Norén) und Texttheorie (Wiederholung, Grammatologie und Glossematik).

BRIGITTE RATH, Studium der Allgemeinen und Vergleichenden Literaturwissenschaft an der Ludwig-Maximilians-Universität München, MA in Modern European Literature an der University of Sussex, Brighton; 2001/02 Aufnahme in den Münchener Promotionsstudiengang »Literaturwissenschaft«.
Publikationen/Forschungsschwerpunkte: Kognitionspsychologisch orientiertes Dissertationsprojekt zum Thema »Narratives Verstehen«; Übersetzung und Kommentar von Roman Jakobsons »Notes on the Contours of an Ancient Japanese Poem: the Farewell Poem of 732 by Takapasi Musimarö« (erscheint 2006 im Rahmen der von Hendrik Birus und Sebastian Donat hrsg. Ausgabe von Roman Jakobsons Sämtlichen Gedichtanalysen).

ANTJE VOUTTA, Studium der Russistik, Amerikanistik und Neueren deutschen Literatur. 2002 Magister Artium in Amerikanistik und Neuere deutsche Literatur an der Humboldt-Universität zu Berlin; 2003/04 Aufnahme in den Münchener Promotionsstudiengang »Literaturwissenschaft«. Tätigkeit als Web-Texterin und Produktionsassistentin (Rundfunk).
Publikationen/Forschungsschwerpunkte: Dissertationsprojekt zum Thema »Den Anfang erzählen. Aspekte der Re-Präsentation von Geburt, Subjektivation und (früher) Kindheit.«

SAMUEL WEBER, seit 2001 Avalon Professor of the Humanities an der Northwestern University (Evanston), Leiter des Paris Program in Critical Theory.
Publikationen/Forschungsschwerpunkte: Rückkehr zu Freud. Jacques Lacans Entstellung der Psychoanalyse. 1978. — Freud Legende. 3 Studien zum psychoanalytischen Denken. 1979. — (Hrsg.) Demarcating the Disciplines. 1986. — Institution and Interpretation. 1987. — Mass Mediauras. Form, Technics, Media. 1996. — Theatricality as Medium. 2004. — Targets of Opportunity. On the Militarization of Thinking. 2005 (2006 in deutscher Übersetzung).

Register

Kursive Seitenangaben beziehen sich auf Einträge in den Fußnoten, Seitenzahlen in gerader Schrift verweisen auf Einträge im Haupttext.

Abelson, Robert *247*
Adorno, Theodor W. *93f.*, 115
Agamben, Giorgio *210*, *212*, *220f.*
Agrell, Beata *204*, *206*, *212*, *217*
Althusser, Louis *187f.*
Anz, Heinrich *117*
Applebee, Arthur N. *178*
Aristoteles 222, 250, 261f.
Artaud, Antonin 110
Austin, John L. *12*, 15

Bachtin, Michail 67, *70*
Baecker, Dirk *208*
Bal, Mieke *227*
Barthes, Roland 104, 108, *201*, *247*, *250*
Bataille, Georges 110
Baumgartner, Walter *214*
Becker-Theye, Betty *51f.*
Beckett, Samuel *49*
Belyi, Andrej 42, 44-46, *47*, 175, 181, *181-183*, 189, 191
Bender, Hans *113*
Beneviste, Emile 108, 221
Benjamin, Walter 93, *94*, 99, *113*, 168-171, 176, 219, *227*, *230*
Bergson, Henri *71*
Blackall, Eric *137f.*, *141*, *147*
Blanchot, Maurice 109
Blanke, Fritz *142*
Bloom, Harold *110*
Bolter, Jay D. *25f.*, 32-36
Bolzano, Bernard *70*
Brandom, Robert B. *29*
Brik, Osip 46
Brockmeier, Jens *177*
Brøgger, Stig *199f.*
Brøndal, Viggo *214*, *214*, *218*
Bronfen, Elisabeth 163, 171
Brooks, Cleanth *122*

Brooks, Peter *249*, *265*
Brown, George Spencer 208
Bryson, Norman *34*
Bubnoff, Nikolai von *76*
Büchner, Georg 112
Butler, Judith *173*, *190*
Burton, Robert 55

Carroll, Lewis *49*, 71
Celan, Paul 103-107, 109, 111-116, 119, *120*, 121-127,
Charms, Daniil *72*, *79*
Chomsky, Noam 213
Christensen, Inger 213f., *214*, 215f., *217*, *218*, 219-222
Christie, Agatha *257*
Coe, Richard N. *174*
Cornwell, Patricia *259*, 263, 266f., *268*, *270*
Culler, Jonathan *110*
Cvetaeva, Marina 114

Deleuze, Gilles *42*, *55*, *58*, *71*, *74*, 216
Derrida, Jacques *9*, 11, *12*, *13*, 15, 23, 25f., 56, 99, 101f., 104-108, *109*, *110*, 111, 115-117, 119-127, *197*
Dickens, Charles 175
Dickson, Gwen Griffith 137-139, 141-143, 146, *147*, *149*, 153
Dostoevskij, F. M. 67
Doyle, Arthur Conan 269
Dubois, Jacques 45
Duncan, Starkey Jr. *21*

Eco, Umberto 256f.
Ekbom, Torsten 198f., *200f.*, 204f., *204*, *206*, 207, 211-213, 217f.
Eliade, Mircea *41*
Engel, Lorenz *30*
Erdle, Birgit *197*

Escher, Maurits C. 71
Eugenides, Jeffrey 175, 188, *189*, 191
Ewers, Heinz Hanno *174*

Falconia, Proba *142*
Faulkner, William *178*
Fichte, Johann Gottlieb *186*
Finck, Almut *177*
Fiske, Donald W. *21*
Foerster, Heinz von 207f.
Fohrmann, Jürgen *29*, *31*
Földényi, László *55*
Foucault, Michel 104, 108, 190
Fox, Barbara A. *21f.*
Frank, Manfred 104, *105*, *107*
Frenzel, Elisabeth *238*
Freud, Sigmund 45, 47, 58-65, 99, *177*, *197*, 221, 270f.
Fries, Thomas *112*

Gadamer, Hans-Georg *113*, 119, 126
Garff, Joakim 67, *83f.*
Garrett, Merrill *18f.*
Genet, Jean 108
Genette, Gérard 122, *177*, *230*, 240, 266, 267
George, Stefan 121
Gideon, Heidi *179*
Gildemeister, C. H. *143*
Giuriato, Davide *219*
Glanville, Ranulph *212*
Glienke, Bernhard *213*
Goethe, Johann Wolfgang von 125-127, 136, 175
Gogol, Nikolai *42f.*, *51*
Goodman, Nelson *11*, 27
Gray, John *147*
Greber, Erika *48*, *180*
Greimas, Julien A. 103
Greisch, Jean *120*
Greve, Wilfried *74*, *78*, *88*
Gründer, Karlfried *138*, *142*
Grusin, Richard *25f.*, 32-36
Gry Haugland, Anne *215*
Gumbrecht, Hans Ulrich *192*

Haag, Karl-Heinz 93
Habermas, Jürgen *109*
Hackert, Fritz *162*
Hamann, Johann Georg 135-148, 150, 152-158
Hansen, Peter *204*
Hare, Richard M. *16*, *29f.*
Harrowitz, Nancy *255*
Hartman, Geoffrey H. *110*
Hegel, Georg W. F. *29f.*, 54, *70*, 74, 80, 82, 94-96, 108, 197
Heidegger, Martin 99, 103f., 109, 115-125, 127
Hejlskov-Larsen, Steffen *197*
Henrich, Dieter *124*
Heraklit 70, 168
Hilberg, Raul *165*, *167*
Hjelmslev, Louis 108, *197*
Hoffmann, Volker *139*
Hofstadter, Douglas G. *73*
Hölderlin, Friedrich 118, 120f., 124
Holenstein, Elmar *104*, *186*
Horkheimer, Max 93
Horn, Eva *201*
Hume, David 248, 253f., 260, *263*, 264
Husserl, Edmund 104, *107*, 123
Hutchby, Ian 22

Ingvarsson, Jonas *199*, *205f.*
Inhelder, Bärbel *173*
Iser, Wolfgang *178*

Jacobi, Friedrich Heinrich *143*
Jäger, Ludwig *29*
Jakobson, Roman 41, *42f.*, 45, *47*, *49*, 103f., *186*
Jampol'skij, Michail *71*
Janz, Marlies *112*
Jefferson, Gail *18*, 22
Jenkins, Philip 268, 269
Jermann, Christoph *117*
Johnson, Samuel *141*
Jørgensen, Sven-Aage *137f.*, *141f.*, *150*, 153

REGISTER

Joyce, James 109, 123, 175, 178f., 181, 191
Jung, Carl Gustav 76, 182

Kafka, Franz 49, 79f.
Kant, Immanuel 127, 137
Karlsen, Hugo Hørlych 198
Kesten, Hermann 161-164, 169-171
Kierkegaard, Sören 41, 47-50, 51, 52-57, 59, 61f., 66-71, 73, 74, 76, 78-81, 83, 84, 85-88, 94f., 99f., 197, 218, 220
Kindt, Walter 19-21
Kittler, Friedrich 205f.
Kohlschmidt, Werner 137
Koopmann, Helmut 163
Koschorke, Albrecht 209
Kostić, Slobodan 228
Krämer, Sybille 11, 28
Kray, Ralph 70
Kreutzer, Gert 213
Kristeva, Julia 173f., 179f., 185, 187
Küsters, Marie-Theres 146

Lacan, Jacques 44, 108, 185, 221
Laclos, Choderlos de 52, 81
Lange, Katrin 174, 176
Lanser, Susan 228, 239f.
Latour, Bruno 32
Lermontov, Michail J. 49, 54, 55f.
Lessing, Johann G.E. 138
Lessing, Theodor 168
Levelt, Willem J. M. 19-21, 26
Levinson, Stephen 19
Lévi-Strauss, Claude 103, 108, 122
Lowth, Robert 137, 138, 143f., 146-148, 157
Lüdemann, Susanne 213
Luhmann, Niklas 28, 29, 31, 56, 208f., 210f., 213
Lukács, Georg 162
Lukian 70
Lumpp, Hans-Martin 136f., 142, 146, 150f
Luther, Martin 135, 144
Lyotard, Jean-François 106, 108

Malević, Kazimir 64
Mallarmé, Stéphane 105
Man, Paul de 110, 120, 123
Mandelstam, Osip 61
Manovich, Lev 25, 32
Marquard, Odo 50, 57
Martínez, Matías 230
Mayr, Monika 180f.
McLuhan, Marshall 28, 29, 31
Mendelssohn, Moses 138
Merleau-Ponty, Maurice 216
Michaelis, Johann David 138, 143, 146, 148, 150
Miller, J. Hillis 110
Milroy, Lesley 17
Mitchell, William J. T. 28
Moore, George Foot 148
Mozart, Wolfgang A. 49, 51-53
Mukařovský, Jan 103
Müller-Wille, Klaus 197
Munch Terkelsens, Anne 217

Nabokov, Vladimir 43, 66
Neumann, Robert 162
Nielsen, Hans-Jørgen 195, 197, 199, 201
Nietzsche, Friedrich 47f., 52, 55, 59, 76, 99, 100f., 117f., 168
Nöth, Winfried 33f.
Novalis 218f.
Nünning, Ansgar 239

O'Flaherty, James 137f., 143, 157
Olsen, Regine 66-69, 86

Peirce, Charles S. 10, 11-13, 14, 254, 256, 258, 259, 262
Perkins, Lisa 17
Pfeiffer, Ludwig K. 70
Piaget, Jean 103, 173
Platon 63, 73
Polanyi, Michael 29
Prince, Gerald 250
Propp, Vladimir 199, 247
Proust, Marcel 177
Puškin, Aleksandr 49, 53, 75

Rankin, Ian 251, 258, 259, 265
Ranks, Otto 51
Rakusa, Ilma 182
Raudaskoski, Pirkko 18, 22
Rauh, Hellgard 176
Rehm, Walter 54
Richardson, Samuel 52
Rieger, Stefan 206f.
Riemer, Friedrich Wilhelm 125
Rilke, Rainer Maria 117f.
Rohde, Peter P. 86
Rousseau, Jean-Jacques 110
Rubin, Edgar 28, 29

Sacks, Harvey 18
Sanders, Hans 271
Saussure, Ferdinand de 9, 9, 10, 11, 12-14, 103, 108
Schank, Roger 247
Scheffel, Michael 230
Schegloff, Emanuel A. 18f., 22
Schlegel, Friedrich 50, 57
Schmid, Wolf 45
Schmidt, Arno 205f.
Schmitt, Carl 210
Schneider, M. 51f.
Schröter, Klaus 163
Schüttpelz, Erhard 17f.
Schütz, Alfred 16, 29, 29
Searle, John R. 20, 107
Seedorf, Christine 216
Selting, Magret 18, 22, 26
Serres, Michel 205
Šestov, Lev 68, 76
Shannon, Claude 17, 18
Shelley, Percy Bysshe 109
Šklovskij, Viktor B. 46, 56
Sokrates 141
Spencer, Herbert 46
Spengler, Oswald 168
Sperry, Linda 247
Springer, Luise 17, 19
Steiner, Rudolf 181
Steiner, Wendy 71
Stifter, Adalbert 176

Stirling, James 108
Streim, Gregor 169
Svane, Marie-Louise 213
Szondi, Peter 112, 125f., 126

Tasso, Torquato 60
Thulstrup, Nils 70
Todorov, Tzvetan 249
Tolstoi, Lev 176
Topčić, Zlatko 227, 228
Trabasso, Tom 247
Trakl, Georg 115, 116, 120, 121f.

Uhmann, Susanne 19
Unger, Rudolf 137

Vansina, Jan 15
Vergil 142
Vogl, Josef 30
Voltaire 138, 257
Vvendenskij, Aleksandr 79

Waismann, Friedrich 73
Weaver, Warren 18
Weber, Dietrich 265
Weber, Samuel 220
Wedell Pape, Lis 217
Weimar, Klaus 117
Wellbery, David E. 210
Werber, Nils 209f.
Werner, Renate 163
Wetzel, Michael 23
Wiener, Norbert 207
Wild, Markus 198
Winkler, Andreas 162
Wirth, Uwe 12
Wittgenstein, Ludwig 73, 107, 201, 203f., 205
Wolf, Christa 175, 184, 186-188, 190f.
Wolf, Werner 248
Wooffitt, Robin 22
Woolf, Virginia 183

Young, James E. 161f.

Zenon von Elea 70, 72f.
Ziegra, Christian 136